编　委　会

教育教学实践智慧生成的思与行

THINKING AND ACTION TOWARD THE GENERATION OF PRACTICAL WISDOM IN TEACHING

庞孟栀　王春光　郑雨明　王美梓　主编

NORTHEAST NORMAL UNIVERSITY PRESS
WWW.NENUP.COM
东北师范大学出版社
长　春

图书在版编目（CIP）数据

教育教学实践智慧生成的思与行/庞孟栀等主编.
—长春：东北师范大学出版社，2019. 12
ISBN 978 - 7 - 5681 - 6392 - 7

Ⅰ. ①教… Ⅱ. ①庞… Ⅲ. ①基础教育－研究－中国
Ⅳ. ①G639. 2

中国版本图书馆 CIP 数据核字（2020）第 015821 号

JIAOYU JIAOXUE SHIJIAN ZHIHUI SHENGCHENG DE SI YU XING

□策划编辑：张晓方

□责任编辑：霍优优　刘佳微　　□封面设计：王海燕
□责任校对：王雪琴　万英瑞　　□责任印制：许　冰

东北师范大学出版社出版发行
长春净月经济开发区金宝街 118 号（邮政编码：130117）
电话：0431-84568046
传真：0431-85691969

网址：http://www.nenup.com
东北师范大学音像出版社制版
辽宁新华印务有限公司印装
沈阳市张士经济技术开发区
中央大街六号路 14 甲－3 号（邮政编码：110021）
2019 年 12 月第 1 版　2021 年 6 月第 2 次印刷
幅面尺寸：169 mm×239 mm　印张：25.75　字数：431 千

定价：79.80 元

序

今年是中华人民共和国成立70周年，70年，中华大地沧桑巨变，各行各业欣欣向荣、蓬勃发展。作为提高人民综合素质、促进人的全面发展、服务于中华民族伟大复兴历史使命的基础教育跟随着国家的前进脚步在改革、创新的道路上实现了全面的发展。几十年来，国家高度重视基础教育理论研究和实践探索，教育教学目标从强调"基本知识、基本技能"的"双基"，向强调"知识与技能""过程与方法""情感态度与价值观"的"三维目标"转变，再到提倡学生核心素养的发展。教育评价由侧重甄别和选拔功能到强调发展功能，并走向评价内容的综合化、评价方式的多样化和评价主体的多元化。教学从"以教定学"到"为学而教"，教师培训从"被动受训"到"自觉研修"。广大中小学教师和基础教育专家、学者积极探索教学内容、形式和方法的改革，提出了许多新的教育教学理论、思想和观点，通过积累、提炼和升华形成了一大批优秀教育成果，这些教育教学改革的经验与成果，标志着我国基础教育教学理论和实践整体已达到时代先进水平，形成了中国特色基础教育现代理论和科学的教育教学方法。特别是2014年，在第30个教师节前夕，习近平总书记发表了《做党和人民满意的好老师》的重要讲话。总书记明确提出了成为一名党和人民满意的好老师的四条标准：即有理想信念、有道德情操、有扎实学识、有仁爱之心。这充分体现了党中央对广大教师的成长与发展的高度重视，是进一步加强教师队伍建设、推动教育改革发展的行动指南。随着《中国教育现代化2035》《加快推进教育现代化实施方案（2018—2022年）》等重大政策文件的出台，如何通过总结回顾中国基础教育改革和发展的经验和特色，在基础教育领域深入贯彻落实党的十九大精神和全国教育大会精神，加快教育现代化的进程，成为当前基础教育领域的重大任务。教育期刊作为国家教育方针、政策宣传贯彻的新闻媒介，责无旁贷地要站在国家的战略高度，监督依法治教，促进学术交流，推动和引领教育事业的改革和发展。

伴随着改革开放的步伐，《中小学教师培训》作为为基础教育服务、为中小学教师发展服务的专业性学术期刊，自1984年创刊以来在主管部门教育部和主办单位东北师范大学的领导下，在全国各级相关教育部门及广大中小学教师的关心和支持下，形成了鲜明的办刊宗旨和独具特色的办刊风格。35年来，共刊发学术文章一万余篇，在国家教育方针、政策解读和宣传方面发挥了积极作用，为落实立德树人根本任务、全面深化基础课程教学改革、更新教育教学观念，以及探索和总结中小学教师的专业发展和自身成长规律起到了推动作用。

时值中华人民共和国成立70周年，为更好地总结、梳理70年来我国中小学教育教学的工作经验和丰硕成果，站在新的历史起点上，引领中小学教育科研及课程改革向纵深开拓，现将在《中小学教师培训》上发表的部分优秀文章分两册结集出版。所收录的文章是近十余年来反映基础教育改革进程、揭示教师专业发展规律、业界关注度高、具有较高学术价值的精品文章。这些文章多是被权威期刊全文转载或被学者同人大量引用、引证的，其中有很多的精辟论点、论述，对今后深化基础教育改革、拓展教育事业发展大有裨益。

两本书内容各有侧重，其中，《教师专业成长路上的思与行》一书的主要内容是：教师培训的理论、方针、政策，师德、教师心理和教师综合素养研究；教师培训的课程设置、培训模式、培训策略和实施路径探讨。《教育教学实践智慧生成的思与行》的主要内容是：基础教育各层面的基本理论研究；对新时期教育领域新理念、新思维、新方法的解读和推介；中小学课程改革实践中课堂教学问题的剖析和反思；各学科有效教学模式、方法的提升和凝练；优秀教师各级科研课题的成果展示。为尊重作者的学术见解，保持文章的原貌，我们编著出版时只在形式上做些技术处理。

书籍的出版凝聚了编者、作者的辛劳，这会化作一种精神力量在基础教育改革和发展的道路上发光、发热。

付梓之余，我们感谢学界同人的鼎力相助，同时感谢东北师范大学教育学部和东北师范大学出版社的大力支持。借新中国70周年华诞之际，我们祝祖国教育事业蓬勃发展，以教育为帆，向着中华民族伟大的复兴乘风远航！

编　者
2019 年 10 月 7 日

目录

课改聚焦

德育建设

核心素养与学科教学

·数学

课改聚焦

KEGAI JUJIAO

中国学生发展核心素养评价难题的破解对策

孔凡哲

（东北师范大学教育学部　吉林长春）

日前，中国学生发展核心素养研究成果正式发布，而针对核心素养在教育实践中落实的三个途径——"课程改革""教学实践""教育评价"[1]，其难点和焦点在于中国学生发展核心素养评价。

破解中国学生发展核心素养评价难题，不能平均用力，需要聚焦若干个亟待解决的问题，以点带面，寻求突破，进而解决问题。

一、从共识出发研制基于核心素养的学生学业质量标准

从共识出发，构建中国学生发展核心素养评价指标体系，建立中国学生发展核心素养的相关质量标准，特别是建立基于核心素养的学业质量标准。

（一）共识：基本出发点

日前正式发布的《中国学生发展核心素养》[2]，是开展相关研究的基本共识。这个标准在某种程度上是国家教育方针的具体化。

（二）构建中国学生发展核心素养评价体系不能走极端

正如董奇教授指出的，"不可能专门开一门核心素养课程"[3]，而必须将核心素养物化到各学科的教材与评价之中。事实上，在我国基础教育阶段，撇开中小学各科课程单独实施"素质发展评价"是不现实的。

目前国家实施《国务院关于深化考试招生制度改革的实施意见》（国发〔2014〕35 号）、《教育部关于普通高中学业水平考试的实施意见》（教基二〔2014〕10 号）、《教育部关于加强和改进普通高中学生综合素质评价的意见》（教基二〔2014〕11 号），将学生综合素质评价与学业水平测试改革同步进行，是相对科学合理的举措，只不过，究竟如何切实实施学

生综合素质评价与学业水平测试，是亟待攻克的难题。尽管《国务院关于深化考试招生制度改革的实施意见》（国发〔2014〕35 号）明确界定了"学业水平考试主要检验学生学习程度，是学生毕业和升学的重要依据"，"综合素质评价主要反映学生德智体美全面发展情况，是学生毕业和升学的重要参考"，同时，国家教育部将"初高中学业水平考试""初中高中综合素质评价"列为教育部哲学社会科学重大重点攻关项目，于 2014 年向全国公开招标、发标并付诸研究，但是，截至目前，真正能够付诸中小学实践的有效方案尚未完全形成。

（三）用基于核心素养的学业质量标准统领中小学各科课程教学

基于核心素养的学业质量标准，本质上是中国基础教育各学段学生课程教学的评价标准，至少是衡量中国基础教育各学段学生完成课程教学之后应该达成目标的基本标准。

自 2001 年实施基础教育课程改革以来，我国实施各学科课程标准取得了令人瞩目的进步，从以往仅仅有"教的标准"发展为课程标准中明确界定的"课程目标""内容标准""教学建议""评价建议""教材编写建议"，这是历史的进步。

从国际上关于课程标准评价的基本标准"内容、组织、表述、实施"等方面来看，"强调标准的清晰、明确和可测量"[4]，"一套完整的课程标准不仅应该描述学生应该知道什么（即知识，包括一些重要的思想、概念、议题、困境与信息等）和能够做什么（即技能，包括思维、工作、交流、推理和探究等），而且应该描述学生知识和技能的熟练程度（即表现）。这些表现是衡量知识与技能是否达到的指标"[5]。反思我国现行的义务教育各科课程标准（2011 年版），尽管采用了"了解、理解、掌握、灵活运用"等不同量级的行为动词刻画课程内容的目标达成程度并附以一定数量的案例，但是，从国际比较来看，缺少"质量标准"（或者称之为"评价标准"），这是我国义务教育阶段课程标准、高中课程标准亟待解决的难题。而构建基于核心素养的学业质量标准，有学者担心"学科核心素养等级标准和学业质量标准同时并行，这样会给未来的教育教学造成不必要的震荡"[6]并非危言耸听。事实上，2000 年之前中小学各科教学大纲与基于教学大纲由各地市制定的考试大纲并行时期，教学大纲被悬空的事实，就曾经一度出现，导致考试指挥棒被无限放大，考试文化畸形膨胀。

二、着手研制各学科核心素养的评价指标，构建各学科相互协调的学科核心素养评价体系

从中国学生发展核心素养出发，开展各学科核心素养的内涵与评价指标体系的研究，厘清发展学生核心素养的学科责任。

（一）中国学生发展核心素养的问题是一个系统工程，需要各个学科统一基调、相互协作、共同发挥作用

中国学生发展核心素养所涵盖的"文化基础、自主发展、社会参与三个方面，综合表现为人文底蕴、科学精神、学会学习、健康生活、责任担当、实践创新等六大素养，具体细化为国家认同等18个基本要点"，体现了中国各学段学生发展的普遍要求，需要将这些普适性要求结合各个学段分别提出各自具体的学段要求。

与此同时，必须将18个基本要点融入各学科课程标准之中，物化在各学科的课程教学实施之中。

（二）聚焦学科核心素养及其评价指标体系构建的难点

建立各学科核心素养及其评价指标体系，其难点在于具有一般性的"必备品格"等，究竟如何在相应学科中加以体现，其重点在于各学科相应的关键能力（或者称之为核心能力）。从学科特性而言，相信不会过太长时间，国内相应学科的学者就会理出相应学科的关键能力。

但是，对于应具备的适应终身发展和社会发展需要的必备品格，是否融入、如何融入各学科之中，是颇具争议和挑战性的难题。其中的困难在于，与人们对于认知领域相对深入的认识相比，人们对于情感意志和人格领域的把握相对薄弱，国内学科课程专家对于情意领域、人格领域的认知相对陌生。其实，不仅中国学者如此，国外学者也是如此，就数学、语文、英语、科学、物理、化学等学科而言，提出具有学科特性的品格，十分鲜见。仅见于数学等学科，如法国著名数学家雅克·所罗门·阿达马（Jacques Solomon Hadamard，1865—1963）与国内著名数学家徐利治、朱梧槚等给出的较具典型意义的观点，前者指出，"发明就是选择，选择是被科学的美感所控制的""逻辑起始于初始的直觉""几何想象往往是在直觉中产生的"[7]；后者指出，"数学是一种文化，这也是古今有之的一种共识，只是由于数学科学在应用上的极端广泛性，特别是18世纪微积分

5

诞生以来，它在应用上的光辉成果，更是一个接着一个，久而久之，数学所固有的那种工具的品格就愈来愈突出，以致人们渐渐淡忘了数学所固有的和更为重要的那个文化素质的品格"[8]。针对数学品格，国内学者也指出，"数学有两种品格，其一是工具品格，其二是文化品格""数学无形地渗透在科学的每个分支里，为其提供必要的工具；数学是理性精神的化身，深刻地影响着人们的观念、精神以及思维方式的养成"[9]。

（三）强烈建议国家相关部门加大针对核心素养评价指标体系集体攻关的扶持力度

当前，国家基础教育改革举措一步也没停止过，特别是对深化考试招生制度改革的扶持力度不断加大。2017年在上海、浙江率先开始的高考改革举措，对于基础教育评价改革的确能起到至关重要的促进作用。但是，与以往改革举措的渐变相比，基于核心素养评价的改革却是质变——不仅评价的基本理念发生了质的变化，而且基础教育课程教材与课堂教学都将发生质的变化。针对这种质的变化，我国当前基础教育领域其实并没有做好准备，不仅中小学校长、教师没有思想准备，就是专门研究基础教育的高校人员、教研员以及科研工作者，大多也没有思想上的准备和技术上的准备。

为了更好地落实中国学生发展核心素养评价体系的集体攻关，强烈建议国家教育部有关部门通过国家哲学社会科学项目、教育部人文社会科学基金项目、全国教育科学规划项目等，设立"中国学生发展核心素养与学科核心素养的评价指标"科研专项（研究周期为1—2年），向全国公开招标，将全国相关科研力量聚焦于此，期望能有所突破。

三、开展核心素养评价技术的攻关

正如我们在反思基础教育课程改革的相关研究中指出的，"评价改革之所以举步维艰，难以取得突破性进展，一方面，是因为这项改革涉及教育教学的各个核心领域，教育评价中诸多问题本质上正是社会矛盾在教育中的转嫁与具体体现，特别是人才标准、社会价值取向和经济发展状况等，都会直接制约教育发展的理念和改革进程；另一方面，是因为我国基础教育评价的理论和技术研究相对薄弱，尤其是教育测量与评价技术整体上还处在较低水平"[10]。这种低水平不仅体现在我国科研部门专门从事教育测量与评价的人员数量少、整体水平不高，而且表现为从国家到各省市专门从事高考、中考研究的科研人员（专职、兼职）整体水平也亟待提升。自国家下放高考命题权、中考命题权以来，许多省市的考试管理部门之所以苦不堪言、如履薄冰，其中的焦点仍在于懂评价技术的人才短缺，简单评论别人命制的试题、试卷的优劣非常容易，而亲自命制一道试题、编制一套试卷、设计一套非纸笔测试工具，其实是"说时容易，做时难"，有时甚至出现"自己的产品，竟然还不如自己批判的产品"的现象，而每年中考、高考结束之后针对考试技术中出现失误的议论，哪一年也没有停止过。知识为本、能力为本的考试技术尚且如此，而从知识为本的评价走向核心素养为本的评价，其技术鸿沟更巨大。

（一）建立基于情境的评价设计理念，聚焦核心素养而非知识技能

不同的评价往往具有不同的侧重点，其要害在于评价理念。与以往惯用的结果性评价相比，核心素养评价具有鲜明的区别：

首先，从评价的焦点和重心看，结果性评价聚焦学生对于知识、技能的知与不知，关注知识之间的关联，虽然也关注知识技能的应用，但更多地关注在本学科中的应用，较少地涉及本学科与其他学科之间的应用、知识技能在现实中的应用。而核心素养评价关注的是基于情境之中的素养（特别是关键能力）的测评，关注情境与问题之间的关联，特别是关注真实情境问题的学科化，关注学生从情境之中获取信息，选择恰当方式进行学科表达、阐释，进而解决以往从未见过的真实问题的综合能力，其中，考查重点在于表达、运用、阐释、反思。这与结果性评价聚焦"知与不知"具有显著区别。

其次，从评价的目的而言，结果性评价主要测试学生对所掌握的课程内容的达成状况，比较全面客观地报告学生的成绩（常模参照）；而核心素养评价关注的是学生终身可持续发展的能力，包括知识技能基础、学习的内在动力、学习动机、自我信念以及自主学习的能力（掌握的学习方法和学习策略），聚焦于学生利用所学知识技能面对真实挑战的能力。

最后，从评价的功能和作用而言，结果性评价以甄别与选拔功能为主（虽然有时也涉及激励和改进功能）；而核心素养评价旨在"指引学生的素质发展方向"[11]，"能够真正将学生个人的获得与学生个人具备的为社会做贡献之大小的个人条件匹配起来"，"是一种前瞻性的评价"[12]。

（二）深入学科，同步开展学科核心素养的具体内涵与评价标准的研究

以数学学科为例。开展数学核心素养评价，必须从数学学科自身规律

出发，从数学核心素养对于学生发展的独特作用出发。

事实上，一个人的数学素养或者数学核心素养，更多地体现在利用数学思维方式、数学工具审视相关的生活问题、工作问题或科学问题，特别是，当一个人遇到从未见过的新问题时能够从数学的视角观察、思考、表达、阐释相应的问题，找到分析解决问题的思路，进而解决问题，其中的核心就是数学素养。

针对数学素养或数学核心素养的评价，采用知识为本的结果性评价（诸如惯用的笔试等）很难测出其中的差异，核心素养毕竟不是"知与不知的问题"，它涉及能否自觉地用数学的意识、能力，能否利用数学发现问题、提出问题并加以分析和解决的综合能力。

正如 PISA 从内容、情境、能力三个维度构建了数学素养、科学素养与阅读素养的评价框架，PISA 测评中的数学素养关注的是"现实生活中的数学"，测评学生的素质发展情况和为未来生活做准备的程度。PISA2012 从数学内容、数学情境、数学能力三个维度完善了数学素养评价分析框架[13]，调整后的框架更为关注学生作为问题的解决者，更为关注数学情境和问题之间的关联，更为关注包括信息技术在内的数学工具使用的重要作用；"更加重视对数学过程的测查，关注真实情境问题的数学化，重视学生读图、认图、释图能力以及基于计算机的数学问题解决能力的培养，鼓励学生运用数学知识解决现实生活中的问题"[14]。

（三）深入研究国际已有的测试，借鉴吸收，为我所用

针对基础教育阶段学生素养的国际大规模教育评估以三项为代表，即PISA、TIMSS、PIRLS。

国际学生评估计划（即 PISA），考查即将完成义务教育的 15 岁学生是否已经掌握了在未来参与社会所需的知识技能情况，其评估内容不局限于课堂书本知识，突显了学习者运用所学知识去灵活解决日常生活、工作中问题的阅读素养、数学素养与科学素养。

与 PISA2012 重点测试数学素养相比，PISA2015 重点测试科学素养（参见图 1）。PISA2015 继承了 PISA2006 中科学素养的核心是科学能力这一概念，其发展主要表现为三个方面[15]：一是科学能力划分得更为详细；二是将 2006 年提出的"关于科学的知识"明确细分为"程序性知识"和"认知性知识"；三是首次明确了科学素养中的"认知需求"概念。认知需求是指认知知识的深度，分为低、中、高三个等级，在数据复杂程度、问

题难易度、解决问题所需步骤上存在差别。

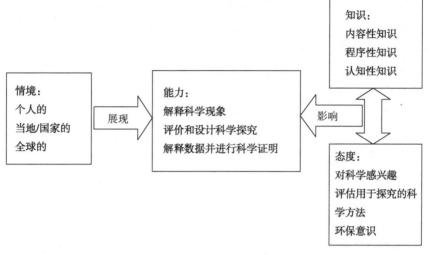

图 1 PISA2015 科学素养评估框架

OECD（经济合作与发展组织）网站发布的《PISA2012 的问题解决测评框架草案》，将问题解决（Problem Solving，简称 PS）界定为：个体在解决方法并不明确的问题情境中独立工作的能力。PISA2015 首次引入了合作问题解决（Collaborative Problem Solving，简称 CPS）测试。[16]而 CPS 测评的则是团队中的成员，汇聚集体的理解、努力和分工，以及解决问题的过程（如表 1 所示）。

表 1 CPS 测评内容

	（1）建立、维持共识	（2）采取合适的行动解决问题	（3）建立和维持团队组织形式
（A）探究和理解	（A1）发现成员的观点和能力	（A2）发现 CPS 任务类型和目标	（A3）理解成员角色
（B）表征和系统化	（B1）建立共同表征，商讨问题含义	（B2）鉴别和描述任务	（B3）描述角色和团队组织形式（交流和参与原则）
（C）计划和执行	（C1）与成员交流未来或当下活动	（C2）制订计划	（C3）遵守参与原则
（D）监控和反思	（D1）监控和修复共识	（D2）监控行为结果和评估问题解决是否成功	（D3）监控、反馈适宜的团队组织形式和成员角色

9

国际中小学生数学与科学素养进展（即 TIMSS），与国际小学生读写素养进展（即 PIRLS）由国际教育成就评价学会（即 IEA）发起并组织，由美国波士顿学院（Boston College）统筹，旨在为单个教育体系制定政策与实施教学提供学生相关素养的国际基准与数据。[17] TIMSS 围绕内容与认知两方面展开，内容指的是可以用数学进行测量的特定领域或科目，而认知是指学生处理数学问题的思维过程，由习得、使用和推理组成。PIRLS 自 2001 年起五年一轮，测试四年级学生的读写素养。PIRLS 评估四项读写素养：锁定并获取特定信息；简单推论；复杂推论，解释并整合观点与信息；检测和评估内容与语言使用。正如相关研究指出的，"国际大规模教育评估以在读学生的关键性素养为考查对象，通过素养测试来评估教育整体发展水平""对于课程与教材，国际基准成为一根标杆，指引着课程与教材建设的方向"[18]。

尽管"学生学业成就是否可测、测量工具在多大程度上是科学、规范的"，目前在学术界尚存一些争议，但是，随着世界多极化、经济全球化、文化多样化、社会信息化深入发展，各国都在思考 21 世纪的学生应具备哪些核心素养才能成功适应未来社会这一前瞻性战略问题，正如香港大学原副校长程介明教授指出的，"今天，对于西方人来说，提出要超越'知识与技能'……中国的传统教育思想今天好像逐渐具有了它的新的价值，变得返璞归真，那种'全面教育'好像又回来了"[19]，面对日趋激烈的国际竞争，特别是教育国际竞争力提升的迫切要求，必须建立与当今信息化社会相适应的基础教育评价新体系，这就是，改变严重滞后于信息化社会的知识为本的评价理念，构建能应对信息社会所必需的核心素养的评价新体系。

四、构建以核心素养为本的课程教材设计理念，改造现有的中小学课程教材

要想将一种口号式的"发展中国学生核心素养"的倡导，变成中小学校的教育教学现实，必须从课程教材入手、从课堂教学入手、从教师评价水平的整体提升入手。

（一）构建核心素养为本的中小学课程教材设计理念

正如前文分析的，核心素养为本的课程教材设计，虽然不排斥知识、技能，但是更强调将课程教学的侧重点放在核心素养的提升上，而不是简

单的习知识、获技能。

素养离不开过程，学生素养的提升离不开知识技能产生的过程、学生创造性思考的过程，离不开从学科的视角分析一个陌生问题并从中寻找解决问题的思路和方法的过程。

与知识为本、学科为本的课程教材设计相比，核心素养为本的课程教材设计离不开具体的情景，离不开现实问题，离不开纷繁复杂交织在一起的各种信息，需要学生从中做出甄别、做出抽象概括，进而将貌似无关的信息组合在一起，找到解决问题的方案。

目前，国内中小学课程教材中的"问题驱动式呈现方式"更贴近核心素养为本的理念，这种课程教材的设计，其基本思路是：

将新知学习"藏"在具体的问题解决过程之中，问题解决了，新知也就形成了。[20]其中的"问题"的解决（或称之为"任务"的完成），是学生不断提出新问题、解决问题的过程，既蕴含了学生应该掌握的知识与技能，也蕴含了学生应该获得的能力训练、情感体验和素养提升。

目前，积极采用问题驱动的呈现方式，实现从知识为本、学科为本的课程教材体系逐步过渡到核心素养为本的中小学课程教材体系，是相对稳妥可行的策略。

（二）构建核心素养为本的教学评价体系，并开展相应的中小学实践研究

在倡导核心素养为本的当下构建核心素养为本的教学评价体系，其难度是可想而知的，但并非不可能。

事实上，从知识为本的评价发展到关注过程、注重学生发展的评价，历经十余年，我国中小学的评价水平已得到显著提升，为数甚多的小学教师、初中教师立足学校教育教学，开展口试、面试、活动性评价、综合素质评价等实践，形成了诸多有价值的探索，诸如"以快乐数学节为活动形式、以综合性的主题活动单元为操作内容，将数学学科素养培养、综合能力提升融入主题性评价活动之中，在轻松愉悦的个性化的自主活动中，实现学生综合素养评价、学科素养评价"[21]。而设计恰当的口试题[22]，通过师生对话的口试活动，在几乎不伤害学生自尊的前提下，通过轻松愉悦的聊天式的面谈，可以相对准确地测量出学生对运算等内容的理解水平，同时通过了解不同学生对这道口试题的分析过程，可以搜寻能够反映其思维深广度的相关信息，以及学生对不同数学内容的理解程度。

按照核心素养的成分要求，关注学科关键能力与学科品格，参考PISA 对于学生所具有的数学素养的六个水平等级[23]，将学科关键能力与学科品格进行等级划分，并将其融入中小学课程教学之中，融入常态的评价之中，才能逐步构建核心素养为本的评价体系。在这里，尤其要关注过程性评价，毕竟，素养更多地体现在过程之中，也只有在过程之中才能将人与人之间的素养差异更好地测量出来。

（三）关注教师评价技术、评价水平的整体提升，确保核心素养为本的评价举措能够付诸实施

毋庸置疑，教师是课程教学的具体实施者，提升学生发展核心素养，更有效的策略在于提升中小学教师对于核心素养评价的认识，整体提升中小学教师对于评价技术的理解和把握水平，尤其要帮助中小学教师迅速提升核心素养为本的评价技术水准。只有这样，才能将有效提升学生发展核心素养的任务，融入常态的中小学日常教学之中，融入每天的课程教学的评价活动之中，进而确保核心素养为本的评价付诸实施。

五、梳理国内已有的素养为本的评价工具与评价试题、试卷

当前，开展核心素养为本的评价攻关，并非从零起点开始，国内现有的诸多研究可以利用。

（一）国内现有的数学口试、活动评价等评价工具和评价理念，在本质上符合核心素养为本的评价理念，亟待按照核心素养为本的评价理念加以梳理、提升

近年来，国内针对中小学评价改革的实践从未中断过，对口试、表现性评价、活动评价、主题式评价等，都持续进行过相关的实践探索，取得了一些值得推广而且符合核心素养为本的评价理念的成功举措。将这些相对零散的评价工具及时梳理出来，将其纳入基于核心素养的评价体系，有助于尽快形成核心素养为本的评价新体系。

（二）建议国家有关部门鼓励中小学一线教师、教研人员，立足课程教学实际，开展核心素养为本的实践研究

设立教研员制度是我国基础教育所特有的，对于我国中小学校的改革发展的确起到了良好的促进作用，正如香港程介明先生在《上海的 PISA

测试全球第一到底说明了什么》[24]一文中指出的，"上海的 PISA 测试成绩之所以独占鳌头，很大程度上归功于上海基础教育的教研体制"。的确，上海 PISA2009、PISA2012 科学、数学、阅读三项成绩全球第一，与教研员的贡献密不可分。如何有效发挥教研员在核心素养为本的中小学实践研究中的作用，特别是如何有效发挥教研员对于中小学教师切实落实核心素养实践操作的引领作用，是不容忽视的。

注 释

[1] 一帆.《中国学生发展核心素养》总体框架正式发布 [J]. 教育测量与评价，2016（9）：34—37.

[2] 赵婀娜，赵婷玉.《中国学生发展核心素养》发布 [N]. 人民日报，2016-09-14（12）.

[3] 柴葳，刘博智. 六大素养树立学生成长"标杆"[N]. 中国教育报，2016-09-14（1）.

[4] 刘春香，赵中建. 美国共同核心州立课程标准的质量评价研究 [J]. 全球教育展望，2013（9）：32—38.

[5] 赵中建. 美国课程标准之标准研究 [J]. 全球教育展望，2005（6）：37—41.

[6] 辛涛. 学生发展核心素养研究应注意几个问题 [J]. 华东师范大学学报（教育科学版），2016（1）：6—7.

[7] 雅克·阿达马. 数学领域中的发明心理学 [M]. 陈植荫，肖奚安，译. 南京：江苏教育出版社，1989：28，85，87.

[8] 徐利治，朱剑英，朱梧槚. 数学科学与现代文明（上）[J]. 自然杂志，1997，19（1）：5—10.

[9] 李奕娜，刘同舫. 工具与文化之间的数学品格：模式观的数学本体论下对数学意义的探索 [J]. 自然辩证法通讯，2013，35（1）：82—86.

[10] 孔凡哲. 关注教育评价技术的研究 [J]. 教育测量与评价（理论版），2009（6）：1—5.

[11] 丁念金. 学生评价重心：从学业考试到素质发展评价 [J]. 教育测量与评价（理论版），2013（11）：39—44.

[12] 吕智敏. PISA 测评的素质发展评价意蕴 [J]. 当代教育科学，2014（22）：21—22，30.

[13] [23] OECD. PISA2012MathematicsFramework [EB/OL].[2016-10-04].http://www.oecd.org/pisa/pisaproducts/46961598.pdf.

[14] 周慧，綦春霞. PISA2012 数学素养测试分析框架及例题分析 [J]. 教育测量与评价（理论版），2015（5）：36—42.

[15] 刘青. PISA2015 科学素养评估体系的研究与启示 [J]. 中国考试，2016（3）：

32—37.

[16] [18]柏毅，林娉婷. 合作问题解决的概念建构：基于 PISA2015CPS 的研究［J］. 外国中小学教育，2016（3）：52—56.

[17] 熊建辉，俞可. 国际大规模教育评估的影响力：以 PISA，TIMSS 和 PIRLS 为例［J］. 人民教育，2014（2）：29—33.

[19] [24]程介明. 上海的 PISA 测试全球第一到底说明了什么［J］. 探索与争鸣，2014（1）：74—77.

[20] 孔凡哲，崔英梅. 课堂教学新方式及其课堂处理技巧：基本方法与典型案例［M］. 福州：福建教育出版社，2011.

[21] 汲长艳，孔凡哲，王丽华，等. 聚焦学科素养评价与综合能力提升的"快乐数学节"活动［J］. 小学教学（数学版），2016（2）：4—6.

[22] 孔凡哲，马晶. 小学数学口试题的设计技巧及实测效果分析：以一道小学六年级的口试题为例［J］. 小学教学（数学版），2012（10）：8—9.

（此文发表于《中小学教师培训》2017 年第 1 期）

新课程改革三次"学术争论"的回顾与反思

孙传远

（上海师范大学教育学院）

一、新课程改革三次"学术争论"的回顾

新课程改革以来发生了三次大的"学术争论"。

第一次争论：是否存在"轻视知识"的教育思潮？

这次争论首先由北京师范大学王策三教授发起。王教授在《北京大学教育评论》2004年第3期上发表了一篇4万多字的长文：《认真对待"轻视知识"的教育思潮——再评由"应试教育"向素质教育转轨提法的讨论》。他认为，当前存在一股"轻视知识"的教育思潮，要认真对待和克服；要坚决摒弃"由'应试教育'向素质教育转轨的提法"；多样综合是教育改革创新的重要方式；加强理论和学风建设，必须建立科学的、有自己特色的课程论。

针对王策三教授的观点，华东师范大学钟启泉教授、有宝华研究员随即在《全球教育展望》2004年第10期上发表了一篇文章：《发霉的奶酪——〈认真对待"轻视知识"的教育思潮〉读后感》。接着，钟启泉教授又在《北京大学教育评论》2005年第1期上发表了一篇文章：《概念重建与我国课程创新——与〈认真对待"轻视知识"的教育思潮〉作者商榷》。同时期的同类文章还有张正江的《素质教育是轻视知识的教育吗？——与王策三先生商榷》（《全球教育展望》2004年第10期）和夏正江的《果真存在一股"轻视知识"的教育思潮吗？——与王策三先生商榷》（《全球教育展望》2004年第12期）等。钟启泉教授等的主张是：当前并非存在"轻视知识"的教育思潮，素质教育也并非是轻视知识的教育；要将国际视野与本土行动统一起来，开展课程知识学习及课堂文化概念的重建与创新；教育理论工作者要敢于放弃陈旧、发霉的思想，坚持与时俱进，树立良好学风。

这次争论反映了双方知识观之分歧。王策三教授的根本失误在于他的

15

知识观的"偏失"与陈旧，他认为所谓知识就是书本知识，即人类认识的成果或间接经验，忽视了知识与人的关系，特别是人（学生）在吸收知识中的主动性和情感体验。这一点可从王教授的"教学认知论"看出。但他也给了我们诸多有价值的提醒：要处理好传授与接受的关系，要尊重知识、尊重经验，要加强理论学习和文风建设等。钟启泉教授明确提出了"我国基础教育的唯一出路是由应试主义教育向素质教育转型"。他的核心观点是"动态的课程观"和"动态的知识观"。但他将"凯洛夫教育学"比喻成"发霉的奶酪"而要求人们"敢于放弃"和"坚决摒弃"之，则未免失去了对待传统教育理论所应具有的"扬弃"的态度。

第二次争论：新课程改革的理论基础究竟是什么？

这次讨论首先由西南大学靳玉乐教授发起。《中国教育报》在2005年刊登了一系列文章，对"新课程改革的理论基础是什么"的问题进行了长达半年之久的争论。

2005年5月18日，靳玉乐教授等在《中国教育报》上撰文认为，不能盲目地将国外的理论进行翻译和组装之后就成为改革的理论基础；要以马克思主义认识论和全面发展学说作为我们进行课程改革的理论基础。8月13日，深圳大学高天明教授在《中国教育报》上撰文说，讲课程理论基础时，不能泛泛搬用马克思主义认识论，应在课程哲学上多做些具体和深入的探讨。河南焦作的马福迎更认为，这次新课程改革的理论基础是鲜活的、清晰的、先进的，建构主义、后现代主义、杜威和加德纳的理论等使我们突破了长期以来只重文理智力的狭小天地，成为落实素质教育的重要理论基础。

西南大学的孙振东、陈荟在《中国教育报》（11月28日）上撰文认为，我们要批判、改造、借鉴先进的外国教育理论，且认为我们的课程与教育理论体系已"初步形成"。西南大学的郑绍江更进一步认为，"我们已经有一套新的理念，并且有完整的课程框架作为新课程实践的支撑"。但就"理论基础是什么"而言，他说"答案在探索之中，而我们都是探索者，我们正在路上"。

这次有关新课程改革理论基础的争论已过去两年，但关于新课程改革的讨论并没有结束，教育理论工作者和教育实践者们还在进行着"拉锯战"。从这场持久的论战中暴露出两个基本问题：一是理论的匮乏。新课程改革之理论基础的争论暴露出整体改革的准备不足和改革者自身基本理论知识的薄弱和欠缺。二是理论与实践的脱节。教育理论工作者或改革倡导者锣声敲得很响，而"教育实践者"却很少响应，一则表现为因循守旧，极力反对和抵抗；二则表现为阳奉阴违，消极对抗；三则表现为邯郸学步，盲目效仿。这使得课程改革步履艰难。

第三次争论：新课程改革应走向何方？

第三次是关于新课程改革"大方向"问题及其相关几个问题的讨论。它源自钟启泉教授在 2006 年 12 月 15 日《中国教育报》上发表的与记者的对话（记者专访），题目是："义无反顾奏响改革进行曲"。时隔两周的 12 月 29 日，《传播学论坛》上发表了四川社会科学院查有梁先生的一篇文章，题目为："新课程需要软着陆"，以此形成了新课程改革以来的第三次学术争论。

钟启泉教授认为：（1）教育基本价值取向应从"精英教育"转向"大众教育"，但也不排斥对少数有学术才能学生的培养；（2）新课程应从文化层面去理解课程，强调课程的深层文化价值；（3）坚持新课程实施的"创生取向"，着力调整课程内容，实现科学世界与生活世界的整合；（4）"全球视野"与"本土行动"是统一的，不是对立的。针对《〈基础教育课程改革〉（试行）解读》的内容和钟教授的谈话，查有梁先生列举了五个方面的"误导"，主要针对钟启泉教授提出的教育基本价值取向、"三维目标"的表述与实现、课程实施的取向、"教师即课程"、"国际视野"与"本土行动"的对立与统一等问题提出疑问和发表看法，可谓情深意切。他的基本主张是：新课程改革在大方向不变的情况下需要"软着陆"。

这次论战是继前两次论战（特别是第一次论战）后的又一次大的争论，充分体现了教育改革者对我国新课程改革的关切之情，其间也透露出诸多的忧思和困惑，从某个角度看，也体现了新旧两种教育观念的交锋和争斗。但从目前改革所处的阶段以及理论和实践中存在的问题看，查有梁先生的观点也不无道理。

二、新课程改革三次"学术争论"的反思

反思新课程改革以来的三次争论，一个总的认识是：新课程改革的大方向是不容置疑的。这样就坚定了教育改革者以及关心我国新课程改革的人的信心和信念。有争论是正常的，"风平浪静"则是反常的，争论者"仁者见仁，智者见智"的观点不会使我们摇摆不定，反而使我们越来越清楚地认识到问题所在。笔者以为，三次争论均暴露了以下几个问题，这几个问题也是在今后的改革实践或理论创新中需要进一步明确的。

1. 应有什么样的知识观？

知识是普遍的、确定的、客观的，还是开放的、动态发展的？分清这个问题将直接关系到如何实施课程和如何培养人的问题。新课程改革首先要突出解决知识观的问题，即由传统的客观主义知识观向现代的建构主义知识观转型。王策三教授和钟启泉教授的分歧所代表的正是两种知识观的对抗。笔者认为，学习是学习者主动建构知识的过程，新课程改革应持有动态的建构知识观。但这决不意味着教师作用的削弱和取消，相反，教师的作用加强了，教师作为学生学习的促进者角色更加突出了。

2. 如何对待国外先进教育理论？

新课程改革中，改革者们特别是广大的一线教师们，对待国外的先进教育教学理论所表现出来的态度是千姿百态的，关于"理论基础是什么"的争论正是这一形态的集中体现。总体而言，新课改中，盲目接收或消极抵制和排斥国外先进的教学理论的态度都是不对的，应采取借鉴和批判地吸收的态度，同时，对于本土传统的教学理论加以批判地继承。归根结底，应以本土的教育理论为主体，借鉴国外先进教学理论，对本国本土的教育理论加以改造、创新，走自己的路，形成有自身特色的教育理论体系和课程体系。

3. 如何对待教育理论和教育实践的结合？

教育理论的来源既有本土的，也有国外的，既有来自教育实践的提炼和升华，也有教育理论工作者自身的创新。理论和实践的结合要视具体情况而定。国外借鉴来的所谓"先进"教育理论，到了本土不一定就适合，也不 定就"先进"，它要视教师的能力水平、学生的状况、学校的条件和环境而定。同样，本国本土的教育理论也不一定都能"推而广之"。

从某种角度而言，这也是教育理想与教育现实的关系问题。教育改革者首先应是一个教育理想者。教育理想与教育实践之间总会有距离，如何逐步缩小这个距离，变理想为现实，是历代教育改革者追求的目标。

4. 如何开展学术争鸣，引导理论健康地发展？

新课程改革的理论基础不是"先在的""先有的"，而是在改革实践中不断探索形成的。既然目前还处在"探索"中，就难免出现疏漏或偏颇的地方，这需要改革者"慧眼识金"、仔细分辨，勤于学习、反思和研究，不断创新和发展，最终才能为新课程改革打下坚实的理论基础。

学术界历来提倡"百花齐放，百家争鸣"。"事越辩越清，理越辩越明"，改革者对待任何教育理论都不能不加思考，毫无批判地吸收和利用，不能随改革大流，亦步亦趋或人云亦云，那样也会对改革不利，甚至会葬送改革和自身的发展。另外，争论者要有"对话"的意识和态度，努力形成对话氛围。千万不能将和自己持相反意见的人"一棍子打死"或判为"反改革者"。"对话"应有问有答，对话双方应心平气和地沟通、交流，谦虚坦荡地互通有无，满含关切和激情地关心改革与发展，只有具有了这样的心态和品质，才能开展对话。如果只是一方的"质问"而无对方的"回应"，则会失去对话的意味和精神了。

　　笔者翘首期盼更多的教育理论研究者和教育改革实践家对新课程改革展开争论。

参考文献

[1] 王策三. 认真对待"轻视知识"的教育思潮——再评由"应试教育"向素质教育转轨提法的讨论 [J]. 北京大学教育评论，2004（3）.

[2] 钟启泉，有宝华. 发霉的奶酪——《认真对待"轻视知识"的教育思潮》读后感 [J]. 全球教育展望，2004（10）.

[3] 钟启泉. 概念重建与我国课程创新——与《认真对待"轻视知识"的教育思潮》作者商榷 [J]. 北京大学教育评论，2005（1）.

[4] 张正江. 素质教育是轻视知识的教育吗？——与王策三先生商榷 [J]. 全球教育展望，2004（10）.

[5] 夏正江. 果真存在一股"轻视知识"的教育思潮吗？——与王策三先生商榷 [J]. 全球教育展望，2004（12）.

[6] 新课程改革的理论基础是什么 [N]. 中国教育报，2005-5-2，8—13，9—17，10—22，11—28.

[7] 钟启泉. 义无反顾奏响课程改革进行曲 [N]. 中国教育报，2006-12-15.

[8] 查有梁. 论新课程改革的"软着陆" [J]. 教育学报，2001（2）.

（此文发表于《中小学教师培训》2008年第4期）

迈向多元学习时代

刘学兵　史　亮

（东北师范大学附属中学　吉林长春）

世上有一种"一招鲜吃遍天"的学习模式吗？回答显然是没有的。我们认为适合的才是最好的，学生的个体差异和个性特征是多元的，那么适合其发展的学习模式也应该是多元的。现在，以云技术和物联网为特征的大数据时代的到来，加速了学习信息化的进程，它使多元学习成为可能，它让学习多元化的趋势变得不可阻挡，多元学习时代已经到来。

"多元学习"是教师根据学生的具体实际，指导学生选择适合自身发展的学习内容（课程）、学习方式和学习环境等要素组成的多元建构过程，通过学生综合素质评价进而达成优效学习目标的学习策略。

要理解这一定义，需要把握住以下三点：

第一，多元学习的核心是"学"，而不是传统意义上的"教"。

第二，多元学习的关键是适合和选择，要努力避免传统教育中的同质化倾向。教育的目的，本就应该是成全每一个人。按康德的说法，就是"让人成为目的"，最终发展成为完整的自我，而不是成为社会齿轮下的一个合格产品。

第三，多元学习的外延要宽泛，包括多元学习目标、多元学习内容、多元学习方式、多元学习环境和多元学习评价，等等，个能仅仅局限在"多元方式"上。

一、基于"多元学习内容"的课程建构

课程是学校的产品，也是学生成长过程中的营养。做一个简单的比喻，就像我们吃自助餐，如果没有数量和种类丰富的饭菜，就没有太多选择的余地。课程体系是为学生个别化发展服务的，要确保学生吃完以后营养全面。

1. 尊重生命——建构学校立体课程体系

在尊重生命的前提下，在本校"六星人才培养模式"的指导下，努力

建构以"六星人才"为目标，以"品德与修养、沟通与交流、特长与特色、运动与健康、学术与学业、理想与规划"为课程模块，以"国家课程校本化改造，校本课程多样化发展，实践课程社会化体验"为课程策略的多元领域、多元层级的多元课程体系（参见图1）。

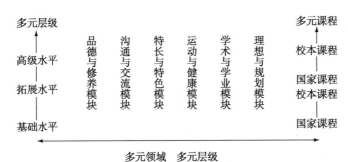

图 1　东北师大附中净月实验学校初高中多元课程体系图

2. 尊重差异——国家课程校本化改造

进一步探索"小初五四"和"初高三三"贯通培养课程模式；实践初高中理科分层课程；探索文科分类课程。逐步实现全员选课走班学习。

3. 尊重个性——校本课程多样化发展

依据学生个性发展需要和学校六星人才培养模式，梳理和完善东北师大附中净月实验学校校本选修课模组。鼓励教师申报开设校本课程和社团活动；积极与东北师大合作开发课程，解决上课教师和教室的问题；积极开展"知行博雅"系列社团课程，采取 N＋1 模式和"两个一"原则促进社团课程的顺利开展。探索"个性化发展课程模式"，立足多元智能理论和学生个性特长的培养，探索以数理、科技、英语、人文、艺术等领域为内容的个性化高阶发展课程，为拔尖创新人才的培养做好基础性准备。（参见表1）

表 1　个性化发展课程表

序号	品德与修养	沟通与交流	特长与特色	运动与健康	学术与学业	理想与规划
1	青年志愿者社团	主持表演课程	音乐、舞蹈系列	球类系列课程	学科竞赛课程	我的未来我做主
2	礼仪系列课程	外语口语课程	书法、绘画系列	体操系列课程	学科拓展课程	名家大师进校园

序号	品德与修养	沟通与交流	特长与特色	运动与健康	学术与学业	理想与规划
3	国学系列课程	模拟联合国	航模	武术系列课程	贯通培养课程	社会职业考察
4	中国梦系列课程	演讲与口才	DI、机器人系列	定向越野	自主招生课程	行业校友课程
5		魔术	陶艺	花式跳绳	兴趣实验课程	入校课程
6			服装设计	轮滑	大学先修课程	离校课程
7			影视传媒系列	棋类		

4. 尊重发展——实践课程社会化体验

继续开展传统实践课程，如国防课程、学农课程、社会实践课程等；探索学生自主管理岗位课程，如教师助教、图书管理员、副班主任等；开展学生社会角色体验课程，如保洁员、售货员等。让学生在社会体验中感悟、成长。

5. 尊重过程——完善课程评价体系

评价过程中注重"四个为主"和"四个结合"：激励性评价为主，激励性评价和管理性评价相结合；过程评价为主，过程评价和结果评价相结合；自评为主，自评和他评相结合；定性为主，定性和定量相结合。

二、基于"多元学习方式"的教学改革

1632 年，捷克教育家夸美纽斯出版《大教学论》，为班级授课制提供了理论依据。班级授课制使"一个先生可以同时教几百个学生"成为可能，可谓顺应了当时的学习要求。可时代发展到今天，由于学生学习基础的差异、学生学习年龄的差异、学生学习科目的差异、学生学习文化的差异，我们应该构建新的多元的学习方式，积极进行课堂教学改革。

多元学习方式应该是多种多样的，如接受式学习、自主式学习、合作式学习、探究式学习、体验式学习等等，如今翻转课堂、MOOC 风暴和微课程的兴起让我们实实在在地体验到大数据时代多元学习方式的作用和影响。

那么如何帮助学生建构适应自身发展的学习方式？教师要在充分了解

学情、尊重学生差别的基础上，遵循"适合选择、适时合作、适度翻转"原则，积极投身课堂教学改革。

1. 适合选择——分层走班学习方式实践

针对学生不同的个性特征、心理倾向、知识基础与接受能力，部分学科实施分层次教学，学生选择适合自身层次的课程走班学习。不同层次的教学目标、教学内容、教学手段、教学评价都是多元的，目的是促进不同层次的学生在原有基础上都得到提高，都能体验到成功的喜悦。鼓励冒尖，发展个性，允许暂时的落后，提倡后来者居上。

2. 适时合作——小组合作学习方式的普及

首先，依据学习型组织建设理论，将所有学生按成绩、性别、组织能力等多种因素进行综合分析，均衡分班分组。每班四人一组，组织能力强且学业成绩较好的学生任组长，便于组织学习、管理学习。小组学生按照组别集中（围桌）而坐，便于互助帮扶、合作学习，取长补短，共同奋进。其次，学习评价不光看个体，还看小组。运用组织手段促进学生相互学习、相互竞赛、相互补充，让学生自己来把握学习的过程。

这样，使每个学生在课堂上都是民主的、平等的、合作的，也是有任务、有义务、有使命的。小组合作学习方式路线图参见图2。

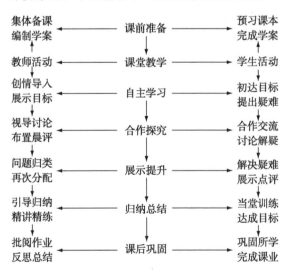

图2　小组合作学习方式路线图

小组合作学习是新学习时代的一种学习方式，能够创新课堂文化，调动学生自觉参与知识建构过程，促进师生之间、学生之间的相互交流与合作，促进师生教学相长。同时，我们也需要教师在小组合作学习方式中使用多元化的评价方式。与传统教学评价相比，新的评价方式不仅要关注学习效果，更要注重小组的合作学习过程；不仅要关注学生对知识的掌握，更要注重合作学习过程中人文精神的表现；不仅要关注学生个人学习行为，更要注重对小组集体进步的评价。只有使用综合、多元的小组评价，才能真正发挥小组评价的正向激励作用，才能使小组合作学习方式走向成熟、可操作。

3. 适度翻转——微课程学习方式探究

微课程学习方式包括自主学习任务单、配套学习资源、课堂教学方式创新三部分，是一个有关学生多元学习方式的微课程设计、开发、实施和评价的翻转课堂学习模式。在课外，学生依据自主学习任务单的指导，借助教师在网络学习平台中提供的配套学习资源进行个别化的自主学习，自主完成任务单中的任务，并针对疑难提出问题，通过学习平台反馈给老师；在课内，师生在学生自学的基础上，合作探究、内化新知、解决疑难、体验展示，完成一个先学后教的翻转过程。

在"自主学习任务单"模块，学习活动首先由教师发动——为指导学生自主学习设计"任务单"，学生则以教师提供的"任务单"为支架开展自主学习（参见表2）。学生是自主学习的主体，教师则是学生自主学习的设计者和指导者。

表2　"自主学习任务单"结构

学习指南	1. 课程名称	
	2. 达成目标	
	3. 学习方法建议	平台使用、资源使用（微视频、教材、网络连接）
	4. 课堂学习形式预告	小组讨论、代表展示、教师解疑
学习任务	5. 整体把握课程结构	画思维导图、标注教材等
	6. 重点难点内容问题化设计	进阶式、现实性、思维力，微视频配合
	7. 学习反思	留白
困惑和建议	8. 记录疑问	留白或平台交流
	9. 提出教师课堂指导建议	留白或平台交流

在"配套学习资源"模块，学生依然是学习的主体，他们借助网络学习平台观看教师提供的"微视频"等学习资源来完成自主学习任务。在这个过程中，教师仍然是学生自主学习的指导者和帮助者。

前面两个阶段都在课外进行，到了课内教学阶段，师生同聚课堂开始答疑解惑、深化拓展的过程。教师是课堂学习的设计者和组织者，也是学生学习的指导者和帮助者。学生在教师的组织和引导下完成内化知识和拓展能力的过程，成为能够自主学习或擅于合作学习的一员。

总之，多元学习探索是在第三次教育革命的大背景下展开的。学习内容已不再是简单的传统的知识结构，而是多元的前沿的适合学生个性发展的立体课程体系；学习方式也将趋向在线学习、游戏化学习、泛在学习与传统课堂有机结合起来的多元方式。未来，智慧校园、网络课堂、移动学习、云教育、大数据等多元化的交互式学习平台，将成为师生新的学习环境。在大数据时代和新一轮课程改革的浪潮中，快速反应、正确行动才能有收获，才不至于落后。让"课程"成为多元学习的基础，让"改革"成为多元学习的常态，让"信息化"成为多元学习的新亮点，让学校携手学生家长和学生共同迈进多元学习时代。

参考文献

[1] 张玲. 加德纳多元智能理论对教育的意义到底何在？[J]. 华东师范大学学报（教育科学版），2003（1）：44—52.

[2] 梅汝莉. 多元智能与课程改革 [J]. 北京教育（普教版），2003（10）：29—33.

[3] 夸美纽斯. 大教学论 [M]. 北京：教育科学出版社，1999.

[4] 张中西. 试论小组合作学习中的自主学习 [J]. 现代教育科学（中学教师），2010（5）：120.

[5] 张庆佃. 优化小组合作学习 焕发课堂生命活力 [J]. 新课程（中学），2010（10）：58.

[6] 李家良. 也谈如何培养学生的合作学习及探究精神 [J]. 新课程（教师），2010（10）：60.

[7] 张金磊，王颖，张宝辉. 翻转课堂教学模式研究 [J]. 远程教育杂志，2012（4）：46—51.

[8] 李凌，刘赣洪. 翻转课堂教学模式应用的 SWOT 分析 [J]. 中国教育技术装备，2013（3）：68—69.

[9] 黄宝国. 差点教育理念的生成与发展 [J]. 现代中小学教育，2014（6）：10—13.

（此文发表于《中小学教师培训》2014 年第 12 期）

我国百年汉字识字教学改革述评

耿红卫

（河南师范大学文学院　河南新乡）

汉字识字教学是汉语文教育的基石。世界上有四分之一的人口在使用汉字，因此，如何提高儿童的识字量、识字效率和识字兴趣等问题，受到中国内地、港澳台及其他国家和地区华人社会的普遍关注，识字教学改革的浪潮此起彼伏，有些的确很有成效，而有的却是昙花一现。那么，如何切实搞好识字教学呢？笔者认为，必须正视现实，但不能割裂历史，要处理好传承与创新的关系，这样才不至于走弯路、走错路。下面，让我们对一百年来我国识字教学改革的情况作一简要的历史回顾，以从历史经验和教训中得到一些有益的启示。

一、从语文独立设科到新中国成立前夕的识字教学改革——探索阶段

1902年清政府颁布《钦定蒙学堂章程》。该章程对识字教学开始进行改革，废除读《三字经》《百家姓》《千字文》等传统识字课本，规定除设"读经"科外，在蒙学堂开设"字课"和"习字"科；寻常小学堂设"作文"和"习字"科；高等小学堂设"读古文词""作文"和"习字"科。《章程》规定，蒙学堂"字课"和"习字"的功课年程为：第一年，字课，实字，凡天地人物诸类实字皆绘图加注指示之；习字即用所授字课教以写法。第二年，字课，静字，动字，兼教以动静字加于实字之上之方法；习字，同上教法。第三年，字课，虚字；习字，同上教法。第四年，字课，积字成句法；习字，同上教法。"字课"和"习字"两科，占当时总课时的33.3％。由此看来，语文课的个性由此显露，也突出了识字教学的地位。[1] 由于多种原因，该学制没有实施，但对教材的编写和识字教学的改革有重要影响。1904年清政府又颁布《奏定学堂章程》，规定初等小学堂除开设"读经讲经"外，要开设"中国文字"科，它与高等小学堂开设的"中国文学"科一起被视为国文科的前身。由此可见，初小的识字教学有

了很大的改进。

此时的识字、写字教学方法，改变了传统蒙学先识字后读书的"集中识字"方法，采用边识字边读书的方法。比如，1902年，小学语文教学方面的教科书《识字贯通法》，将字分为名字、活字、虚字三类，依次分课编排。每一课先列单字，次讲意义，最后拼句。如第一课，单字：天、地、子、西、工、夫、南、瓜、片、冬；大义：（略）；拼句：冬天、南瓜、功夫、片子、南瓜子、西瓜子、天地等。[2] 这样编排的书本还有《文话便读》《字课图说》等。好处是：其一，学生可以随文识字，分散识字，增加学习汉字的兴趣；其二，图文并茂的教材编制方式，符合小学生的认知规律，利于提高识字教学的效果；其三，这样编排注意到了语言学习的规律性，便于学生及早进入阅读角色，提高语文学习成效。

辛亥革命之后，1912年，中华民国教育部颁布了《普通教育暂行办法》，提出废科举，兴新学，废除读经讲经，将"中国文字"科改为"国文"科。《三字经》《百家姓》《千字文》等传统识字教材，逐渐被国文教科书所代替。最初的识字方法仍吸取传统的集中识字教学的经验，从看图识字开始，课数多，课文短，识字数百，转入边识字边阅读。[3] 但由于此阶段的言文不一致，一定程度上阻碍了学生识字的效果。

此阶段教科书的编排方式尚处于科学化的探索阶段。在一些思想观念落后的地方，识字教学的效果并不理想。因此，在一些私塾，还在使用"三、百、千"等识字教材。尽管此类教材包含有大量的宣传封建糟粕的东西，但是由于它们的编排具有识字量较为合理、押韵易于识记、边认字边学知识等优点，所以得以广泛流传。

五四运动以后，中国教育发展进入一个新的阶段，出现了第二次兴学高潮，小学语文教学有了新的发展变化，主要表现在：（1）白话文代替文言文，国文改称国语。（2）受到杜威等实用主义的影响，更加注重语文教材编写的生活化和实用性，更加关注适合于儿童心理特点的识字教学方法。（3）推广试验注音字母，使其辅助识字教学的开展。（4）增加了课文的文学性和趣味性。其重大变化更多地体现在1923年的"壬戌"学制之后颁布的《小学国语课程纲要》中，其中识字教学的改革力度最大，如采用分散识字方法，边识字边阅读，识字、阅读并进，每课的识字量减少。分散识字教学改革最突出的成绩是：克服了言与文不一致的弊端；注意了字的音形义的统一，强调理解字词义；教材内容反映了浅显的科学知识；表达形式适合儿童心理，注意儿童的学习兴趣。这些改革体现了"五四"

新文化运动的历史进步，意义是深远的。但是，在这一改革中，因受西方拼音文字的影响，忽视了我国汉字、汉文特点。[4] 以致产生了消灭汉字，实行拼音文字的说法和做法。20世纪三四十年代，《语文课程标准》在1923年的标准上只作了局部的修改，对识字教学的规定也没有太大的改动。但是在语文教育界，对识字教学的改革探索一直没有停止，主要有：王文新的《小学分级字汇研究》（3799个字），解决识字量的问题；1931年张耀翔进行了识字测验研究，解决识字质的问题；1945年辛安亭对识字量进行了研究，于次年编写出《群众急需字分类表》（1800多个常用字，供边区三年制小学需要）。这些改革都是属于如何使分散识字更加科学化的问题研究。

二、新中国成立以来至1977年的识字教学改革——发展阶段

由于20世纪20年代以来，我国小学语文教科书的编排受到西方实用主义的影响，过于注重生活化和趣味化，而在识字量上有所减少，很不利于学生的阅读，导致语文教学质量的下降。为了解决识字与阅读的矛盾，1956年，我国颁布的《小学语文教学大纲（草案）》明确指出："识字是阅读的基础。……规定小学第一、二学年的阅读教学以识字为重点，在这两年里比较集中地教会儿童认识必要数量的（不超过1500个）常用汉字。有了这个基础，小学语文科的阅读教材才不致处处受生字的限制，而有可能做到内容丰富，语言精确生动；小学语文科的阅读教学才有可能提高质量和效率。"[5] 在教学改革的新形势下，一些单位和个人着手进行识字教学改革试验，极人地推动了识字教学的发展。这些改革试验涉及的识字法主要有：生活教育科学分类识字法（黄剑杰，1952，安徽）、快速循环识字法（刘振平，1953，黑龙江）、分散识字法（斯霞，1958，江苏）、集中识字法（贾桂芝、李铎，1958，辽宁）、字族文识字法（鄢文俊，1960，四川）、部件识字法（白海滨，1960，河北）。下面以分散识字法、集中识字法为例进行评析。

1. 分散识字法

也叫"随文识字法"，1958年由小学特级教师斯霞主持实验。其特点是："字不离词，词不离句，句不离文"。其优点是：随课文分散识字运用得好，字的音形义紧密结合，读、说、写紧密结合，可以提高识字的数量和质量，使学生切实掌握语言文字这个基础工具。其效果是：斯霞老师采用此法，学生一、二年级识了2014个字，五年完成了六年识字的3500个字的教

学任务。其不足是：（1）对汉字规律重视不够。教师对汉字理据缺乏应有的认识，不能引导学生建立音形义的必然联系，致使学生陷入机械记忆。（2）未能获得最佳的识记效果。这种教学法主要以字义作为识记的线索，未能突出汉字的理据，加上汉字具有多义性，在具体的语言环境中的字义往往不是本义而是引申义，故难于建立音形义的内在联系。（3）识字进程缓慢，低年级识字量不多，对阅读能力的尽早培养和提高形成一种制约。[6]

2. 集中识字法

1958 年由辽宁省黑山县北关实验学校教师贾桂芝、李铎首创。其特点是：把汉字集中起来学习，先识字后读书，学一批字，读一组课文巩固识字，再学一批字，再读一些课文，即集中教，分散练。其基本策略是：识字、阅读分步走，提高汉字教学的效率，达到两年内识字 2500 个左右。其优点是：（1）便于突出识字的重点和难点，即字形。（2）便于体现汉字构字规律，便于学生去独立分析认识更多的新的汉字。（3）便于培养学生的观察、分析、综合、比较等能力。（4）促进了大量的阅读、提早写作。[7]其不足是：（1）识字与阅读分开进行，势必延长从识字到阅读的转换过程，不利于书面语言的学习。（2）脱离语言环境，孤立识字，影响识记的效果。（3）学生识记一批又一批形体相近的汉字，却不能及时得到复现和运用，容易产生遗忘。

我国在总结识字教学改革经验的基础上，进一步重视汉字、汉语特点。1963 年颁布的《全日制小学语文教学大纲（草案）》重申了小学语文教学低年级以识字教学为重点，总识字量定为 3500 个左右的常用字，一、二年级要教学生半数左右。这样，识字教学发生了较大变化，识字任务集中在低年级，三年级以后识字量逐渐减少，重点放在读写方面。可以说，这一改革思路是十分正确的。然而，20 世纪 60 年代前期识字教学改革刚刚开始不久就遭到"十年动乱"的破坏。动乱期间，除了有双拼计算机辅助识字法（扶良文，1968）等少量的改革实验外，语文教学改革几乎陷入了沉寂的状态。

三、改革开放以来的识字教学改革——繁荣阶段

1978 年，随着拨乱反正的实行，我国的教育也开始再次步入正常的发展轨道，1978 年 2 月，颁布了《全日制十年制学校小学语文教学大纲》，在识字教学方面明确规定："识字是阅读和写作的基础。在小学阶段要使学生学会常用字 3000 个左右。前三年学会 2500 个左右，为四、五年

级较快地提高读写能力打下基础。……识字教学要改进方法，提高质量。要根据学生认识事物的规律、学习语文的规律和汉字本身的规律，教给学生识字方法，培养学生识字能力。在教学中要把汉字的音、形、义紧密地结合起来，着重指导学生认清字形。学过的汉字要力求在阅读和写作练习中经常出现，反复运用，使学用结合起来。"[8]随后在宽松的教育教学环境中，小学语文教学改革如火如荼，识字教学方法的改革取得了喜人的成绩，汉字教学研究也非常活跃。2000年由教育部直接召开的"小学语文识字教学交流研讨会"所征集的材料共有40多种识字教学方法。主要有：汉标识字法（肖长杰、魏大义，1978）、注音识字法（1982，黑龙江）、听读识字法（谷锦屏，1984，天津）、猜认识字法（王桐生、张俊蔺，1987，天津）、字根识字法（张继贤，1987）、奇特联想识字法（李卫民，1989，浙江）、立体识字法（赵明德，1989）、字谜识字法（吉林省双辽市的老师们，1987）、韵语识字法（姜兆臣，辽宁）、立体结构识字法（赵明德，1990）、趣味识字法（郭洪，江苏）、成群分级识字法（曾悠源，1991，湖南）、字理识字法（贾国均，1991，湖南）、电脑辅助学习汉字法（上海市实验学校，1991）、四结合识字法（何克抗，1994，北京）、多媒体电脑辅助识字法（谢锡金，1994，香港）、炳人识字法（唐炳人，1998，辽宁）、看图识字法（民间久用的传统方法）。[9]下面，以注音识字法、电脑辅助学习汉字法为例进行评析，以窥视20年来识字教学改革的现状。

1. 注音识字法

它是"注音识字，提前读写"教学改革试验的一个组成部分，由黑龙江省组织实施，1982年在佳木斯第二小学、拜泉县育英小学、讷河市实验小学开始首轮实验。该实验的基本理论是：（1）以发展语言能力为重点，解决学语言和学汉字之间的矛盾。（2）发挥汉语拼音的多功能作用，提前进行听说读写训练。其基本策略是：三年为一个周期，仅用三年的时间在识字、阅读、写作方面基本上完成现在的小学五年的教学任务。实验的基本步骤是：（1）让学生先熟悉掌握汉语拼音。（2）利用汉语拼音大量阅读。（3）利用拼音写话、作文。（4）在大量的读写过程中认识汉字。[10]其效果是：这项长达10年的实验证明，注意识字法是符合儿童学习语言的规律的，有利于学生听说读写能力的协调发展，并对开阔学生视野、开发学生智力具有积极作用。各地正在积极地、有计划地推广这项教改实验。其不足之处是：（1）偏离汉字规律。主要依赖学生在大量反复阅读中识得汉字。（2）忽视汉字识记规律。通过"经常见面"和"无师自通"识字，缺乏对汉字的深入了解，只能依靠死记硬背，不利于记忆。（3）字形认知和再现的模糊状态制约了书面语言的进一步发展。这种教学法绕开汉字识记，直奔学习书面语言而去，在前期确实效果显著，但汉字最终是要识记的，字形认知始终处于模糊状态，这对阅读向纵深拓展必然形成一定的瓶颈。[11]

2. 电脑辅助学习汉字法

又叫"拼音、汉字同步教学及电脑辅助教学"法，由上海市实验学校首先进行实验。实验的目的是：解决学生一入学面对学习大量枯燥乏味的拼音而降低学习语文积极性的问题；解决由于汉字音形不一，笔画重复而易使学生写错别字的问题。其具体做法是：使学生入学第一天就与计算机结缘，把拼音学习和汉字直接挂钩，结合电脑操作，同时为学生提供文字、声音、图像等信息，适应了儿童的心理，而且学习字母时，还配有26种手势，通过手语和电脑操作，使学生手脑并用；学生使用双拼打字、遣词造句、作文，由于打出的字是正确的汉字，因此可以减少学生错字现象，从而使电脑真正起到辅助识字教学的作用。其效果是：一年级的新生入学两个月就能认1000个汉字；进校一个半月后就能在电脑中输入600多个汉字，"写"96句话；许多同学还能流畅地读《365夜》故事书；一年级下学期的学生已能在电脑中创作出图文并茂的《童话集》。[12]其不足之处是：（1）由于长期和电脑打交道，开口诵读字的机会少，师生交流的机会也少，因此不利于学生口头语言的发展。（2）由于经常在电脑上打字，手写字的机会大大减少，这样不利于学生掌握汉字的笔顺和间架结构，也不利于学生正确领略我国汉字的书法艺术。（3）电脑辅助识字、阅读教学需要很好的配套设备，这是农村或者落后的城市学校所做不到的，因此，该实验不利于推广。

在总结识字教学各项改革成败得失的基础上，我国更加注重识字和写字的科学性，更加强调它的学习语文的基础地位，这在新世纪的《全日制义务教育语文课程标准》中就可以清楚地体现出来。新课标从"情感态度和价值观""知识和能力""过程和方法"三个维度，提出"识字与写字"的学习目标，并注意了目标的全面性，要求学生能认识3500个左右常用汉字，会写其中的3000个，注重培养学生热爱祖国语言文字的感情，培养学生主动识字的愿望和主动识字的习惯，使学生具有较强的独立识字能力，能把字写对、写美观等。[13]与以往的教学大纲相比。新课标在"识字与写字"教学方面，呈现出以下特点：（1）准确定位汉语拼音目标，适当降低汉语拼音教学要求。把汉语拼音定位为辅助认字和学习普通话的工具，而不重汉语拼音掌握熟练程度的考察。（2）"识""写"分开，提出"认识"和"学会"两种目标，旨在避免因"四会"而造成的互相掣肘的现象，同时也可以降低学生学习的负担，利于提高其识字的积极性和学习效率。（3）在书写中体验汉字的优美，养成良好的书写习惯，并在书写中认汉字和巩固所学的汉字。（4）分层级的汉字识字量和会书写的量，有利于提高学生识字的兴趣，为其及早大量地阅读做准备。贯彻新课标要注意的问题是，我们认为，降低拼音的教学要求，并不是不要"拼音教学"，如何发挥其辅助认字作用，在实践的层面上还值得深思。再者，识字教学提倡在情景中识字，在生活中识字，利用儿童的已有经验，用自己喜欢的方式识字。这就为教师搞好识字教学提供了宽广的舞台，教师们可以各显其能，设计出多种识字和写字教学方法，在最短的时间内，高效地提高学生的独立识字能力。因此，如何设计识字教学法应引起当今小学语文教师们的慎重思考。

四、关于提高识字教学质量的几点思考

1. 识字教学必须符合学生的认知规律

从少年儿童的智力发展来看，小学低中阶段学生的思维基本处于具体的形象思维阶段，小学高年级和初中生则处于由形象思维向抽象思维的过渡阶段。低中段学生的识字教学是为学语文打基础的最重要阶段，学生多具有活泼好动的天性，因此，识字教学采取字谜、韵语、儿歌、情景识字等游戏、娱乐的"做中学"的方式，效果较好。对于高段和初中学生，由于他们的知识有了一定的积累，智力水平发展到了能更好地理解抽象事物的阶段，学力也有很大的提高，因此，识字教学采取字根识字、字理识字、字族文识字、电脑辅助识字等方法，效果较好。需要强调的是，如果教师能够加强相近的识字方法的整合，并创造性地运用到教学实践中去，可能会收到意想不到的效果。

2. 识字教学必须符合汉字的构字规律

汉字是形音义结合的方块字体，属于汉藏语系，不同于西方的以表音为主的印欧语系，因此，在识字教学上不能完全照搬拼音文字的教学方法。字形是汉字的灵魂，汉字形体结构的自身，包容着无比丰富的信息量。教师自觉地运用汉字构造的规律指导学生识字，可以使学生在识字中逐渐掌握识字规律，形成识字能力；可以使教学活动生动活泼，激发学生学习汉字的兴趣；同时，还可以使学生在学习汉字的过程中受到民族文化

的熏陶。[14]因此，笔者认为，汉字教学的起点应当是以形表意的方块字，而不是汉语拼音。等学生认识和掌握了一定数量的汉字以及初步学了普通话之后，再进行系统的汉语拼音学习，有利于正音和继续提高，有利于真正发挥"汉语拼音"在学习汉字中的"拐杖"作用。这样既节省了学习时间，也提高了识字效果。

3. 识字教学方法必须科学化

要使汉字教学科学化，必须加强汉字用字问题的研究。汉字的用字问题是一个新的课题和领域。虽然也有学者进行了卓有成效的研究，但是小学识字教学的用字问题，仍然处于未能给予科学界定的模糊状态。现在已有的常用字字表、高频字字表、次高频字字表大都是统计成人的常用字，还没有把一个重要的字源——儿童口语中的常用字统计进来。现在还没有测定出一个适合当代儿童学习的、比较科学的、全国通用的小学语文用字表。[15]因此，我们必须根据汉字的构词规律、学生的言语实践规律以及学生的认知规律，来加强对字种、字量、字序等问题的研究，以解决用字问题，更好地为学生的识字提供科学化的学习方法。

注 释

[1][3] 林治金. 中国小学语文教学史 [M]. 济南：山东教育出版社，1996：217—220，249—250.

[2] 陈黎明，林化君. 二十世纪中国语文教学 [M]. 青岛：青岛海洋大学出版社，2002：36.

[4] 田本娜. 百年识字教学的历史及创新 [J]. 小学语文教学，2002（9）：7—8.

[5][8] 课程教材研究所. 20 世纪中国中小学课程标准·教学大纲汇编：语文卷 [M]. 北京：人民教育出版社，2001：119，177—178.

[6][11][15] 宋增林. 识字教学的历史回顾与粗浅分析 [J]. 甘肃教育，2005（4）：30.

[7][10][12] 顾黄初. 中国现代语文教育百年事典 [M]. 上海：上海教育出版社，2001：399—400，581，707—708.

[9] 秦凤珍. 检视建国后的识字教学 [J]. 天中学刊，2004（4）：112.

[13] 语文课程标准研制组. 全日制义务教育语文课程标准解读（实验稿）[M]. 武汉：湖北教育出版社，2002：49.

[14] 胡国梁，毕秀芳. 汉字"六书"与识字教学 [J]. 小学语文教学，2000（12）：24.

（此文发表于《中小学教师培训》2006 年第 10 期）

"课时课程"的价值追求与实践

官炳才

（重庆市开州区教师进修学校　重庆）

一、"课时课程"缺位的思考

"课时课程"，是笔者通过海量的语文课堂观察，为我区语文课堂教学改革课题研究而提出的一个概念，指的是将每一个课时的授课视为课程来建构，其课程观的要义在于动态生成。它强调课程建构落实到每一堂课。"课时课程"对于语文教师的现实意义在于，无论是备课、上课，还是评课，都要问一问：为什么教？教什么？在哪个时段教？怎样教？为什么这样教？怎样促进学生的发展？

"课时课程"关注的重心在于教学的价值问题，即关注人本身，关注学习者，关注教学究竟是为了谁的问题。"能围绕所选择的目标加强语文积累，在积累的过程中，注重梳理。根据自己的特点，扬长补短，逐步形成富有个性的语文学习方式。了解学习方法的多样性，掌握学习语文的基本方法，能根据需要采用适当的方法解决阅读、交流中的问题。"[1] 课标"围绕所选择的目标"，是针对在教学实施过程中的师生而言的，但事实上教师在操作过程中所选择的目标大多是网络上或相关文本上现成的目标；课标"根据自己的特点"，但事实上教学所采用的学习方式大多也是资料上提供的；课标"根据需要采用"，但事实上解决问题的方法大多还是资源上提供的。严格意义上讲，语文教学的现状几乎就是照本宣科。

照本宣科的语文教学现状昭示了"课时课程"在大量的课堂里是缺位的；语文教育难于从根本上催生效果，症结也就在这儿。观察教师们的现实教学行为，确实没有几个教师将课堂教学上升到"课程"的高度来认知，更别说在每一堂课上体现课程观念与意识。更多的教师的认识是这样的：把课程看作是先于教学预先编制好的、现成的知识体系，教师只需要在课堂上通过一定的方式传授给学生，让学生接受、理解相关知识即可。也就是说，不少教师将课程理解为静态的固化为文本的东西，不能从动态生成的角度看待课程的存在形式，认识都到不了位，"课时课程"建构也就无从谈起。[2]

二、"课时课程"的价值追求

教师对课程的敏感程度，直接关系着教育教学质量的高下。教学的主阵地在课堂，教学实施又主要是以课时为单位来进行的，要将每一个课时的教学视为课程去建构，实现教师、文本和学生三者之间的真实对话与动态生成，从而有效践行"课时课程"。"教育的本质一定是静默的，而不是喧嚣的。因为人的成长，是内在的成长，其过程必然是安静且朴素的，而不是招摇和华丽的。"[3]在没有课程意识聚焦的课堂，教师和学生都没有"内在的驱动"，又怎么去求得学生"内在的成长"？直接"截获"于教参、教辅、网络的"现货"，这样的语文教师仅仅是一个"搬运工"，最多不过算一个"掮客"而已，是不会从根本上产生教学价值效应的。

（一）规避教师对课程的认知偏差

课程改革的重心在于课程建设，这毫无争议，但课程一度被认为是顶层设计者们的事情，一线教师的重心在于课堂教学改革，于是，有人提出"课改就是改课"的观点，不少地方把"改课"做到了极致。可是，认知偏差下的"小组学习""合作探究""成果展示"却似乎只有"热闹"，不见教学效果。当专家们指出"课改"即"课程改革"之后，在校长们的力推下教学一线又刮起了"课程改革"之风，"国家课程地方化""地方课程校本化""国家课程校本化"在校园里"风生水起"。其主要课改活动即编书。究其实，所谓的"校本课程"不外乎"复制＋粘贴"的拼盘。

"课时课程"理念影响着教师对整个教育活动的认识与理解，影响着教师对整个课程系统的认识、理解与处理方式。教师作用于课程，就得彻底改变目前将课程视为法定的教育要素、不可变更的系统，在课程系统面前无所作为的局面。教师要主动进入课程，以自己对课程的独特理解为基础，从目标、课程、教学、评价等多个维度去整合、建构语文课堂的"课时课程"，规划教育活动，确立行为方式，从而使自己真正成为课程的动态生成者。

（二）发挥教师对课程的能动作用

"教师应认真研究《基础教育课程改革纲要（试行）》和《普通高中

语文课程标准（实验）》，研究自己的教学对象，从本课程的目标和学生的具体情况出发，灵活运用多种教学策略，有针对性地组织和引导学生在实践中学会学习。在教学中，充分发挥主动性，创造性地使用教科书和其他有关资料。"[4]课标的"针对性""创造性"明确地对语文教师提出了整合的、生成的、实践的课程观要求。拥有明确课程意识的教师，他们会主动进入课程，能动地作用于课程，这样才能使静态设计的课程转化为动态的课程实施。从这个意义上讲，教师就是课程。

教师即课程。"课时课程"的价值集中表现在教师对待教材的态度和处理教材的方式上面。"课程意识排斥'圣经'式的教材观，要求教师确立课程资源意识，认识到教材仅仅是课程实施的一种文本性资源，而且教材是可以超越、可以选择、可以变更的。教材仅仅是课程的一种重要载体，但不是课程的全部。任何课程实施，都需要利用和开发大量的课程资源。"[5]对教材的超越、选择、变更，对课程资源的开发、利用，要求教师对现有课程进行二次，甚至三次、四次再创造，建构起适合自己、适合学生、适合课堂的"课时课程"。

（三）解决教师"教什么"的根本问题

"课时课程"敦促教师求解"教什么"的根本问题。教材不可能规定具体情景下的课程实施，配套教参也只能是一般意义上的要求和解读。因此，教师在课程实施过程中，完全有空间、有可能、也期待对教材进行再创造，对课程内容进行选择、拓展、补充和删改，对不合理的部分进行批判，在此基础之上建构起适合自己与学生的"课时课程"。就拿阅读教学文本来说，每个学生在不同学段所接触的文本有何不同呢？每个文本都不外乎"字词句篇语修逻文"，唯一不同的只是长短有别而已，语文教师面对体现语文课程意志的文本，难道篇篇都来个"字词句篇语修逻文"吗？不能。所以，"课时课程"给语文教师的每一堂课出的第一个难题就是"教什么"的问题，教参、教辅编写的是共性的东西，它们不可能为教师解决"教什么"的问题，因为学情是千差万别的，教师的学识修养也是千差万别的。

在教学中，"教什么"显然比"怎么教"重要。内容决定形式，确立了一篇文章"教什么"，才有可能选择正确的"怎么教"；如果不知道"教什么"，那么，无论你"怎么教"，也不可能教得好。用什么来判断"教什么"呢？依标、靠本、缘生，即依据课标，研读文本，还得观照学情。语文课程目标是素质目标，是难以量化的，比如"在阅读中，体味大自然和人生的多姿多彩，激发珍爱自然、热爱生活的感情；感受艺术和科学中的美，提升审美境界。通过阅读和鉴赏，深化热爱祖国语言的感情，体会中华文化的博大精深、源远流长，陶冶性情，追求高尚情趣，提高道德修养"[6]，这本身就是一个素养问题，不同于其他学科的"知不知"或"会不会"。因此，语文教师要用课标中"感受·鉴赏"的课程目标来判断、选择，同时充分考虑学情去建构课堂所需要的"课时课程"。

（四）挖掘学生作用于课程的潜力

"课时课程"呼唤学生主动地进入课程。"高中学生身心发展渐趋成熟，已具有一定的阅读表达能力和知识文化积累，促进他们探究能力的发展应成为高中语文课程的重要任务。应在继续提高学生观察、感受、分析、判断能力的同时，重点关注学生思考问题的深度和广度，使学生增强探究意识和兴趣，学习探究的方法，使语文学习的过程成为积极主动探索未知领域的过程。"[7]课标对高中学生的"探究意识""探究能力"提出了明确的要求，换言之，学生的课程意识集中表现为主动进入课程，能动地作用于课程。只有这样，学生的探究能力才能得到可持续提升。从这个意义上讲，学生就是课程。

学生即课程。"从表层看，课程是由特定的社会成员设计的，但从深层看，课程是由学生来创造的。课程不完全是设计者预设的发展路径，学生也不完全是通过对成人生活方式的复制来成长的。因此，不应把课程及其教材看作是学生必须毫无保留地完全接受的对象，而应发挥学生对课程的批判能力和建构能力作用。"[8]"课程是由学生来创造的"，这是对"学生即课程"的最佳诠释。实践证明，学生自己探索发现的结论往往比教师生硬灌输的结果记忆得更牢固、体会得更深刻，学生的学习兴趣将在自己的探索发现中得到更有价值的深化，学习热情将得到更有价值的保护。

学生作用于课程的潜力，期待教师的智慧挖掘。教师在"课时课程"建构过程中，应确保学生的主体地位，一切从学生实际出发，从学生需要出发，从学生发展出发。教师要根据学生主体发展的需求，选择、整合课程内容，变革学习方式。只有当教师把学生引入了课程，让学生主动作用于课程，才会催生真正意义上的教与学的本质对话与适时效果。

三、"课时课程"的实践探索

（一）颠覆"元认知"："课时课程"资源依靠教师重构获得

"课时课程"必须颠覆"将课程视为法定的教育要素，不可变更的系统"的错误认识。教学资源从来都没有一成不变的，"正式课程"（即教育部规定的通用课程）的每一个课时的课程资源全都依靠教师对国家课程文本的重构获得。笔者教学《老人与海》，在任务驱动学生预读、预思、预析之后，用一个课时师生共同探析文本，整堂课就品读鉴赏一个字——硬——主人公桑迪亚哥性格里的"硬"。一个字，一节课，怎么上？这全靠教师根据课标要求重构教材文本，从而获取教学需要的"课时课程"资源。"注重个性化的阅读，充分调动自己的生活经验和知识积累，在主动积极的思维和情感活动中，获得独特的感受和体验。学习'探究性阅读'和'创造性阅读'，发展想象能力、思辨能力和批判能力。"[9] 坐实课标"个性化阅读""探究性阅读"要求，淡化老人捕鱼的结果，从捕鱼过程的意义及其蕴含的精神价值层面选择解读视角——"硬"字视点下的多维凸写。

在"课时课程"理念下，笔者围绕"硬"字重构教材，引领学生展开四重主题阅读：（1）"自身"视角下的硬汉凸写，从五斗鲨鱼、心理轨迹、语言描写、外貌描写（补充节选外内容）等来凸写硬汉之"硬"；（2）"对手"视角下的硬汉凸写，主要从鲨鱼的外貌、叙述评价、对手点赞等角度来凸写硬汉之"硬"；（3）"英雄"视角下的硬汉凸写，老人杀死鲭鲨后想起了棒球手老狄马吉奥，用英雄人物来烘托硬汉之"硬"；（4）"环境"视角下的硬汉凸写，作者着力在小说中描绘孤寂的环境，老人遭遇鲭鲨的重创之后，其真实心境也是孤寂的，但一旦遭遇敌手则毫不犹豫、义无反顾地投入到战斗中去，环境烘托了心境，反衬了人物形象，一位孤胆英雄的形象被凸显了出来。这样的教学设计打破了传统教学面面俱到的格局，体现了教师在阅读教学中确立解读视角、实施课程整合与重构的意识，彻底打破了"教教材"的"魔咒"，从而开辟出"用教材教"的阅读教学新路径。

（二）教师"有作为"：研究型教师才是"课时课程"的王者

"课时课程"的教学资源从哪里来？研究课标，研究学生，进而根据教学目标指向钻研教材，从而获得教学实施所需的"课时课程"资源。鉴于此，"课时课程"理念下的教师必须是研究型教师，研究型教师才是践行"课时课程"的王者。想要达成高中语文课程标准针对学生提出的"个性化阅读""探究性阅读"要求，必须先有教师充分的"个性化阅读"和"探究性阅读"，只有这样，教师才可能给予学生阅读时空，给学生搭建阅读支架，给学生智慧引领，从而达成课标对学生的阅读要求。

课标"个性化阅读"要求，期待教师对文本的独特理解，从而生成教学所需的新的课程资源。比如教师通过深度阅读收获属于自己的多层次感悟，用此感悟去跟学生进行思维碰撞，用这样的方式展开教学就具有个性化特征，往往别人学不像。一位名师借班教学散文诗《秋歌》，她的教学分三个层次推进：（1）与诗初相识（①请将你初读的感受用一个词来形容。②哪些地方让你有这样的感觉?）；（2）冷香细细吟（①哪些地方让你感到冷肃? ②诗人描写了一个什么样的秋天?）；（3）凝然深味之（①从哪些地方读出温暖甜蜜? ②你心目中的暖暖是什么?）。三个层次层层深入，每层两个主打问题，整个课堂精彩纷呈。三个层面的六个问题，教师都是从学生的角度站在他们的思维视角提出来的，有利于学生读出独特体验，从而彰显学生"个性化阅读"效果。课标"探究性阅读"要求，期待教师对文本的探究性阅读，从而生成激发学生探究兴趣的教学资源。比如教学《道士塔》，笔者曾抓住第一次阅读最有感触的一个句子——王圆箓只是这出悲剧中一个错步上前的小丑——展开教学，主体问题有：（1）王圆箓丑在何处?（外貌、言语、行为、心理——无知、无识、无畏）（2）"大丑"是谁?"大丑"丑在何处?（——无能、无力、无耻）（3）如果"上前"的是一位官员会怎样?（4）如果"上前"的是余秋雨又会怎样?（5）请结合自己所思，以"秋雨墓"（或者"秋雨祭""秋雨魂"）为题写一篇读书笔记。仅一个句子，因为教师的深度解读，生成了多个想象和探究的话题，为学生读与写提供了广泛的信息资源与较大的训练提升空间。[10]

（三）笃定"教什么"：角度切入之路是"课时课程"的捷径

确立了一篇文章"教什么"，才有可能选择正确的"怎么教"。怎样确立"教什么"呢? 前文讲过，这得"依据课标""研读文本""关照学情"。在具体操作的时候，笔者力推"角度切入"法，角度切入之路才是践行语文"课时课程"的捷径。观察大量的语文课堂发现，阅读教学走"角度切入"之路，才可能深入，才可能深刻，也才可能规避"千师一面"的阅读教学怪相。

一位名师教学《小狗包弟》，请看师生的课堂对话：

师：同学们，你们通过预习，读出了什么？（限两个字回答）

生：怜悯、歉意、温暖……师：老师读出的是"伤害"！

学生疑惑……接着，教师请学生找课文中都写了哪些谁对谁的"伤害"，通过学生自主解读演绎出巴金对狗、时代对巴金、人对狗、时代对人等多重伤害，课堂气氛也就这样活跃起来了。通过课堂演绎，学生被"逼"出两个结论：第一，伤害是互相的；第二，人性与兽性的颠倒。最后，教师问：你觉得这种伤痛能够消除吗？课后作业：请以"伤害"为题写一篇读书笔记。在这堂课上，教师运用"角度切入"法，整堂课每一个教学环节都围绕"伤害"品析语言、探究主旨，感触丰富，感悟深刻。

拙稿《〈汉家寨〉教学设计》发表于《中学语文》（2014 年第 11 期），后被人大报刊复印资料《高中语文教与学》（2015 年第 3 期）全文转载。转载的价值点应该就在于其遵从了"角度切入"的设计思路。该设计紧扣"死寂"一词展开：（1）美文初识（①师问：读罢课文，你感动于什么？请简明说说感动的理由；②师语：老师感动于——死寂里，千余年来生命的生生不息……这节课就盼着同学们感动于老师的感动）。（2）限制筛选（任务：请从课文中筛选出写"死寂"的文字，要求从"声音""感受""景物""人物"等多角度筛选、提取信息，并简明说出理由）。（3）对点赏析（赏析步骤：写了什么——怎么写的——为什么这样写；要求每个学生先独立思考品析文中写"死寂"的句子，再组内交流互评，最后写成赏析文字）。（4）指向写作（预设微写作题目：①"我"跟爷孙俩一定没有交谈吗？如果有交谈需要写出来吗？请你为你的判断阐述理由；②试着将"大漠孤烟直，长河落日圆"改写成七言诗，要求凸显出"残酷"的诗意；③仿照"我觉得自己渺小得连悲哀都是徒劳"的形、意表达，试着将"渺小"替换成"伟大""高尚""卑鄙""开心""痛苦"并另外写几个句子，为自己的写作储备素材；④从文中哪些地方能读出"残酷的诗意"？试着将相应的散文句段改写成诗，同样凸显"残酷的诗意"；⑤请以"死寂里的生命奇迹"为题写一篇读书笔记）。四个教学环节，每一个环节都紧紧扣住"死寂"一词来设计，内容上充分体现了"语文元素"。同时，就本文来说，将"死寂"读解透了，文章的主旨也就"显山露水"了。

（四）催生"读写乐"：让"悦读—写作"成为学生的生存状态

"课时课程"实践的逻辑终点在哪里？众所周知，在"读""写"。想要"课时课程"实践真的有效甚至高效，那就得让"悦读—写作"成为学生的生存状态。

"孩子们总是充满了求知欲、想象力、好奇心，既喜欢'听故事'，也有'讲故事'的愿望。然而，培养孩子的阅读能力和习惯，却不是一件轻松的事。其中最重要的一条经验就是：不要着急盯住孩子，尤其不要着急在课桌旁'钉'住孩子，而应该努力保护他们对书籍的兴趣，对阅读的兴趣。"[11]阅读，在学生那儿如果变成了"悦读"，那么，学生的"探索性阅读""批判性阅读"也就有了内在的驱动力量。当学生养成了"探索性阅读""批判性阅读"的良好习惯，那么，"写作"能力的提升也就不需要师生搜肠刮肚与绞尽脑汁了，法经典与美文之法，表探索与批判之思，写作不就变成一件愉悦的事情了吗？

对于高中语文课堂的半壁江山——"写作"，笔者一直推崇行之高效的"阅读—写作"路径。"阅读，是最美的人生姿态。俞玉萍让孩子打开书本便爱上阅读的'甜'，打通生活与学习的'任督二脉'；她让阅读的'攀比'之风席卷整个教室，带孩子与朝阳清风一起读书。她把智慧、尊严、爱都倾注在孩子们的心田，托举起百合班的一个又一个教育奇迹。"[12]俞玉萍老师曾经向我们展示了她的学生唐钱琛课外阅读《新月集》的四级读写阶梯：含英咀华品文字、慧心巧思精读文、深思熟虑赏作品、豁然顿悟创作品。一本《新月集》催生出小读者近十篇令人拍案称奇的赏析、创作文字。师生携手共进每一级台阶，学生每一个阶段的阅读与写作，都有教师的支架搭建、智慧导引与静待花开。

唐钱琛同学的"悦读—写作"奇旅带给我们什么思考？践行"课时课程"，在处理"读"与"写"的关系的过程中，须得让学生先进入阅读课程，走进文本"阅读""分析""比较""归纳"，当学生出离阅读课程的时候，"写"得精彩也就是轻松愉悦的小事一桩了。俞老师感叹道："钱琛对《新月集》进行了重新组合，于是，童真、母爱与大自然逐渐从全集中凸显出来，我们读到的是条理清晰的归类赏析，我们应该想到的是钱琛思维的集中思维能力。……我们还可以向往的是《新月集》已经成为钱琛生命成长的一部分，以后的她，会时时去关爱身边需要关爱的，只因为爱是如此美好；……而钱琛之所以能这样，是因为她深入地阅读、分析、比较、归纳了《新月集》中所有的美好。"[13]俞玉萍老师唯美的点赞，带给我们的感动更是唯美的。

注 释

[1][4][6][7][9]中华人民共和国教育部.普通高中语文课程标准（实验）[S].

北京：人民教育出版社，2011.

[2] 官炳才，邹俊. 基于课标的语文课程意识自觉 [J]. 语文教学通讯（高中），2016（7）：31—34.

[3] 李政涛. 静默中的教育 [J]. 今日教育，2014（5）：8.

[5] [8] 郭元祥. 教师的课程意识及其生成 [J]. 教育研究，2003（6）：33—37.

[10] 官炳才. 基于"课时"的语文运作课程建构 [J]. 中小学教师培训，2015（5）：59—61.

[11] [12] [13] 赵国忠. 中国教室的奇迹 [M]. 南京：南京大学出版社，2013.

（此文发表于《中小学教师培训》2017 年第 5 期）

新课程背景下历史课程教学设计的特点

——基于对三大历史教学类期刊所登案例的研究

胡军哲[1] 李 进[2]

（1. 长沙教育学院 湖南长沙；

2. 长沙麓山滨江实验学校 湖南长沙）

新课程实施以来，广大教师特别重视对教学设计的理论与实践进行研究。《历史教学》《中学历史教学参考》《中学历史教学》三大历史教学类期刊，刊发了大量富有启发意义的历史课程教学设计。为了更好地学习、借鉴、推广这些优秀的历史课程教学设计，笔者通过对其中的部分案例进行分析与研究，从中总结出了其突出特点，特撰此文以供参考。

一、理念：充分体现以学生为主体

1. 根据学情制定教学设计

学生是教学活动的主体。我们只有首先深入了解学生，分析学生已有的知识储备和生活经验，才能做到立足于学情制定教学设计。许春凤老师在讲授《充满魅力的书画和戏曲艺术》一课时，首先认真分析了高二年级的学生在初中阶段对中国古代艺术的掌握情况，为了避免重复，这节课的教学设计没有停留在"演变过程"与"发展脉络"上，而是立足于情感态度与价值观的引导，促使学生深刻体会中国文化艺术的价值。她以2008年北京奥运"文化中国"为主线，借助材料与情景，设计出一系列问题让学生参与其中，充分调动了学生的学习积极性。[1]

在高中历史必修 I 第 7 课《英国君主立宪制的建立》教学中，学生对于英国为什么会制定《权利法案》、形成责任内阁等并不了解。那么，应该怎样理解英国君主立宪制的特点？如何认识英国确立代议制的伟大意义？采用哪些学生易于接受的形式和内容突破教学难点？传统教材强调的是英国资产阶级革命反复、曲折的过程。陈红老师在认真研读新教材并阅读了相关学术专著后，发现英国之所以能确立君主立宪制，最早创立现代

43

政治制度，与其文化传统、政治传统和经济根源密切相关。因此，陈红老师决定用"羊皮纸上的《大宪章》""国王被推上断头台""'进口'国王与光荣革命""限制王权的法案""小密室的演变""大众参与政治趋势"六个小故事讲述英国代议制逐步确立、发展的历史。[2]这样，便充分调动了学生的兴趣，体现了学生的主体地位。

2. 重视学生对历史课程的参与

新课程大力提倡学生参与课程，因此，很多教师的教学设计突出了"课堂活动"的形式。陈方南老师在讲授《郑和下西洋》一课时，设计了一个虚拟的展览馆。展厅一：七下西洋欲何求；展厅二：海上史诗耀中华；展厅三：六百周年义深远；留言厅："参观者"留下自己的感受（可从惊叹昔日的辉煌、哀叹近代海战耻辱、冀望今天的海上崛起几个角度来写）。然后把学生分成四组，搜集展厅二（海上史诗耀中华）的相关材料。第一组同学搜集能证明船队规模宏大的材料；第二组同学搜集七下西洋的航线；第三组同学搜集能证明航海技术先进的材料；第四组同学搜集能说明郑和下西洋传播中华文明的材料。每组推荐一位同学把搜集到的材料写成书面稿，课堂上讲解。[3]本教学设计很好地做到了学生对历史课程的参与。

刘松柏老师在讲授《王安石变法》这一课时，通过三种形式尊重学生的主体地位：第一，合作探究。"王安石变法的内容及每项内容的作用"是重点知识，但该内容冗杂繁多，采用列表（表格呈现富国、强兵、取士三方面措施的主要内容及其作用）和分组探究的方式（将全班学生分为三个组，每组确定一个代表，负责收集整理本组成员讨论的结果，然后课堂上汇报）充分调动了学生主动参与学习的积极性，培养了学生团结协作的精神。第二，问题讨论。"王安石实施取士之法提出了什么样的用人原则？结合当今的教育改革谈谈王安石改革教育的哪些做法值得借鉴？"联系实际提出问题，提高了学生活学活用的能力。第三，角色扮演。请学生选择"地主、大官僚""大商人""农民""正在部队服役的士兵"等不同角色，体验王安石变法推行过程中，处在社会不同阶级、阶层的人的反应。[4]学生在体验中巩固和强化了对王安石变法的内容和作用的理解。

二、目标：实现对三维目标的有机整合

1. 厘清教学价值，提升三维目标

教学价值是新课程教学设计的核心追求。叶澜教授说得好："为实现

拓展现有学科的育人价值，新基础教育要求教师在做教学设计时，首先要认真地分析本学科对于学生而言独特的发展价值，而不是首先把握这节课教学的知识重点与难点。"[5]胡军哲老师在《对外开放格局的初步形成》一课的教学中，认为本课的"教学价值"不是首先让学生感受改革开放的辉煌成就，而是要让学生明白对外开放的过程是"艰巨的、磨砺的，甚至是痛苦的、涅槃的"。因此，他大胆对教材进行加工处理，将本课内容整合成"为什么要实行对外开放？""对外开放格局是怎样逐步形成的？""如何看待对外开放？"三个大问题，很好地提升了本课的三维目标。[6]

姒吉霞老师在《美国内战》一课中，没有单纯地强调本课的基础知识，而是以林肯始终"维护国家统一"为教学主线和课堂重点展开教学，设计了如下三个问题供学生共同探究：（1）如何理解林肯在内战爆发前的首要目标是防止国家分裂而不是解放黑人奴隶？（2）如何认识个人在历史发展进程中的选择和所产生的作用？（3）如何理解战争结束后的"0"战俘问题？较好地升华了本课的教学价值。[7]

2. 注重细节，落实三维目标

"情感态度与价值观"是在感悟历史过程中自然形成的。没有细节，学生不会有深刻的情感体验。离开历史的细节，单纯的说教起不到价值观教育的作用。岳麓版教材"鸦片战争"一课包括两次鸦片战争，因此，鸦片战争的篇幅很小。尽管编写者已经努力展现细节，但用于教学仍感欠缺。要使学生了解鸦片战争爆发前的中国与世界形势，必须从马嘎尔尼访华说起，由此才能深入理解鸦片战争爆发的原因。李树全老师的设计思路是：以"两份'国书'""两张'礼单'""两个国家""两种认识"为"抓手"，从历史的细节入手，设计问题，引导学生全面分析鸦片战争爆发前的中国与世界形势，并为学生理解鸦片战争中国战败原因做铺垫。[8]

侯新磊老师对《英国的制度创新》一课的设计运用图表、视频进行直观教学。"约翰王像"和"孟福尔召集议会"图片说明了英国议会制度的起源；三个国王的命运及图像揭示了王权与议会权力的消长。运用浅化、趣化教材的案例教学法，巧妙地引入三个故事"不懂英语的国王""48小时首相""最年轻的英国首相"——透析责任内阁制的形成过程，让学生在真实的历史场景中体验、感悟。正是这些细节的设计，学生才会感悟到：今天，我们国家正走在民族复兴的道路上，遥远的英国能够引发我们深深地思索——推进民主，需要怎样的智慧？推进民主，需要遵循怎样的原则？推进民主，需要依托怎样的力量？[9]

三、内容：注重以史料丰富学生人文素养

1. 注意选取贴近学生与现实的史料

史料的选择应该注意与学生的生活经验相结合，如此才能增强历史的亲切感，加深学生对历史的理解。近代民族资本家张謇在南通是妇孺皆知的名人，他为南通的发展做出了巨大贡献，现在南通有大量的历史遗存，包括大生纱厂，仍旧在发展。当地有很多学生的长辈曾在张謇的企业中工作过，他们对张謇的事迹耳濡目染。南通市启秀中学的冯荣国老师就以张謇创业、大生企业在不同时期的发展状况、张謇奠定"一城三镇"格局，以及张謇社会事业涉及的主要领域等内容进行教学设计，通过张謇及其大生企业的兴衰过程，透视中国民族资本主义的曲折发展。这些史料是学生在生活环境中可以直接感知得到的，因此，它激发了学生强烈的学习兴趣。[10]

历史教师还要善于引导学生从历史的经验教训中得到有益的启示。朱可老师在设计《罗斯福新政》一课时，就把罗斯福就任前美国所面临的经济形势与当前的金融危机做一对比，让学生感受到历史的事实与社会的现实在很多时候都是相似的，为此，他设计了这样的问题："你认为罗斯福新政对当今我国建设社会主义经济有何启示？可从寻求社会公正和效率权衡发展的角度分析。"通过这种联系，学生的责任意识和人文情感在知识的梳理与分析中得到了激发。[11]

2. 重视选择反映史学研究成果的史料

在历史课程设计中恰当引入学术观点，是增强历史学科探究性的重要途径。胡军哲老师在引导学生分析 1929 年经济大危机爆发的原因时，就引入了学术界对这一问题的不同看法，为学生提供了很多思维角度：资本主义制度根源说；有效需求不足说；经济政策失误说；证券投机过热说等，从而使学生对 1929 年经济大危机的爆发有了更为全面的认识和思考。[12]

在讨论明朝中后期张居正的一条鞭法改革以白银征收赋税的原因时，刘建伦老师告诉学生，此时世界范围内新航路开辟，美洲白银大量流往欧洲。中国与欧洲贸易又使这些白银的一部分流入中国而导致中国白银总量增加。从而为我国国家税收征收白银提供了保障。这不仅丰富了学生对普遍使用白银原因的了解，而且能引导学生把中国历史上的事件放在世界史环境中来考虑。在讲授战国封建制度的确立时，刘老师还将西周封建说、

秦汉封建说等关于我国封建制度确立时间的观点介绍给学生。[13]这些都有效地拓展了学生的视野，增长了学生的见识，丰富了学生的课外知识。

3. 吸纳新史观指导下的史料选择

新课程实施以来，高中历史教学设计借鉴和吸纳了大历史观、全球史观、文明史观、现代化史观等一系列新的史学理论和观点，历史解释呈现多元化的趋势。解爱群老师针对过去我们对于文艺复兴历史意义的分析，大都停留在促进思想解放、资本主义发展、自然科学进步等层面的教学现状，提出文艺复兴属于世界，文艺复兴的意义应该站在人类文明的高度进行诠释。于是，她从"文艺复兴发现了人和世界""文艺复兴催生并推动了自然科学的发展""文艺复兴揭开了人类文明的新篇章"等几个方面给学生进行了归纳。[14]

李君老师在设计《辛亥革命》这一课时，分别从革命史观、现代化史观、社会史观和全球史观的角度，寻找相关史料，引导学生重新对辛亥革命进行评价：革命史观看辛亥革命——伟大的反帝反封建的革命；现代化史观看辛亥革命——走向现代化里程碑的革命；社会史观看辛亥革命——全新社会面貌的革命；全球史观看辛亥革命——有世界资产阶级革命的周期和规律的革命。这样，便使学生更全面、更完整地了解了辛亥革命的相关史实，加深了他们对历史的感悟和理解。[15]

四、方法：利用一切因素发展学生思维

1. 激发学习兴趣，让学生积极主动地学习

学生的历史思维来源于对历史学习的兴趣。在课程实施中，突出史实客观性的缘由，穿插人文趣事、影视片断等多种史料，多视角地分析历史原因和概括历史规律，全面评价历史事实等，对激发学习兴趣至关重要。周明、李健老师在《罗斯福新政》一课的教学设计中，引用了《罗斯福传》中一些让学生感兴趣的故事。从罗斯福当选总统开始，讲述新政的全过程，直到他的逝世及各方的评价。这样，便于让学生更完整、更全面地理解这段历史。通过这些鲜活的历史素材，丰富课堂，激发兴趣，让学生更多地了解罗斯福，了解新政。基于历史情境设置的以故事、细节、材料、问题为主的教学设计，极大地丰富了教学材料，开阔了学生视野，激发了学生的学习兴趣，培养了学生的思维能力。[16]

唐云波老师在《世界文化遗产荟萃：秦始皇陵兵马俑》一课中，为了引导学生探索历史真相，解释历史现象，体会历史学习的乐趣，设计了

"秦始皇陵·亘古的谜团""兵马俑·复活的军团"两个内容板块,在教学过程中,又采用了新闻、地图、影像等手段,激发了学生的兴趣,使学生真正感受到秦始皇陵兵马俑的价值与魅力所在,理解了兵马俑被誉为"世界第八大奇迹"的原因。[17]

2. 提高想象力,让学生移情体验历史变化

"好的教学,在性质上应是富有想象力的。"[18]可见,充分利用历史叙事中的移情体验,通过传神刻画的历史细节,提高学生想象力,是历史教学的重要内容之一。彭禹老师在《新航路的开辟》的教学设计中,首先展示了今天坐落在菲律宾的一对纪念碑的图片,其中一张是1555年西班牙人为纪念麦哲伦而树立的麦哲伦纪念碑;另一张是1952年菲律宾为纪念杀死麦哲伦的酋长拉普拉普竖立的英雄纪念碑。并提出问题:如果你在这一对纪念碑前(试着从欧洲、菲律宾、世界、麦哲伦等不同视角思考),会生发出怎样的感慨呢?通过西班牙与菲律宾对麦哲伦航行的不同看法,促使学生"切身体验"这一历史事件,增强其辩证分析问题的能力。[19]

历史不能重演,但需要还原。杨春华老师在设计《马克思主义的诞生》一课时,摆脱了教条的填空方式,尽可能为学生"布白":从系列直观的历史图像深入到社会生活的深处来体验历史的真实发生,理解"资本主义工业文明时代的悲歌"——马克思主义的诞生;透过历史文献的研析、解读和诠释,揭示"《共产党宣言》——关注人类命运的'圣经'"所隐含的理论意义和行动策略;在历史运动的发生、反复之间探究历史的真相,总结"巴黎公社——'新'民主主义的尝试"失败的教训和启示。[20]

3. 对话与反思,让学生深刻把握历史真谛

"学习和理解来自对话和反思。"[21]"对话"的形式多种多样,有历史人物之间的对话、现实与历史的对话、学习者与历史的对话、学生与教师的对话等。历史课程实施中的对话与反思,应围绕问题来展开。夏辉辉老师的《社会主义经济体制的建立》教学设计以"马克思与列宁的对话""列宁与农民的对话""斯大林与布哈林的对话""斯大林与作家的对话""邓小平与马克思的对话"等几个环节,探析马克思、列宁、斯大林、邓小平等人对"社会主义"的不同论述与实践,了解苏俄(联)社会主义经济体制的创立与发展过程,展示社会主义理论的创立者与实践家们对社会主义这一主题的永恒思考。[22]

郭蕾老师《近代前夜的发展与迟滞》一课的教学设计,从课题入手,

通过近代中国"盛世欢歌"与"日落悲歌"的对话，帮助学生理解前夜、发展、迟滞的含义；掌握近代前夜中国发展的表现——量变即经济发展的程度，质变即资本主义萌芽的出现；通过近代中国与西方的对话，引导学生分析近 500 多年的时间里，中国与西方经历的不同的悲喜交替，西方在崛起的时候，中国却正在由强盛走向衰落，以进一步揭示发展与迟滞的表现。通过这些"对话"，学生很好地明白了：近代中国的发展始终脱离不了农业文明的框架，而西方已经进入先进的工业文明，两种文明之间必然发生冲突，冲突的结果就是中国社会出现的危机。如果不与时俱进，脱离世界发展大势，必将被历史所淘汰。[23]

注　释

[1] 许春凤.《充满魅力的书画和戏曲艺术》的教学设计 [J]. 历史教学（中学版），2010（9）：32—39.

[2] 陈红."英国君主立宪制的建立"教学设计 [J]. 历史教学（中学版），2007（5）：36—40.

[3] 陈方南. "郑和下西洋"的教学设计 [J]. 历史教学（中学版），2005（9）：51—53.

[4] 刘松柏. 基于"材料、情境——问题探究"的课堂教学探索——以人教版"王安石变法"教学设计为例 [J]. 中学历史教学参考，2010（10）：51—54.

[5] 叶澜. 重建课堂教学价值观 [J]. 教育研究，2002（5）：3—7，16.

[6] 胡军哲. 把握教学价值，升华课程内容——《对外开放格局的初步形成》一课的教学思考 [J]. 历史教学（中学版），2010（21）：14—17.

[7] 姒吉霞."美国内战"教学设计 [J]. 历史教学（中学版），2007（8）：50—54.

[8] 李树全. 高中必修课"鸦片战争"教学设计 [J]. 历史教学（中学版），2011（23）：38—45.

[9] 侯新磊.《英国的制度创新》教学设计与实施 [J]. 中学历史教学参考，2011（11）：52—55.

[10] 冯荣国，陈康衡.《中国民族资本主义的曲折发展》的教学设计——以张謇及大生企业为例 [J]. 历史教学（中学版），2009（15）：16—23.

[11] 朱可. 有效历史课堂：基于系统整合的教学设计 [J]. 中学历史教学参考，2009（10）：39—41.

[12] 胡军哲. 多一个角度，长一分历史见识——再谈 1929 年经济危机爆发的原因及对尹海峰老师文章的回复 [J]. 历史教学（中学版），2011（21）：49—52.

[13] 刘建伦. 历史课堂教学中学术观点的引入 [J]. 中学历史教学，2012（1—2）：98.

[14] 解爱群．"文艺复兴"教学设计过程和课后的反思［J］．历史教学（中学版），2007（2）：43，44．

[15] 李君．岳麓版必修Ⅰ《政治文明历程》第15课《辛亥革命》教学设计与实施——运用多元史观进行复习教学的尝试［J］．中学历史教学参考，2011（9）：44—48．

[16] 周明，李健．《罗斯福新政》的教学设计——基于历史情境有效设置的教学思路［J］．中学历史教学，2011（6）：14—17．

[17] 唐云波．选修：世界文化遗产荟萃秦始皇陵兵马俑教学设计（简录）［J］．历史教学（中学版），2007（3）：31—34．

[18] 钟启泉．现代课程论［M］．上海：上海教育出版社，1989：129．

[19] 彭禹．《新航路的开辟》教学设计［J］．历史教学（中学版），2010（5）：32—38．

[20] 杨春华．人教版必修Ⅰ第五单元第18课《马克思主义的诞生》教学设计——从"关注人类命运"角度挖掘资源选择方法的思考［J］．中学历史教学参考，2011（5）：28—31．

[21] 小威廉姆·E. 多尔．后现代课程观［M］．王红宇，译．北京：教育科学出版社，2000：223．

[22] 夏辉辉．《社会主义经济体制的建立》教学设计［J］．历史教学（中学版），2010（1）：12—18．

[23] 郭蕾．岳麓版必修Ⅱ《经济成长历程》第6课《近代前夜的发展与迟滞》教学设计［J］．中学历史教学参考，2011（8）：18—20．

（此文发表于《中小学教师培训》2015年第7期）

新课程历史课堂亟待改进的几个问题

朱启胜

（芜湖市教育科学研究所　安徽芜湖）

最近，笔者作为安徽省中学历史课堂教学比赛的评委，听了十多位参赛选手执教的新课程历史课；又作为骨干教师赴上海访学，深入上海市历史课堂听课十几节。这些课的层次都较高，其中不乏优秀的成功课例，凸显了历史教师观念的更新，体现了近几年课程改革所取得的成果。但是，也有不少课还存在较为突出的问题，表现为：新课程理念只停留在表象上，没有成为教师内在的自觉行为；"以生为本"还没有从根本上得到完全彻底的落实；对课堂教学有效性的认识和实践还存在缺失；多媒体辅助教学使用不当，有的甚至成了教学的羁绊；课堂探究性活动的开展较随意、不严谨；对课程资源的整合、教学内容的重构往往出现偏差，忽视了课程标准的要求和教学内容的内在逻辑联系。应该说，这些问题在目前中学历史课堂还较为普遍地存在，具有一定的共性。笔者对这些问题进行归纳，提出自己的思考，希望引起大家的重视。

一、"以生为本"没有落到实处

"以生为本"的课程理念是新课程改革思想的精髓。"课程改革的目的，就是更好地关注学生，全心全意地帮助他们成为有政治头脑、有文化基础、有实践能力、有创新精神、身心健全发展的一代新人。"[1]但不少教师对于"以生为本"的理念只停留在字面理解上，没有深入到自己的意识深处，内化为自觉的教学行为，需要进一步明确和强调。

课例一：一位教师执教《新文化运动》，一开始就说："你们全班40多人，我就一个人站在这里，我都不紧张，你们紧张什么？"接着播放导入音乐《兰花草》，问学生："这是一位安徽籍大文豪作的词。你们知道是谁吗？"学生没有回答，几十秒后该教师说："同学们都不知道，我来告诉你们。"……在评价新文化运动时，其中两个组没有学生回答问题，该教师几次说："我给你们机会了，你们不举手，那你们组零分啊。"下课时间

51

到了，铃已经响了，学生都收拾书包了，她准备用于结尾的一段《恰同学少年》的视频还没有播放，只好在同学们的吵吵闹闹中勉强播放完了。

这是我省初中历史课堂教学比赛中一位参赛选手上的课。该教师专业素养不错，教学设计也较新颖，但她没有摆正自己的位置，没有把学生当作课堂的主人。该教师在处理这节课时，至少存在三个问题：第一，自己高高在上，始终有一种权威感。一开始她就把自己摆在学生的对立面，并挑起学生的紧张情绪；觉得自己比学生知识丰富，你们不懂，我来教你们。第二，思想深处存在"考考考，老师的法宝；分分分，学生的命根"的旧观念，动辄强调不给学生分数。第三，不注意教学细节。延迟下课时间，让学生在吵吵闹闹中等待下课。

相比之下，这次安徽省比赛中一位淮北选手就做得非常好。教学任务顺利完成，下课时，她一边说"同学们，再见"，一边向学生深深鞠躬，并快步走向门口拉开报告厅的大门，让学生有序走出。问她为什么这样做，她说感谢学生的配合。

"以生为本"是教育的根本所在，是追求对人心灵的关照、关怀。教师也要在心灵深处受到触动，使它成为自觉行为，在教学设计、教学提问、课堂语言、教学细节等方面，都要能够做到从学生的角度考虑，以学生为课堂之根本。

二、有效课堂的实践存在缺失

"课堂教学改革就其总体而言，大方向是正确的，并取得了实质性的进展，但是因为对新课程理念理解、领会不到位以及实施者缺乏必要的经验和能力，课堂教学改革也出现了形式化、低效化现象。可以说，提升课堂教学的有效性是当前深化课程改革的关键和根本要求。"[2]从听课情况来看，目前历史课堂教学确实不同程度地存在低效和无效的现象，这成了制约新课程改革继续深入推进的瓶颈。

课例二：一位教师也是执教《新文化运动》。开始上课时，他先花了约2分钟时间给学生进行分组。导入新课后，进行第一个探究活动，让学生完成表格"新文化运动的兴起标志、旗帜、主要阵地、代表人物、内容、意义"。教师要求学生用笔在纸上写出来。学生都说没有带纸。教师马上给学生发纸，每人一张。学生花了一定时间填好后，教师叫学生回答。在教学新文化运动的内容——反对旧道德时，教师讲述了"年轻妇女唐氏自杀殉夫"的故事，然后让学生在"遗憾，难过，同情，不解"四种

"感觉"中，依次排序。接着话题一转，继续播放幻灯片进行教学。在教学"如何评价新文化运动的意义"时，播放了一段介绍陈独秀的生平、鲁迅的成长的视频。……下课铃响了，教师说："今天的课就到这。谢谢大家！"学生起身准备走了，而这时教师又放了一段没有主题、没有任何说明的音乐。音乐放完了，他又说："下课。感谢大家！"然后才下课。

这也是一位参赛选手执教的课。"完成新文化运动有关内容的表格"，能不能作为探究问题，后文有论述。这一问题，由学生口头回答完全能完成，事实上教师也就是这样操作的。为什么要写在纸上呢？花了2分钟时间发纸，有什么意义！给学生分组也花了2分多钟，后来并没有以小组为单位进行学习或者开展竞赛，前后没有呼应。这不是无效劳动吗？针对唐氏殉夫，学生的"感觉"没有必要排序；甚至这一设问本身意义就不大，教师可以启发学生得出结论。该教师安排的后面的一段视频，对评价新文化运动没有意义，或者这段视频放错了地方。最后一段音乐无主题、无说明，学生不理解，没有播放的必要。这是一节无效课堂的"典范"。

有效课堂是指教师遵循教学活动的客观规律，以最优的过程和最大的效益，实现学生在知识与技能、过程与方法、情感态度与价值观"三维目标"上的整合，从而尽快达成教学目标。它强调投入与产出的对等，强调知识的有效学习，强调面向全体学生，也强调学习结果。教师要善于提高单位时间的学习质量，不能把时间浪费在非学习上；不仅要重视学习结果，还要重视学习过程，这一过程应该成为学生的一种愉悦的情绪生活和积极的情感体验，这是有效课堂的灵魂。

三、多媒体辅助教学存在误区

一切历史现象、历史事件都发生在过去，它们是无法再现的，学生不能对它们进行直接观察。如果能充分利用多媒体课件进行展示，不仅有文字，还有声音、图像和视频，对学生感官产生冲击，就会增强学生的学习兴趣，加深学生对历史现象、历史结论的记忆和理解。多媒体教学有很多传统教学所不具备的优势。但目前多媒体辅助教学的使用存在不小的误区，严重的已经发展成了课堂教学的羁绊。

课例三：一位教师执教八年级《难忘九一八》一课时，首先播放歌曲《松花江上》导入新课，接着播放有关柳条湖事件的视频，简单讲解九一八事变的经过。之后播放歌曲《义勇军进行曲》引出西安事变，又播放一段较长的《西安事变》视频片段，简单讲述西安事变解决的经过。结束时再次播放歌曲《没有共产党就没有新中国》。

整节课课堂气氛很活跃，课后有听课教师与学生交流："这节课，给你印象最深的是什么？"不少学生回答："是唱歌。"听课教师也都议论说，这节课给人的印象不太像一节历史课。这就是目前多媒体教学的误区。这节课的问题在于多媒体使用过多、过滥，以多媒体代替了教师的分析和学生的活动。重点没有讲解，难点没有分析。

这次大赛还暴露出多媒体使用中普遍存在的另一个问题，就是依赖多媒体，课件变成了权威。教师教学时，思路受多媒体牵制，顺着多媒体一屏一屏往下翻。这势必造成不能根据学生的课堂表现，及时调整自己的思路，而是把学生的思路往课件的模式中拽，事实上就是让课件统治了课堂。例如，教师提出问题，组织讨论后，对学生的回答不给予评价。"答案是什么？真相是什么？请看大屏幕。"在这里，教师丧失了体现教育机智的机会；"以生为本"变成了以课件为本，教师用课件的权威压制了学生的创新思维和能力。多媒体教学是辅助手段，应该真正用在教学的重点、难点上，要有利于情境的再现、内容的解析和教学目标的达成。

四、探究性学习活动的开展比较随意

教育心理学家布鲁纳认为：教一门科目，并不是希望学生成为该科目的一个小型图书馆，而是要他们参与获得知识的过程；学习是一种过程，而不是结果。为了不使学生成为历史知识的"被动接收器"和"小型图书馆"，在历史教学中，就应该倡导和培养学生的探究性学习方式，让学生在独立思考和自主探究的过程中，生成智慧，学会学习，增进思考力和创造力。

首先，开展探究性学习要选择好探究性学习的内容。从这次大赛的情况来看，探究性学习内容的选择存在三方面问题。第一，问题过于简单、直白，没有开放性，不适合作为探究的问题。如课例二中那位教师将"完成新文化运动有关内容的表格"作为问题进行探究，没有"张力"，没有探究的价值。第二，有些适合探究的问题，教师没有安排，而是自己用课件直接显示答案，或者叫学生直接作答。像课例一中的那位老师，就不善于利用探究性学习来解决学习难题，不能分层次地启发学生回答。第三，即使布置了探究活动，但仍然展不开，体现不了"用教材教"的理念。下面一例就是。

课例四：一位参赛教师教学九年级《东西方文化交流的使者》，布置了一个探究问题：假如你是古代一位来往于欧亚之间的商人，你能说出东西方古代的交通要道吗？通过这些商路，东西方之间有哪些贸易和文化的交流呢？然后学生讨论交流，2分钟后，教师说："刚才两个题目的答案，你们在书本上找到了吗？"

该探究内容选择得不错，问题设计也很好，切合教学内容，符合教学目标。但是没有展开，不敢脱离教材，不敢让学生用自己的语言表述，达不到探究学习的效果。安徽省历史特级教师、淮北实验高中赵剑峰老师也是这次大赛的评委，他深有同感。他说，很多参赛教师的做法，只是把教材内容"拆分成若干个简单而又低级的小问题，让学生用教材本身的文字来回答，像做填空题一样。长此以往，学生的思维就会简单化"[3]。

其次，探究性学习活动的开展，要求教师有充分准备，不能随意，不能盲目。我听过一位青年教师执教人教版历史七年级下册第6课，由于他对货币知识的积淀不够，出现了知识性错误。请看以下课例。

课例五：学生学习到课本两幅插图《唐朝的开元通宝》《日本的和同开王尔》时疑问很多：货币名称怎么读？为什么日本货币与唐朝货币相似？等等。教师先解释说"开元通宝"是唐玄宗开元年间铸造的，所以称"开元通宝"。接着开展探究讨论。他对两种货币的比较，分析得很好，从中可见日本在思想文化、经济政策、商贸、手工业等方面深受中国唐朝的影响，当时日本是在全方位向唐朝学习。

历史上确有许多以年号来命名的钱币，但此处不是。这位教师解释错了。"开元通宝"在我国陕西以及日本都有大量考古发现，它是从唐高祖武德四年（621）始铸，又叫"开通元宝"，它结束了"铢两钱制"（半两钱、五铢钱），开始进入通宝、元宝时代，因此"开元通宝"是后世通宝、元宝之起源。"和同开王尔"是我国考古人员在陕西西安南郊发现的五枚银钱之一。这枚"和同开王尔"银币是日本遣唐使所献的贡品，是由朝廷颁赐的，这一点与在日本发现的成千上万枚的"开元通宝"意义不同，显然后者有更多的贸易作用。[4]

五、教学内容的重构存在盲目性

新课程一个重大的理念转变就是更新教材使用观念，由过去的"教教材"转向"用教材教"。要求教师从课程目标出发，根据学生的实际情况和教学的需要，灵活地取舍，整合教材，合理地开发、运用课程资源，历史教师要成为新课程的自主建构者和主动实施者。笔者在这两次听课中，发现了很多精心设计、对教学内容优化整合的优秀课例。但有些教师在重构教学内容时，存在盲目的倾向，只注重形式上的追求。

课例六：一位教师在教学九年级《古代世界的战争与征服》时，分别讲述了希波战争、亚历山大东征、罗马帝国的扩展与文化传播等主要内容。然后进行课程拓展，花了十五分钟左右的时间重点讨论"你怎么看待美国的侵略扩张"。

这是在上海市中学课堂听的一节历史课。这位教师没有明白《课程标准》选择"古代战争"的目的，本课的内容主旨是让学生走进历史，明白古代战争对人类历史的影响，和"反对战争、珍爱和平"没有多大关系。如果教师能在最后把三次战争联系起来，阐述古代战争的必然性和对人类进程的影响，可能比单纯引导学生讨论"美国对外侵略扩张"更有意义。变通教学设计、重构教学内容必须深刻领会《课程标准》的内容要求和精神实质。

课例七：一位教师在教学《美国独立战争》时，首先讨论来到美洲大陆的都是些什么人？他们具有怎样的信仰和精神？从《"五月花号"公约》反对独裁，到"波士顿倾茶事件"反对压迫，再到《独立宣言》追求自由、平等，最后学习《1787年宪法》诞生的背景，讨论为什么要建立三权分立的政权组织形式。

这是上海市特级教师李慧军指导的一个课例。教师没有按部就班地讲述美国独立战争的过程，而是从更深层次让学生明白独立战争发生的深刻原因，让学生理解美国为什么要确立三权分立的政权组织形式，也使学生看到了美国民族性格的一个重要方面：崇尚自由，反对独裁和压迫。这节课抓住了课程标准的精神实质，并对教学内容进行了合理挖掘和延伸。

注　释

[1] 钟启泉. 课程改革：新视点和生长点 [J]. 校长阅刊，2005 (11)：27—29.

[2] 余文森. 有效性是课堂教学的"命脉" [N]. 中国教育报，2007-05-08.

[3] 赵剑峰. 初中历史课堂教学中的问题及思考 [EB/OL]. [2012-11-05]. https：//xkjy/ls/xsjl/1831. html.

[4] 张炜. 挖掘教材，比较教学 [C]. 历史课程教材中心. 义务教育课程标准实验教科书历史教师培训手册. 北京：人民教育出版社，2006.

（此文发表于《中小学教师培训》2014年第2期）

新课改背景下创新案例教学法

——以思想品德课为例

张　敏[1]　贾　蕊[2]

（1. 首都师范大学政法学院　北京；
2. 北京鲁迅中学　北京）

一、新课改背景下的"新型案例教学法"

案例教学法是一种起源于 20 世纪 20 年代的以案例为基础的教学方法，并逐步被视为一种有效的教学模式。中外学者对案例教学法都进行了一定的研究。舒尔曼从探究教与学之间的关系出发，将案例教学法概括为"利用案例作为教学媒介的一种教学方法，是教与学的方法与教学案例的联合应用"[1]。科瓦尔斯基从分析其对学生学习能力培养效果的角度出发，指出"案例教学法是一种以案例为基础的研讨式教学方法，注重培养学生推理问题、思考问题、解决问题的能力"[2]。舒尔曼和科瓦尔斯基的观点在学术界引起了普遍的共鸣，也是我们研究案例教学法的理论出发点之一。国外学者理论层面分析全面，但对我国一线教学的指导意义有限。近年来，国内学者结合我国教学特点和学生学情对案例教学法这一教学模式做出了多种阐释。郑琼梅从案例教学模式在实施过程中对教师所提出的要求出发，认为"案例教学法就是教师在教学中有目的地运用以真实事件为基础所撰写的案例进行课堂教学的过程"[3]。崔丽华从案例教学法的理论基础、实施原则和教学要求三个方面综合对案例教学法做出了研究，注重整体上提高学生素质的教学活动。[4]国内学者更注重课堂及案例教学过程的分析，对改进传统教学环节有重要借鉴意义。

近年来，新课改要求我们创新案例教学法。联系自己的教学实践，笔者认为，有效的案例教学法应当借助与教材主题相联系、与学生生活实践相贴近的典型案例，从案例教学事前分析、事中引导、事后反思三个环节入手，教为主导、学为主体，设置有针对性的教学环节，落实新课标，使学生真正成为学习的主体。下面以思想品德课为例，研究新型案例教学法。

二、中学思想品德课程的案例教学困境

初中思想品德课对学生的情感、态度和价值观等方面的培养起着重要作用。新课改强调对学生加强素质教育，促进学生各方面的综合发展，而思想品德课程本身关注学生人文性、思想性和综合性，因而是落实新课改的重要领域。目前，案例教学法被广泛地应用于中学思想品德课程教学中。传统案例教学注重学生理论联系实际的能力，提倡案例使用的开放性、探索性，较好地实现了初中思想品德新课标"以学生为本"的教学理念。但是，在初中思想品德课程的案例教学中仍然存在着一些不容忽视的问题。

1. 教学资源利用困境

（1）对教材资源缺乏有效利用

无论选用什么样的教学方法，都只是开展教学的一种形式，而教学的最基本出发点应该是对教材理论的分析和阐述。随着案例教学法在思想品德课程教学中的普遍应用和不断实践，越来越多的教师尝试选择各种丰富多样的案例应用于教学，出现了把备课的重点放在"找故事"上，把课程核心放在"讲故事"上的现象，而没有关注到他们选取的案例和教材理论内容的联系。[5]

（2）教材案例形式过于单一

教材是学生学习的首要资源，也是课程内容最重要的载体，初中思想品德课程的教材虽然结构清晰，主线明确，配合着"成长中的我、我与他人和集体、我与国家和社会"这三大教学版块来编写，但是教材中可以有效利用的教学资源却存在一些问题，例如漫画低幼化、形象和名字固化、画风单一等，无法吸引学生。此外，教材中提供的资源材料过于简单，缺少设疑，缺乏对学生自主学习能力的锻炼，无法实现相关教学目标和课程理论。

（3）既有的案例不能有效引导学生思考

教材中提供的教学案例探究性不足，一方面学生对这些知识提不起学习兴趣，使案例失去存在的价值；另一方面，案例本身缺乏理论知识支撑，不能有效地引导学生思考。

2. 师生互动中的角色定位困境

理论上，案例教学法强调学生在学习中的参与度，以及学生自主思

考、分析、论证的过程。但在实际应用中，普遍存在教师对自身角色定位不准确、自说自话、课堂氛围沉闷等现象。教师一人主导课堂、"一言堂"的灌输式教学使学生参与度比较低、状态沉闷、缺少学习的热情，学生不能积极地参与到课程中来，不能跟着老师给出的思路去认真思考问题，不能及时地和老师进行互动。

3. 知行合一实践困境

"实践性"是思想品德课程的特点之一，在初中思想品德课程标准中也对课程的实践性提出了要求。思想品德教育对学生的思想道德建设、价值观引导和情感态度培养起着十分重要的作用。传统的讲授案例式教学方法重理论轻实践，片面地强调学生对理论知识的学习和记忆，而忽视了课本知识与实际生活的联系。

三、新型案例教学法在思想品德课程中的实施初探

初中思想品德新课标提出了"以学生为本"的教学理念，提倡使用开放性、探索性的案例教学法。合理地选择案例，不仅能使教学内容开展灵活有效、教学环节衔接流畅自然，还能为教学目标服务。但案例教学本身只是手段而非目的。"新型案例教学法"要求我们始终把握新课改要求的教学目的，并在案例教学的事前、事中、事后三个环节有效落实这一目的（参见图1）。

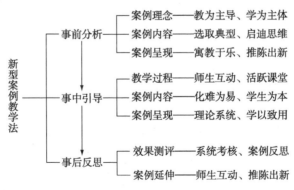

图1　新型案例教学法图示

综合借鉴学者的学术观点和在教学中的研究，本文认为新型案例教学的组织和实施应密切结合教学实际，主动落实新课改要求。

1. 案例教学质量关键——事前分析

案例教学法不是为了说案例而选案例，案例教学针对的应该是课程标准，分析的应该是教材的重点与难点。因此，完善案例分析、选择合适的

案例呈现方式至关重要。

（1）教为主导，学为主体

新课改推行中学生的主体地位越来越受到关注，初中思想品德课程的新课标也提出"以学生为本"的教学理念。在思想品德教学中，"教为主导，学为主体"，学生是学习的主体，是教学活动的中心，教师、教材、教学手段都应为学生的"学"服务。案例式教学课前分析应以案例贯穿教学过程，把抽象的理论知识变得更具体、更形象，方便学生直接地参与到案例的分析与讨论中来，更好地发挥学生在学习中的主体性。

（2）选取典型，启迪思维

案例作为开展课堂教学的一种形式，在选取时要考量其典型性，这关系教师是否能够透过案例联系理论，是否能够引导学生思考，实现教学目标。所谓典型性，就是要求所选取的案例兼具一般性和特殊性，既能够体现事物和规律的共性，又能体现不同原理的个性和特征，这样才能达到案例教学法巧妙阐释教学理论、有效启迪学生思维的目的。

（3）寓教于乐，推陈出新

一个新颖的教学案例不仅能够吸引学生的眼球、激发学生的学习兴趣，还能够引导学生有效地将课内知识与社会热点问题相联系，引导学生正确地了解和认识社会发展中的新问题，让他们在分析问题的过程中学会透过现象看本质，培养他们自主学习的能力。此外，案例教学过程中如果能够找到经济社会的新鲜元素和热点问题与思想品德课程教学内容上的联系，从学生的兴趣点出发，选取新颖的教学案例，就能够起到事半功倍的教学效果。

2. 案例教学落实要义——事中引导

（1）师生互动，活跃课堂

案例教学过程中，教师应选取与教材内容相契合的案例辅助教学，启发学生思考，并针对不同的教学内容选取不同的素材，通过对案例的解读和分析，提出问题，让学生展开讨论。这样的教学方法能吸引学生的注意力，引导学生积极思考，打破课堂的沉闷，改变教师主导的现象，在学生相互讨论和交流的过程中，营造出轻松愉快并相对开放的课堂氛围。

（2）化难为易，学生为本

教学案例的突出优势是把复杂问题简单化，把抽象理论形象化，把深奥原理浅显化。案例式教学法实施过程应尽可能生动，使学生直观地理解知识原理，从而化难为易、降低学习难度。例如，初中思想品德课程中

"认识自我"与"我与他人和集体"这两部分的案例在生活中比比皆是，学生易懂，但是"我与国家和社会"这部分涉及各种法律知识就比较抽象，有些法律与学生的生活联系不是很紧密，不易理解，学生缺乏生活经验和对概念的直观体会。遇到这样的问题，教师更应适时采用案例教学法，降低教学难度。

（3）理论系统，学以致用

碎片化的案例是案例教学大忌，教师在运用案例教学法时一定要时刻把握理论脉络和课标要求。案例教学法的运用是为导入教材内容与课程标准而服务的，案例教学法是教学的媒介与手段，采用案例教学法的最终目的是更好地引导学生运用理论来解决实践中的问题。在案例教学法的实施过程中，教师应引导学生自主分析问题，促进学生把课本上所学的知识与案例中获得的启迪运用于实践中，真正地做到学以致用。

3. 案例教学生命力所在——事后反思

（1）系统考核，案例反思

思想品德课程标准中对课程性质的定义为"思想品德课程是一门以初中学生生活为基础、以引导和促进初中学生思想品德发展为根本目的的综合性课程。"初中生生活是思想品德课程的基础，也是案例教学的基础。好的案例教学一定不是一成不变的，而是与时俱进的，这就要求案例教学不应随着课堂的结束而结束，而应不断考核案例教学效果，反思改进空间。

（2）师生互动，推陈出新

政治学科的特殊性往往给人枯燥难懂的感觉，灌输式教学会让学生在复杂的知识面前束手无策、倍感困惑。兴趣是最好的老师，教师在教学中运用生动、新颖的案例，有利于激发学生的学习兴趣，使学生对教学内容产生好奇心和求知欲。要选择贴近学生生活的案例，引导学生积极主动地去分析和讨论问题，自主地参与到教学过程中来，在兴趣的指导下，更好地实现思想品德课程的教学效果。

四、新型案例教学法的交叉运用

随着大众传媒的发展，学生获得社会热点案例的方式更加方便和多元。案例教学法并不是思想品德课程的专属教学模式，对其他学科教学在一定程度上也有着普适性，同时可以与其他方法相结合，共同开展教学工作。

1. 借力互联网平台

思想品德课程与社会现实问题结合非常紧密，在新课标的基本理念中也提到"思想品德是人在对生活的认识、体验和实践过程中逐步形成的"。互联网时代，微信、QQ、微博等新媒体网络社交平台已经成为学生生活里不可或缺的一部分。媒介的多元、新媒体的发展以及各种网络平台在学生群体中的普及，都为学生提供了更多关注社会热点问题的途径，也为案例教学法提供了丰富的素材与资源。案例教学法在思想品德课程的实施应用过程中，可以借助这些资源平台，挖掘其中有价值的、对教学有指导性意义的案例。

2. 选用真实生活素材

初中的思想品德课程教材内容涉及情感、品格、道德、心理、社会与法律等方面。中学生群体是一个身心发展很快的特殊群体，因而要面临成长中的诸多困惑和问题。这就要求我们教师要悉心观察和了解学生生活中的经历，并运用到教学中来。比如，七年级的《让挫折丰富我们的人生》一课，如果教师能够从学生生活中遇到的问题出发，把学生身边的真实经历作为案例来运用，引导学生分析、思考面对挫折时所应采取的态度，就能够让学生正确地去认识成长中的自我，学会解决成长中的困惑。再比如，八年级上册的《同侪携手共进》一课，教师可以从学生的角度出发，以他们生活里面对的交友困惑为案例原型来设计课程思路，引导他们掌握交友的原则，掌握与朋友交往的正确方式，从而使他们学会更好地处理自我与他人的关系。

3. 与其他教学方法相辅相成

案例教学法是新课改之后推行的重要教学方法，但是案例教学法并不是思想品德课程教学唯一的选择。比如传统的讲授法，它可以被看作所有教学方法的基础，知识的传递始终离不开教师的讲授，作为一种接受型的学习方式，讲授法让教学更加严谨、规范和高效。在思想品德课程教学中广泛应用的还有一种情景分析法，通过具体情景的设置，给学生呈现问题发生的真实环境，立足于现实生活中的经验和思考来开展教学，使学生产生切身实际的感受，从而更好地学习理论知识。

不同的教学方法各有特色，各有优势，如果能够巧妙地将这些有益的教学方法相结合，共同辅助思想品德课程的教学，将有利于思想品德课程的开展。俗话说得好，"一花独秀不是春，百花齐放春满园"，不同的教学手段在课程教学中相辅相成，优势互补，思想品德课程会取得更理想的教学成效。案例式教学方法作为新课改之后推行的重要教学方法，能够充分调动学生的学习积极性，提高学生的课堂参与度和自主学习能力，使教学活动更好地开展，提高教学质量。

注 释

[1] 朱迪思·H·舒尔曼. 教师教育中的案例教学法 ［M］. 郅庭瑾，译. 上海：华东师范大学出版社，2007.

[2] 西奥多·J·科瓦尔斯基. 教育管理案例研究（4 版）［M］. 庄细荣，译. 北京：高等教育出版社，2006.

[3] 郑琼梅. 运用案例教学法提高思想政治理论课的教学效果 ［J］. 湖南人文科技学院学报，2007（6）：26—28.

[4] 崔丽华. 中学思想政治课采用案例教学模式探究 ［D］. 北京：首都师范大学，2004：10—17.

[5] 高宁，刘松乔. 思想政治理论课案例教学中"证伪"与"伪证"问题探析 ［J］. 思想教育研究，2014（11）：59—62.

（此文发表于《中小学教师培训》2016 年第 7 期）

德育建设

DEYU JIANSHE

学生道德学习动力的生成困境及其超越

贾彦琪

（北京师范大学教育学部　北京）

　　学习动力问题一直是教育学和心理学关注的重点，尤其在当前学生主体愈益凸显，学生学习备受关注的背景下，有关学习动力的研究更是与日俱增。纵观当前的研究成果，有关学习动力的整体性描述占据主导地位，而对于各学科学习动力的专门考察则相对较少，且大多集中在英语和数学学科上，鲜有关于学生道德学习动力的系统说明。道德学习动力作为道德学习的动力支撑，起着导向、调节、强化的作用，对于学生的道德成长意义重大。然而，就目前情况而言，学生缺乏道德学习兴趣、课堂参与度低、抱有得过且过心态的现象相对于其他学科更为突出，为此，笔者曾对某中学初中三个年级进行过问卷调查，结果显示在学生最不喜欢上的课程中，思想品德课位列第三，且有 76％的学生认为思想品德学科"非常不实用"或"很不实用"，缺乏学习价值。鉴于此，本文结合访谈和观察结果，对学生在课堂中的道德学习动力问题加以审视和探讨，以期对进一步激发学生道德动力，提升课堂教学活力有所助益。

一、前提反思：学生道德学习动力的内涵及价值

　　所谓学习动力就是以学习动机为核心，由学习兴趣、学习态度等共同构成的一个动力系统，对学习起着始动、定向、引导、维持、调节、强化的作用，而道德学习动力则是学生在进行道德学习过程中牵涉到的动力因素及其状态。总体而言，道德学习动力是一个由多因素构成的复杂系统。一方面，就道德学习动力的内部结构而言，在横向上可以按照动力来源类型将其划分为内部动力和外部动力两大类，其中内部动力是指由道德学习内容本身引起的学习动力，如学习的兴趣、求知欲、胜任感等，而外部动力则是指道德学习内容以外的其他因素，如教师的褒贬、同学的评论、考试的压力等引起的学习动力。一般而言，内部动力对于学习的促进作用更为深刻和持久，外部动力的作用则相对表层和短暂，对于具体条件和环境

的依附性较强。纵向上，可以按照学习动力的统摄层次将其划分为主导性因素、关键性因素和基础性因素三类。其中主导性因素包括学生的道德信念、理想，决定着整个道德学习动力系统的性质和方向；关键性因素，如学生的学习动机、意志、态度等，主要起着连接和调和的作用；而基础性因素则指由关键性因素派生而来的学习热情、成就动机、坚韧性等，直接影响着学生的具体行为表现。这些因素在作用机制以及引起的学习强度方面都存在一定差异，对于引发学习动力的教学安排也提出了不同要求。另一方面，就道德学习动力的外部联系而言，可以将其视为一个由学生、教师、认识客体和环境氛围构成的完整体系。虽然道德学习本身具有长期性和弥散性特点，在任何阶段和任何场合都可以进行，学习的方式也十分多样，既可以采取正式学习的方式，也可以采取非正式学习的方式，但对于学生而言，学校组织的教学活动无疑占据着主导地位。教学是由教师的"教"和学生的"学"组成的一种人类特有的意义建构活动，学生的学习动力只是整个教学矛盾运动中的一个子系统，教师的教学行为、环境的烘托引导都会对学生的道德学习及其动力情况产生影响，因此，我们在探讨学生道德学习动力的问题时，并不能将其独立出来，而要放在整个教学系统中去考虑。

诚然，就目前的研究情况而言，道德学习动力受到的关注相对有限，但这并不能掩盖其重要价值。首先，道德学习动力是学生主体性的集中体现。道德学习动力的产生"既有工具性的生存需要，也有个体认识、完善和发展自己的精神需要，并且，二者是不可分的。归根结底，对个体而言，道德学习的动力来源于个体确认、维护、丰富主体性的需要，是人的主体性在道德这一维度上的展示"[1]。因此，只有充分激发学生的道德学习动力，才能使学生自觉、主动地投入道德学习的过程之中，将道德学习作为自己的一种生活方式，实现由潜在主体向现实主体的转换。其次，激发道德学习动力是破解当前道德教育低效的必要举措。虽然，目前还没有关于道德学习动力及道德教育效果的相关研究，但从道德学习的特殊性来看，其必然具有强烈的动力指向。因为"与知识学习强调接受和理解、技能学习强调训练和应用不同，道德学习重在强调潜移默化、个体觉悟和生活践行，包含着极其复杂的情感体验和意志磨炼"[2]。这就是说，道德学习主要关涉"信不信"的问题，而非"会不会"与"能不能"的问题，因此，相对于认知操作系统而言，道德学习与学生动力系统的关系也更为密切，学生若缺乏对于道德知识和规范的学习意愿，便很难对其产生自觉的认同感，也无法将外部的道德要求转化为自身的道德需求，进而造成了道德教育低效的后果。最后，强调道德学习动力还是对时代要求的积极回应。民主、开放观念的深入造就了当前这个价值多元的社会，"宽容的价值领域、宽松的生活空间和纷繁的生活方式，为每一个社会生活主体创造了越来越多的自主选择的权利和机会"[3]。价值的多样性和变化性需要学生时刻保持积极的学习状态，进行理性的道德选择，"与其说道德教育是一个诱导或劝导的过程，毋宁说是一个激发儿童潜在动机而去理解和把握他们的社会世界的过程"[4]。道德教育正在经历着由"培养论"到"学习论"的转向，而充沛的道德学习动力正是确保这一转向成功之关键。

二、课堂审视：学生道德学习动力不足的原因探析

道德学习动力的价值与意义毋庸置疑，但现实情况却并不乐观，对于道德规范的熟视无睹、对于道德课程的不以为然，以及对于师长教诲的敷衍等消极学习态度正在学生群体中不断蔓延，学生对于道德学习的主动性严重不足。虽然影响学生道德学习动力的因素复杂多样，但对学生而言，"学校才是他们进行道德学习的主要场域，课堂学习则是其直接获取道德识见的主要通道"[5]。课堂上的道德学习与其他场合的道德学习最大的不同就在于其是以直接学习为主，间接学习为辅的，对于学习动力的作用也更为集中，因此，本文主要基于调查情况和现有研究成果，对当前教学过程中学生道德学习动力的缺失现象进行分析。

（一）目标设置的主体缺失淹没了学生的道德学习需求

"道德不但是一种责任和义务，是一种约束和限制，而且是维持个人生存和发展的一种客观需要，是主体参与社会生活、在社会上立足、获得社会认可的必要条件。"[6]只有当人体验到道德为自己精神上带来的愉悦感和幸福感，将道德视为自我肯定与提升的方式，才有可能产生道德学习的需要。由于我国的教育长期具有社会本位的传统，虽然随着社会民主化进程的推进，对于学生主体的价值愈加重视，但在现实践行中仍然存在一些偏差，教师在教学时往往更多地关注道德的社会性功能，单方面强调道德对于个体行为的约束，却很少特别关注学生能够从中获得什么，忽视了学生作为"道德主体的我"之现实需求。访谈中就有学生坦言，自己之所以不愿在道德学习中投入过多精力，主要是觉得所学内容并没有什么实际帮助，虽然数学知识十分枯燥，但平时做个计算也还用得上，即便一时用不

上也能锻炼锻炼思维，但是认真学习这些道德又能怎么样，好像都是在为他人、为社会做贡献，很少说我们自己能有什么实实在在的收获。学习动力的产生不可能脱离真实需求，然而值得反思的是，学校德育工作者一般很少关心学生在道德生活中的真实苦恼和困惑，只是担心"如果不对学生提出道德的高标准和严要求，学生就会陷入自我中心主义甚至堕落沉沦，因而不断致力于以古圣先贤和当代伟人的事迹启迪学生超越自我需要"[7]。但正如马斯洛的需要层次理论显示的那样，在学生最为一般的需要尚未得到满足时，就要求他们直接跃升到带有超越性的自我实现需要层次，不仅不现实，甚至还会适得其反。

（二）方法运用得生硬刻板阻滞了学生的道德学习兴趣

教学方式运用不当窄化了道德本身的丰富内涵，学生也纷纷表示当前单调僵化的课堂教学很难引起他们对道德学习的兴趣。首先，道德教学并没有形成一种独特的方法体系，借用的一般是知识教学的方法，以致将道德学习变为认知训练。在知识、技能和价值这三类教学中，知识和技能已经形成了相对成熟的方法体系，比如适用于知识获得的接受式教学方法和发现式教学方法，以及适用于技能习得的"示范—模仿"类教学方法等，但有关价值教学的专门方法却尚未确立。"长期以来在学校道德教育中，道德的内涵就被知识化，道德教育同其他各类教育一样成为一种知识教育，或者说是一种认知教育，并在方法上表现出强烈的科学化倾向"[8]，采取的大多是以"接受知识——形成概念——记忆规范——反复练习"为教学程序的讲授法，或者是以"阅读材料——分析问题——学生回答——归纳答案"为程序的阅读指导法，这种移植而来的教学方法并不能很好地适应道德学习重在体验的特点，学生总感觉自己是在被动地接受教化，自然难以产生进行道德学习的意愿。其次，一些教学方法的运用浮于表层，导致道德学习的简单化，难以调动学生的求知欲。随着学生主体性的凸显，那些将学生视为"美德袋"，被动接受道德规范的教学方法遭受了越来越多的质疑，不少教师也尝试在课堂中引入新的教学方法，以调动学生的学习兴趣和参与度，但效果却不尽如人意。造成这一现象的原因主要在于教师对于一些教学方法的理解不够深刻，只看到了一些外显特征，比如注重学生的讨论、合作、探究等，却没有抓住其实质，而且道德教学与其他科学知识教学的不同在于很多道理学生早就听过了，如果无法超越学生的常识视野，就很难调动其求知兴趣。

（三）德育教师的教学冷漠抑制了学生的道德学习热情

学生道德学习动力作为课堂教学动力系统的重要构成，总是处于教师教学动力的深刻影响之下，这种影响主要反映在教师对于道德教学的态度上。调查中，有将近五分之二的受访学生表示德育教师在教学上的冷淡和敷衍是造成其道德学习动力不足的重要原因。具体而言，教师的教学动力一般通过两种路径影响学生的道德学习动力。一是通过情绪感染机制，直接影响学生的道德学习热情。受考试制度的影响，思想品德在学校教学中一直处于边缘地位，有几位初中教师都在访谈中坦言在自己工作中极度缺乏成就感，倦怠情绪比较明显，因此在上课时也没有什么激情。而教师的这一授课态度一定会影响到学生的学习态度，一方教得无聊，一方听得无趣，课堂道德学习场域十分沉闷。二是通过价值选择机制，间接影响学生的道德学习热情。学习动力与学生对于学习内容的价值判断紧密相连，而教师对于教学内容的情感态度正是学生判断某一学习领域和内容是否有价值的重要参考，"现象学家舍勒研究认为，人的情感受着价值的引导，情感感受是对价值'招引'的'应答'。教师对某一道德学习内容越有热情、越投入心力，就证明该道德内容的价值越高。教师对于道德内容的热情成为学生视这些内容有价值的依据，进而学生会产生对该内容的学习欲望。"[9]当教师情感投入有限时，学生自然会认为这一内容缺乏学习价值，像有的学生就指出"老师在课堂上总是有意无意地传递着这个不会考，不用特别关注的意思，我提了个有关民主发展历程的问题，老师也没有太放在心上，就让我自己去看书了"。

三、优化探索：道德学习动力提升的策略选择

学生课堂道德学习动力的提升，必然会对其整体的道德学习产生衍生作用，关系着学生道德敏感性和道德自觉性的养成，因此，从教学入手，激发学生的道德学习动力就显得尤为重要。面对当前道德教学的三重困境，在目标指向方面，应强调道德的主体价值，满足学生的学习需要；在教学过程方面，应增强教学的新颖性，引起学生的学习兴趣；而在教师行为表现方面，则应充分展现教师的投入度，感染学生的情意参与。

（一）强调道德的主体价值，赋予学生道德选择智慧

当前道德教学难以调动学生学习动力的一个重要原因就是没有契合学生的现实需求，为此，若想提升学生的道德学习动力，就应首先明确学生

通过道德学习想要获得什么。从道德的本质上看，它绝不仅仅是对人之行为的约束，更是一种生活智慧，因此，道德应该也必须成为学生在现实发展中可以依赖的工具，成为他们获得美好生活的凭借，只有这样才能促使学生将道德与自身的生存联系起来，产生主动学习道德的意愿。而道德选择智慧正是这样一种成就学生的能力素养，它可以帮助学生自如而坦然地应对真实生活中的各种价值冲突，在意义世界中获得真正的选择自由，道德教学应当以培养学生的道德选择智慧为目标，让学生在"学有所得"中实现"学有所德"。首先，教师要善于捕捉学生生活中的道德事件，激活主体的生命体验和内在动机。一般而言，越是贴近学生生活的事件越能激发学生的同情与共鸣，虽然教科书中的内容也带有很强的生活色彩，但那毕竟是抽象化和概括化之后的生活情境，和学生经历的现实生活存在一定的时空阻隔。为此，教师要有一定的德育资源开发意识和道德敏感性，结合文本内容，引入学生生活中的真实事件，切实关照学生的现实困惑，这些事件既可以是教师观察后的结果，也可以采取课前小调查的方式加以收集。其次，基于这些实践，教师要剖析并还原道德情境的复杂性，带领学生分析不同立场的不同选择。比如，关于该不该揭发朋友考试作弊这一问题，教师往往基于违反学校规定的考虑给出肯定答案，从遵守和维护社会规范的角度看这一选择的确无可厚非，但学生从心理上却往往很难接受，因为这一举动不但对自己没有什么益处，还可能使其失去珍视的朋友，如果是这样，那么道德就不可能给他们带来幸福的感觉，他们也不会产生道德学习的动机。为此，教师一方面要考虑不同立场的不同选择，比如，从友谊的维护、个人的发展和品格养成等角度分析，帮助学生获得对这一问题更为全面和深入的理解；另一方面还要进行完整的道德决策，实际上这件事并不是选择揭发或者不揭发就足够了，这只是完成了选择的一个阶段，揭发之后学生的友谊何去何从，选择不揭发，公平正义又该如何维护，学生心中是否会产生不安感，同样是在进行道德教学时需要考虑的重要问题，甚至比选择揭发或者不揭发更为重要，因为这才是决定某一道德选择能否趋近完满的关键。总而言之，道德教学不能停留在原则教授层面，更应该关注这些原则的现实应用，关注生活中真实而复杂的道德困境，赋予学生道德选择的智慧，因为只有这样学生才能明白道德并非空疏无用的道理，而是具备指导现实生活的价值，进而产生道德学习需要。

（二）关注教学的新颖性，调动学生的参与积极性

当前的道德教学过程由于过分执着于既定的程序安排和预定的答案设

计，以致形成了一个传统而封闭的场域，缺乏令人眼前一亮的新鲜元素，进而使学生对道德学习心生厌倦。因此，若想改变这一格局，增强教学过程对学生的吸引力，就要组织更具新意的教学。首先，可以引入信息技术手段，丰富道德教学的表现样态。现代信息技术既能有效弥补语言和文字符号表现力有限的不足，还能凭借其虚拟性拓宽教学空间。多媒体的直观、生动可以更好地吸引学生的注意力，幻灯片和视频影像已经成为不少教师的得力助手，其远比简单的静态描述更能引起学生的兴趣，也更能给学生留下深刻的印象。随着信息技术手段的更新，教师还可以利用数字化技术的交互性功能创设"虚拟实验"，进行道德决策的预演，所谓"虚拟实验法主要是基于虚拟仿真实验平台的特指性方法"[10]。虚拟实验一方面切合了道德知识实践性强的特点，能够让学生在相对真实和具体的环境下进行决策，体现道德学习过程的能动性和创造性；另一方面，还可以避免现实德育过程中的一些不便和尴尬，比如对于学生践踏草坪、任意摘花等行为，再现真实情境必然是不当的，现场说服既有些尴尬，又很难对其他学生产生教育效果，而运用虚拟实验就能妥善地解决上述矛盾。其次，肯定答案的多元性，打破学生的思维定式。价值澄清学派的代表路易斯·拉思斯曾批判在价值教学中，"'正确的'价值是预先设定好的，然后采用这样或那样的方法把这些价值兜售、推销、强加给他人。所有这些方法都有灌输的味道，只是某些方法比另一些方法更巧妙一点而已"[11]。这种直线探求方式，不仅难以激发学生的求知欲，还容易招致学生的反感，我们应该给学生留有更多的思考空间。比如，在让梨的问题上，有些教师就没有局限于强调自己挑小的，把大的留给他人这种简单的利人观，而是肯定了先挑大梨的学生在不侵害他人利益的前提下，敢于追求自己所爱之物的勇气，既打开了学生的思路，又有利于学生表达自己的真实想法。最后，提升情境的开放性，激发学生的道德想象力。当前人们愈加认识到情境创设对于提升道德教学有效性的重要价值，但在情境运用上有时仍然停留在呈现的层面，没有充分发挥其建构意义。这就需要教师加强情境的开放性，比如，有教师在教授《品德与社会》三年级上册教科书的《心中的110》一课时，就依据教材案例提出了故事续编的要求，设置了这样一个开放情境："一天放学后，季明背着书包高高兴兴地往家走。突然，来了两个大汉，不由分说，把他抱到了停在路边的一辆车上……"要求学生发挥自己的想象力，续编故事结局。[12]与此同时，还可以让学生进行讨论，以达到分享增值的效果。

（三）调整教师教学状态，感染学生的情意投入

教与学是一个统一的过程，教师的教学状态不仅关乎教学质量，还影响着学生的学习动力，"只有教师首先向学生投入、向教育过程投入、向教育内容投入，学生才可能受到感染，情感上才会产生共鸣"[13]。为此，教师应当尽量在言语和行为方面展现出对道德教学活动的热情与专注。一方面，对教材的文本内容进行二度开发，用描述性和情感性语言代替陈述性语言，以增强语言表达的情境再现力和情绪感染力。比如，有位初三教师讲到林则徐领导的禁烟运动时，就没有原原本本地呈现教科书中的内容，而是进行了具体生动、富有激情的描述，仔细呈现了销烟的程序和方法，学生看到教师讲得如此投入，自己学得自然也更加起劲。另一方面，教师还要特别关注自己的行为细节，时刻向学生透露对于道德教学的重视。比如，一些教师习惯于长时间手撑讲桌，这种看似不经意的动作会向学生传递一种疲惫倦怠的感觉，并使其生发出类似的感觉。因此，教师应该特别注意不要长时间倚靠或停留在同一个位置，要增加与学生的眼神交流以及相应的肢体动作，下课后还可以稍作停留，与学生交流一些上课的情况等，以展现教师的教学活力。当然，上述教学状态若想长久保持，则必须诉诸教学信念的调整，教师只有在内心中肯定了道德教学的专业品性，才能产生为之努力的愿望。让教师明确学生的道德养成过程虽然十分复杂，课堂教学所起的作用也相对有限，但总体而言道德还是可以教授的，正如科马克论述的那样，"道德知识是关于特定主题的知识；拥有这种知识的人被认为是道德事务上的专家；这种知识的拥有者能够制造某一产品或提供某种服务；这种产品和服务显然是有益的；具有道德知识的人能够将知识教授给他人"[14]。只是相对于科学和技艺而言，教授道德需要教师具备更多的实践智慧，其结果转化也需要更长的时间周期，不过这些条件的限制并不能否定道德教学的意义，反而印证了其工作的艰巨性和必要性。此外，即使德育教师教授的一些价值观念在其他学科的教学以及日常生活中都会有所涉及，但其更多处于一种零散化或无意识状态，需要德育教师的整合与升华，学校的各项工作也要贯彻这一理念，强调德育教师的道德领导地位，进而转变其边缘化格局，提升德育教师工作的自我效能感。

注　释

[1] 戚万学，唐汉卫. 应加强对道德学习问题的研究——兼论一种新的道德学习观及

其教育学意义 [J]. 山东师范大学学报（人文社会科学版），2005（2）：21—25.

[2] 桑青松，朱平. 道德学习的本质属性与实践目标取向 [J]. 中国教育学刊，2009
（3）：48—50.

[3] [7]万力维. 从驯顺到自主：德育何为 [J]. 当代教育科学，2005（4）：23—25.

[4] 拉瑞·P·纳希. 道德领域中的教育 [M]. 刘春琼，解光夫，译. 哈尔滨：黑龙江
人民出版社，2003：5.

[5] 唐爱民，刘晓. 道德学习的哲学思考 [J]. 山东师范大学学报（人文社会科学
版），2005（2）：26—30.

[6] 段文阁. 自我道德需要的意义及其激发 [J]. 齐鲁学刊，2009（6）：82—85.

[8] 戴岳. 道德自我的德育价值研究 [M]. 北京：北京师范大学出版社，2013：179.

[9] 徐志刚. 教师情感促进学生道德学习的机制分析 [J]. 思想理论教育，2013
（12）：4—7.

[10] 杜尚荣. 数字化时代中小学德育方法创新策略研究 [J]. 教育探索，2016（2）：
95—98.

[11] 路易斯·拉思斯. 价值与教学 [M]. 谭松贤，译. 杭州：浙江教育出版社，
2003：58.

[12] 薛丽君. 建立开放式小学思想品德课教学模式 [J]. 全球教育展望，2005（5）：
67—68.

[13] 王建敏. 道德学习论 [M]. 杭州：浙江教育出版社，2002：211.

[14] Cormack M. Plato's Stepping Stones：Degrees of Moral Vir- tues [M]. London：
Continuum International Publishing Group，2006：102.

（此文发表于《中小学教师培训》2018 年第 1 期）

"差点教育"理念下中小学社会主义核心价值观教育有效性的策略研究

黄宝国

（长春外国语学校　吉林长春）

2013 年 12 月，中共中央办公厅在《关于培育和践行社会主义核心价值观的意见》中指出：把培育和践行社会主义核心价值观融入国民教育全过程。培育和践行社会主义核心价值观要从小抓起、从学校抓起。[1] 2014 年 10 月，教育部党组、共青团中央在《关于在各级各类学校推动培育和践行社会主义核心价值观长效机制建设的意见》中指出：充分认识培育和践行社会主义核心价值观长效机制建设的重要意义。社会主义核心价值观是我们党凝聚全党全社会价值共识做出的重要论断，积极培育和践行社会主义核心价值观是学校落实立德树人根本任务的根本要求。

一直以来，笔者对社会主义核心价值观具体内容进行深度研读与个性思考，在教育实践中以社会主义核心价值观为行为导向，力求践行青少年社会主义核心价值观的德育实践。"差点教育"是笔者总结自身近 30 年的教育教学经验，继承领悟孔子有教无类、因材施教的教育思想，借鉴高尔夫球"差点制度"的评价原理，于 2013 年提出的全新教育理念。[2]"差点教育"理念的核心与思想精髓可以概括为"尊重差异、研究差点、缩小差距、共享差别"。本文中笔者希望通过围绕青少年的典型事例与活动来细致入微地诠释在"差点教育"理念下，青少年一代如何践行社会主义核心价值观，如何让核心价值观在自身思想行动中落地生根，同时使"差点教育"在此过程中更具"核心思维"与"价值内涵"。

一、"差点教育"理念体现社会主义核心价值观的意义与内涵

（一）"尊重差异"体现价值观教育的人文性

所谓"尊重差异"，强调的是每个学生都要具有内在的道德和精神追求，具有自我教育的能力，具备对前途、命运、人生的个性思考，使自身

由德育中的被动接受者转变为主动参与者。从人文意义的角度来说，"差点教育"理念中的"尊重差异"象征着民主、文明、和谐、平等，这与社会主义核心价值观的内涵一脉相承。

笔者认为，时代虽然发展变迁，但古训犹历历在目，教师教书育人，教书不易、育人更难，育人的本质就是育德，而道德的基础正是人文精神。北宋学者张载曾言："学者当须立人之性。仁者人也，当辨其人之所谓人。学者学所以为人。"[3]正如习近平总书记在北京大学师生座谈会上的讲话：社会主义核心价值观其实就是一种德，既是个人的德，也是一种大德，就是国家的德、社会的德。作为一名基础教育学校的管理者，在学校内形成培育和践行社会主义核心价值观工作长效机制是我们的职责与使命，使社会主义核心价值观惠及所有教师和受教育者，让广大师生自觉地将社会主义核心价值观内化于心、外化于行，但不必整齐划一，也不能千人一面。人的成长是千差万别的，只要方向正确，未必要统一步伐。

（二）"研究差点"体现价值观教育的民族性

在具体实施社会主义核心价值观教育的过程中，学校德育是极其重要且具实效性的途径，在学校教育中要坚持德育为先，这也直接关系我们国家和民族的未来。

广义上的"差点教育"，就是教育者应找准新时代学生的需求点和突破点，将传统优秀思想落到实处，落实到每个学生的日常行为习惯当中去。荀子在《劝学》里这样说："积土成山，风雨兴焉；积水成渊，蛟龙生焉；积善成德，而神明自得，圣心备焉。"习总书记也特别指出："今天，中华民族要继续前进，就必须根据时代条件，继承和弘扬我们的民族精神、我们民族的优秀文化，特别是包含其中的传统美德。"

"研究差点"就是在坚持集体主义精神和共产主义道德规范教育学生的同时，根据中国的历史传统和当代国情，发掘民族的优秀道德文化遗产。教育者要研究每个学生的特点，做到因材施教，因地制宜，因人而异。一方水土养一方人，要用中国的教育方式教育中国的学生。要创造性地继承和发扬中华传统美德，累积"跬步"，重视"点滴"，将其转化为中小学生的道德规范体系，变成中小学生的自觉道德要求与实践方式。[4]

（三）"缩小差距"体现价值观教育的社会性

古代先贤老子在《道德经》中这样写道："修之于身，其德乃真；修之于家，其德乃余；修之于乡，其德乃长；修之于邦，其德乃丰；修之于天下，其德乃普。故以身观身，以家观家，以乡观乡，以邦观邦，以天下观天下。"德育工作需要有一个综合教育环境体系，社会、学校、家庭可以说是德育环境体系的三要素，对学生道德品质的健康发展起着举足轻重的作用。虽然学校是对学生进行道德教育，促使学生正确价值观形成和道德素质内化的主阵地，但不可否认的是，由于德育环境所要求的一致性，在社会和家庭中可能存在一些消极因素，而且会直接影响到受教育者的价值定位和道德完善。

在价值观教育中既倡导学校德育为首，又要使社会德育与家庭德育、学校德育实现并轨，相辅相成。[5]三者之间互为依托，真正实现不同层次、不同方面的德育相长，使学生志存高远，"修身、齐家、治国、平天下"。在"差点教育"理念的视角下，学校、社会、家庭之间虽有所差异，但教育者因势利导，在缩小三者差距上合理开发资源，使每一种德育资源都能够发挥最大的作用。

（四）"共享差别"体现价值观教育的创新性

教育部党组、共青团中央在《关于在各级各类学校推动培育和践行社会主义核心价值观长效机制建设的意见》中指出，在学校推动培育和践行社会主义核心价值观长效机制建设的主要原则是：坚持落细、落小、落实，形成广大师生日常行为准则，增强自觉奉行和践行能力；坚持继承创新，善于运用青少年喜闻乐见的方式，推进理念创新、方法创新，注重总结凝练基层创新的经验和智慧，增强工作针对性、实效性。

优势互补，和谐共赢，这就是"差点教育"的价值取向——共享差别。在基础教育阶段，就需要在创新性的引领下，利用多样化的途径使社会主义核心价值观得以彰显。方式虽各有不同，但教育者均要强化资源整合，使互有差别的教育方法得以充分共享。人文关怀、校园文化等隐性教育要逐步和课堂主体的显性德育彼此兼容，同时发展网络德育、心理教育、家长学校（家校互动）、社会实践等新的德育途径，改变过去德育教育中泛政治化、空洞化、重智轻德等现象。学校要将德育与智育、环境等不断融合共享，同时还要在德育方法的多样性方面不断探索，推陈出新。

二、"差点教育"理念实现社会主义核心价值观教育的具体策略

习总书记指出，"一个民族的文明进步，一个国家的发展壮大，需要

一代又一代人接力努力，需要很多力量来推动，核心价值观是其中最持久最深沉的力量"。要把社会主义核心价值观在"差点教育"理念中具体实现，就要从细微之处着手。研究德育中的"差点"，就是要研究如何尊重学生个体以实现民主，关注个体纵向发展以实现公正，促进学生自我激励与反思以实现自由，最终使学生个体得以自主进步以实现文明。[6] 以此类推，在社会主义核心价值观的指导下，"差点教育"理念中的德育教育便会得到全面均衡发展，具体方式策略如下：

（一）变"随波逐流"为"坚如磐石"——目标从多变到坚守

十年树木，百年树人，人的成长是一个漫长的过程。对于中小学生来讲，我们目前存在着德育目标过多的现象，导致学生产生盲从之感。针对这一现象，学校的做法是紧紧围绕如何践行社会主义核心价值观这一主题，通过开设学生党课，让青少年能了解党的历史、理解党的宗旨、明确党的要求、信仰党的理想。所谓大爱无痕，德育无形，我们要在党课教育中蕴含德育教育，让中小学德育生发出无尽的能量，让学生在学习中热爱共产党，对党的领导坚定信心，对社会主义事业充满热忱，让社会主义核心价值观汇入自身血脉。

（二）变"借尸还魂"为"借鸡生蛋"——内容从僵化到鲜活

核心价值观是魂，如果没有载体，就是幽灵。如何让核心价值观落地生根，开花结果，不能"借尸还魂"，而要"借鸡生蛋"。很多教师在课堂上都会发现有这样的孩子，上课不听讲而在书上画画，比如曾经风靡网络的"杜甫很忙"的作品就是学生在课堂上的杰作。这样的行为发生在课堂上肯定是不对的，但教师能因孩子们在课堂上另辟蹊径就否认他们的活跃思维与丰富想象吗？不能。那教师应该如何做才能既让孩子们改正课堂上的错误行为，又让其优长得以发挥？由此，学校完全可以成立"校园文化创意社"，让学生的作品出现在卫生间、清洗池、医务室的墙上。如在厕纸盒旁边，有一个"校园卡通形象"在提醒大家："亲，能省则省吧！"这样的方式使教育的方式从僵化到鲜活，由古板到灵动，产生的效果非同凡响，意义也是不言自明。

（三）变"攀龙附凤"为"脱胎换骨"——方式从依附到重生

德育的目的就是要育德。《周易》中云："天行健，君子以自强不息；

79

地势坤，君子以厚德载物。"学校以坚持传统道德为源头活水，极其重视对学生进行传统文化道德的熏陶和教育，努力提高学生的文化自觉与文化自信。我校将在初中开展《弟子规》等传统中华经典学习诵读活动，传承中华文化的优良传统，将传统文化与时代精神有机结合，赋予其新的时代内涵；在高中各年级开展传统诗歌诵读活动、汉字听写大会、汉字文化竞赛等活动，以丰富的表现形式展现传统文化的独特魅力，并使学生从中汲取丰富的文化精神。学校还将社会主义核心价值观中的 12 项内容设计为 12 个专题，每个专题都有 3—5 个小故事来诠释思想内涵，用这种"德育寓言"对学生进行具体解读与阐述，让学生耳目一新的同时，理解了价值，记住了关键词语，获得了思想洗礼。

（四）变"纸上谈兵"为"事必躬亲"——活动从说教到体验

纸上得来终觉浅，绝知此事要躬行。德育是说的，更是做的。感恩教育是中学德育一直以来所倡导的，但要注意避免以空谈代替实践。一直以来，学校坚持以社会实践为载体，让社会主义核心价值观通过社会实践来实现其意义。多年来，学校一直引导学生走出校门，服务社会，开展各种志愿者活动和参观学习活动。学校组建青年志愿者协会，长春伪满皇宫、中国第一汽车制造厂、长影旧址博物馆等地都留下了学生的身影，这些活动既锻炼了学生的社会实践能力，又将学生文明的美德传递给他人，从而使学生真正成为社会主义核心价值观的参与者、传播者和践行者。

（五）变"画饼充饥"为"触手可及"——理想从虚幻到现实

过去，学校开展的一些活动，对学生来说感受不够具象。例如，新中国开国总理周恩来一生鞠躬尽瘁，死而后已，但很多孩子对周总理并不完全了解。由于长春外国语学校是在周恩来的关怀和指导下建成的全国首批外国语学校之一，2015 年学校将 3 月 5 日（周恩来诞辰纪念日）定为"周恩来日"，旨在使周恩来成为所有学生的榜样，引导广大青少年以周恩来为人生楷模，为中华之崛起而读书。通过"周恩来日"的设定，学校呈现出一派新气象，每次有大型活动的时候，学生们都会齐唱《习主席寄语》这首歌。通过一首歌、一件事、一个人这样接地气的形式，学生深受触动，更加具象化地了解了周恩来的领袖风采和人格魅力，从而使理想追求都具象化了。校园网、班级宣传栏、年级板报等宣传平台也要充分发挥作用，广泛进行活动宣传，让民族精神时时引领，代代相传，让中小学生端正人生观和价值观，规划美好人生，争做合格的中小学生。

(六) 变"作茧自缚"为"羽化成蝶"——评价从封闭到开放

美国著名教育评价学专家斯塔弗宾这样说过："评价的目的不在于证明，而在于改进。"[7]因此，评价学生的目的不仅在于明确是非，区分优劣程度，更是要分析学生存在的问题，找出原因并予以指导，改善学生的学习状况。教师要帮助学生建立自信心，从而激励其更加积极主动地投入到学校生活中去。[8]"差点教育"理念下的中小学生评价为纵向比较，侧重评价学生的纵向发展，着重强调学生的进步情况，以鼓励学生自主地进步。这样的评价不仅可以让学生了解自己的现状，而且可以为其进一步发展指明方向和目标，学生可以从评价中获得继续前进的动力。其中，家校互动评价最大的优点就是能够让孩子的进步得到多方的认可，从而使孩子受到更大的激励，获得更快速的进步。

三、"差点教育"理念下关于社会主义核心价值观教育的理性思考

在中小学践行社会主义核心价值观是一项长期工程，也是一项系统工程，需要社会、家庭和学校三个方面的共同努力。要从学生的年龄特点和成长规律出发，采取学生容易接受的方式帮助学生理解核心价值观，重点引导学生通过亲身体验践行核心价值观。同时，也要结合时代特点，借助现代技术和手段宣传核心价值观。

(一) 用学生的方式理解核心价值观

作为青少年一代，要通过有意义的社会实践活动践行核心价值观。例如，由于我校具有保送资格的特殊性，每年有160人左右在高考当年3月前已经被相关大学录取。对于这些大学预备生，他们在校期间除了完成学业外，还有大量的时间可以开展实践活动，通过实践活动，既可以锻炼自身的能力，也能够服务于学校和社会。为此，针对这部分学生我校出台了特殊的政策，鼓励他们参与学校或者自发组织的各类社会实践活动。因此，有些保送生到农村小学去教孩子们英语；有些就在学校的各部门帮助教师们处理力所能及的工作，这些实践活动除个别由学校帮助联系实践地点外，都由保送生自愿报名、策划、实施，大约要持续三个月左右。通过学生喜欢的方式，使其在实践中理解核心价值观。

（二）用亲身的经历诠释核心价值观

爱国是社会主义核心价值观的基本内容之一，对于青少年来说，学校每周一次的升旗仪式可以说是爱国教育的一种常态方式，自然也是青少年践行社会主义核心价值观的表现形式之一。学校每周一都会举行全校师生的升旗仪式。在仪式上由值周班级负责升旗仪式的主持、方队、升国旗和国旗下讲话。国旗下讲话的内容与学期的日程、传统的节日相契合，如国庆节、党的生日等，讲稿主要以中、英文两种方式呈现。每学期也要进行至少一次中、日文，中、俄文和中、西文的国旗下讲话，主体由学生独立完成。在这个过程中，学生通过亲身经历，诠释核心价值观，提高爱国意识，形成爱国思想。

（三）用现代的手段宣传核心价值观

当前，学生们对于新媒体的应用都非常积极和踊跃，学校不断地通过网站、微博、微信等新媒体平台让学生表达对于核心价值观的看法和认知，广泛快捷地传播产生了强烈的社会效果与良好的社会反响。要使青少年群体更好地参与到践行社会主义核心价值观的行动中来，就要充分利用微博、微信、微视、网站、秒拍等网络平台。经过组织安排，细化方法，学校策划推出了一系列通过新媒体增进青少年互动的活动，如"你想为谁点赞"网络投票，为身边的榜样制作微视频，以心感心，以情动情，从而更真切地理解和领会社会主义核心价值观的深刻内涵。

在社会主义核心价值观的指导下，全体教育者应在尊重差异中关注个性，在理解差距中并纳包容，在研究差点中科学实践，在共享差别中培育多彩的生命，在德育工作中更要始终坚持培育和践行社会主义核心价值观，以学修德、以德促学，为实现中国教育梦做出更大的贡献。

注　释

[1] 中共中央办公厅. 关于培育和践行社会主义核心价值观的意见 [M]. 北京：人民出版社，2013.

[2] [6] 黄宝国. "差点教育"理念的生成与发展 [J]. 现代中小学教育，2014（6）：10—13.

[3] 袁振国. 当代教育学 [M]. 北京：教育科学出版社，2010：215.

[4] 黄宝国. 差点教育：为每一个学生的幸福人生奠基 [N]. 吉林日报，2013-04-19（10）.

［5］黄宝国.“差点教育”的理论与实践研究［J］.基础教育课程，2014（6）：3—6.

［7］徐纯军，唐正娟，钱市青，等.助推学生发展：课堂评价的不懈追求［J］.江西教育，2008（11）：15—17.

［8］杜悦.“差点教育”理念下的教师内源式发展［J］.基础教育课程，2014（4）：3—5.

（此文发表于《中小学教师培训》2016 年第 3 期）

基础英语教育的学科育人价值探究

赵连杰

（北京师范大学外国语言文学学院　北京）

一、引　言

自 2001 年实施英语新课程改革以来，基础英语教育取得了长足的发展和进步。在新的历史时期，基础英语教育应在基础教育阶段发挥更大的作用。《国家中长期教育改革和发展规划纲要（2010—2020 年）》中指出，"把育人为本作为教育工作的根本要求"，坚持"德育为先、立德树人"。[1]2014 年 3 月 30 日教育部在《教育部关于全面深化课程改革落实立德树人根本任务的意见》中明确提出"改进学科教学的育人功能……要在发挥各学科独特育人功能的基础上，充分发挥学科间综合育人功能"。目前正在紧张进行中的普通高中课程标准修订工作更是明确要求各学科要基于学科本质观和学科育人观提炼本学科核心学科素养。由此可见，学科教学作为学校教育的主要渠道，其"育人"的特殊作用越来越受到重视。这不仅是因为学科教学是学生最主要的学习经历，也是因为学科教学是学生德行成长的重要途径。但仅仅进行学科教学是远远不够的，教师要实现真正意义上的从学科教学走向学科教育才能落实真正的育人目标。[2]实际上，学科教育学本身就是"运用教育学、心理学和相关理论对各专业学科教育进行研究，着重解决如何通过学科教学把知、情、意、行统一起来，如何在一定的高度、在一门门的学科教学中，全方位地塑造人、培养人"[3]。叶澜教授曾呼吁"重建学科教学价值观"，并指出为实现拓展现有学科的育人价值，首先要认真地分析本学科对于学生而言独特的发展价值。[4]

过去的一年，"英语退出高考""降低英语中、高考分数权重""小学三年级以下取消英语课"等政策的临时出台在媒体的推动下使基础英语教育一度处在舆论的风口浪尖。一些专家学者纷纷撰文表达对当前舆论的看法。2014 年 9 月 4 日，国新办举行高考改革新闻发布会，正式发布高考招生改革实施意见，官方明确了"全国统一高考包含语文、数学、英语三科，每科总分 150 分不变，其中英语实行一年两考"，持续一年之久的改革之争才尘埃落定。舆论的风声虽过，但留给英语教育界人士的思考却不能停止。基础英语教育受到质疑的一个很重要的方面是在基础教育阶段的英语学科育人价值没有搞清楚。本文拟从学科教育学的视角，在回顾国内关于英语学科育人价值主要研究的基础上，结合教育部英语课程标准关于英语课程的价值、性质的阐述以及学科育人观的思考，就基础英语教育学科育人的功能进行初步探讨。

二、对英语学科育人价值探讨的研究回顾

"学科育人价值"并不是一个陌生的概念，早在 2002 年，叶澜教授就指出"拓展学科丰富的育人价值"[5]。笔者使用"育人价值""学科育人""英（外）语"等关键词在中国知网进行文献检索，发现与生物、地理、语文等学科相比较，英语学科在学科育人价值方面的研究远不够丰富。进一步了解发现，关于英语学科育人价值的研究已经进行了十余年，在国内有较大影响的系统研究是起步于 1999 年的"新基础教育"英语教学改革研究。该研究在梳理我国从新中国成立初期到 2001 年新一轮基础教育课程改革以来英语教学现状后认为"当前我国中小学英语教学目标仍然未能突破'工具化'价值取向，没有真正关心英语教学过程中'人'的成长问题，即对英语教学的育人价值认识尚不清晰"[6]。因此，"新基础教育"英语教学改革的基本任务之一就是研究关于英语教学改革的价值理念问题，其中很重要的一点就是回答英语学科本身的育人价值问题。[7] 经过十年的不断探索，"新基础教育"英语改革课题组对中小学英语教学育人价值的确立进行了全方位的整体把握，包括了语言知识的教学价值、语言技能的教学价值、学习能力的养成价值、外语语言的文化价值以及英语学习品质等。"新基础教育"英语教学改革最难能可贵的地方在于把改革价值的核心放在"育人"上，即把关注"学生主动、健康成长"作为学科教育目标的核心落实。这与 2014 年北京师范大学林崇德教授领衔的"学生核心素养研究项目组"提交的关于《学生发展核心素养体系总框架报告》中一切围绕"全面发展的人"的思路不谋而合。同时，表达中提到的学科品质、能力素养等概念目前在教育部高中英语课程标准修订中都有所体现。

随着《国家中长期教育改革和发展规划纲要（2010—2020 年）》工作的推进，以及把党的十八大和十八届三中全会关于立德树人的要求落到实处，"学科育人价值"日益受到教育界人士的重视。2010 年开始，上海

市教委教研室德育项目部启动了上海市中小学"学科育人价值"研究，并取得了一系列研究成果。作为子课题重要组成部分的上海市中小学英语学科育人价值研究课题组也取得了一定的研究进展。[8]为推广研究成果，让更多的教师从"学科育人"的角度思考教学、研究教学、落实教学，2013年，上海市教育委员会下发《上海市教育委员会关于深入推进本市中小学学科育人工作的实施意见》，要求切实落实立德树人的根本任务，深化课程教学改革，进一步发挥学科课程教学的育人功能，积极探索学科立德树人的基本规律。[9]

近年来，随着国家经济实力的进一步增强，教育资源日益丰富，在深化课程改革、落实立德树人这一根本任务的引领下，"学科育人价值"才逐渐被重视起来。随着教育部高中英语课程方案和课程标准的陆续出台，"学科育人价值"的理念将成为新一轮基础教学改革的热点。

三、英语课程的价值、性质及学科育人观

学校教育育人目标的落实主要依靠课程体系的支撑，因此谈学科的育人价值离不开对学科课程的价值和性质的认识。教育部颁布的《义务教育英语课程标准（2011 年版）》［以下简称《课程标准（2011）》］，首次在前言部分清晰而明确地阐述了在义务教育阶段开设英语课程的价值：第一是从国际形势和国家角色阐述了课程对于国家发展的意义；第二是从学生的特点、发展的需要以及语言所承载的文化和价值观对其影响等阐述了课程对学生发展的意义。[10]

《课程标准（2011）》第一次从工具性和人文性两个方面明确了英语课程的双重性质[11]，并对其内涵进行了阐释。概括来说，在工具性方面，英语课程承担着培养学生基本英语素养和发展学生思维能力的任务；在人文性方面，英语课程承担着提高学生综合人文素养的任务。英语学科课程的性质有着丰富的学科育人内涵，正如陈琳等所言："工具性和人文性统一的英语课程有利于为学生的终身发展奠定基础。"[12]

学科育人观，顾名思义指的是对一门学科具有怎样的育人价值的认识。它的基础是学科本质观，即一门学科的根本性质和核心特征是什么。上述关于英语课程价值及性质的阐述对于我们思考英语学科育人观有着十分重要的意义。长期以来，我们都在关注英语学科知识体系，而忽视了英语学科对于学生发展的价值，缺乏对学生成长需要的关注。学生学习的乐趣、能力、思维品质、主动精神和探究欲望等受到压抑。[13]这主要是因为

我们没有英语学科育人观的引领，没有站在学科育人的高度来思考英语学科的真正价值，而是把实现英语教育根本目标过程中的手段和资源作为追求和归宿，这严重偏离了英语教育和学科育人的本质使命。英语学科育人观的提出就是要解决如何认识英语学科育人价值的问题，具体来说，就是为了实现基础教育总体育人目标，回答英语学科对于育人的贡献到底是什么的问题。这个贡献既包括英语学科同其他学科一样具有的一般性贡献，又包含英语学科独特的贡献。

按照目前英语课程具有工具性和人文性双重属性来看，英语学科育人观外显化的体现就是如何利用好英语学科作为工具性属性的育人作用以及作为人文性属性的育人价值。工具性方面的育人价值主要是指教师教授英语语言和学生学习英语语言本身的过程所带给学生的积极影响，如促进学生智力因素的发展以及非智力因素的发展。人文性方面的育人价值则是主要从学习语言之外关于政治、经济、文化价值观等方面对于学生世界观、人生观以及价值观的直接或间接影响。但关于英语课程具有工具性和人文性的性质一直颇有争议，这种"二分法"的课程性质必然引起英语教师们对"工具性"多一点还是"人文性"多一点的困惑。虽然英语新课标将英语课程定位在"工具性和人文性统一"上，但对怎样理解和实现这个统一并未做出明确的说明。因此，基于"工具性"和"人文性"来看英语学科的育人价值是不充分的。

为了体现国际课程改革新趋势，适应信息时代和知识社会对人的发展的新的要求，实现从学科本位到育人本位的育人模式转变，新课程和教育部普通高中课程标准修订工作都要求把"立德树人"作为深化课程改革的根本任务，构建基于"学科核心素养"的评价体系。目前普通高中英语课程标准修订工作正在紧锣密鼓地展开，专家们对英语学科育人观进行了深入的研讨和广泛的调研，根据达成的共识构建了基于英语学科核心素养的学科育人框架，并设定了培养和发展学生的外语学科核心素养的具体目标，即高中英语课程旨在培养和发展学生的"语言能力""文化品格""思维品质"和"学习能力"。英语学科核心素养的提出是基础教育总目标在英语学科方面的具体化，是英语学科育人价值的集中体现。它克服了原来"工具性"和"人文性"课程属性定位带来的英语在教育价值方面的混乱，明确了英语学科的核心价值是育人，为后续变革教师的教学方式、学生的学习方式、教学内容、评价体系等奠定了基础。

需要说明的是，英语学科育人观是个观念集，包括对英语学科的育人基础、育人功能、育人方法等问题的综合系统的认识。限于篇幅，本文拟选取英语学科育人功能做相关探讨。

四、英语学科育人价值与功能

外语教育要树立促进"全人"发展的理念，把德、智、体、美、劳、心统一在外语教学活动之中，教单科（外语），育全人。[14]英语学科多年来一直是学校教学的基础科目之一，数学、语文、外语，并称"三大主科"；与其他学科一样，对学生都具有德、智、体、美、劳五方面的教育作用。但由于英语学科有其自身独特的性质和特点，所以对这五个方面的育人价值存在程度上的不同。其中，英语对于德育和智育的育人价值最大，可表示为强相关；在美育上的育人价值次之，表示为中相关；同体育和劳育的育人价值联系稍远，表示为弱相关。

本文拟从英语学科育人价值效应最大的德、智、美三方面展现英语学科的育人功能，分别对应学科德育、学科智育和学科美育。

（一）学科德育

"学科德育"的概念起源于 2000 年中共中央办公厅、国务院办公厅所颁布的《关于适应新形势进一步加强和改进中小学德育工作的意见》，其中指出德育要寓于各学科教学之中，贯穿于教育教学的各个环节。"要将社会主义核心价值体系融入中小学教育，牢牢把握课堂教学这个主渠道。"目前，普遍接受的观点是"学科德育"不是简单的"学科＋德育"的"两张皮"模式，而是在学科教学中渗透德育。

英语学科属性中人文性的一面决定了其和语文学科一样，具有在学科教学中渗透德育的先天优势。英语学科汇集了西方思想和文化的精华，与西学关系最为密切，承载了其他学科较难提供的独特育人价值。英语教材中的语言材料包含的话题十分丰富，如日常生活、健康与安全、自然与环境、科学与技术、历史与社会、文学与艺术等。这些话题蕴藏着无穷的可用于英语教学德育渗透的资源，特别是对学生的爱国主义教育、文化和价值观教育、意志品格教育、情感教育等。比如，可以通过中外文化的学习和比较，帮助学生形成跨文化意识，增强对国家和民族的自豪感，坚定文化自信，树立正确的价值观取向，同时培养学生一种开放的心态和包容的态度，实现英语课程的"社会文化目标"。[15]再如，母语和外语在语言体系上存在着巨大差异，学生学习外语本身就是一个磨炼学习能力和意志品格的过程。学习一门外语需要投入足够的时间，进行大量的语言实践，同时要克服学习过程中带来的诸如害羞、焦虑、挫折感等负面心理。从德育的角度讲，学习一门外语的过程本身就是培养学生开朗的性格和积极向上、不怕困难精神的过程。对于教师而言，要开发利用好这些资源，深入解读文本，挖掘教育潜力，捕捉学科德育的契机，实现学科教学和学科德育的有机融合。

（二）学科智育

语言与思维的关系十分密切。语言是思维的工具，是思维的物质外壳，思维是语言的内容。学习和使用语言要借助思维；同时，学习和使用语言又能够进一步促进思维的发展。[16]《课程标准（2011）》在谈到英语课程性质中工具性的内涵时提到，"就工具性而言，英语课程承担着培养学生基本英语素养和发展学生思维能力的任务"。英语是一门开启学生心智的学科。[17]一直以来，关于英语在促进学生思维发展方面引起了研究者的广泛关注。[18][19]程晓堂结合英语语言本身的特点和英语学习的过程，总结归纳出通过英语学习可以促进学生十种思维能力的发展：观察与发现能力；比较与分析能力；逻辑思维能力；概念建构能力；信息记忆与转换能力；批判思维能力；认识周围世界的能力；时空判断能力；严密思维能力；创新思维能力。[20]这对我们认识通过英语学习可以培养哪些能力有着重要的指导价值。

从2001年新课改以来，我们的基础英语教育所取得的巨大进步是有目共睹的。但同时我们也应该看到基础英语教育一线课堂的"思维缺失"现象十分严重！很多教师依然在语言基础知识和基本技能层面实施英语教学。大多数英语教师一般只看到语言的交际功能和工具属性，忽视了语言的认知、社会文化和生物属性。[21]笔者曾经在北京市某教育强区的一所市级重点高中工作四年，参加过不同级别的进修和培训，观察过很多英语一线课堂，发现能从学生能力角度设计的外语课堂几乎是凤毛麟角。课堂上，文本的解读、问题的设计、任务的组织甚至作业的布置都浮于表面，充斥着学生大量的体力劳动和低层次的认知活动。学生的认知得不到挑战，高阶思维能力得不到培养，严重弱化了英语课程的育人效力。

做到英语学科的学科智育并不容易，首先要解决的就是教师学习和发展的问题。实现英语教学到英语教育的转变关键在于英语教师的转变，包括其理念、认知和行动上的变化，如教师语言观、语言教学观、课程观、学科能力观等方面的变化。目前正在修订中的高中英语课程标准把英语学科核心素养的培养作为新时期教育课程改革的根本任务，在目前确定的四大核心素养中，思维品质单独作为其中一大核心素养，反映了政策制定者对英语学科在塑造学生思维品质方面的重视。

（三）学科美育

美育一般是指培养学生认识美、爱好美和创造美的能力的教育。目前，对于学科美育在语文学科已经有系统的探索。[22]英语教学的美育研究也引起了相关学者的兴趣[23][24]，但尚没有系统的研究。实际上，英语作为语言学科，同母语一样，在进行美育方面有着本学科得天独厚的条件优势。

从语言形式上讲，英语自身的语言结构特点本身就是美育的丰富资源：英语有着优美的语音语调，富有极强的节奏韵律感；英语有着周密严谨的句法系统，可以让我们发现语言的逻辑之美；英语的段落和篇章布局紧紧围绕着中心话题，句际之间层层相扣、衔接流畅，段际之间紧凑连贯，上下呼应，堪称形式和意义的完美结合。从教学内容上讲，由于学习语言的过程同时也是了解目的语国家的政治、经济、文化、教育、艺术等知识的过程，因此教师在讲授的过程中要在引导学生鉴赏、品味和体验语言的形式之美的基础上，以学习内容为载体，挖掘文章主题思想之美，体会字里行间的意蕴之美。当然，发挥英语学科的美育不仅仅局限在语言本身和教学内容上，从教师的衣着美、教态美、语言美、心灵美到教学氛围的和谐之美，教学设计之美等都可以进行美育的渗透。[25]

进行学科美育首先要求教师有强烈的美育意识，积极思考和发现英语学科的审美因素和审美价值。特别需要注意的是，学科美育是一门艺术，需要教师用心感悟。学科美育的手段和途径要自然、真实，如果是为美育而美育，脱离现实的教学情境，就会导致"美"得不真实，"美"得矫揉造作，反而会引起学生的反感。

五、结束语

教育教学工作的根本任务是"育人"。要理解英语学科育人，必须首先回答我们需要培养什么样的人的问题。在这一育人总目标的指引下，我们再思考英语学科有哪些独特的育人功能以及如何发挥这些功能。需要强调的是，英语学科育人理念固然为一线教师重新审视外语教学打开了一个广阔的空间，但领悟并贯彻这一理念并不是一件容易的事情。如英语教师传统教学观念的转变需要一个很长的过程，应试教育巨大的惯性依然存在，新的评价体系尚未经过实践的检验等。这些问题都会阻碍"学科育人"理念的贯彻实施。考虑到本文的重点在于从宏观层面上对英语学科育人进行一些思考，所以在谈到育人功能时没有给出具体的案例，以期今后与同行进一步讨论、交流。

注　释

[1] 国家中长期教育改革和发展规划纲要（2010—2020 年）[EB/OL].［2015-05-28］. http：//www. gov. cn/jrzg/2010－07/29/content ＿1667143. htm.

[2] 王春易. 从学科教学走向学科教育［M］. 北京：中国大百科全书出版社，2012：186—190.

[3] 饶杰腾. 语文学科教育学［M］. 北京：首都师范大学出版社，2000：1—2.

[4]［5］叶澜. 重建课堂教学价值观［J］. 教育研究，2002（5）：3—7，16.

[6]［13］卜玉华."新基础教育"外语教学改革指导纲要（英语）［M］. 桂林：广西师范大学出版社，2009：6—7，35.

[7] 卜玉华. 英语教学的基本性质及育人价值［J］. 基础教育（月刊），2006（3）：15—17.

[8] 上海市中小学英语学科育人价值研究课题组. 培养跨文化交际能力——中小学英语学科育人价值概述［J］. 现代教学，2013（Z2）：47—48.

[9] 上海市教育委员会关于深入推进本市中小学学科育人工作的实施意见[EB/OL].［2015-05-26］. http：//www. shanghai. gov. cn/shanghai/node2314/node2319/node12344/u26ai36739. html.

[10]［12］陈琳，王蔷，程晓堂. 义务教育英语课程标准（2011 年版）解读［M］. 北京：北京师范大学出版社，2012：39—40，41.

[11] 王蔷. 深化改革理念　提升课程质量——解读《义务教育英语课程标准（2011年版）》的主要变化［J］. 课程·教材·教法，2013（1）：34—40.

[14] 文旭，夏云. 全人教育在外语教育中的现实化［J］. 外语界，2014（5）：76—82.

[15] 龚亚夫. 论基础英语教育的多元目标——探寻英语教育的核心价值［J］. 课程·教材·教法，2012（11）：26—34.

[16] Waters A. Thinking and Language Learning［J］. ELT Journal，2006（4）：319—328.

[17] 刘道义. 启智性英语教学之研究［J］. 课程·教材·教法，2015（1）：80—90.

[18] 程晓堂，岳颖. 语言作为心智发展的工具——兼论外语学习的意义［J］. 中国外语，2011（1）：51—57.

[19] 文旭. 以"思"为基础的外语教育思想 [J]. 当代外语研究，2013（1）：34—44.

[20] 程晓堂. 英语学习对发展学生思维能力的作用 [J]. 课程·教材·教法，2015（6）：73—79.

[21] 韩宝成. 关于我国中小学英语教育的思考 [J]. 外语教学与研究，2010（4）：300—302.

[22] 杨斌. 语文美育叙论 [M]. 南京：南京师范大学出版社，2005.

[23] 刘爱萍. 英语教学中的美学欣赏 [J]. 课程·教材·教法，2006（9）：48—51.

[24] 杨贤玉，李悦. 论英语教学与审美能力的培养 [J]. 外语教学，2004（4）：70—73.

[25] 董曼霞. 论英语课堂教学中的美育渗透 [J]. 英语教师，2010（8）：38—39.

（此文发表于《中小学教师培训》2017 年第 1 期）

关注意义的道德教育理论管窥

卢艳红

（深圳市教育科学研究院　广东深圳）

新一轮基础教育课程改革力图从更高层面推进素质教育，其中比较重要的一个方面就是对德育价值的凸显，课程改革要求新课程的培养目标既符合素质教育的思想又体现时代的要求，除了创新精神、实践能力之外，培养学生具有良好的思想道德品质同样是一大基本任务，而且它是素质教育的核心内容。完善学生的政治思想和品德素质，促进学生良好的思想品德和行为习惯的形成，促使学生德智体全面发展，为学生健康成长奠定基础是中小学德育的根本目标。

面对这次基础教育课程改革，学校的德育工作究竟如何开展，德育工作如何适应新课改的需要，切实提高德育的实效性，充分发挥德育在青少年德性成长方面具有的不可替代的作用，这是每一位教育工作者都应关注和研究的问题。笔者认为转变德育观念、树立意义论德育观，是新时期走出平面化、单向度、形式化的道德教育误区的一条最有效的途径。人是寻求意义的生物，成就人的道德教育不能不关注意义。关注意义是提高德育实效性的一个很好的切入点。

一、德育视角下的意义内涵

哲学关于意义的解说具体到道德教育领域，需要进行狭义化的理解与分析。道德教育视角下的意义是指主体对其有所意味的客体所具有的影响、价值、功能的理解，而这种理解一般是在实践活动的过程中进行的。其中有所意味的客体是指道德规范及价值体系；主体是指具有积极的能动思维的中小学生；实践活动包括专门实施或隐含于其他形式中的道德教育活动。

新课程改革需要的德育应该是注重对德育内容深层次挖掘和解析的教育，应该是侧重于对青少年进行意义引领的教育。道德教育中的意义引领是指引导青少年学生从其对主体所具有的功能、作用和影响的角度出发来理解道德规范及价值体系。透过道德规范表层含义而深入理解它们不同于表达式意思的深层含义，即侧重于对道德规范之上或之内的东西到底是什么的理解和追问。如诚实守信表达式的表层含义是"不说谎，说到做到"，而它的深层含义则十分广泛，包括：诚实守信的行为将会给他人、社会、自然、自我等带来哪些影响，会产生什么样的作用，具有哪些价值？诚实守信的行为结果会给他人及自我带来什么样的感受？不诚实守信的行为有什么破坏作用？当诚信与否难以获得来自社会舆论的肯定或批判、缺少社会机制上的奖惩保证时，我们是否还需要诚信？等等。引导学生对上述问题进行分析和理解，道德教育便进入意义关涉的领域。而停留于道德规范表层含义的认识和背诵的道德教育仅仅是规训，是缺少"灵魂"、意义无涉的道德教育。

二、两类道德教育的特点分析

明确不同道德教育类型的特点是我们实施素质教育，达成德育新课程改革目标的必要理论前提。从是否注重对道德规范及价值体系之表达式深层含义（意义）的理解这一视角出发，可以将道德教育划分成两大类：一类侧重于对道德规范表层含义的认知；另一类侧重于对道德规范及价值体系对主体所具有的影响、价值和功能的理解。

前者是主体对该事物的感官印象，往往具有直接性、表面性、外在性的特点，后者则是主体对该事物所显现出来的影响、功能和价值的理解，这种理解的过程及结果往往具有间接性、内在性、深入性的特点；前者是对事物表象的认识，后者则是超越于表象的理解；前者是有形存在，后者则是无形存在即意义存在。[1]对前者的把握不需要理解的成分，只要主体的感官正常就可以获得这些信息，而后者则需要主体理解活动的发生。没有理解活动的发生，道德规范与价值体系对于主体的言行都将没有任何意义。前者是意义无涉的，是当下道德教育应摒弃或极力扭转的一种局面，后者则具有意义性的关涉，是道德教育应努力的方向，亦是学校德育取得持久而稳定效果的关键路径。前者是熟知，后者是真知，熟知并非是真知，"熟知"是对世界的名称式的把握，"真知"则是对世界的"概念"式的把握[2]，关注意义的道德教育所要解决的是真知的问题，即具有导行作用的真知。

三、教师施教过程中不可忽视的关键词——"理解"意蕴分析

生硬灌输，远离实际，不注重内化，停留于表面化解说的德育模式与

素质教育所提倡的学生生动、活泼、主动地发展的理念是背道而驰的。所以德育若要提高实效性，引导青少年对德育内容的意义性理解是良好德性生成不可跨越的必要环节。那么教师在具体施教过程中，究竟如何有效地引导学生对规范、价值体系的意义理解，如何看待理解的作用等问题便尤其需要说明。以下几方面对"理解"的把握是道德教育意义引领成功进行的关键因素。

1. 道德理解是建立在学生个体经验基础之上的

这里的理解不仅仅是心理学意义上的一种认知方式，也并非是同观察、阅读、推理、归纳等认知方式平行的一种学习过程或活动，而是着重关注道德学习主体对道德规范与价值的理解是否从自身的生活经验出发，将自身的生活经验既作为理解的起点，又融入理解的过程之中，理解所生成的意义是否与自身已有的情感、态度、理性认识、价值观等相碰撞、相交融？对规范与价值的意义理解是否触及道德学习者的内心世界，是否企及其精神领域，是否涵养了其品性，提升了其道德敏感性，唤起了其以往的道德体验，是否引发了道德学习者的道德冲突，是否实现了内化？只有被受教育者理解了的德育内容才是有意义的教育内容，只有被受教育者内化了的道德教育才是有意义的道德教育。

道德理解是建立在个体经验基础之上的，个体的生活经验、生命经历又是理解道德意义的出发点。教育者在施教过程中要充分地考虑到受教育者"前理解"阶段在情感、态度、价值观、信念、理性等方面存在的差异，并充分调动道德学习主体自身的生活经验，将理解的过程与他们关于生活的态度、情感、价值观、思想认识联系起来，这是真实而有效的道德理解活动发生的必要前提。个体的经验构成理解的视域，促进理解，同时在理解中又更新和丰富了经验，从而产生了新的意义。个体的道德成长总是以过去的经验为原料来接纳、吸收、筛选和改铸当下的生活经验。关注个体的生命经历与经验，并不断地扩大其经验的深度和广度，是个体道德成长的重要条件。道德学习者的经验是理解道德知识的基础，没有经验，任何知识都不可能与个体发生意义关系，道德知识只有与受教育者的整体生活经验融合在一起，才是真正的活知识，才是真正有意义的知识。当道德知识不能与道德学习者个体经验相联结，不能有机地融合在一起的时候，道德知识便不是真正的"个体知识"，道德知识便不具有"意义性"和"道德意谓"。主体理解意义需要经验，而经验只有通过理解方能获得。道德教育意义的生成是教育引导与受教育者已有的人生经验相联系、相结合而产生的，既不是先前储存于教育本身的"原义"的简单复现，也不是受教育者个体主观性观念的赋予，它是二者视界的交叉、融合，是经由理解之后的产物。由理解所生成的意义既沟通了二者，又是对二者的超越，把二者带入一个新境界。

2. 道德理解是以触动学生精神世界为旨归的

受教育者精神世界的发展并非来自外部的刺激与推动，而是在教育的引导下受教育者在理解的过程中有目的、有意识地自觉自为的过程。每一个道德学习主体对德育内容的理解都打上了自身个性化的印记。每一个体对德育内容的理解和解释都是该个体灵魂的写照，都是该个体生命意义的一种昭示。教育的引导如果不能对受教育者的情感态度、精神世界、价值系统产生影响，不能触及和打动受教育者的内心世界，不能引发受教育者理解活动的发生，那么教育（教育关系、教育环境、教育活动等）对受教育者的精神发展便不构成任何意义。道德教育中意义引领成功的标志不是学生掌握了多少道德知识，也不是学生做出了符合道德要求的行为，亦不是学生能滔滔不绝地讲出很多"大道理"，而是作为主体的学生，其精神世界与道德教育活动及内容等在理解沟通中真正地展开了交流，教育的影响真正地融入了学生的精神世界，学生的精神世界也在开放性的接纳中进入到了道德教育的过程中去。这样学生的理解建构了意义，意义引导着学生精神世界的发展和意义世界的提升。通过理解而建构意义的过程，就是道德教育发挥力量的过程。

3. 道德理解是学生对德育内容不仅知其然还知其所以然的理解

理解道德规范与价值体系的深层意义不仅是道德学习主体领悟意义的必要方式，还是道德教育的目的。获取知识是为了获得知识背后的智慧，同样，了解和掌握道德规范、价值体系，参与道德活动是为了理解规范和价值之于人所具有的意义，包括价值预设、作用和影响等，即对道德规范与价值体系所具有的意义不仅要知其然，还要知其所以然。这恐怕是道德学习主体道德理解的"终极目的"、核心体现。学生对某一道德规范的理解，也不仅仅是"知晓"了、"懂得"了、"明白"了它的意思，即怎样做是对的，怎样做是错的，这只是对道德规范与价值意义把握的"认知前提"，真正的理解是要引导学生明了为什么是错的，为什么是对的，认定其对错的本原性理由是什么，即道德规范与价值体系之上或之内的"核"的东西是什么。"如果一个人不清楚为什么他要做这些事情，不清楚这些事情对于现实环境的影响是什么，不清楚他们所将达到的结局是什么，而只是做这一件事、做那一件事、做另一件特殊的事，这有什么益处呢?"[3]
言外之意，就是不关注行为的缘由，不关注行为的影响、结果，单一地为
行为而行为，将不会有任何意义，结果往往也是做不好事。人的行为通常
需要有意义上的支撑，道德行为则更不能远离意义支撑。人们信赖一个东
西、喜欢一个东西、向往一个东西并且愿意去践行它，往往是以对这个事
物的作用、功能和价值的充分理解、领悟和认可为前提的。比如数学教师
在讲数学公式、定理的时候往往是通过插入一些数学与生活的关系，数学
在生活中如何应用，有哪些用途，以及数学的思维方法会对人们的生活产
生哪些影响的小故事、小事例来引发学生学习数学的兴趣。语文学科更是
如此，课文中的每一字、每一句都蕴含着丰富的意义，都与人们的生活感
受密切关联。"优势"学科尚且如此，道德学科则更需要从价值、影响、
功能的角度来理解、解释其本真含义，引发学生关注道德并产生积极的道
德需要。道德教育恰恰是通过引导道德学习主体实现对规范与价值的深层
次的理解，建构德育课程所具有的"教育意义"，使道德学习主体实现对
道德规范与价值之意义的整体把握，接受并选择来自教育的引导与塑造。

四、追问与反思精神——教育者施教的目标旨趣

培养富于真善美性情、心态健康积极、人格丰满、不拘一格的建设者
和接班人，是素质教育和新课程改革课题中的应有之义。因此，教育者施
教过程中始终要明晰的是德育意义引领的目的并不是要求所有的人都成圣
成贤，并不是要把所有的人都培养成道德高尚的人，培养成社会上出类拔
萃的优秀分子，其旨在把每个人都培养成深深关切自己的道德生活的人，
培养成个体德性自主生长生成的主体。人的自足性价值是关注意义的道德
教育所要实现的目标。一个人无论他的职位高低，财富多寡，只要他是一
个正直的人，一个顶天立地的人，一个有理想有追求的人，一个在点点滴
滴的日常生活实践中透射出人性、人情、人格、人品之美的人，一个创造
着的人，一个为了实现美好生活而努力追寻的人，我们说这样的人就是一
个意义世界丰满的人。然而，这样的人需要具备两种精神：其一，富于理
想追问的精神；其二，反思质疑的精神。

具体来讲，追问的精神是指人永不停歇地探寻对象世界的意义以及人
自身存在的意义——人生的意义。[4]向青少年进行人生理想教育应始终作
为德育的重要内容，道德理想的培育是德育的最高目标，同时也是德育的
基础。关注意义的道德教育恰恰是引导学生能够从超越性的视角来观照当

下的事物，从人的发展的可能性出发来理解和改造客观世界及自身存在状态，而不是停留在平面化、单向度的生存状态及思维方式之中，是以助其找回人性的本真为目标的。反思质疑的精神则是个体在追问事物所具有的意义的过程中始终不能或缺的，即对自身的意义现状的一种再思考，一种更高层次上的意义澄明和意义构筑。青少年时期是培养和形成反思质疑品质的"黄金时期"。只有反思才能使人枕在良心的枕头上思考问题，自觉地践行道德的行为，用善的标准支配自己的行动。诚如无锡五爱小学的一位班主任讲的一样：

"在道德教育过程中，要让学生学会思考，教会学生无论对哪一种问题，必须从多角度去理解，只要有自己的想法，哪怕这种想法是猜测，或者哪怕这种想法有点出格，都没有关系。如果能够让学生学会宽容、学会理解，在学生的品质当中，能够让他感觉到他会思考问题，我觉得是最好不过的事情了。"[5]关注意义的道德教育的终极目的就是在学生的内心深处播撒下理想的种子，插上反思的翅膀。

注　释

[1] 高清海. 人就是"人"[M]. 沈阳：辽宁人民出版社，2001：18.

[2] 孙正聿. 哲学通论 [M]. 沈阳：辽宁人民出版社，2000：7.

[3] 冯友兰. 中国哲学简史（上）[M]. 天津：天津社会科学出版社，2007：9.

[4] [美] 约翰·杜威. 人的问题 [M]. 傅统先，邱椿，译. 上海：上海人民出版社，1965：155.

[5] 吴安春. 回归道德智慧——转型期的道德教育与教师 [M]. 北京：教育科学出版社，2004：153.

（此文发表于《中小学教师培训》2011 年第 7 期）

核心素养与学科教学

HEXIN SUYANG YU XUEKE JIAOXUE

• 数学

从关注学科知识转向关注核心素养的教科书的习题设计

——基于对我国九个新版本初中数学教科书的调查

范连众[1]　孔凡哲[2]

（1. 大连市甘井子区教师进修学校中教部　辽宁大连；

2. 东北师范大学教育学部　吉林长春）

一、问题提出

我国拥有悠久的考试文化，我国中学生善于解常规题、习题、考题，具有良好的逻辑思维能力和严密思考的习惯[1]，在国际数学奥林匹克竞赛等数学大赛中屡创佳绩，这与中国数学基础教育的发展水平密切相关。纵观人们对学生学习数学目标的认识，无论是传统意义上的关注数学知识（包括数学概念的形成、数学命题的掌握、数学方法和技能技巧的获得等方面），还是当下业内热议的以新课标中提出的十个核心词为特征，以数学核心问题与核心概念为生长点的数学素养的培养和发展[2]，都离不开通过解决数学习题来实现。数学习题设计历来都受到教科书编写、课堂教学设计、考试命题等方面的关注。2012 年，中国各版本数学教科书依据《义务教育数学课程标准（2011 年版）》进行了修订，习题部分是修订的重中之重，其在数量、水平、风格和侧重点上的差异既反映一个版本数学教科书的整体水平、风格和倾向，又对具体的数学教学实践产生不可忽视的影响。[3]目前，我国初中数学教科书"一标多本"的局面已经初步形成[4]，但修改后的数学教科书习题编写的现状如何？各版本数学教科书在进行习题设计时有什么共性、差异以及原因何在？是否以关注学科核心素养为核心？这正是本研究要揭示的问题。

二、研究设计

（一）研究对象

当前，通过教育部审定的初中数学教科书有十一个版本，它们分别是人教版、北师版、华师版、浙教版、湘教版、苏教版、青岛版、沪科版、鲁教版、冀教版和北京版，这些版本的数学教科书都安排了"有理数及其运算"的内容。本研究对除了鲁教版、北京版外的九个版本的数学教科书中"有理数及其运算"的课后习题和单元复习题进行探讨。

选用"有理数及其运算"作为研究对象，是因为这一内容是学生进入中学后学习数学的起始内容，既包含中学数学学习的诸多起始概念，又包含体现中国基础教育"双基"特色的诸多基础运算，编写数学教科书时既要考虑学科方面的科学性、系统性，又要考虑学生的身心特点，是最能体现各版本数学教科书编写特色的章节之一。

为了保证研究的效果，本研究采用东北师范大学史宁中教授提出的知识团作为研究单位。知识团是指具有内在必然关联的知识点所组成的集合。知识点是知识团的要素。知识团是按知识之间的联系人为划分的结果。根据史宁中教授的建议，在对知识团进行划分时应关注两个问题：一是知识团的容量应尽可能小；二是如果两个知识点之间有必然的不可拆分的逻辑关系，那么这两个知识点同属一个知识团。[5]通过参考课程标准的表述和各版本数学教科书的章节划分，本研究对"有理数及其运算"做如下的知识团划分：

知识团1：有理数（正数和负数、数轴、相反数、绝对值、有理数大小的比较）。

知识团2：有理数的加、减法（加法法则、加法运算律、减法法则、加减混合运算）。

知识团3：有理数的乘、除法（乘法法则、乘法运算律、除法法则、乘除混合运算）。

知识团4：有理数的乘方（乘方法则、科学记数法）。

知识团5：有理数的混合运算。

知识团6：近似计算（用计算器计算、近似数）。

（二）研究问题

综合国内外研究者对习题研究的角度和"有理数及其运算"的知识特

点，本研究主要从习题数量、习题类型、习题要求水平、知识点含量、习题背景五个方面，依次对九个版本"有理数及其运算"的课后习题和单元复习题进行统计，研究其共同点和不同点。

1. 习题数量

该指标主要反映各版本数学教科书习题的数量以及不同知识团习题比例上的差异。

为了方便研究，统一先对数学教科书中明确标出大题号 1，2，3……的题目做大题统计，再对数学教科书中明确标出小题号（1）（2）（3）……的题目做小题统计，对于一个大题中含有多个小题，每个小题又属于不同的知识团，应按其所占比重统计大题数。例如，一个大题中含有 10 个小题，这些小题中有 4 个属于知识团 1，5 个属于知识团 2，1 个属于知识团 3，所以三个知识团的大题数分别为 0.4，0.5，0.1。对于可以明确判断部分多问的题目所属的知识团，虽然没有小题号，但是统计所属知识团的大题和小题时也应分开进行。

2. 习题类型

该指标主要反映数学教科书在如何呈现问题方面的差异。

习题类型一般分为客观题和主观题两大类。在统计时具体分为选择题、判断题、填空题、计算题、证明题、封闭型解答题、开放型解答题（条件不完备或结论不确定）七种，凡是不能明确判断为前七种的问题全部归为其他类型解答题。

3. 习题要求水平

该指标与课程深度相关，它涉及概念的抽象程度和概念之间的关联程度，还涉及推理与运算步骤。依据课程标准对各知识点要求的表述，本研究将习题的要求水平分为四级[6]，分别为了解 A、理解 B、掌握 C、运用 D，分别赋值 1，2，3，4。

A. 了解

从具体事例中知道或举例说明对象的有关特征；根据对象的特征，从具体情境中辨认或举例说明对象。可用的行为动词有：体会、知道、识别、感知等。主要通过记忆事实、公式或定义来解题，时间短到不需要使用程序。

B. 理解

描述对象的特征和由来，阐述该对象与相关对象之间的区别和联系。更加具体地说，理解是新获得的知识与现有的心理图式和认知框架的整合。解题过程是在有限的认知需求下，使用运算的程序来解题，重点在于正确地进行运算。

C. 掌握

在理解的基础上，把对象用于新的情境。这一层级强调意义的联结，解题重点除了对程序的使用外，更强调发展对数学概念的理解。

D. 运用

综合使用已掌握的对象，选择或创造适当的方法解决问题，是做数学题的过程。

第 i 个知识团的习题平均要求水平（YQi）的计算方法是：

$$YQi = 1 \times \frac{A + 2 \times B + 3 \times C + 4 \times D}{A + B + C + D} \quad (i = 1, 2, 3, 4, 5, 6)，其中 A$$

（或 B、C、D）为第 i 个知识团中了解（或理解、掌握、运用）的习题数目。

4. 知识点含量

知识点含量是指一个题目中综合知识点的程度，按照数量分为四个等级，即含"一个知识点""两个知识点""三个知识点""四个及以上知识点"，分别赋予 1~4 分。

第 i 个知识团的习题平均知识点数（ZSi）的计算方法是：

$$ZSi = \frac{1 \times A + 2 \times B + 3 \times C + 4 \times D}{A + B + C + D} \quad (i = 1, 2, 3, 4, 5, 6)，其中 A$$

（或 B、C、D）为第 i 个知识团中含一个（或两个、三个、四个及以上）知识点的习题数目。

5. 习题背景

数学素养的一个重要特征就是在各种情境中运用和应用数学。本研究采用鲍建生研究的分类方法[7]，主要分为四个层次，即"最低层次""第二层次""第三层次""第四层次"，分别赋予 1~4 分。

最低层次，无任何实际背景，简称"无背景"。

第二层次，与学生个人生活经历相关的背景，简称"个人生活"。

第三层次，属于职业或公共常识的背景，简称"公共常识"。

第四层次，以科学情境作为背景，简称"科学背景"。

第 i 个知识团的习题平均背景水平（BJi）的计算方法是：

$$BJi = 1 \times \frac{1 \times A + 2 \times B + 3 \times C + 4 \times D}{A + B + C + D} \quad (i = 1, 2, 3, 4, 5, 6)，其中$$

A（或 B、C、D）为第 i 个知识团中无背景（或个人生活、公共常识、科学背景）的习题数目。

（三）研究方法

基于各版本数学教科书的文本材料，以文本分析为主要研究方法。

三、研究结果

（一）共同点

1. 习题数量差别不大

所调查的九个版本"有理数及其运算"习题的平均数是 221 道。其中，北师版、浙教版、冀教版、人教版、沪科版、华师版共六个版本的习题量超过 200 道；华师版的习题最多，有 280 道；只有苏教版的习题量相对较少，有 125 道。

2. 题型应用基本相同

绝大多数习题是以计算题和封闭型解答题的形式呈现，选择题、证明题的题型几乎没有。北师版、冀教版、青岛版有少数的判断题。各版本数学教科书中都有填空题，湘教版的最多，有 33 道，多数出现在知识团 1、2、3 中，用来巩固对概念和法则的掌握。人教版和湘教版中没有开放型解答题；其他版本的开放型解答题的数量也不多；北师版的最多，有 13 道。

3. 知识含量水平差异不大

知识点含量不超过 2 个的习题所占的比例较大。从表 1 可以看出，对于知识团 1，人教版、华师版、青岛版的知识含量水平较高；湘教版、冀教版、苏教版的知识含量水平较低。对于运算类的知识团，各版本的知识团含量水平相差不大。综合各版本习题来看，九个版本含 2 个知识点的习题占全章习题的 80%。

4. 习题背景水平差异不大

无背景数学习题在数学教科书中占很大的比例。从表 2 可以看出，各版本数学教科书的习题背景水平差异不大，对于概念性的知识团，苏教版、人教版水平最高，华师版水平最低；对于运算类的知识团，沪科版、北师版的水平较高。科学背景最多的是沪科版、苏教版和青岛版，但也仅占 5%。苏教版、沪科版和北师版公共背景类的习题占 9%，浙教版个人背景的习题较多。

表1　各版本数学教科书各知识团习题知识含量水平统计表

分类	人教	北师	华师	沪科	苏教	浙教	湘教	青岛	冀教
知识团1	2.04	1.73	2.00	1.84	1.54	1.58	1.41	2.08	1.54
知识团2	1.82	1.99	1.49	1.67	2.14	1.90	1.84	2.14	2.07
知识团3	1.45	1.84	1.24	1.38	1.46	1.65	1.66	2.11	1.67
知识团4	1.70	1.32	1.52	3.50	1.38	1.45	1.47	1.92	1.38
知识团5	3.69	2.76	2.86	2.08	3.73	2.93	3.74	2.89	3.24
知识团6	1.06	1.56	1.82	1.83	1.00	1.16	1.00	1.58	1.00

表2　各版本数学教科书知识团习题背景水平统计表

分类	人教	北师	华师	沪科	苏教	浙教	湘教	青岛	冀教
知识团1	1.50	1.32	1.03	1.26	1.54	1.35	1.18	1.28	1.18
知识团2	1.22	1.40	1.16	1.12	1.47	1.30	1.18	1.35	1.24
知识团3	1.10	1.14	1.00	1.00	1.09	1.10	1.09	1.05	1.12
知识团4	1.19	1.78	1.32	1.20	1.96	1.62	1.11	1.40	1.62
知识团5	1.00	1.06	1.00	2.03	1.00	1.20	1.05	1.11	1.12
知识团6	1.00	1.44	1.43	1.94	1.00	1.37	1.67	2.00	1.00

（二）不同点

1. 各版本数学教科书对学生掌握不同知识团的知识所需要练习题的数量和理解各不相同（参见表3）。

2. 各版本数学教科书对不同知识团的要求水平差异较大（参见表4）。

表3　各知识团题数对比情况

分类	题数较多	题数较少	占全章习题比例较高	占全章习题比例较低
知识团1	华师版80题	苏教版25题	沪科版33% 青岛版、华师版、湘教版、浙教版、冀教版27%以上	人教版16%
知识团2	北师版、冀教版88题以上	苏教版30题	北师版、冀教版35%以上 人教版、华师版、沪科版、浙教版、苏教版25%	湘教版、青岛版22%

续　表

分类	题数较多	题数较少	占全章习题比例较高	占全章习题比例较低
知识团3	人教版62题	北师版37题	湘教版25%、人教版29%	沪科版、北师版、华师版14%左右
知识团4	浙教版、北师版36题	沪科版10题	苏教版、浙教版、北师版15%	沪科版、冀教版5%
知识团5	沪科版、华师版29题以上	人教版、北师版13题以下	苏教版、沪科版15%以上	人教版、浙教版6% 北师版4%
知识团6	略	略	略	略

表4　各版本数学教科书知识团要求水平统计表

分类	人教	北师	华师	沪科	苏教	浙教	湘教	青岛	冀教
知识团1	2.12	2.06	2.54	2.37	1.88	2.04	1.98	2.18	1.45
知识团2	2.33	2.79	2.23	2.44	2.76	2.31	2.45	1.91	2.27
知识团3	2.32	2.65	2.00	2.14	2.65	2.31	2.32	1.68	2.20
知识团4	2.48	2.32	2.16	3.00	2.33	2.26	2.11	1.56	2.08
知识团5	3.08	3.06	2.86	1.88	3.00	3.00	3.26	2.42	2.88
知识团6	2.06	2.00	1.86	2.22	1.00	1.58	2.00	2.08	2.00

　　对于数学概念的要求，冀教版的要求较低，华师版的要求最高，其余版本差别不大。对于知识团2～知识团5，青岛版的整体要求较低，北师版、苏教版、人教版、浙教版、湘教版的整体要求较高。

　　3.各版本数学教科书中知识含量高的习题比例存在差异

　　从表4可以看出，对于知识团4，沪科版的知识含量远大于其他版本；对于知识团5，湘教版、北师版、人教版的知识含量远大于其他版本。人教版、苏教版含4个及以上知识点的习题数最多，占到10%；青岛版、湘教版、冀教版、沪科版也都超过8%；北师版比较少。

　　4.每个知识团的习题设计层次性各不相同

　　综合参考各版本数学教科书教师用书的教学建议及九个版本的平均情况，学生学习加、减法的时间应该最多，学习乘、除法的时间要稍多于乘方运算，四个知识团的习题数应呈现逐渐递减的趋势，且相差不宜太大。

九个版本中有八个版本的习题设计题量多少顺序符合这一要求，其中浙教版、苏教版、华师版的比例更科学，北师版、冀教版中知识团2的比例远大于其他知识团，北师版中知识团4的习题数又远小于其他知识团，人教版、湘教版中知识团3的习题数最多，这都显示明显的差异。对四个不同要求水平的习题所占的比例，不同版本的理解也各不相同，特别是后两个习题层次的习题比例都比较小。

(三) 原因分析

1. 受我国应试教育等传统评价观念的影响，教师要求学生理解一个概念、掌握一个法则，不仅是要做对题目，还追求速度上要快，且具有一定的娴熟程度。更何况课程标准中对基础知识、基本技能、运算能力等概念都做出了明确的规定，传统教科书的影响又比较深远，偏重基础的习题设计比较适合教师的教学习惯。

2.《义务教育数学课程标准（2011年版）》提出了十个核心词，这实际上就是课程标准要求学生学习数学所应该具备的核心素养。数学核心素养是学生学习数学应当达成的有特定意义的综合性能力。[8]它不是指具体的知识与技能，也不是指一般意义上的数学能力，它是基于数学知识技能，又高于具体的数学知识技能，反映数学本质与数学思想，是在数学学习过程中形成的，具有综合性、整体性和持久性。[9]因此，我们不能把学生正确、快速地解决数学习题看成学生具备了数学核心素养。对于如何培育学生数学核心素养理解的偏颇，造成了数学教科书习题设计的单调和呆板。

3. 在数学教科书建构的各个场域、各个环节，不同行动者之间的偏好或利益的不一致是课程异变的本质原因。[10]当前，数学教科书习题设计的框架并不明确，改革过程受习题设计者自身专业水平和教育理念的影响比较大。同时，我国的学情和教师的专业化进程也在一定程度上左右数学教科书习题设计改革的步伐。

4. 在习题设计方面，我国正借鉴国际上的很多经验。例如，香港教材的习题形式比较多样，重视习题的"生活化"背景，立足于对学生数学应用能力的培养。[11]新加坡中小学数学课程的核心目标是发展学生解决数学问题的能力，其中的数学问题包括非常规的、开放的和现实世界中的问题。[12]

PISA数学测试每三年举行一次，所收集的数据是动态的，充分体现

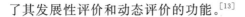

了其发展性评价和动态评价的功能。[13]

四、几点讨论

1. 现代认知心理学研究表明，要真正掌握、牢固记住 4～20 个组块（一个产生式）需要反复 20 次，才能储存运用。[14]要掌握某个知识点离不开一定量的练习，而过量的练习，又有可能加重学生的负担。所以，要让习题在巩固知识、技能，培养学生的能力方面发挥应有的作用，在习题的数量上不仅应该给予保证，而且数量要恰当。合理的习题数量应该建立在科学测试和经验积累的基础上。

2. 我国数学教科书习题的题型单一，情景真实性不强，很多有背景的习题也多是凭空想象或闭门造车，不仅不能给学生清晰的数学形象，而且忽略了对生活的观察。[15]当前国际上最有影响力的 TIMSS 和 PISA 数学测试，在题型分布上注重以多重选择题的方式考查学生的各种能力，在呈现题目时，两种评价方式都提供一定的背景材料，而且试题的背景与题目的数学教育目的一致，包括广泛的内容，强调真实问题，同时不排除有重要数学意义或生动有趣的数学问题。[16]这给我国数学教科书习题背景的选择提供了很好的学习参考。

3. 对于不同知识团习题的数量比例，应考虑知识团的基础性、难度等因素，从而有一个总体考虑。一些版本中低层次水平的习题过多，而一些高层次的题目综合性较强，前后缺少过渡，会给学生的学习带来不必要的负担。知识只有组织成系统，才会被学生迅速、准确和牢固地记忆并迁移。各种水平的习题所占的百分比是否合理以及重点知识团习题数量的比例也是数学教科书习题设计重点关注的问题。

为了应对经济全球化、信息时代发展等挑战，世界各国都在根据各自的国情和发展目标，从不同角度提出面向 21 世纪的核心素养的内涵。我国已经提出学生发展核心素养是全面发展，并从文化基础、自主发展和社会参与三个方面进行了解释。怎样将这些核心素养落实在数学学科教学中？怎样基于真实生活情景，选取并建构指向核心素养的内容主题？这将是我国未来数学教学研究的方向。对比 PISA 测试中对数学素养的测试试题，我国当今初中数学教科书中体现应用意识和创新能力的习题还不多，还需要更多地关注学生学习的自主性、学习内容的现实性和学习方式的多样性。总体来说，我国还处于向注重数学核心素养过渡的阶段，还需要艰苦付出。

注 释

[1] 孔凡海. 当前世界数学教育课的三个特点：第一届东亚国际数学教育大会有感 [J]. 中学数学教学参考，1998（12）：1—2.

[2] 刘祖希. 我国数学核心素养研究进展：从"数学素养"到"数学核心词"，再到 "数学核心素养" [J]. 中小学教材教学，2016（7）：35—39.

[3] 吴立宝，王建波，曹一鸣. 初中数学教科书习题国际比较研究 [J]. 课程·教材 ·教法，2014，34（2）：112—117.

[4] 杨慧娟，裴昌根. 60年来初中数学教材编写的历史沿革与启示：以人教版为例 [J]. 数学教育学报，2011，20（2）：15—18.

[5] 崔英梅. 课程组织的量化分析研究 [D]. 长春：东北师范大学，2014.

[6] 中华人民共和国教育部. 义务教育数学课程标准（2011年版） [M]. 北京：北京 师范大学出版社，2012：72—73.

[7] 鲍建生. 中英两国初中数学期望课程综合难度的比较 [J]. 全球教育展望，2002， 31（9）：48—52.

[8] 马云鹏. 关于数学核心素养的几个问题 [J]. 课程·教材·教法，2015，35（9）： 36—39.

[9] 马云鹏. 小学数学核心素养的内涵与价值 [J]. 小学数学教育，2015（9）：3—5.

[10] 陈永明名师工作室. 数学习题教学研究 [M]. 上海：上海教育出版社，2010： 40—49.

[11] 黄丹，许霞，沈林. 香港初中数学教材习题特点分析 [J]. 教学与管理，2007 （28）：71—73.

[12] 刘良华，成继红. 中新初中数学教材的题目设置及习题认知水平的比较研究：以 一元二次方程为例 [J]. 咸宁学院学报，2011，31（6）：38—39.

[13] 黄华. PISA数学素养测试对国内数学教学的启示：PISA数学素养测试与上海市 初中毕业统一学业考试数学测试之比较 [J]. 上海教育科研，2010（5）：8—11.

[14] 宁彦锋. 教育变革中的教科书建构 [D]. 上海：华东师范大学，2008.

[15] 刘丽颖，熊丙章. 美国数学教材的习题特点分析 [J]. 中学数学杂志，2004 （12）：1—4.

[16] 任子朝，孔凡哲. 数学教育评价新论 [M]. 北京：北京师范大学出版社，2010： 81—93.

（此文发表于《中小学教师培训》2017年第10期）

小学数学核心素养要素分析与界定反思

陈六一[1]　　刘晓萍[2]

（1. 苏州市阳山实验小学校　江苏苏州；

2. 苏州市教育科学研究院　江苏苏州）

一、引　言

教育部印发的《关于全面深化课程改革落实立德树人根本任务的意见》中六次提到"核心素养"一词。这既体现国际教育发展与变革的趋势，又承载国家以教育增强核心竞争力的迫切性。虽然《义务教育数学课程标准（2011 年版）》（以下简称《课程标准》）中出现了四处"数学素养"这一术语，但都没有对数学素养的内涵与外延进行界定，导致对小学数学素养的培养无法具体落实。为此，我们借课题研究的机会，采用文献分析、问卷分析和系统分析的方法，对小学数学素养的相关研究进行梳理，试图探讨：国内外专家对数学素养有着怎样的基本认识？基于文献和苏州地域小学数学教师的问卷，小学数学核心素养由哪些要素构成？小学数学核心素养的界定依据是什么？

二、国内外研究者对数学素养的基本认识

关于对数学素养的基本认识，这里梳理国内外文献资料的关注点在于：提出数学素养的起始阶段，学者们意向何在？随着时代的发展，专家们又有着怎样的解读？从起始到现在，国内外的研究大致分成了哪几种观点？

1. 数学素养＝先天素质＋后天学习

我国曾在 20 世纪 90 年代提出"素质教育"理念，明确数学方面落实在学生身上的要求就是数学素养。所以，课题组对数学素养的解释是：以人的先天生理特点为基础，在后天的环境和数学教育影响下形成并发展的心理方面的稳定属性。[1]王子兴也有近似的诠释：数学素养是在人的先天生理基础上，通过后天严格的数学学习活动获得的、融于身心中的一种比

111

较稳定的状态。[2]

2. 数学素养＝数学知识＋基本能力

西澳大利亚州教育推广署认为数学素养包括使用整数、分数、小数、百分数、钱数和测量时掌握基本数表的能力、运算的技能以及对空间做出合理估算的习惯。在格罗瑟（Crowther）的报告中，数学素养具有两层含义：一是对观察、假设、实验、验证等科学研究方法的理解；二是对现代社会定量思考和认识问题程度的需要。

以上两种观点，和我国提出的双基（基础知识、基本能力）教学的说法十分相近。在其内涵中，数学的陈述性知识和程序性知识是学生在课堂中必须习得的内容。其实，西方数学教育历经"新数学运动"与"回到基础"的"钟摆"，就是对"双基"教学的重新认识。

3. 数学素养＝数学方法＋关键能力

罗西澳提出数学素养的内涵为：进行推理、提出假设和下结论的能力。[3]也就是说，一定的数学方法和几项关键的能力，决定学生对数学的领悟程度，也决定学生今后在生活中对数学的运用效率。正如著名的《科克罗夫特报告》基于对英国研究了二十多年的数学素养内涵进行拓展认为，数学素养应该是运用数字和数学技能，懂得和理解，如图表、曲线、百分比等数学语言所含信息的能力。这一论述成为 20 世纪 80 年代以后英国数学基础教育改革的出发点。美国数学教师协会也曾将懂得数学的价值、对自己的数学技能有信心、有解决数学问题的能力、学会数学交流、学会数学的思想方法作为数学素养的内涵[4]，并以此设定为美国数学课程与教学的中心。被中国教育界所熟知的 PISA，在 2012 年的测试中对数学素养直接给出"方法＋能力"的表述：个体能在各种情况下形成、使用和解释数学的能力，包括数学推理等，来描述、解释和预测现象。[5]

回到国内，蔡上鹤先生作为《九年义务教育全日制初级中学数学教学大纲（试用）》的重要起草成员，自 1992 年 10 月开始，连续发文，提出数学素养包括数学知识技能素养、逻辑思维素养、运用数学素养和唯物辩证素养。

可见，中外研究者都将"素养"与"素质"聚焦到数学方法和推理等逻辑思维能力上，这样在课堂实践中，一线教师就有了教学的抓手。

4. 数学素养＝数学价值＋数学行为

"在数学学习过程中，学习者通过学习数学，加深对数学知识的理解，内化数学文化的成果，最终体现一种时代价值，能够主动将数学理论应用于生产生活实践"。[6]这是郑强教授对数学素养的解读。何小亚教授分析数学素养的构成要素为：数学运算、数学推理、数学意识、数学思想方法和数学情感态度价值观。[7]康世刚教授、宋乃庆教授联合发文指出：数学素养是指学生在已有数学经验的基础上，通过数学活动对数学的体验、感悟和反思，并在真实情景中表现的一种综合性特征。从广义上讲，是一种综合性特征；从狭义上讲，是指在真实情景中有意识地应用数学知识与技能理性地处理问题的行为特征。[8]最近几年，我国一些从事大学数学师范教育的课程论、方法论的教授，开始自觉按照《课程标准》的要求，将数学素养建构在情感态度与价值观的维度之上。

三、小学数学核心素养的要素构成

从上述国内外的研究成果分析可见，虽然对于"什么是数学素养"还没有一个统一的界定，但是各国都强调数学素养的重要性，也潜在地具有一些共识：数学素养只有通过数学学习才能习得，是不同于其他学科学习的收获，也是数学学习独特的结晶。根据数学家波利亚的研究表明，仅有1％的学生今后可能成为专门的数学研究者，29％的学生将来会继续使用数学，70％的学生离开学校后不再使用小学以上的数学知识。[9]这也要求，通过小学数学的学习，必须习得一定的数学素养，方能立足于未来。因为这样的数学素养要伴随人的一生，所以一定得是基础的；因为是人人必需的，所以具有普遍性；因为要通过数学与生活联系，所以具有高度关联性。据此说来，小学数学核心素养是指通过小学阶段的数学学习，为了满足自身发展和社会发展，所必备的数学思维与数学文化。

对于这样的数学思维与数学文化，为了厘清其中可教、可学、可测评、可分学段阐述的特质，我们又对苏州1386位小学数学教师，关于小学数学核心素养的相关知识进行了问卷分析。最终推断出小学数学核心素养的构成要素为：数学人文、数学意识、数学思想。

这样推断的依据是什么呢？《课程标准》提出了义务教育阶段数学学习的总目标是：第一，学生能获得社会生活和进一步学习所必需的数学基础知识、基本技能、基本思想、基本活动经验；第二，让学生体会数学与生活之间的联系，会运用数学的思维方式进行思考，增强其解决问题的能力；第三，让学生了解数学的价值，提高其学习数学的兴趣，增强其学好数学的信心。同时将总目标分解成"知识技能""数学思考""问题解决"和"情感态度"四个方面。对照《课程标准》的总目标，将其第一条分解出"数学思想"，剩下的"三基"加上第二条和"知识技能""数学思考""问题解决"三个方面概括为"数学意识"，第三条和"情感态度"方面概括为"数学人文"。

爱因斯坦曾有一句著名的教育论断："所谓教育，就是一个人把在学校所学全部忘光后剩下的东西。"通过小学阶段的数学学习，给学生积淀终身受用并渗透日常生活的是用数学意识与数学思想解释世界，而解释世界的数学思维离不开数学人文的激活与提升。因此，数学人文、数学意识、数学思想构成了小学数学素养的核心所在。

我们此次的问卷，苏州下辖区（县）的小学数学教师都有参与，覆盖面广泛。其中，城镇学校占76.19%，农村学校占23.81%；男教师占24.89%，女教师占75.11%。同时，为了听见不同的声音，问卷的层面也比较宽泛，如特级教师占0.14%，市级骨干教师占3.61%，区县级骨干教师占20.20%，校级骨干教师占12.99%，一线教师占69.46%，校长、教导主任占4.55%。当然，有不少教师的身份是交叉的。这些不同的身份群体，对小学数学核心素养却有着大致相当的认识：数学的动力是数学人文，数学的基点是数学意识，数学的本质是数学思想。

数学人文：其是指对数学的持久兴趣与好奇，对数学美有追求，会用数学交流。其关注点是动机、审美、表达。具体地说就是学生愿意学数学；脑海中经常性地构建数学问题；知道数学学习的过程会遇见困难，但不逃避数学困难；懂得欣赏数学结构的真与美；懂得数学简洁、缜密，乃至答案唯一、规则统一的价值；喜欢数学阅读，会用数学语言交流与写作。

数学意识：其包含数学运算、空间观念、符号意识、解决问题的策略。其关注点是学会、基础、方法。具体地说就是学生会从数学的角度解释生活，也会从数学本身解构数学；有属于自己的良好的解释与解构的方式；能运用数学的本质拓展智力边界。

数学思想：主要涵盖抽象、推理、建模三种数学思想。其关注点是会学、理性、智慧。具体地说就是学生在愿意学的基础上，在数学思想的引领下，提升思维品质，提高数学学习的效能，成为会学数学的学生。即能把较为复杂的数学问题，通过合情推理，转化为熟知的数学知识；能把较为复杂的生活情景，抽象为数学问题，再运用数学的模型予以解决。

小学数学核心素养还可以再做分解，二级指标如表1。

表 1　小学数学核心素养二级指标表

一级指标	二级指标
数学人文	对数学的持久兴趣与好奇
	对数学美有追求
	会用数学交流
数学意识	数学运算
	空间观念
	符号意识
	解决问题的策略
数学思想	抽象
	推理
	建模

　　经常听到教师说只有课堂激发了学生的学习兴趣，学生才有可能深入地学习数学。这种说法只对了一半，其实学生从求学开始，大都对数学充满兴趣，因为人总有对未知事物感到好奇的心理。只是，随着枯燥地训练、乏味地讲解，越来越多的学生变得不喜欢数学，于是教师不得不想尽招数刺激学生爱数学。[10]所以，兴趣既是学好小学数学的手段，又是目的。回顾数学史，数学起源于生活生产、宗教仪式、数学欣赏。[11]这启示我们除了生活应用外，数学的形式美还是学生继续求知的不竭动机。同时，语言不仅是思维的外壳，也是小学生展示数学、理解数学的心理需求。基于此，提出了数学人文的二级指标包括对数学的持久兴趣与好奇、对数学美有追求、会用数学交流。

　　关于数学意识，因为日常生活生产的需要诞生了数学，数学的发展得益于生活应用，所以小学生学会数学的显著标志是能运用数学知识解决生活问题。要想成功解决生活问题，小学生需要不断地提高数学运算、几何空间与符号图式的水平。《课程标准》把"符号意识""空间观念""运算能力"作为核心词并行列出；同时，在解决问题的过程中，调整、反思、积累属于学生自己的如弗赖登塔尔所说的数学"再创造""数学化"的形成。

　　"在学校学的数学知识，毕业后若没什么机会去用，一两年后，很快就忘掉了。然而，不管他们从事什么工作，唯有深深铭刻在心中的数学精神、数学思想等，却随时随地发生作用，使他们终身受益"。[12]米山国藏的这段关于"数学思想"的阐释，深入人心。史宁中教授也认为，数学思想是数学文化的核心，因为数学文化是数学的形态表现，具体包括：数学形式、数学历史、数学思想。其中，思想是本质的，没有思想就没有文化。数学思想可以归纳为三种：抽象、推理和模型。[13]的确，通过抽象，把外部世界与数学有关的东西概括到数学内部，形成数学研究的对象；通过推理，得到数学的命题和计算方法，促进数学内部的发展；通过建模，创造了具有表现力的数学语言，构建了数学与外部世界的桥梁。参照两位数学教育家的想法，在"数学思想"要素中以"抽象""推理""建模"作为二级指标，这样既可以指导课堂教学评价，又可以考查学生通过学习数学后的达标程度如何。

四、小学数学核心素养的界定反思

数学核心素养不能用"素养＋数学例子"来定义，也不是"数学知识、数学技能、关键能力、情感态度"中某几项的简单相加。小学数学核心素养具有基础性、普遍性和高度关联性，因此它不是要求围绕一个或两个方面的能力进行培养，而是要协调、综合、均衡发展，从而帮助"小学生"这个特定年龄段的儿童，能够满足未来生活与学习对数学的挑战和新的超越。所以对小学数学核心素养的界定，既要注重核心素养的生成过程，又要注重核心素养的外显，强调在真实情景中的表现，体现《课程标准》中课程目标的要求。前文的要素构成分析大致做到了这一点，如图1所示。

图1 小学数学核心素养动态示意图

当然，为了更全面地理解小学数学核心素养，需要特别注意对核心素养测试题的编制与教学策略的不断探索。

第一，编制符合基于地域的小学数学核心素养测试题。尽管 PISA 的数学评价测试题给了我们很高的参考价值，但多数题目并不符合我们的教学实际。虽然在各级各类的考试中，出现了开放题、探究性问题，但是这些题型对测试小学数学核心素养的这些方面，缺乏系统的实证研究。

第二，探索小学数学核心素养生成的教学策略。当前，国内外对数学素养研究的聚焦层面都不尽相同，而且对于影响小学生数学核心素养的教学因素没有深入分析，因此，探索小学数学核心素养生成的教学策略，有助于促进教学方式的改进。

郑毓信教授曾提醒："如果缺乏足够自觉的话，数学固有的特性可能在各个方面导致消极的后果，包括研究思想、学术态度、人生哲学等。"[14] 所以，数学核心素养的积淀，不是"对"和"错"的取舍，而是可能出现"好"与"坏"的利弊。那么在教学实践中，既应当明晰小学数学核心素养对小学生成长的助力，又应当清醒地看到，如果只强调核心素养，就会忽视人的全面发展过程中需要的非核心素养，但这个非核心素养对于某位具体的学生，又有可能是必需的、适切的。

注　释

[1] 连云港市"MA"课题组. 发展学生数学思想，提高学生数学素养教学实验研究报告 [J]. 课程·教材·教法，1997（8）：35—39.

[2] 王子兴. 论数学素养 [J]. 数学通报，2002（1）：6.

[3] 陆昱任. 论数学素养之意涵及小学阶段评量工具之开发 [D]. 台北：台湾师范大学，2004.

[4] National Council of Teachers of Mathematics. Curriculum and Evaluation Standards for School Mathematics [M]. Reston，VA：Author，1989.

[5] Organisation for Economic Cooperation and Development. PISA 2012 Assessment and Analytical Framework：Mathematics，Reading，Science，Problem Solving and Financial Literacy [M]. OECD Publishing，2013：264.

[6] 郑强. 论数学素养及其在数学课程中的价值体现 [J]. 曲阜师范大学学报，2005（2）：127.

[7] 何小亚. 学生"数学素养"指标的理论分析 [J]. 数学教育学报，2015（2）：13—20.

[8] 康世刚，宋乃庆. 论数学素养的内涵及特征 [J]. 数学通报，2015（3）：8—12.

[9] 冯契. 哲学大辞典（修订本）[M]. 上海：上海辞书出版社，2001：818.

[10] 陈六一. 为什么学生越来越不爱学习数学了 [J]. 中小学数学，2008（12）：24—25.

[11] 卡尔·B. 博耶. 数学史 [M]. 秦传安，译. 北京：中央编译出版社，2013：3—8.

[12] 米山国藏. 数学的精神思想和方法 [M]. 毛正中，吴素华，译. 成都：四川教育出版社，1986：10.

[13] 史宁中. 数学的基本思想 [J]. 数学通报，2011（1）：1—3.

[14] 郑毓信. 数学教育哲学的理论与实践 [M]. 南宁：广西教育出版社，2008：40.

（此文发表于《中小学教师培训》2016 年第 5 期）

小学数学核心素养培养的思考与实践

徐国明

（峨眉山市教育科学研究室　四川峨眉山）

教育部印发的《关于全面深化课程改革，落实立德树人根本任务的意见》中明确要求，各学科要构建核心素养体系。数学教育作为促进学生全面发展的重要组成部分，发展学生的数学素养是其重要任务。小学阶段是学生系统学习数学的开始，在数学教学中培养数学核心素养，对学生的全面可持续发展具有重要的意义。

什么是数学核心素养？其具有怎样的结构体系？在小学数学教学中如何落实？是我们每一位小学数学教育人必须面对的重要问题。笔者有幸参加"国培计划（2015）——示范性教师工作坊高端研修项目小学数学班'蒲公英在飞'工作坊"的研修，通过在网上观看史宁中、马云鹏等专家的讲座视频，研读有关数学核心素养的文献资料，对上述问题的思考和理解做如下陈述。

一、数学核心素养：体现了数学教育的本质和价值诉求

核心素养被誉为当代基础教育的 DNA。创建核心素养体系，是社会发展对教育的诉求。因此，中小学各学科都应聚焦本学科的核心素养。小学数学也应与时俱进，发展和提高数学核心素养，构建本学科的核心素养体系。

《义务教育数学课程标准（2011 年版）》明确提出了"数学课程应致力于实现义务教育阶段的培养目标，要面向全体学生，适应学生个性发展的需要，使得人人都能获得良好的数学教育，不同的人在数学上得到不同的发展"[1]的数学课程与教学的总体要求。良好的数学教育不仅是让学生理解和运用数学概念、法则、公式、定律等基本知识，形成计算、测量、尺规作图等基本技能，掌握数学方法，更重要的是让学生感悟数学的基本思想，积累数学基本活动经验。而这些都是学生适应社会生活和进一步发展不可缺少的。数学核心素养是针对良好数学教育这一数学课程基本理

119

念，对学生提出的基础性、整合性、前瞻性要求，也是体现对义务教育阶段数学教育的本质要求。

数学核心素养是基于数学基本知识与技能的学习过程中形成的，反映数学知识所蕴含的数学思想方法，体现数学的本质。在小学数学教学中，关注具体的知识技能的同时，更应该关注这些知识技能中所蕴含的核心素养、所需要的核心素养以及可以培养的核心素养。只有这样，才能体现数学内容的本质特征和真正价值。

二、数学核心素养：用融通的、联系的观点整体把握

上海市数学特级教师、静安区教育学院副院长曹培英老师认为，数学核心素养有两个层次、六大核心。其中，两个层次包括立足学科整体视角和关联学科内容领域。六大核心包括抽象、推理、模型、运算能力、空间观念、数据分析观念。[2]他的研究启发我们要用融通的观点、联系的思想来整体把握数学核心素养的基本内涵，建构数学核心素养体系。

1. 第一层次：立足学科整体视角

作为数学核心素养，必须体现数学学科本质，具有一般意义、承载独特的学科育人价值。最能体现和满足这三个条件的无疑是数学的基本思想：抽象、推理和模型。抽象，从现实世界到数学内部，把研究对象以及对象间的关系形成概念，生成数学的研究对象，让学生从数和形两个视角去观察、把握周围的事物。推理，一个命题判断到另一个命题判断的思维过程，通过推理形成各种命题、定理、运算法则，促进数学内部的发展，使数学具有严谨性。模型，解释现实世界中数量和图形的有关问题，从数学内部回归到现实世界，使数学具有广泛的应用性。[3]数学的基本思想体现了数学学科的本质，涵盖了数学的产生、发展，以及数学与外部世界的联系，正好对应数学的三大特征，即高度的抽象性、逻辑的严谨性和广泛的应用性，也分别对应三种具有一般意义的能力，即抽象能力、推理能力和应用能力。它们构成数学学科第一层次的核心素养，又生成三个基本的素养：数学思维、数学交流和问题解决。数学思维的本质特点是抽象和推理；数学交流更加强调逻辑性且常用模型表达数学与现实的联系；数学问题解决的关键是建模。它们之间的关系如图1所示。

图 1   数学基本思想示意图

2.第二层次：关联学科内容领域

《义务教育数学课程标准（2011 年版）》明确提出了十个核心素养：数感、符号意识、空间观念、几何直观、数据分析观念、运算能力、推理能力、模型思想、应用意识和创新能力。它们往往与一个或几个数学课程的内容领域密切关联，是数学核心素养的第二层次。从它们关联的内容领域、内在联系考量，其中运算能力、空间观念、数据分析观念分别对应"数学与代数""图形与几何""统计与概率"三个数学课程主要内容领域；模型思想、推理能力是以上三个内容领域共同的核心素养；运算能力是小学生数感的重要生成渠道和主要表现途径；几何直观在小学数学中主要体现在数形结合，并以空间观念为基础；模型思想内涵应用意识，建模需要符号意识，也能培养符号意识；创新意识是所有学科的共同目标，不是数学学科特有的。根据以上思考，可以对《义务教育数学课程标准（2011 年版）》提出的十个核心素养进行合并，适当地做"减法"，用图 2 反映其内在结构与联系。

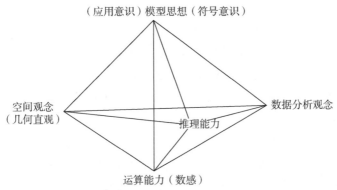

图 2   数学核心素养的内在结构与联系图示

这两个层次的数学核心素养，是从学科整体的视角到具体内容领域的观照，第一层次的核心素养整体作用于第二层次的核心素养。它们是数学课程与教学的统领，理解和落实数学核心素养是数学教育始终应当坚持和把握的一条主线。

三、数学核心素养：应注重落实到具体的教学实践中

对小学生数学核心素养的培养与提高不是空泛的，要落实到具体的数学教学过程中，体现在小学数学教学的各个环节中。基于对小学数学核心素养内涵的理解、体系构建的思考，还应在教学实践中不断地探索落实小学数学核心素养的途径、方法和策略。

1. 深入解读教材，挖掘教学内容中蕴含的核心素养

数学核心素养是基于认数、计算、测量、统计等具体的数学知识与技能而形成的数学的思想与方法，以及对数学在现实社会和生活中的作用与价值的认识。[4]在进行不同内容领域的教学时，教师首先要认真研读教学内容，通过对教材中每一幅图、每一段话、每一道例题和习题的仔细分析和思量，理解知识的发生发展过程，准确把握知识间的内在联系，厘清知识技能目标；同时，教师也要深入教学内容的实质，挖掘具体知识技能所蕴含的核心素养、所需要的核心素养以及可以培养的核心素养，并把它们作为明确的教学目标呈现出来。这样，在教学中才有可能把对小学生数学核心素养的培养落到实处。

例如"平行四边形面积"这一内容，从知识技能层面来看，教学目标有：理解平行四边形面积计算公式的推导过程，掌握平行四边形面积的计算公式，能正确地计算平行四边形的面积，能正确地应用平行四边形面积计算公式解决相关实际问题等。蕴含或可以培养的数学核心素养有：发展学生的空间观念、推理能力、符号意识、模型思想、应用意识等，以及通过平行四边形面积计算公式的探究过程感悟转化的数学思想方法，积累数学活动经验。思想是行动的先导，教师有这样的教学思想意识，才可能外化为教学的行为，对小学生数学核心素养的培养才可能得到落实。

2. 寓数学核心素养的培养于知识和技能的形成过程

数学核心素养基于知识技能，又高于知识技能。数学核心素养蕴含在数学知识的形成、发展和应用过程中。在小学数学知识中，概念是核心，概念和概念的关系构成知识的主体，公式、法则、性质、定律、定理都是小学数学的重要基础知识；基本技能主要包括运算、测量、画图等。在小

学数学教学中，教师要引导学生经历知识的形成过程，建立良好的数学知识结构，这是学生获得数学思想方法，提高数学核心素养的基础。只有真正理解了概念与概念之间的关系，建立了良好的知识结构，才能很好地利用分类的思想方法、模型和推理的思想等学习数学、解决问题。

例如教学"乘法的初步认识"时，呈现游乐园和便利店的主题图（图略），引导学生充分观察，感知生活中同数相加的现象；从例1中坐小飞机的情境，让学生圈一圈、数一数，体会每架飞机坐的人数相同，想一想怎样用加法算式表示一共有多少人，让学生感知相同加数连加的特点，渗透乘法的意义；通过"每节车厢坐6个小朋友，有4节车厢"的小火车情境，强化相同数连加与"几个几"的联系，突出乘法的意义；通过"每节车厢坐2人，7节车厢一共坐多少人"的过山车情境，让学生感受当相同加数的个数较多时，写成乘法算式比较简便，在此基础上列出乘法算式、认识乘号、学习乘法算式的写法和读法。例2让学生观察实物图直接列出加法算式和乘法算式，并介绍乘法算式各部分的名称。实物图、加法算式、乘法算式三者相互对照，以此进一步理解相同加数连加与乘法的关系，体会乘法的意义。在练习中为学生提供每串数量相同的钥匙，每份数量相同的胡萝卜、香蕉等丰富而生动的现实情境，让学生通过形式多样、富有层次的练习，沟通直观图形、语言文字与数学符号表示方法之间的转化，深化对乘法意义的理解。在这样的教学过程中，学生通过参与观察、操作、画图、书写、符号表征、思考等多种活动，在已有生活经验和积累的活动经验的基础上，感受了从直观操作的具体情境中抽象出乘法概念的抽象思想；认识用乘法符号表达具有简洁性的符号化思想，发展了符号意识；在用实物、图形帮助学生理解乘法意义的过程中，体会了数形结合的思想，知道乘法是一种重要的模型的模型思想；在用数学符号进行表达交流的过程中，发展学生的数感。

3. 运用数学知识解决学习过程中体现的数学核心素养

数学核心素养的培养应贯穿于数学学习的整个过程，运用知识解决问题是数学学习的重要方面。小学生学习数学，一方面是为将来的学习奠定基础；另一方面是为了能够运用所学知识解决问题。在解决问题的过程中深化对知识的理解，发展数学思想，积累综合运用数学知识、技能和方法解决简单问题的数学活动经验，发展应用意识；在运用具体知识技能解决问题的过程中，体现和落实相关数学核心素养的培养。

例如学习了小数乘、除法后，教师让学生综合运用所学知识解决以下问题：某市自来水公司为鼓励居民节约用水，采取按月分段计费的方法收取水费。用水量在规定吨数内按基本标准收费，超过规定吨数部分提高收费标准。小强家7～10月份的用水量及应缴水费情况（参见表1）。

表1　小强家7～10月用水量及应缴水费情况

月份	7月	8月	9月	10月
用水量/吨	8	10	11	14
应缴水费/元	20	25	28.5	39

根据表中信息，回答下面问题：

（1）每月用水量规定吨数是（　　　）吨，基本标准每吨水收费（　　　）元。

（2）超过规定吨数，每吨水收费（　　　）元。

（3）小强家11月份用水16吨，应缴水费多少元？

学生解决这一问题，需要对表格中的数据认真分析，发现数据背后隐藏的信息和规律，用水量从8吨到10吨增加2吨，水费增加5元，根据"总价÷数量＝单价"这一数量关系，算出每吨水2.5元；用水量从10吨到11吨增加1吨，而水费由25元增加到28.5元，增加了3.5元，学生通过观察、计算、推理、思考，明晰了以用水量10吨为界，10吨以内（含10吨）是一个收费标准，超过10吨又是一个收费标准，从而明确了每月规定用水吨数、基本收费标准、提高的收费标准，然后根据"应缴水费＝规定范围内用水总价＋超过规定吨数的用水量×提高了的单价"解决分段收取水费的问题。在综合运用小数乘除法知识解决这一问题过程中，体现了数据分析观念、数感、运算能力、推理能力、模型思想等数学核心素养，也让学生在"应缴水费、用水量、单价"变与不变的思辨中体会了函数思想。

4. 核心素养培养要潜移默化、注重落实、长期坚持

对小学生数学核心素养的培养，不是一朝一夕的事情，而是一个潜移默化、日积月累、不断发展和提高的过程。教师应该把对小学生数学核心素养的培养落实于每一节数学课，寓于具体数学知识技能的教学中，既注重"有形"的数学概念、法则、性质、定律、规律等显性知识的教学，又注重引导学生深入体悟隐藏在这些知识背后"无形"的、体现数学知识本质的数学思想方法、核心素养。

对小学生数学核心素养的培养，既立足当下课堂教学实践，让学生主

动经历观察、实验、猜测、计算、推理、验证的数学活动过程，通过独立思考、动手实践、合作交流，掌握基本的数学知识，形成基本的数学技能，积累基本的数学活动经验，感悟基本的数学思想，将核心素养的发展与"四基"目标有机融合；又要着眼于长远，从整体的视角观看，与学生的成长发展规律相切合，考虑不同学段、不同年级的目标要求，循学生数学学习发展的序，坚持不懈，渐进发展，逐步提高，不断促进其广度，拓展其深度。

"核心素养"被置于深化课程改革、落实立德树人目标的基础地位。培养小学生的数学核心素养是深化小学数学课程改革，落实学科育人的必然要求。我们每位小学数学教育人，应该从现在做起，从日常教学工作做起，坚持反思性教学实践，积极探索培养小学生数学核心素养的有效策略，促进小学生的全面可持续发展，切实提高学科教学质量。

注　释

[1] 中华人民共和国教育部. 全日制义务教育数学课程标准（2011 年版）[S]. 北京：北京师范大学出版社，2012.

[2] 曹培英. 小学数学课程核心词演变的回顾、反思与展望 [J]. 小学数学教师，2015（11）：4—9，57.

[3] 史宁中. 漫谈数学的基本思想 [J]. 数学教育学报，2011（4）.

[4] 马云鹏. 小学数学核心素养的内涵与价值 [J]. 小学数学教育，2015（5）：3—5.

（此文发表于《中小学教师培训》2016 年第 7 期）

核心素养视角下数学深度教学的策略研究

汤明清[1]　李善良[2]

（1. 江苏省高邮中等专业学校　江苏高邮；

2. 江苏省中小学教研室　江苏南京）

发展学生核心素养已经成为时下各类教育的热点话题，学生核心素养的发展离不开学科核心素养的落实，学科核心素养的落地生根，需要教学的深度改革。鉴于此，数学核心素养的发展需要深度运用教育基本原理，深刻揭示教与学的关系，深刻领悟数学教学的本质不是知识符号的教学而是知识内在的逻辑形式和意义领域。唯有如此，学生核心素养的发展才能真正得以落地生根并开花结果。

一、深度教学是落实学生核心素养的应然价值追求

随着我国学生发展核心素养框架的公布，《普通高中数学课程标准（修订稿）》将数学抽象、逻辑推理、数学建模、直观想象、数学运算、数据分析六个方面确定为高中数学核心素养。这六大核心素养将贯穿于整个高中数学的教与学过程，统领高中数学的教学目标。它们看似独立，却又相互融通、密不可分。高效的数学运算离不开合理的逻辑推理、直观想象离不开数学抽象、数据分析过程包含数学建模。因此，在平时的教学过程中对数学核心素养的培养是系统的而非独立的。[1]

深度教学不是教师教得越深越好，也不是学生学得越深越佳。深度教学是指教师在深入了解学情的基础上，深刻挖掘教学素材、深刻揭示教学内容的逻辑关系，通过创设深意的教学活动让学生深度参与学习过程，让学生之间、学生与教材之间以及学生与已有的生活经验之间能开展深度对话。教与学的过程不是一个告知与接受的过程，而是一个探寻、质疑、反思的过程，也是一个交流合作的过程，更是一个发现问题、分析问题、解决问题的过程。

核心素养的提出回答了要"培养什么样的人"的问题，而对于培养的方法、路径没有标准答案，这也是目前教育界讨论最多的话题。但是可以

肯定的是，对学生数学核心素养的培养需要深化课堂教学，需要引领学生进入学科学习的深处，需要突破符号表征学习的浅层教学，因此，开展具有意义建构的深度教学就成了发展学生核心素养的应然选择。[2]

二、深度教学：核心素养视角下的教学追求

进入 21 世纪，课堂教学改革研究异常活跃，各种教学模式、教学策略层出不穷，让人眼花缭乱。深度教学着力于引导学生开展深度学习、深层学习和深刻学习，着力于提升课堂教学的发展性品质和课堂教学的涵养，提升课堂教学的发展性。

（一）进行深层的学情分析

深度教学需要教师在课前做足功课，教师要多维度、多角度地分析学情。学情分析要突破传统，从学生和教师两个角度切入。

基于教师的角度分析，要从教师自身的原有知识和现在的知识两个维度进行分析，也就是采用"过去＋现在"的分析模式。[3]教师原有的知识和经验是教学设计的基础，但是"互联网＋"时代是个性化服务时代，这要求教师要树立"学生"意识，课前要依据教学内容与学生一起进行准备学习，以实现对符号知识的超越。这样教师用"现在知识"和"过去知识"进行学情分析，对教学设计的优化能起到重要的作用。

基于学生的角度分析，教师通过导学案让学生进行课前预习，同时在学习平台上提供一些教学资源，设计一些问题让学生利用网络进行学习，并利用教学平台的强大统计功能分析学生的学习基础、生活经验、兴趣爱好，有利于教师根据学生的"最近发展区"，进行切合学生实际的教学设计，实现超越表层符号的知识学习。

（二）挖掘深度的教材思想

教材是知识的载体，承载的多是符号表征。如果教师将自己的视野局限于对教材的浅层理解，仅仅是"教教材"而不是"用教材教"，那么教师的教学不会有所突破。有学者指出："教材是一种素材和资源，机械地依靠教材和教参，其视野和知识会被束缚在教材和教参的框架中。"

教材的本真价值就是超越教材的本身，就是要挖掘教材背后的知识和思想，这也是深度教学内在的追求。数学教学中，如果教师仅仅"教教材"，而不注重深挖教材中所隐藏的意义和思想，学生对数学知识的认识

就是模糊和浅显的，学生就无法触及知识的本质，更无法实现知识的自主构建和知识的内在生长，这样的教学不可能起到对学生思维的训练和数学素养的发展。因此，教师要在深度分析学情的基础上，进一步挖掘教材背后所隐藏的丰富的数学思想和问题解决策略，同时教师也要巧妙地把这些思想和策略嵌入教学内容中，从而有效实现学生对知识的深刻理解。[4]

例如，教师在讲完"几何概型"的例2后可以设计这样一道题目：如果周末，我和朋友约定在晚上8点至9点之间见面，先到者等候另一人20分钟后可以离开，那么我们两个人能会面的概率是多大呢？教师引导学生这样思考：假设我们到达的时间分别是8点 X 分和8点 Y 分，那么 X、Y 必须满足大于等于0小于等于60，而我们两人能会面的充分必要条件是 X 减 Y 的绝对值小于等于20，我们以有序实数对 (x, y) 表示平面上的点的坐标，那么把两个时间段看成直角坐标系 x 轴和 y 轴上的线段（让学生自己画出相应的图形），记两人能会面为事件 C，事件 C 的概率为阴影部分面积比正方形的面积，通过数形结合的思想轻松地解决了该问题。该问题的解决就是一位教师在深挖教材中的数学思想，并引导学生利用数学思想解决实际问题；该问题的解决是一个既让学生真实感受到数学思想的伟大，又发展学生核心素养的典型案例。

（三）开展深度的教学对话

当我们的教学触及了学生的心灵深处，才能够触发学生自身学习的内源力，学生才会真正参与到教学活动中来。唯有如此，各种知识、技能、思想才能被学生内化，学生的智慧才能得以提升、素养才能得到发展。如何才能在教学中触及学生的心灵深处？无论是孔子的"不愤不启，不悱不发"，还是苏格拉底的"精神助产术"，或是杜威的"做中学"，他们都依靠了一个非常基础和重要的教学工具——问题。因为问题是学生心灵的触发器和唤醒者，所以问题能够有利于学生心灵的不断建构和完善。那么怎样的问题才能触及学生的心灵深处呢？怎样的教学样态才能触及学生的心灵深处呢？《什么是教育》一书中指出："训练是一种心灵相隔离的活动，教育则是人与人精神相契合，文化得以传递的活动。"在它看来，教育一定是在心灵之间的交流中进行的，而触及学生心灵深处的教学必然是对话式的教学。

1. 课堂教学实现与教材的对话

课堂教学中不能把教材看成是静态的，要利用学生的疑惑、新奇实现与教材的对话，这样才能触及学生的心灵，学生才能理解教材内容的逻辑性和科学性，从而自主建构知识。

例如，在"直线的斜率"一课，首先让学生自主学习教材并思考：（1）直线的斜率是刻画直线什么性质的？在此之前有没有其他量刻画直线的这一性质呢？（2）为什么教材还要引入斜率这一概念？（3）对倾斜角进行代数化时，为什么用正切而不是正弦、余弦呢？这几个问题是教材中没有涉及的，如果在教学中教师只是一味地"教教材"而缺乏引导学生与教材进行"对话"，学生就会"只见树木不见森林"，学得糊里糊涂，这样的教学就不可能触动学生的心灵，学生也不可能进行知识的自主建构。

2. 课堂教学实现与生活的对话

陶行知说："生活即教育。"这说明教育和生活是密不可分的，数学教学也是如此。数学教学脱离了生活情境和现实生活是不利于学生学习和发展的，数学教学要把学生的生活经验当成宝贵的教学资源加以利用，学生的生活情感要在课堂教学中得以升华，同时课堂教学中的情感也在生活中再次得到体验。深度教学有效地突破了传统教学中封闭的、静态的、线性的教学内容，从而关注学生的生活经验和生存处境。数学教学中"生活化"和"数学化"的教学意识和教学策略有利于学生对知识的顺应和同化，以实现知识意义的自我建构。

3. 课堂教学实现师生的对话

以问题情境为基础，对话教学能实现师生之间的心灵交流、情感交融和思维的碰撞，能不断触发、唤醒和建构学生的心灵世界。数学教学中，教师可以根据教学的实际，引导学生围绕某一个问题展开研讨，从而厘清问题解决的思路，形成问题解决的方案和策略。在"互联网＋"时代，师生的对话不仅是在课堂上，还应该是线上线下、课堂内课堂外立体式的。在对话过程中，教师要耐心、谨慎地倾听学生的心声，把学生对知识的个性理解看成宝贵的教学资源，实现教学价值的深度追求。[5]

（四）组织深意的教学活动

当今的课堂教学中存在表面学习、表层学习和表演学习的现象。课堂教学中存在提问的形式化现象，教师的课堂提问往往没有要领，提出的问题过于简单，缺乏深度，课堂教学中存在为了提问而提问的课堂提问形式化现象。另外在课堂提问中，大多数教师追求预设好的答案，对于学生的个性化理解不予评判，缺乏倾听的耐心，甚至存在排斥心理，没有通过真提问激发学生的思维和思想。课堂教学中也存在探究的浅层化现象。[6]首先，探究的内容是封闭的，问题的答案是客观的和确定的，这样的问题无法让学生进行深度思考，更无法使学生的思维得到实质性的发展。其次，问题是孤立的，孤立的问题无法与学生的生活经验相联系，也无法激发学生探究问题的兴奋点，更无法激发学生思维的火花，因此这样的探究注定是浅显的。最后，问题的答案具有预设性，答案的预设性导致了探究的浅层化和表象化，使探究只能局限于对符号知识的学习。

杜威认为，"思维发生在仍在进行中并且还未完成的情境中。也就是说，思维是在事物还不确定或还很可疑、还有问题的时候发生的"。在教学过程中，教师要注重创设真实、有效的问题情境，活动方式要基于项目或问题；教师还要引导学生积极开展合作式的学习、体验式的学习和建构式的学习，通过有逻辑、有结构的系统学习，让学生的思维方式和探究问题的能力逐步形成。促进学生数学知识和技能的结构化，促进学生的理性思维逐渐成熟。[7]

例如，三角函数章节的教学活动设计，教师首先从学生熟悉的具有周而复始现象的摩天轮、波动等生活常识建构问题的情境，引导学生从"周期变化的现象—匀速的圆周运动—单位圆上的点以单位速率做匀速运动"的过程，探寻周期现象的本质过程，从而构建三角函数模型；其次在性质的研究部分，教师要充分引导学生从函数的性质及研究思路和圆的性质入手，探析三角函数的性质；最后教师要注重充分利用潮水的起落等生活素材让学生经历真实地通过建立三角函数模型来解决实际生活问题的过程。教师创设的一系列数学活动，能够使学生在复杂的情境中解决问题的品质和能力得以提升，数学建模等核心素养得以落实。[8]

（五）培育深刻的反思质疑能力

"反思总是去寻求那固定的、长住的、自身规定的、特殊的普遍原则。这种普遍原则就是事物的本质的真理，不是感官所能把握的"。[9]因此，深度教学就是深入学科本质的反思性教学。当前的教学形态是许多学生缺乏自觉反思的意识，学生不喜欢反思知识的形成过程和方法途径，而是乐于通过简单的理解去套用解题。因此在教学过程中，教师要引导学生反思自己的学习过程和方法，要鞭策学生不断地优化自己的学习过程与方法。

例如，在"三角函数"一章中有大量的公式，如果教师不及时引导学生对学习的过程和知识进行反思总结，学生难以记住和深刻理解知识。通过反思总结，学生发现三角函数研究的对象是线段比和角的对应关系；正余弦的和角、差角公式其实只需要知道一个，其他的公式都能容易地推导出来；三角函数的诱导公式更是可以利用单位圆的对称性总结为"纵变横不变，符合看象限"的口诀。这样的反思有利于学生对知识纵横联系的深刻理解，有助于提升学生的逻辑推理、直观想象等数学素养。[10]

深度教学是为了学生发展的教学，是突破"符号表征"的教学，深度教学是在深入了解学情，深刻揭示教材中所隐藏的数学思想，让数学教学实现与教材对话、与师生对话、与学生的生活经验及生存处境对话，通过开展深意的数学活动、培养学生质疑反思的习惯和能力实现了超越符号表层的学习，实现了对知识的逻辑和意义教学相统一，实现了知识教学对核心素养的发展。

注 释

[1] 李松林. 实行深度教学，推动大学课堂教学改革 [J]. 中国高等教育，2012 (22)：36—38.

[2] 黑格尔. 小逻辑 [M]. 贺麟，译. 北京：商务印书馆，1980：76.

[3] 杜 威. 民主主义与教育 [M]. 陶志琼，译. 北京：中国轻工业出版社，2015：150.

[4][5] 王沛钰，李祎. 指向核心素养培养的数学深度教学的若干策略 [J]. 中小学教师培训，2017 (12)：48—51.

[6] 安富海，陈玉莲. 深度教学及其路径研究 [J]. 教育探索，2017 (5)：6—10.

[7] 李松林. 深度教学的四个基本命题 [J]. 教育理论与实践，2017，37 (20)：7—10.

[8] 罗祖兵. 深度教学："核心素养"时代教学变革的方向 [J]. 课程·教材·教法，2017，37 (4)：20—26.

[9] 章建跃. 把数学教好是落实核心素养的关键 [J]. 中小学数学（高中版），2016 (5)：66.

[10] 汤明清. 学科核心素养理念下的"三生"数学课堂 [J]. 教学与管理，2018 (15)：102—104.

（此文发表于《中小学教师培训》2018 年第 10 期）

落实"三教"理念，培育数学核心素养

张晓斌[1]　付大平[2]

（1. 重庆市教育科学研究院　四川重庆；

2. 重庆市江北区华渝实验学校　四川重庆）

"教体验""教思考""教表达"是贵州师范大学原副校长、全国著名数学教育专家吕传汉教授于四年前提出来的重要教育教学理念，已在全国十多个省市上百所学校进行实验研究，迅猛地在全国范围内推开。吕教授说："教体验，引导学生'做'，重在促进学生的数学领悟；教思考，引导学生'想'，重在培养学生的数学思维；教表达，引导学生'说'，重在强化学生的数学交流。"

那么如何在课堂教学中让"三教"理念落地生根，这是我们一线教师需要在实践中深入探讨的问题，以期能提升学生的数学核心素养。

一、"教体验"是体现数学抽象和直观想象核心素养的培养

"教体验"就是让学生在数学知识的形成过程中，通过大脑外部的看得见摸得着的动手操作体验和大脑内部暗箱操作的思维活动体验，随着经验的积累，逐步体会感悟，从感性认识上升到理性认识，最终抽象概括出某些数学结论或关系。从本质上说，这就是让学生会用数学的眼光观察世界，注重对自身数学抽象和直观想象核心素养的培养。

例如，教师在进行"数学概念的形成过程"教学时，首先必须通过丰富的具体实例让学生直观感知，形成表象；其次让学生去伪存真，抽象出共同的本质特征，用数学语言加以概括；最后让学生对概念进行辨析，并初步运用概念解决简单问题。

案例1　"数轴"概念的教学分析

在"数轴"概念的教学过程中，教师应提供一些具体实物、现实情境等感性材料让学生直观感知，才能促进学生发现其共同特征，也才能让学生觉得"数轴"概念中的三条规定是合理的，从而实现正确理解数轴定义的三要素。人教版七上数学教材一开始引入就创设了一个具体实际问题情境："在一条东西向的马路上，有一个汽车站牌，汽车站牌东 3 m 和

7.5 m处分别有一棵柳树和一棵杨树，汽车站牌西 3 m和 4.8 m处分别有一棵槐树和一根电线杆，试着画图表示这一情境。"[1]教材依据此问题情境，让学生先经过三次不断抽象，再观察竖放着的温度计或再增加老式秤杆进行异同思考，最终获得了"数轴"的概念，构建了"数轴"概念的合理的生成过程。从这些现实的问题出发，不难概括"数轴"概念的三条规定。面对"数轴"概念，教师要考虑学生的需求和发展，需要一种解释，一种关于这一规定合理性的解释，也就是说教师有必要为"数轴"概念寻求一个背景，建构一个模型。从这个教学活动中可以看到，学生所获得的绝不仅仅是知识，还包括发现数学、探究数学的体验，更包括对数学价值的认识。因此，教学要从生活和社会现实出发，要从学生已有的学习经验、生活经验和活动经验出发，让学生在数学探究活动中不断体验，逐步积累数学思维的经验，形成和发展学生的核心素养。

案例 2 "函数"概念的教学分析

在"函数"概念的教学过程中，教师要提供一些能够用列出表达式、图形、表格等表达两个变量之间关系的感性材料让学生充分感知，这样学生才可能抽象概括出"函数"的概念。人教版八下数学教材首先从几个具体问题情境入手，引导学生认识函数的基本特征，然后提炼函数的本质特征。

（1）汽车以 60 km/h 的速度匀速行驶，行驶路程为 s（km），行驶时间为 t（h）。填写表 1，s 的值随 t 值的变化而变化吗？

表 1

t/h	1	2	3	4	5
s/km					

（2）电影票的价格为 10 元/张。早场售出 150 张票，午场售出 205 张票，晚场售出 310 张票，三场电影的票房收入各多少元？设一场电影售出 x 张票，票房收入为 y 元，y 的值随 x 值的变化而变化吗？

（3）你见过水中涟漪吗？在圆形水波慢慢扩大的这一过程中，当圆的半径 r 分别为 10 cm、20 cm、30 cm 时，圆的面积 S 分别为多少平方厘米？S 的值随 r 值的变化而变化吗？

（4）用 10 m 长的绳子围成一个矩形。当矩形的一边长 x 分别为 3 m、3.5 m、4 m、4.5 m 时，它的邻边长 y 分别为多少米？y 的值随 x 值的变化而变化吗？

思考：问题（1）～（4）中是否各有两个变量？同一个问题中的变量

之间有什么联系？

归纳：上面每个问题中的两个变量互相联系，当其中一个变量取定一个值时，另一个变量就有唯一确定的值与其对应。

一般来说，在一个变化过程中，如果有两个变量 x 与 y，并且对于 x 的每一个确定的值，y 都有唯一确定的值与其对应，那么我们说 x 是自变量，y 是 x 的函数。如果当 $x=a$ 时 $y=b$，那么 b 叫作当自变量的值为 a 时的函数值。[2]

函数定义是突出变化与对应的，因此教师要在由具体到抽象的教学过程中抓住几个具体问题情境，让学生认真观察，在解决这些问题的体验过程中不断抽象，让学生真切地体验到最基本、最朴素的函数：（1）两个变量互相联系，一个变量变化时另一个变量也发生变化；（2）函数与自变量之间是单值对应关系，自变量的值确定后，函数的值是唯一确定的。这两点只能让学生自己去归纳，不能由教师包办代替，只有在此基础上学生才有可能独立地概括函数定义，这样学生才会正确认识函数的定义，把握函数概念的本质内容。

在上述两个案例中我们看到，学生获得的体验是抽象形成数学知识的重要根基。

二、"教思考"是体现逻辑推理和数学运算核心素养的培养

"教思考"就是让学生在数学知识的发展过程中，从一些基本的事实或关系出发，通过数学思维活动，发现、提出、推演和运算得出新的数学知识，养成从合理的猜想到严谨的思维的习惯，形成数学知识体系和框架结构，最终解决数学问题。从本质上说，这就是让学生会用数学的思维分析世界，注重对自身逻辑推理和数学运算核心素养的培养。

例如，教师在进行"数学定理的形成过程"教学时，首先通过一些具体事例或实验操作，让学生经过合情推理，发现、猜想命题或结论，并能用数学语言表达出来；然后通过演绎推理与数学运算严格证明这个命题或结论成立。这个探求过程就是人的认识过程，也是全面思维的过程。

案例3　"三角形内角和定理"的教学分析

在"三角形内角和定理"的教学过程中，教师先让学生通过合情推理发现并验证结论，再通过演绎推理证明这个结论，并能简单运用结论，从而可以着重培养学生逻辑推理与运算求解的数学核心素养。人教版八上数学教材"三角形的内角"这节内容的安排是首先让学生体会证明三角形的

内角和等于180°这个结论的必要性；其次让学生通过动手操作去探究"三角形内角和定理"的证明思路，特别是从中发现其辅助线的添加；然后利用平行线的性质与平角的定义完整地证明了这个结论；最后利用"三角形内角和定理"解决问题并得出一些重要推论。

"通过度量或剪拼的方法，可以验证三角形的内角和等于180°。但是，由于测量常常有误差，这种'验证'不是'数学证明'，不能完全让人信服；又由于形状不同的三角形有无数个，我们不可能用上述方法一一验证所有三角形的内角和等于180°。所以，我们需要通过推理的方法去证明：任意一个三角形的内角和一定等于180°"。[3]

教材通过设计实验操作的探究栏目，用拼图的方法认识"三角形的内角和等于180°"（探究：在纸上任意画一个三角形，将它的内角剪下拼合在一起，就得到一个平角，从这个操作过程中，你能发现证明的思路吗），并对操作过程进行分析，从而获得多种证明的思路，特别是"拼合痕迹"可以启发学生得出辅助线的多种添加方法。证明时应充分运用平行线的性质与平角的定义，把三角形的三个角拼在一起（参见图1），可以分别在

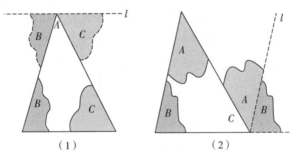

（1）　　　　　　　　　（2）

图1

三角形的三个顶点处作相对一边的平行线为辅助线；也可以在三角形三边上的任意一点处作另外两边的平行线为辅助线；还可以在三角形的内部和外部任意一点处作原三角形三边的平行线为辅助线。教师应注意分析证明结论的思路，通过多提问题，留给学生足够的思考时间，让学生经历发现和提出问题、分析和解决问题的过程。注重证明思路的分析有助于学生学好推理证明。这里需要指出的是证明"三角形的内角和等于180°"有一定难度，对于初学"证明"的八年级学生来说，只要他们了解得出结论的过程，不必在辅助线上花太多的精力，以免影响其对内容本身的理解与掌握。另外，对推理的要求应循序渐进，多种添加辅助线的方法可以让学生课后探究并证明。推理是上述案例的主旋律，贯穿教学始终。因此，教会

学生思考是数学教学的重中之重。

三、"教表达"是体现数学建模和数据分析核心素养的培养

"教表达"就是让学生在数学知识的应用过程中，运用已有的数学知识、技能、方法和思想去把数学问题的解决过程表达出来，既能用笔头表达，又能用口头表达，书写规范，合理叙述，符合逻辑，最终解决实际应用问题。从本质上说，这就是让学生会用数学的语言表达世界，注重对自身数学建模和数据分析核心素养的培养。

例如，教师在进行"公式的形成过程"教学时，首先通过对存在某些特殊的关系式进行演绎推理与数学运算或几何直观操作，让学生发现一般关系式（公式）；然后能用三种数学语言表达公式；最后通过对公式的证明和辨析，能让学生抓住公式的结构特征记忆公式及其变形式，并能运用它们解决一些简单问题。在这个探求过程中主要是让学生会用三种语言表达公式，抓住公式特征并能记住公式，否则，运用公式就无从谈起。

案例 4 "平方差公式"的教学分析

在"平方差公式"的教学过程中，教师首先让学生利用多项式乘法法则，探究一类特殊多项式相乘的规律，通过数学运算或直观感知，提出重要关系式（公式）；然后要求学生会用符号语言、文字语言和图形语言表达公式，此时这三种语言的相互转换有利于帮助学生正确地理解、掌握公式；最后通过对公式辨析，能让学生抓住公式的结构特征记忆公式，并能初步运用公式解决问题。

在引导学生复习多项式与多项式相乘法则的基础上，教师出示教材上的探究栏目：

计算下列多项式的积，你能发现什么规律？

(1) $(x+1)(x-1) = $＿＿＿＿＿＿；

(2) $(m+2)(m-2) = $＿＿＿＿＿＿；

(3) $(2x+1)(2x-1) = $＿＿＿＿＿＿。[4]

在这三个小题后面补充一个小题：$(a+b)(a-b) = $＿＿＿＿＿＿。学生完成后，省略此题中间运算过程，从而自然地提出平方差公式的符号语言表达式，即 $(a+b)(a-b) = a^2-b^2$。同时，教师要求学生用文字语言叙述，即两个数的和与这两个数的差的积，等于这两个数的平方差。教师引导学生辨析此公式的结构特征，即（1）公式中只有 a，b 两个数，这两个数可以是任意的数，也可以是任意的式；（2）公式左边是两个一次二

项式相乘，其中一项完全相同，另一项互为相反数；（3）公式右边是一个二次二项式，相同项与互为相反数项的平方差。由此把平方差公式形象化，即（□＋□）（□－□）＝□²－□²。这样不但可以帮助学生深刻理解平方差公式，而且能让学生尽快熟记此公式。此时，教师再提问学生：你能构造几何图形来说明平方差公式吗？开放学生的思维，学生容易想到用两条不同线段表示 a，b，构造边长分别为 a，b 的两个正方形，它们的面积为 a^2，b^2，从而学生们会发现用多种拼图来说明平方差公式成立，这是学生思维的创造发现，远比把图画好之后让学生来说明平方差公式成立的效果好。最后运用平方差公式举例练习即可。

又如人教版初中数学教材设置了许多课题学习和数学活动的内容，这些内容更加体现了如何让学生运用数学语言来表达现实问题，以及如何利用所学数学知识去构建数学模型解决现实问题，这里不再赘述。

上述案例说明，构建"公式"等数学模型是数学科学发展的重要内容，教会学生表达数学是学生学好数学的重要标志。

在数学教学中，体验、思考和表达在同一个问题的发生过程中是相互依存、不可分割的，只不过有时我们关注的侧重点不同。可以认为：

（1）在数学知识的形成过程时，教学的侧重点可能在学生的经验积累和体验上，同时也有思考和表达的参与；

（2）在数学知识的证明与运用时，教学的侧重点可能放在学生如何思考上，同时也有表达和体验的参与；

（3）在数学知识的表达时，教学的侧重点可能放在学生的数学语言表述上，同时也有思考和体验的参与。

总之，在数学教学过程中，我们要正确把握"三教"理念，全面提升数学教学质量，培育学生的数学核心素养。

注　释

[1] 人民教育出版社课程教材研究所. 义务教育教科书数学（七年级上册）［M］. 北京：人民教育出版社，2012：7.

[2] 人民教育出版社课程教材研究所. 义务教育教科书数学（八年级下册）［M］. 北京：人民教育出版社，2013：71—73.

[3]［4］人民教育出版社课程教材研究所. 义务教育教科书数学（八年级上册）［M］. 北京：人民教育出版社，2013：11，107.

（此文发表于《中小学教师培训》2017 年第 8 期）

小学生数学关键能力研究：
内涵、要素与培养策略

洪 亮

（苏州工业园区星海小学　江苏苏州）

　　数学关键能力是指在数学学习的众多能力要素中处于中心位置，最基本、最重要、最关键、能起决定作用的能力。结构性是数学关键能力的重要特点之一。小学数学学科关键能力的结构性体现在静态结构与动态结构的统一。关键能力的要素构成是静态的，有不同类型，从能力发展过程来看，每个结构都是动态的，只有各个要素相结合，能力结构才能得到发展与完善。本研究通过德尔菲法培养学生应具备的能力，形成以下关键能力要素，并通过文献分析使关键能力之间达到动态的结合。

一、小学生数学关键能力的内涵与要素分析

（一）数学抽象与表征能力

　　数学学习中的抽象能力十分重要，对此，有学者认为，"在数学中，抽象是思维的基础，只有具备一定的抽象能力，才能从感性认识上升为理性认识，这既是一个获取知识的过程，又是一个对思维的研究过程。这对于学生的学习成长非常关键"。[1]数学抽象是一种特殊的抽象，表现为数学抽象的对象是数量关系与空间形式。其对象既可以是现实生活中的空间形式与数量关系，又可以是数学思维中的空间形式与数量关系。史宁中教授认为，"数学抽象，就是指舍去事物的一切物理属性，得到数学研究对象的思维过程，主要包括从数量关系和空间图形关系中抽取出数学概念及概念间的关系，并用数学符号或术语予以表征。其具有三个基本阶段：简约阶段、符号阶段和普适阶段"。[2]简而言之，数学抽象就是从现实世界进入数学内部，让学生学会用数学的眼睛看世界。数学抽象在义务教育阶段主要表现为符号意识和数感。[3]关于数学表征的阐述，有的学者认为数学表征包含了内部表征和外部表征两类[4]；还有学者提出数学表征包含了形象表征系统和数学抽象表征系统两类，这两类系统构成一个完整的表征系

统。[5]通过对小学生数学问题表征的研究发现，小学生对于数学问题的表征还处于低水平、以直观的表面特征为主。

数学抽象与表征能力的内涵其实是相互关联的两个概念，数学抽象过程中一定有数学表征的过程，而数学表征的过程就是数学抽象的过程。对于学生的数学抽象和数学表征能力的理解，是在科学的心理学分析基础上进行的，从学生的心理发展规律来看待学生数学抽象和表征能力培养，让学生在抽象与表征的过程中学会数学抽象和数学表征。

（二）数学猜想与推理能力

数学猜想是指在数学学习或问题解决时展开的分析、尝试和探索，是对涉及数学问题的主导思想、方法以及答案的形式、范围、数值等的猜测。数学猜想也是一种数学思维方法，是人的思维在探索数学规律和本质时的一种策略，是建立在事实和已有经验基础上的一种假定，是一种合理假设。数学猜想具有假定性、可行性和创新性三个基本特征。推理是由一个或几个已知的判断（前提），推导出一个未知结论的逻辑思维过程，是对判断间的逻辑关系的认识。推理是思维发生变化的一个过程，在这个过程中表现的能力就是推理能力。推理能力是相对稳定的个性心理特征的综合，在推理活动中形成、体现与发展，并影响推理活动的效果。推理一般包括合情推理和演绎推理两类。小学阶段主要涉及合情推理，合情推理是指从已有的事实出发，凭借经验和直觉，通过归纳和类比等推断某些结果，如学习过程中的发现规律、概括意义、导出特性、理解数量关系的学习等主要通过归纳类比解决数学问题，一般认为小学阶段的推理主要指的是合情推理。

猜想是个体联系已有知识与经验做出符合一定经验与事实的推测性想象的思维形式。它是一种合情推理。由此可以说猜想是推理的前奏。"猜想—验证—猜想—验证"这一反复的过程就是一种推理的过程（如图 1 所示）。如果猜想被肯定，那么结论自然产生；如果猜想被否定，那么再一次的猜想因摒弃了首次猜想而离结论更近一步。因此，让学生根据已有经验，感受知识间的联系产生的猜想推动着学生推理能力的发展。

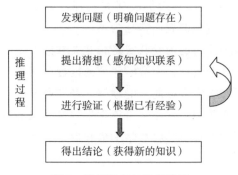

图 1　猜想推理过程流程图

（三）数学理解与运算能力

理解是学习过程的重要组成部分和重要环节。数学理解是数学学习的关键，学生通过对数学知识、技能、概念与原理的理解和掌握来发展他们的数学能力。数学理解作为一般"理解"的下位概念，其内涵既具有"理解"含义的普遍性，又具有针对数学这一学科学习的特殊性。数学学科有其自身的特点，如严密的逻辑性，高度的抽象性、系统性，知识的紧密连贯性，广泛地运用符号等。因此，数学理解与数学学科的逻辑性、系统性、程序性等密不可分。数学理解就是对数学知识的正确、完整、合理表征，应该涵盖对陈述性知识、程序性知识和过程性知识的理解三个方面。由此，数学理解是一种结构化的学习能力，是在学习过程中表现的认识数学的个性特征。

这一结构化的学习过程具有三个共性特点：一是过程性，学习者先从表象上认识学习对象的外在属性，再逐步尝试将其纳入已有的认知结构，通过重组或改造使个体的认知达到新的平衡，继而反复体会、运用，深入理解内部属性，提升其他认知对象的外延，开始对新学习对象的认知和理解；二是默会性，数学理解体现为隐含于学生学习背后的复杂思维活动；三是层次性，数学理解是结构化的，存在不同的层次或程度，知识积累水平和对原有知识结构的改进、丰富和整合能力可以使学生达到不同的数学理解层次。

因为数学理解在具体内容上存在不同的具体表现，所以有必要讨论数学理解的对象。经研究表明，数学理解的对象分为：数学概念、数学符号、数学命题、数学技能、数学方法和数学思想。学生不仅要理解概念、符号、命题等显性的数学知识，还要体会数学中的思想，体会通过归纳得出猜想、通过抽象得出模式。其中，最重要的是培养学生的运算能力，运算能力是数学能力的核心要素，是数学学科独有的能力，运算能力的形成对小学生整体数学能力的培养与提升起到基石性的作用。进一步分析学生理解算理、发现算法、通过运算解决问题过程中的思维过程，发现运算能力发展过程中蕴含"抽象、推理、建模"等基本数学思想，能有效促进学生的思维发展和加强学生对数学的理解。

(四) 数据收集与处理能力

学生收集与处理信息能力的提高，能有效提高其运用数学工具解决实际问题的能力，其中，数据收集能力主要包括三个要素：数据意识、数据处理和设计数据收集计划。

首先，要有数据意识，锻炼学生对数据的敏感性，使其意识到数据的必要性，在具体的情境中意识到需要数据来解决问题。在具体情境中发现、提出运用数据解决具体问题，并根据问题的需要筛选鉴别有用数据。其次，数据处理是在收集资料时，学生应该能够正确鉴别和提取有用数据，从一堆杂乱无章的数据中提炼信息，进而运用信息进行决策。推断是非常重要的数据分析能力。这要让学生体会两个方面：一是对同样的事情每次收集的数据可能会不同，二是只要有足够的数据就可能从中发现规律，从而提高学生对数据随机性的认识。最后，收集数据是一个不断填充数据库的过程，要提醒学生在收集数据时根据问题的需要设计与调整收集计划。这不仅是数据意识的深化，也将促进数据意识的发展。

(五) 数学直观与想象能力

直观更多强调感性认识。心理学家认为，"直观是从感觉的、具体的对象背后，发现抽象的、理想的能力"。当代著名数学家徐利治教授认为，"直观就是借助于经验、观察、测试或类比联想，所产生的对事物关系直接的感知与认识"。换言之，通过直观能够建立人对自身体验与外物体验的对应关系。而数学直观就是以数学的直观符号为基本构成要素，以信息加工过程的直观性为形态的一种认知方式。数学直观不仅包括各种直观背景材料，如实物、图表、插图、物体模型等直观教具，还包括与现实世界密切相关的情景问题和学生头脑里的"数学现实"，以及概念图、思维图的外显化、具体的数学模式等。

如果说直观是对图形性质的理解，那么在数学学习中，不仅要给出具体的图形特点，还要根据实际需要分解和重新组合图形，即在头脑中进行操作，出现异于当前所给出图形的一些新的图形，这就是想象。数学想象是对数学特征的推理，事实上，数学的研究对象就是客观世界的数量关系和空间形式。从数学的角度来讲，研究空间形式就是研究几何图形的性质，即图形的形状、结构、图形中基本元素的相互位置关系，这就必须运用空间想象能力。教学实践表明，空间想象能力也是理解抽象的数学概念和原理所必需的能力。例如，运用图形的周长、面积和画图的策略解决数学问题等。因此，探求空间想象能力的结构及其培养策略具有重要意义。

（六）问题分析与解决能力

《义务教育数学课程标准（2011 年版）》 （以下简称《课程标准（2011 年版）》）在阐述课程总目标时从四个方面展开，即知识技能、数学思考、问题解决、情感态度；在描述总目标时指出让学生"体会数学知识之间、数学与其他学科之间、数学与生活之间的联系，运用数学的思维方式进行思考，增强发现和提出问题的能力、分析和解决问题的能力"。问题解决作为《课程标准（2011 年版）》的目标之一，可见其对学生数学学习的重要价值。

"问题解决"是《课程标准（2011 年版）》对"解决问题"内容的进一步丰富和延伸。在小学数学教学中，学生"问题解决"能力的结构可以分为三个基本层次：第一层次是小学生数学问题解决能力；第二层次包括发现问题的能力、提出问题的能力、分析问题的能力与解决问题的能力；第二层次是对第二层次中各能力的进一步细化。其中，发现问题的能力包括理解问题情境、提取和概括信息；提出问题的能力包括数学语言表征与问题情境数学化；分析问题的能力包括理解数量关系与空间关系、变换数学问题、调控已知与未知方向和数学直觉思维；解决问题的能力包括数学计算与推理、数学结果检验与评价、数学知识迁移。发现问题的能力是提出问题、分析问题和解决问题能力发展的基础和前提，提出问题和分析问题的能力是能力培养的关键，而解决问题能力的提高反过来又促进其他能力的培养，形成一个螺旋上升的循环体，提高学生的数学学习能力。

二、小学生数学关键能力的培养策略

（一）以数学基本思想为指引

对数学教学而言，其本质关键是促进学生思维的发展；对具体教学内容而言，其本质既表现为隐藏在客观事物背后的数学知识、数学规律，又表现为隐藏在数学知识背后的本质属性，还表现为统摄具体数学知识与技能的数学思想方法。其中，数学基本思想承载了独特、鲜明的学科育人价值，可教、可学，名副其实的数学学科核心素养，为数学关键能力培养起到基本的奠基作用。只有教师正确地理解知识，洞悉知识的意义内涵、知识的来龙去脉、知识的整体结构、知识背后的思想，才能在教学中聚焦数学的本质。

考虑到数学抽象既是一种能力，又是一种思想的渗透，本研究进一步探究如何让学生在学习中逐步学会抽象的思维方式，需要教师引领学生经过层次化的思维过程，感受到抽象的数学思想，形成抽象的数学能力。例如，在二年级两位数加一位数的进位加法教学中，教师可以借助"十个鸡蛋一盒"这一现实生活经验，引起 27＋5 怎么加的思考。27 表示两盒鸡蛋，另一盒不满只装了 7 只缺 3 只。要加上 5 只，肯定先将不满的这一盒补满，即把 5 分成 3 和 2，3 只与 7 只补成一盒，这样一共有 3 盒鸡蛋再加余下的两个鸡蛋，得到答案是 32。这一教学片段巧妙地借助一盒十个鸡蛋满十进一的加法法则思维，具有实物思维的显著特点。

数学抽象的本质，就是让学生在亲身经历数学抽象的过程中接受数学抽象化的思维训练，进而提升数学抽象能力。这种阶段性和层次化的过程，在实际教学中要注意根据学生的年龄特征恰到好处地安排和使用，做到循序渐进，实现数学知识的逻辑顺序和学生的认知发展规律高度协调与统一，在此基础上方能取得最佳的教学效果。

（二）以数学核心内容为载体

教育部办公厅印发的《中小学幼儿园教师培训课程指导标准（义务教育数学学科教学）》对小学数学的学科价值进行分析时，指出实际教学内容要点应分析小学数学核心内容的科学价值，如数的认识、数的运算、图形的认识、图形的测量等核心内容的学科本质与学科价值的经典案例进行分析。理解这些核心内容的育人价值，并在教学中有所体现。在学科教学时，教师应重视对学生数学直观观念的培养，要通过学生的自主探索，形成初步的直观需要，展开数学活动，建立完整的直观学习方式，运用现代信息技术，全面而深入地熟悉基本几何图形，正确地读图，并在头脑中分析基本图形的基本元素之间的位置关系和度量关系，从复杂的图形中分解出基本图形。建立已知图形和需要构造的图形，如平面图形和立体图形的对应关系，以此培养学生的空间想象能力。例如，在"圆柱和圆锥特征的认识"教学中，目标在于探索平面图形和立体图形之间的关系，培养学生的空间观念。教师可以首先让学生根据对长方体、正方体、圆柱和圆锥面的特点进行分类，初步感知圆柱和圆锥是由曲面和平面围成的几何体；然后要求学生自主画出圆柱和圆锥的示意图，进一步理解圆柱和圆锥高的含义，这是对圆柱和圆锥这个概念的再认识；最后通过想一想、转一转、滚一滚、堆一堆让学生发现由平面图形转成的立体图形之间的联系。

（三）以数学理性思维为旨趣

数学知识的产生与发展，总是有其源和流的区分，在其内化抽象的过程中，必然会出现一系列的"是什么""为什么""怎么做"的疑难困惑。这需要教学对具体内容进行深入挖掘，理性地追问隐藏在客观事物背后的规律，统摄具体数学知识与技能的数学思想方法，用辨析的眼光来了解和分析数学本质的源和流，构建活的数学知识结构，对学生而言具有特殊的作用和意义。

在六年级数学"转化"策略时，让学生解决这样一道计算问题：$\frac{1}{2}+\frac{1}{4}+\frac{1}{8}+\frac{1}{16}$ 的和是多少？一般都借助画正方形图使学生理解这几个分数的和正好等于 $1-\frac{1}{16}=\frac{15}{16}$。但如果把这个加法过程一直继续下去，永远地进行下去，结果会是多少？课堂上，教师向同学们提出这样问题时，很多学生愣住。有的学生猜测是不是 1？有的学生却表示怀疑：不可能，因为不管你把多少片填进正方形里，总有一小块是空的，总是填不满的。问题呈现出来了，学生们也被这个有趣的问题迷住了，在这个过程中，学生经历了一种体验性和探索性的过程，积累了丰富的数学活动经验，更重要的是，他们在解决问题的方法上经历了数学思想的洗礼，不仅有转化思想，还有迁移思想、极限思想……他们不再觉得数学是机械枯燥的，而是神奇有趣的。

（四）以数学基本活动为途径

在数学教育中，活动始终贯穿其中。它是激发学生学习兴趣的常规方式，是学生经历探索规律、掌握知识的重要过程，更是发展学生数学核心素养的必要条件。关于数学直观（图形与几何）的学习内容，可以与学生的经验和兴趣相结合，对课堂教学重难点突破起到关键作用的数学活动，在数学教学过程中，采用学生喜爱的"看一看、摆一摆、折一折、剪一剪、拼一拼、量一量、画一画"等具体、实际的活动方式，引导学生通过亲自触摸、观察、测量、制作和实验，把视觉、听觉、触觉、动觉等协同起来，强有力地促进心理活动的内化，从而使学生掌握图形特征，更好地感知几何直观。

在培养学生数据分析与处理能力时，首先让学生亲历数据的收集、整理、描述、分析以及做出决策的全过程。例如教学折线统计图，课堂上并不直接呈现或教学折线统计图画法，而是通过创设情境，引导学生进行思考交流，制订计划，进而收集数据，同时学生实地询问、查问、收集，通过学生交流、出示收集数据，自由创造——用自己的方式表示数据变化，如手势比画或画条形图等，通过比较做出选择哪种数据表现形式最适宜，最后进一步实施。在此过程中，学生经历了提出问题、制订计划、收集数据、选择合适方法描述数据以及做出推断、解决问题的全过程。在自己的经历中加深对数据收集、数据处理、数据的奥秘等的感悟。

（五）以数学核心素养为目标

教学目标是教学活动的起点和终点，制订恰当的教学目标是教师开展教学的重要前提。数学核心素养在教学中的落实程度关乎学生核心素养的形成与发展，因此，本研究的教学活动设计就是基于核心素养为数学教学的目标，站在学生学习发展的角度，激发问题意识，开展数学活动，发展数学思维，渗透数学思想，用核心素养来统领整个的教学活动。

例如，对学生的理解与运算能力进行培养时，本研究提倡算法多样化、算法最优化，以此发掘每名学生的潜能，真正体现"不同的人在数学上得到不同的发展"，从而提升每名学生的数学素养。传统运算教学"计算方法过于单一、技能培养过于侧重"，而且不利于学生持续发展潜力。为了提高学生的运算能力，同时提升学生的数学素养，教师要密切关注学生的个性差异，尊重学生独立思考，鼓励他们探索不同的计算方法。"多中选优，择优而用"的思想方法是学生的学习和生活中不可缺少的，也是发展学生数学思维、培养学生创新意识的重要方法。因此，当出现多种运算方法后，教师要帮助学生优化算法。值得注意的是，本研究虽提倡算法多样化，希望学生自主探索，运用原有经验探寻答案、拓展思路，培养其分析推理能力，但并不是说每次计算一定要有很多方法，一定要把可能的算法都掌握。只要学生能在原有基础上拓宽解决问题的渠道，灵活迁移所学方法，培养发散思维就可以了。在教学中，教师应因材施教，鼓励学生掌握两种或两种以上自己喜欢的方法，以开阔视野；对于学困生，只要能掌握一种适合自己的方法即可。

三、结 论

总之，对小学生核心素养的培养是小学数学课程实施的重要目标，核心素养培育中数学学科关键能力的培养是重点。数学学科关键能力在数学知识的积累，方法的掌握、运用和内化的过程中，以数学的视角发现问题、用数学的思维分析问题、用数学的方法解决问题。数学学科关键能力是数学学科素养的核心组成部分。基于核心素养培育目标下的数学教学，应当始终站在学生未来发展的视角，以数学基本思想为指引、以数学核心内容为载体、以数学理性思维为旨趣、以数学基本活动为途径、以实现数学核心素养培育目标为宗旨。本研究在探索与实践中，逐步明确了要以培养学生的核心素养为基准来重新审视我们的课堂，努力增强学生们的课堂学习活力，这对于我们开展适合的教育具有极大的推动效应，更有利于推动教师突破课改瓶颈，落实课改理念，构建以发展学生数学关键能力为核心目标的课堂教学。

注 释

[1] 张胜利，孔凡哲. 数学抽象在数学教学中的应用 [J]. 教育探索，2012（1）：68—69.

[2] 史宁中. 数学的抽象 [J]. 东北师大学报（哲学社会科学版），2008（5）：169—181.

[3] 史宁中. 学科核心素养的培养与教学：以数学学科核心素养的培养为例 [J]. 中小学管理，2017（1）：35—37.

[4] 张晋宇，姜慧慧，谢海燕. 数学表征与变换能力的评价指标体系研究综述 [J]. 全球教育展望，2016，45（11）：13—21.

[5] 张晓贵，朱儒进. 重视多重表征，促进学生数学发展 [J]. 中小学教师培训，2017（9）：44—47.

（此文发表于《中小学教师培训》2019年第1期）

小学数学概念教学的策略研究

许中丽

（淮北师范大学教育学院　安徽淮北）

小学阶段是学生处于各项能力发展的初期。对于抽象思维能力较弱、言语表达能力欠缺的小学生来说，掌握集抽象性与概括性于一体的数学概念具有很大难度，所以如何有效地进行小学数学概念的教学就成为小学数学教学研究不变的主题。本书在对小学数学概念的相关内容进行深入分析的基础上，严格把握小学数学概念教学的要求及意义，进一步探讨小学数学概念教学的有效策略。

一、小学数学概念的理论概述

（一）数学概念的含义和构成

1. 数学概念的含义

概念是许多学科领域的研究对象，如哲学、逻辑学、心理学等。从哲学研究角度来说，数学概念就是客观现实中的数量关系和空间形式的本质属性在人脑中的反应[1]，表现为数学语言中的名词、术语、符号等的准确含义。例如，数学"周长"的概念是这样界定的，"封闭图形一周的长度是它的周长"。

在现实生活中，客观事物都具有本质属性和非本质属性。客观事物特有的、决定其性质的、并将其与其他事物区别开来的属性，就是该客观事物的本质属性——要研究数学概念的内涵就必须研究数学概念的本质属性。而那些不能决定事物本质的，甚至可改变的，如颜色、形状、大小等都是事物的非本质属性。

2. 数学概念的构成

数学概念由内涵和外延两个方面构成。

概念的内涵就是概念所反映的所有对象的共同本质属性的总和[2]，如三角形概念的内涵就是本质属性"三条线段"和"围成"的总和；平行线概念的内涵同样是本质属性"在同一平面内"和"不相交"的总和等。概念的外延就是该概念所包含的一切对象的总和[3]，如角概念的外延包括直角、钝角、锐角等所有全体对象。

概念的内涵和外延之间具有反向对应的关系，若概念的内涵扩大，则其外延缩小，如由平行四边形的概念到菱形的概念，若内涵变大，则外延变小。

可以看出，数学概念教学的基本要求就是"概念明确，包括明确概念的内涵和外延，以及这个概念与其他一些概念之间的关系"[4]。

（二）小学数学概念的呈现方式

小学数学概念在构建学生知识体系的过程中起着至关重要的作用，它直接影响学生对后续知识的理解与应用，是学生在培养其计算能力、空间想象能力和逻辑思维能力的过程中最先接触的知识。所以，要想夯实基础，必然要狠抓小学数学概念教学。

根据皮亚杰的儿童认知发展阶段理论，小学数学教材中的数学概念要遵循学生的年龄特点和认知规律，要适应学生的身心发展，不同阶段呈现的方式不同，具体来说有以下几种：

1. 图画式

在小学低年级，由于学生的身心发展尚处在前运算阶段，知识水平和认识能力有限，具体形象思维占据主导地位，这个阶段的概念采用图画的形式呈现，即除概念名称以外完全以图示的形式呈现概念。[5]例如，"10以内数的认识""加法""减法"等概念都是以这种方式呈现的。这种呈现方式有其自身的优点，如形象直观、便于感知，特别适合低年级的学生；但也存在它的不足之处，因为图画式呈现概念的方式缺乏语言文字描述，如果教师不恰当地引导学生用语言表达，就容易导致学生学习概念时仅停留在图画表面，不能深入理解概念的内涵。

2. 描述式

在小学中年级，数学教材中的概念通常采用描述的方法呈现，即以概念的实际原型借助具体事例和描述性语句相结合呈现概念[6]，其中的"形"以图示、例题等形式表明概念的基本属性，"字"则以描述性语句做补充或概括性说明，因此，这种概念呈现方式也叫字形结合式。这种方式很常见，小学各年级都可以采用，像小数的概念、角的概念、自然数的概念等都采用这种方式。

3. 定义式

到了小学高年级，学生的认知已达到具体运算阶段，这个阶段的学生已经能够进行心理运算，抽象思维有所发展，此时的数学概念主要采用定义的形式呈现，即用简明而完整的语言揭示概念的本质属性[7]，借助原有的、学生已经掌握的概念对新的概念进行定义，条件和结论十分明显。这种概念的呈现方式比较适合小学中高年级的学生。定义式概念的表述一般比较简短，教师教学时要注意剖析关键词的丰富内涵。

(三) 小学数学概念的特点

1. 呈现形式的多样性

如前文所述，小学阶段数学概念的呈现方式多样。随着小学生知识量的增加、认知和思维的发展、接受能力的增强，以图画的形式呈现的概念越来越少，取而代之的是描述式概念，而到小学中年级以后，逐步采用定义式，但有些概念只是初步给出定义。

2. 相对的直观性

数学概念最大的特点就是具有很强的抽象性和概括性，但处在小学阶段的学生，知识经验不足，思维具有形象性，这恰好与数学概念的抽象性、概括性形成鲜明的对比。所以，小学数学教材中的大部分数学概念的定义并不严格，而是从学生所了解的实际事例或已有知识经验出发，尽可能通过直观具体的形象，先形成感性经验，让学生在头脑中对概念有直观的印象，再帮助学生全面把握概念的内涵。

3. 教学的阶段性

由于认知、思维等发展的局限，数学教材中有很多概念是小学生特别是低年级的小学生不容易理解的，所以，教师在教学过程中要通过分阶段渗透的办法来解决。例如，在学习数数的过程中，教师要先将物体分类，实际上，分好的每一类就是一个集合，在数学概念的学习中渗透集合概念，这是集合概念学习的基础和起点。又如分数的学习，低年级只是初步认识分数，到了高年级才要求学生深入理解分数的意义和性质。

二、小学生数学概念学习的基本模式和影响因素

小学生要明确区分数学概念的本质属性和非本质属性，紧紧抓住本质属性进行思维的抽象概括，把数学概念内化成自己能够理解的图形、符号、语言等，并将本质属性推广到这一类事物的所有对象，这样，学生才能真正获得数学概念。

不同的数学知识有各自的学习形式，数学概念的学习也一样，特别是

对于小学阶段的学生来说，概念获得的方式尤为重要。

（一）小学生数学概念学习的基本模式

小学生是通过概念形成和概念同化两种方式获得概念的。

1. 概念形成的学习模式

概念形成是指学生在学习概念的过程中，通过分析、比较具体的事物，抽象概括出该事物的本质属性，然后将其推广到具有这些本质属性的某类事物中，明确事物的外延，即从具体到抽象再到具体的过程。

例如，在学习自然数概念时，在数数的过程中，是集合中的每个元素与自然数一一对应，而不是元素的颜色、形状、大小与之对应，是把自然数从具体的事物中抽离出来，用抽象的数学语言、符号代替。

另外，在概念形成过程中，要明确概念的本质属性和非本质属性，还可以通过有效利用变式和反例解决。通过变换事物的非本质特征突出事物的本质特征，使学生对概念的获得达到抽象概括的层面；通过列举反例，区别不同事物的本质属性，可以加快学生对概念的理解。

2. 概念同化的学习模式

概念同化是指在学生原有知识经验基础上，给出一类事物的定义，以揭示概念的本质属性，使学生充分认识原有概念和新概念之间的联系，改变原有知识的认知结构，使旧概念得到改组或改造，从而获得新的概念。

要想实现概念的同化，需要满足两个方面的条件：一是学生原有认知结构中的知识必须与将要学习的新概念有本质上的联系；二是学生本身要有将自己已掌握的知识与新概念联系在一起的意愿，并能辨别两者异同。只有满足客观条件和主观意愿，学生才能将新知识纳入原有概念体系，形成概念网络。

例如，学生在学习"最小公倍数"时，就要按照"倍数—公倍数—最小公倍数"的路线，既要明确区分它们的不同，又要将三者联系在一起，建立概念体系。

（二）影响小学生数学概念学习的主要因素

影响小学生数学概念学习的因素有很多，具体来说，可分为三个方面：教师方面的因素、学生自身发展的限制、用来学习数学概念的素材的性质。

1. 教师方面的因素

在概念教学过程中，有些教师只注重概念教学的结果，而忽视概念的形成过程；只注重概念体系的完整，而忽视学生的接受能力和思维发展的阶段性特征。这样就容易导致学生只是记住概念的文字表述，不清楚概念的发生发展过程；只知道某些概念是有联系的，却不能说明到底具有怎样的联系。因此，教师在教学中，一定要综合学生和学科两者的特点。

2. 学生自身发展的限制

除了教师的教学方式方法对学生学习数学概念有影响外，学生自身还存在一些局限性，如因为学生的年龄小，所以生活经验和知识经验不丰富、对概念素材缺少阅历、思维发展仍以具体形象思维为主、抽象概括能力较弱、语言表达能力欠缺等。以上这些都在一定程度上影响学生对概念的学习和掌握。

3. 用来学习数学概念的素材的性质

用来学习概念的素材对小学生学习数学概念也有影响。因为概念的获得要通过概念的形成和同化，所以小学生在学习概念时，概念素材要具备小学生形成概念的条件。要达到概念的同化，小学生原有的知识结构中必须有与之相联系的旧概念，因为学生原有知识结构中的概念比较少，所以不能正确把握概念的内涵和外延。

因此，教师在教学数学概念时，一定要注意这些影响因素，尽量将影响因素的副作用控制到最低，甚至消除，以保证学生能够真正获得数学概念。

三、小学数学概念教学的有效策略

数学概念贯穿于整个知识体系中，发挥着夯实基础的作用。如果想在数学的计算、推理和判断中做到流畅自如，就必须在数学概念的内涵与外延方面进行深入理解，打好基础。因此，教师在进行概念教学时，要采用有效的教学策略，使学生准确掌握概念的内涵和外延，为后续知识的学习做好准备。

（一）突出不同呈现形式的小学数学概念的内涵，使学生准确理解概念

虽然小学数学概念的呈现方式不同，不同阶段概念的特点也各异，但数学概念教学最基本的要求就是概念明确。想要全面揭示数学概念的内涵，方法之一就是教师根据小学数学概念的不同呈现形式，采取相应的教学策略。

1. 图画式小学数学概念内涵的揭示策略

根据图画式概念的特点和教学要求，教师在教学过程中，应注意引导

学生挖掘图画的深层含义，揭示概念的本质。教师应在学生能够理解图画的基础上，鼓励其用自己的语言表述概念的定义，并引导其尽量使用数学语言中的名词、术语。以圆的概念为例，教师在教学过程中，要适时引导学生揭示圆的本质特征，将圆的表象抽象成数学语言。通过这样的方式，一方面，学生能够认识到数学是一门严谨的学科，数学用语要规范、贴切；另一方面，学生可以用自己理解的语言表达数学概念，也可以锻炼语言表达能力。

2. 描述式小学数学概念内涵的揭示策略

因为描述式概念又叫字形结合式概念，所以这种呈现方式的概念既包含"字"，又包含"形"。所谓"形"，即图形、图示，相当于图画式概念中的图画。在教学这类概念时，教师要注意引导学生充分理解"形"的含义，因为"形"中隐藏着丰富的内涵，蕴含着概念的本质属性，因此对"形"的研究一定要透彻。除此之外，图示仅仅给人以直观形象，教师要帮助学生将图示所表明的含义用自己理解的语言描述出来，再结合概念中的"字"，如此才能真正将"字"与"形"相结合，给概念下一个纯文字式的定义。例如，直线的概念、小数的概念就可以采用这种方法进行学习。

3. 定义式小学数学概念内涵的揭示策略

因为定义式的概念用词简练而具有很强的概括性和抽象性，所以教师在教授概念时一定要让学生抓住关键词，深层剖析，将专业名词、术语通俗化，以便学生理解；必要时，可以通过直观教具、举例子、联想对比等手段，化抽象为形象；还可以有效运用反例和变式，让学生明确区分概念的本质属性和非本质属性。

（二）针对小学数学概念的特点，加强直观教学，帮助学生建立概念

教育教学中，无论是直接经验还是间接经验，都离不开生活。在数学概念教学中，教师可以借助多媒体、录像机、模型、实物等各种直观教具，以及运用观察、比较、触摸、演示、测量等直观方式，使学生形成正确的数学模型，使抽象的数学概念得以具体化，使学生更容易理解、把握概念的内涵。概念教学要加强直观教学，但运用直观并不是目的，要将学生建立的表征逐步抽象，使数学概念得到内化。

现代教学论强调，要让学生动手做科学，而不是用耳朵听科学。[8]因此，在小学数学概念教学中，教师要增加直观操作的比重，让学生在动手

操作的过程中感受学习数学的乐趣，辅以教具、学具，感知概念表象，理解概念内涵。

例如，在数学概念"米、分米、厘米"的教学中，教师可将提前准备好的长度分别为1米、1分米、1厘米的若干小棒分发给各小组，每个小组都有3种长度不同的小棒。在教学过程中，教师可先让学生亲自动手摸一摸不同小棒的实际长度，其次让学生用1分米的小棒量一量1米包含几个1分米，用1厘米的小棒量一量1分米包含几个1厘米。在教学"毫米"时，教师让学生直接利用直尺上的刻度，数一数1厘米包含几个1毫米。同样，可以用类似的方法教学"千米"，教师可带领学生实地考察，走一走1千米到底是多长的距离。这样，手、脚、眼、脑并用，不仅让学生亲身感受了概念，也让学生在实际生活中找到了概念的原型，有助于学生把握概念的本质。

直观操作可以激发学生学习数学的兴趣，同时使学生形成学习的动力，这样可以消除数学概念的枯燥性，使学生的学习活动变得富有生机和成效。

（三）注重小学数学概念之间的比较分类，形成概念系统，使学生牢固掌握概念

小学数学知识的特点是系统性强，前后联系密切，但是由于小学生思维发展水平和接受能力的限制，有些知识的教学往往是分几节课或几个学期完成的，这样难免在不同程度上削弱知识间的联系。对一些有联系的概念或法则，在一定阶段应进行系统的整理，使学生在头脑中建立知识的网络，形成良好的认知结构。尤其是小学中高年级，教师可以引导学生对概念进行分类，明确概念间的联系和区别，以形成概念系统。

1. 同一概念的各种联系

根据不同阶段学生的年龄特点，同一概念在不同教学阶段的要求是不同的。例如对分数概念的教学，在三年级上册只是初步认识分数，而到五年级下册要求理解分数的意义和性质；再如对方程概念的教学，小学低年级只是渗透，到了小学高年级才给出明确的概念。教师要弄清教材这样编排的目的，要对不同阶段的同一概念进行整体把握，形成概念体系，建立知识网络，这样才能在教学中将知识串联起来，不至于脱节。

另外，同一概念可以用不同方式呈现，各种表达方式给人的感受不同，但都能突出概念的本质属性。教师应积极鼓励学生利用不同的方式表达概念，培养学生思维的灵活性。

2. 不同概念之间的联系

数学概念不是孤立存在的，它们在本质上都是有联系的，因为数学中的任何一个概念，只有与其他概念相联系，才能生成和发展。[9]教师引导学生明确这些概念之间的联系，对其理解概念有积极的促进作用，在学习由核心概念衍生的相关概念时不易导致概念模糊或概念混淆。

（四）小学数学概念的引入，要注重提供丰富而典型的感性材料

在概念引入的过程中，要注意使学生建立清晰的表象。因为建立能突出事物共性的、清晰的典型表象是形成概念的重要基础，因此，在小学数学的概念教学中，无论以什么方式引入概念，都应考虑如何使小学生在头脑中建立清晰的表象。概念教学一开始，应根据教学内容运用直观手段向学生提供丰富而典型的感性材料，如采用实物、模型、挂图，或者进行演示，引导学生观察，并结合实验，让学生自己动手操作，以便让学生接触有关的对象，丰富自己的感性认识。

例如在一节教学"分数的意义"的课上，一位教师为了突破单位"1"这一教学难点，事先向学生提供了各种操作材料：1 根绳子，4 个苹果图，6 只熊猫图，1 张长方形纸，1 米长的线段等。通过比较、归纳得出：一个物体、一个计量单位、一个整体都可以用单位"1"表示，从而突破理解单位"1"这一难点，为理解分数的意义奠定了基础。

但概念引入时所提供的材料要注意两点：一是所选材料要确切。例如角的认识一节，小学里讲的角是平面角，可以让学生观察黑板、书面等平面上的角。有的教师让学生观察教室相邻两堵墙所夹的角，那是两面角，这对于小学教学要求来说，就不确切了。二是所选材料要突出所授知识的本质特征。例如，直角三角形的本质特征是"有一个角是直角的三角形"，至于这个直角是三角形中的哪一个角，直角三角形的大小、形状是非本质的。因此教学时，教师应出示不同的图形，使学生在不同的图形中辨认其不变的本质属性。

（五）组织丰富的学习活动，使小学生充分感知，主动建构和理解概念

数学教材中表示概念的名词、定义、术语、符号等都是权威专家、机构做出的规定，教师在组织教学活动时，要采用探究、发现、验证等方式学习数学概念。因为，教学方法对于学生接受、理解概念非常重要，所以

在教学这些概念时，教师不能一味地灌输，不能直接给出结论而不顾概念的形成过程。概念教学是让学生经历概念的形成、体验概念的建立，教师应采取有意义接受的学习方式，使学生理解概念并主动建构知识体系。

例如，在学习"三角形具有稳定性"这一特点时，教师可以让学生通过"拉一拉"的方式体验三角形的这一特性。课堂上，教师可以让学生分别用固定长度的 3 根小棒钉成一个三角形，用 4 根小棒钉成一个四边形，然后让学生先后拉一拉三角形和四边形，观察一下三角形和四边形的大小、形状都有哪些变化。学生操作后就会发现，三角形的大小、形状不变，而四边形的大小、形状发生了变化。再让学生改变三角形、四边形各条边的顺序，分别与之前的三角形、四边形比较，学生很快就会发现，三角形只是位置和摆放的角度发生变化，其形状、大小都没改变；而四边形不但位置和摆放的角度发生变化，其形状和大小也发生了变化。这样，通过学生的实际操作，教师适时引导学生总结"三角形具有稳定性"这一特性，使学生主动获取数学知识，并因此引出"三角形具有稳定性"的概念，帮助学生达到对稳定性的透彻理解。而其他多边形，因为"拉一拉"后，其大小、形状发生变化，所以不具备稳定性。

组织有意义的学习活动，改变了以死记硬背、灌输为主的传统教学方式，取而代之的是以学生为主体、教师为主导的教学方法的改革。

(六) 把握概念本质，进行概念解析，使学生全面掌握小学数学概念

在数学教学中，教师不仅要教给学生概念的内涵和外延是什么，还要让学生明白概念是怎么来的、它有怎样的背景、它的历史渊源在哪里、它的发展脉络怎样、概念中渗透着什么样的思想方法和理念等，这就要求教师在授课前对概念进行学术解构，避免让学生为学知识而学知识。

想要把握概念本质，除了对概念进行学术解构外，还应对其进行教学解构，要让学生了解概念的教育形态和概念的发生发展过程，使学生在解决问题的过程中能够灵活运用学过的概念。

总体来说，在小学数学概念教学过程中，教师一方面要考虑不同阶段学生的身心发展状况；另一方面要认真钻研教材，了解数学概念的特点和要求，整体把握数学概念体系，为采取合适的教学策略做好准备。因此，在概念教学中，只有采取恰当而有效的教学策略，才能达到概念教学的预期目标。

注　释

[1] 张晓霞. 小学数学教学法 [M]. 北京：中国财政经济出版社，2011：49.

[2] [3] 冯光庭，刘忠君. 对新课标下数学概念教学的认识与思考 [J]. 教育艺术在线，2010（4）：55—56.

[4] 袁樱. 立足基础把握本质有效教学小学数学概念 [J]. 科技信息，2011（27）：574.

[5] 李星云. 小学数学概念教学的优化策略 [J]. 教育评论，2007（2）：79—81.

[6] 李淑玲. 浅谈小学数学中的概念教学 [J]. 教育实践与研究，2001（1）：48—49.

[7] 陈洪庆. 小学数学教学法新编 [M]. 武汉：华中师范大学出版社，2007：35—36.

[8] 陈海霞. 如何为小学生数学思维的发展打开一扇窗 [J]. 小学教学参考，2013（4）：58—59.

[9] 陈开勋，鞠锡田. 谈小学数学概念的教学 [J]. 教学与管理，2006（12）：52—53.

（此文发表于《中小学教师培训》2015 年第 3 期）

小学数学速度概念的理解与认知阶段划分

金轩竹　丁　锐　马云鹏

（东北师范大学教育学部　吉林长春）

1928 年，著名物理学家爱因斯坦（Einstein）向皮亚杰（Piaget）提出"儿童是以何种顺序掌握时间与速度概念"的问题。传统的牛顿力学认为时间是更为本质的概念，速度只是由时间概念所派生出的概念。但相对论（Theory of Relativity）则认为，时间与速度互为参照，并无更基础的一方。为了更好地回答爱因斯坦的问题，皮亚杰在近 20 年的研究中相继出版了 2 套近 500 页的文集，论述了不同年龄段儿童建构速度与时间的过程，并由此掀开了学界对速度概念及其建构过程的研究。[1]时至今日，对速度的研究早已不再局限其与时间概念孰先孰后的问题，而是进一步从认知阶段、比例关系等视角开展研究。在此基础上，本书对线性移动中速度概念的相关研究进行梳理，提出儿童建构速度概念的可能轨迹，并为速度概念的教学提供相应的策略。

一、速度概念的理解

在物理学中，速率（Speed）是指物体位移的距离与所耗费时间的比值，是将物体的移动量化了的结果，而速度（Velocity）是指描述物体位置变换快慢与方向的矢量。虽然在义务教育阶段的数学学习中，关于物体移动快慢的讨论并不涉及运动方向，但由于"速度"是教学中的习惯用语，本书仍以速度论之。已有对速度概念的理解主要从内包量与比率两个角度进行界定。

（一）速度是内包量

根据物体随系统变化情况的不同，可将物体的物理性质划分为内包量与外延量两类。其中，外延量是指可通过测量直接得到的量，如温度、长度等，体现的是量的加法性质；而内包量是指无法直接测量而由两个外延量的比值所得到的量，如密度、速度等，体现的是量的乘法性质。[2]内包

157

量建立在对比理解的基础上，涵盖了数学、物理、化学等多个领域。已有对内包量的研究主要集中于通过呈现实物情境或以数字、语言表示的抽象命题，探究儿童区分与运用不同维度的能力，梳理不同的认知阶段。例如，藤村等人通过让儿童回答并解释相关内包量概念问题总结了"基于单一量大小、两个量倍数关系、平均单位关系及加减法关系"四种儿童判断内包量概念的常用策略。[3]因此，从内包量角度定义速度概念更多的是关注距离与时间维度对速度概念建构的影响，将儿童对不同维度的整合过程，以及对同向与逆向关系的理解视为首要关注点，并利用情境、语言描述等方式探究公式计算背后的儿童思维发展的真实情况。

（二）速度是一种比率

将速度视为比率是分析速度概念的又一视角。比与比率的关系始终是国内外学界的争论点。《辞海》将"比"定义为当比较两个同类量 a 和 b 的关系时，如果以 b 为单位来度量 a，称为 a 比 b，所得的数 k 称为"比值"，即"比率"，记 $a : b = k$。"："是比号，比号前的量称为"比的前项"，比号后的量称为"比的后项"。[4]但有学者指出，此种定义将速度、夏普比率等非同类量的比排除在外，且没有体现比的度量作用。[5]美国数学教育家汤普森（Thompson）认为，判断比与比率的关键在于是否经历过抽象过程。"比"是将两个量进行乘法比较，且局限于特定的情境，而比率是通过将"比"剥离情境抽象化、符号化后所抽象出的一个整体。[6]对于速度概念而言，"比"更多的是在描述距离与时间的倍数关系，而比率如同一个"线性函数"，可根据需要将其实例化。例如，当描述一个物体以 60 km/h 的速度进行运动时，只是将物体运动进行量化，与它已经或正在走过的距离及花费的时间无关，可随时根据情境的需要进行赋值。例如，该物体以此速度运动半小时，运动距离将为 30 千米。那么，无论两个量中的哪一个发生变化，另一个也必然发生变化，但该比率保持不变。[7]因此，儿童应将速度视为一种比率，理解对于匀速运动的物体而言，物体的运动距离是被时间单位成比例地分割开来。

综上所述，本书认为无论是内包量还是比率都强调儿童对速度、距离、时间三者关系的理解，但当以数学视角分析速度概念时，则更倾向于关注变量间的关系，从比率角度界定速度概念。总之，无论是将速度视为一种内包量还是距离与时间相比所得到的比率，刻画儿童速度概念发展的轨迹与关键点都是研究与教学的主要着眼点。

二、速度概念发展阶段的划分

对儿童速度概念发展阶段的划分既需要参照内包量概念的认知阶段，又要考虑速度概念所具有的独特性。在内包量概念的相关研究中，西格勒曾以皮亚杰的相关研究为基础，对儿童理解浓度等概念的过程进行了探讨并划分四个阶段（参见表1）。[8]

表1　西格勒的儿童内包量概念发展阶段

阶段	表现
阶段1	仅依据其中一个"主导维度"进行判断。
阶段2	只有当主导维度的数值相同时才开始考虑"从属维度"。
阶段3	能够同时考虑"主导维度"与"从属维度"，当出现其中一方在"主导维度"上的数值较大，但在"从属维度"上的数值较小的情况时，只能随意。
阶段4	综合考虑两个维度，并将其与恰当的定量或定性公式结合。

其中，主导维度并不意味着某一维度是更重要的，相反，它只是用来描述儿童在进行判断时所通常依赖的维度，这种依赖性在成人中也表现得更为显著。但"主导"与"从属"的地位也并非一成不变，不同的刺激可能使两者产生逆转。藤村在西格勒研究的基础上，对儿童解决内包量问题的策略及认知水平进行了区分，将只考虑一个量的策略命名为策略A；对于同时考虑两个变量的情况，又根据演算策略的不同将基于倍数、平均单位的运算分别称为策略B和策略C；将错误的或基于加减等运算的策略命名为策略D，并认为策略A到C的转变体现了儿童的认知水平由"一个量的符号化向两个量的符号以及倍数关系与平均单位认识的转变"[9]。

此外，速度概念也具有一定的独特性。速度作为路程与时间的比值，表述为"速度＝距离÷时间"。这一数学公式中包含时间与距离、速度与距离两对正比例关系以及时间与速度的反比例关系。其中，正比例关系是指：x与y为两个数，在变化过程中，如果x与y的比保持为常数c，就称这两个数成正比例；而当x与y的倒数成正比例时，则x与y为反比例关系。[10]只有当儿童识别出速度、时间、距离三者中保持不变的因素并能够在量化层面综合考虑三者关系时，才能真正地掌握比例关系，从而建构速度概念。

因此，基于内包量认知阶段及速度概念所具有的特点，综合不同研究，可将儿童速度概念的发展轨迹划分为：以停止点顺序判断速度大小阶段、过渡阶段、理解同向与逆向关系阶段以及掌握时间、距离、速度系统的阶段（如图 1 所示）。

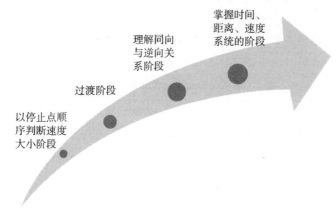

图 1　儿童速度概念的发展阶段

（一）以停止点顺序判断速度大小阶段

皮亚杰是最早对儿童速度概念建构阶段进行研究的学者。其通过对 5 至 12 岁的儿童进行一对一访谈后发现，5 至 6 岁的儿童会根据物体停止点的顺序位置判断速度的大小。例如，当将红色与蓝色小车前后放置并同时开始运动时，儿童会认为无论两者间的差距是否缩小，只要红色小车的停止位置仍在蓝色小车前，红车的速度就大于蓝车；若停止位置相同，则速度相同，即"距离越长，花费的时间也越长"。皮亚杰认为，这是由于移动在根本上意味的是顺序的变化，而速度作为描述物体移动快慢的向量同样是建立在对物体空间位置变化感知的基础上。[11] 因此，对于不具备同时性概念的儿童而言，他们无法将时间与距离同速度建立关联，从而只能将最为直观的顺序位置作为判断物体速度大小的首要依据。同样，艾克多罗与施密德（Acredolo and Schmid）所开展的较大样本量研究也证实了停止点的相对位置作为儿童判断速度的首要策略会一直持续至儿童 8 岁左右。[12] 在此阶段，距离维度，特别是物体运动的停止点位置在速度概念上成为主导维度，而时间作为从属维度被儿童所忽略。

（二）过渡阶段

随着认知能力的发展，7 至 8 岁的儿童开始考虑，如起点位置、运动时间等因素对物体速度的影响，对速度概念的认知逐渐由单维的停止点顺序主导向二维关系的建立过渡。过渡阶段的儿童虽仍具有明显的"停止点"倾向，且对"快"这一形容词的理解依旧在速度与距离长度间摇摆，但他们会主动修正自己的答案，开始考虑其他维度的影响。虽然，西格勒等人运用规则评估技术进行的研究并没有发现将速度与距离混淆的情况与某个特定年龄段存在关联，但后续的研究均表明存在一个阶段，儿童开始意识到其他因素对速度判断的影响，但对其中关系的认知仍较为混乱。在时间概念上，过渡阶段中的绝大多数儿童会混淆停止时间与运动时间，将"火车在 6 秒钟停止"完全等同于火车的运动时间，而不考虑出发时间。[13] 总之，过渡阶段的儿童虽然对时间概念的理解仍存在混淆，且尚不清楚如何将距离与时间两者建立联系，但他们已经开始有意识地考虑距离、时间两个维度对速度概念的影响，并逐渐意识到其中的关联。

（三）理解同向与逆向关系阶段

对物体运动过程中同向与逆向关系的把握体现了儿童由单维的"停止点中心"发展至明晰两个维度间关系的阶段。同向与逆向关系是指儿童虽然能够意识到两个变量是以相同或相反方向进行变化的，但是忽视了另一个变量所处的状态[14]，即无法同时考虑三个变量间的关系。例如，呈现两列速度相同（并未告知儿童）但行驶距离不同的火车运动情况，询问儿童为何其中一列火车花费的时间更长时，儿童会给出"因为另一列车所到达的车站距离更远，所以需要的时间也更长"的解释，并不会询问或考虑两者的速度是否相同。一般认为，儿童在四岁左右开始意识到时间与距离、速度与距离间的同向关系，并随着年龄的增长逐渐清晰。其中，对距离与时间关系的理解不仅在时间上要略晚于距离与速度，且难度更大，不同年龄段的儿童均会出现将两者视为逆向关系的情况。

逆向关系的理解是儿童在较长一段时间内的难点，儿童会认为速度大的物体所需要的时间也更长，将空间与时间概念相混淆。对这一现象的解释主要包括两个方面：一方面是从概念本身入手，认为时间概念所具有的复杂性和早期形成的同向关系干扰了儿童对速度与时间的理解，儿童通过泛化"顺理成章"地得到"更快的物体需要更长时间"这一结论，从而将速度与时间视为同方向变化。[15] 另一方面是从认知角度展开分析，认为时间与速度的混淆体现了儿童早期的认知特点。首先，某些特定维度会对儿童产生较为显著的影响，儿童更倾向于以此维度作为判断的标准；其次，较之稳定不变的因素，儿童更愿意将注意力集中在具有明显差异的维度，因而常忽略另一维度所处的状态；最后，在面对与时间因素相关的问题时，儿童会依据"多就是多"的原则进行判断。即儿童会将，如速度较大、亮度较高的物体视为"更活跃""更努力"的一方，并由此认为这类物体需要花费的时间也更多。[16]一般认为，5 至 7 岁左右的儿童开始逐步理解速度与时间的逆向关系，但直到 9 岁以后才能够明确并运用同向与逆向关系解决问题。

随着认知能力的发展，儿童在建立同向与逆向关系的过程中会逐渐意识到第三个维度对速度判断的影响，但仍不会在言语表达或操作过程中主动提及。同单维至二维的过渡阶段相同，儿童对两组二元关系与时间、距离、速度系统的调和过程可能并不是某一年龄段的"专属"，6 至 10 岁的儿童均可能处于这一转换阶段。[17]

（四）掌握时间、距离、速度系统的阶段

皮亚杰认为，速度概念的掌握主要包括直观与抽象两个层面。直观层面是指儿童对物体运动完全或部分地可见，儿童能够通过观察获得关于物体运动距离远近、时间长短与速度大小的直观体验，并对其进行比较。研究者通常会控制参与比较的两个物体以使两者在其中一个维度上具有相同的数值，并借助实物进行呈现。例如，通过装置呈现火车 A 在 10 秒的时间里运动了 20 米，火车 B 在 10 秒的时间里运动了 25 米的情境，询问儿童哪一列火车的速度更快。直观层面的问题能够最大限度地确保不同年龄段儿童对问题的理解，为纵向了解儿童的思维发展提供了可能。尽管并非是儿童有意识的自发行为，但随着认知能力的发展，9 至 11 岁的儿童开始理解直观层面中的比例关系，形成了正确的时空概念，但仍然无法将其中的关系自发地整合起来，常会出现模棱两可的答案。而直到 11 岁以后，儿童才能在直观层面实现对距离、时间、速度系统有意识的运用。[18]

在皮亚杰的研究中，虽然儿童在直观层面掌握了速度概念，但当撤去实物而呈现以符号表示的"距离（时间）不同但时间（距离）相同的问题"，以及"距离、时间均不同的速度问题"（如物体 A 5 秒钟运动 5 厘米，物体 B 6 秒钟运动 7 厘米，谁的速度更快）时，儿童又再一次退回到依据停止点位置进行判断的水平。因此，皮亚杰认为，对物体运动情况的直观层面判断并不能证明儿童已完全理解速度概念中的比例关系，只有当儿童能够在符号层面比较距离、时间均不相同的两个物体的速度时，才能

说是真正理解距离、时间、速度系统。[19]例如，在比较 3 秒钟运动 12 厘米和 2 秒钟运动 11 厘米的物体时，能够通过 $\frac{12}{3}=\frac{24}{6}:\frac{11}{2}=\frac{33}{6}$ 推导出后者的速度更快；或者是对于 2 秒钟运动 4 厘米与 4 秒钟运动 8 厘米的问题，儿童能够发现由于两者的比率相同，因此速度也是相同的。将上述两类问题视为儿童对比例关系的更高水平的掌握。除了与抽象程度的差异有关外，对距离与时间均不相同物体的比较涉及了等价类这一重要的数学思想。等价是集合 X 上具有自反性、对称性和传递性的二元关系，而等价类则是由等价关系引导出的特殊子集，设 A 是一个非空集合，对于 A 上的一个元素 a，所有 A 中与 a 等价的元素所组成的集合就叫作由 a 产生的等价类。[20]等价类在解决计算、比较等问题时发挥着重要的作用。对于"比"而言，等价关系主要体现为将最简比进行扩充以得到比较与计算的合适形式，上述对"3 秒钟运动 12 厘米和 2 秒钟运动 11 厘米"的速度比较，就是先利用等价关系寻找到相同的时间，再依据正比例关系对速度进行的判断。皮亚杰的研究表明，只有 12 岁以上的儿童才能够在符号层面灵活地运用比例关系解决问题，理解其中的等价关系，在起始点、运动时间不同的情况下做出正确的判断，将距离与时间维度进行合理的整合。

总而言之，儿童速度概念的发展过程并非一蹴而就，而是遵循由单维的停止点顺序到考虑同向与逆向关系，再到掌握时间、距离、速度系统的过程。对儿童速度概念认知阶段的梳理有助于为研究者与教师提供儿童思维发展的脉络图，为课堂教学和课程整合提供参照。

三、对教学的启示

（一）注重直观体验，培养抽象能力

数学并非是独立于经验世界的先验性内容，而是产生于现实的需要。纯数学的研究对象是现实世界的空间形式与数量关系，因此是非常现实的材料，但为了能从纯粹的状态进行研究，就必须对其他的特性进行剥离，抽象出不同于现实世界的对象与关系概念。[21]同样，理解并运用以符号形式存在的速度概念及其与距离时间的关系都离不开数学抽象。抽象能力的发展并非一蹴而就，需要通过活动不断积累后天经验，以提高直观能力。

速度模型是小学数学中重要的乘法模型之一，我国现行的数学教材大多在三年级开始引入速度的相关问题，北师大版数学教材将其融入至加

法、减法与乘法的学习中，侧重于运用公式进行乘、除法的运算[22]，而在人教版数学教材中，以速度为背景的应用题出现次数高达 12 次[23]，重要性可见一斑。线段是速度模型教学中最为常用的表征方式，对于匀速运动的物体而言，线段所代表的是路程的长短，根据物体的运动时间将线段进行等分，每段所代表的就是物体的运动速度。将速度以可见的线段进行呈现看似降低了儿童理解的难度，但其中所涉及的是对路程的抽象以及比例关系的理解。以线段表示路程要求儿童能够理解物体的运动距离是被时间单位成比例地分割开来。例如，当以线段图的方式表示 6 小时运动 120 千米的物体速度时，首先儿童要选取一段能够平分成 6 份的线段，并将其视为"120 千米"；其次，儿童要能够理解因为物体花费了 6 个单位时间进行运动，所以要将总路程相应地分成 6 段长度相等的部分，每一部分不仅在数值上与速度相等，而且代表物体在每个单位时间内的路程，进而将速度与路程、时间建立起联系，领会"速度＝距离÷时间"的公式（参见图 2）。

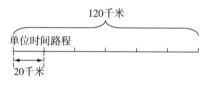

图 2　线段图表示速度

　　线段图不仅能够培养儿童的抽象思维，而且能够帮助儿童深入理解速度的概念，辅助儿童解决相遇、超越等问题，但在教学中，教师一方面不能"想当然"地要求学生立即理解线段图的意义，而是要由，如"赛跑、旅行"等具体情境入手，让学生意识到运用线段的原因和必要性，并通过比较不同情境下线段的长度而引导儿童意识到两者间的关系；另一方面，教师要使儿童明确每一份线段所代表的是物体在一秒钟所运动的距离，将其与时间建立联系，从而避免儿童将每一份线段简单地视为"一段距离"、将路程视为对"速度长度"重复所得到的结果。

　　（二）全面剖析概念，关注认知轨迹

　　儿童的生活本是一个整体，但零散且缺乏衔接的学科内容将儿童的世界加以割裂和肢解，无法帮助儿童将已有经验同新知识进行整合。因此，教师要了解儿童在学习某一主题时的认知过程及思维方式，明确现阶段内容与主题间的联系，围绕核心概念展开教学。学生在一个时间跨度内学习和探究某一主题时，逐级深入的思维方式的学习进阶与假设性学习轨迹均体现了对概念的整合和学生认知过程的关注。[24]

图 3　速度概念关联图

　　同样，速度概念不仅是数学内容，更与数学、物理等内容的学习紧密相连（如图 3 所示）。在横向层面，一方面，速度概念同浓度、密度等内包量概念具有内在一致性，儿童不仅遵循相似的认知阶段，而且均涉及对数量间的比例关系的掌握；另一方面，对速度、距离与时间三者关系的理解与运用也是培养儿童数学模型思想的重要环节，速度模型作为应用题中的现实背景之一贯穿于各个阶段的数学学习中，沟通儿童的现实生活与数学世界。在纵向层面，速度概念连接着物理知识的学习，儿童开始在更为广泛的意义上理解物体的运动。在初中阶段，"机械运动"开启了儿童对物理知识的学习，通过对长度与时间的测量、运动的描述、运动的快慢及测量平均速度内容的学习进一步完善对速度概念的建构；而到了高中阶段，"运动的描述"作为高中物理学习的开端，将学生速度概念的认知进一步深入至位移与加速度，从而实现对物体运动相关知识的综合运用。由此可见，在速度教学中，教师要沟通知识间的联系，深度剖析概念，遵循学生的认知轨迹，帮助学生建立与完善知识网络。

（三）深入发掘，彰显数学核心素养

　　数学核心素养是学生学习数学过程中形成的对未来发展起重要作用的思维品质和关键能力，具备数学素养的人能够从数学的角度看待问题，运用数学的思维方式思考并解决问题。[25]目前，义务教育阶段已经确立包括数感、符号意识等在内的共十个基本核心素养，在培养数学品质的同时促进学生的全面发展。

　　从数学核心素养的视角出发看待速度概念的教育价值主要包括三个方面：首先，速度概念中的比例关系是对符号意识的培养，在解决速度的相

关问题过程中，学生得以经历"选择并运用恰当的符号表征情境中的数量、采取恰当的方式对符号进行计算、运用等价关系解决问题"的过程，并能够逐步理解符号的使用是数学表达和进行数学思考的重要形式，提升符号意识。其次，对速度、时间、距离三者关系的建构过程体现了数学推理能力，如在距离相同的情况下，根据不同速度值所对应的时间归纳得到速度与时间的反比例关系就是一个完整的合情推理过程。最后，在小学阶段，路程模型与总量模型是数学教学中必须考虑的两个模型，其中路程模型可以适用于总价、总数等一系列现实中问题。[26]因此，速度问题作为路程模型的重要类型之一有助于帮助儿童理解数学与外部现实的关系，在培养其学习兴趣的同时，使儿童意识到现实生活中所蕴含的大量问题可以通过数学知识予以解决，提高应用意识。

注 释

[1] Siegler R S. Development of time, speed, and distance concepts [J]. Developmental Psychology, 1979, 15 (3): 288—298.

[2] 郑持军, 李红. 关于儿童内包量概念发展的研究 [J]. 宁波大学学报（教育科学版），2000 (5): 12—14.

[3] [9] 藤村宣之. 児童期における内包量概念の形成過程について [J]. 教育心理学研究，1990, 38 (3): 277—286.

[4] 辞海编委. 辞海（第六版）[M]. 上海：上海辞书出版社，2009: 136.

[5] 史宁中, 娜仁格日乐. 小学数学教科书中的比及其教学 [J]. 数学教育学报，2017 (2): 1—5.

[6] Thompson P W. The development of the concept of speed and its relationship to concepts of rate [M]. Harel G, Confrey J. The development of multiplicative reasoning in the learning of mathematics. NY: SUNY Press, 1994: 181—234.

[7] 江春莲. 速度概念的发展研究综述 [C]. 全国数学教育研究会，2010: 11.

[8] Siegler R S. Developmental sequences within and between concepts [J]. Monographs of the Society for Research in Child Development, 1981, 46 (2): 1.

[10] 沈以淡. 简明数学辞典 [M]. 北京：北京理工大学出版社，2003: 8.

[11] [18] [19] Piaget J. The child's conception of movement and speed [M]. New York: Ballantine, 1970: 1, 153, 247.

[12] [13] Acredolo C, Schmid J. The understanding of relative speeds, distances, and durations of movement [J]. Developmental Psychology, 1981, 17 (4): 490—493.

[14] Levin I. The development of the concept of time in Children: An integrative model

[M]. Time，Action and Cognition. Springer Netherlands，1992：13—32.

[15] Acredolo C，Adams A，Schmid J. On the understanding of the relationships between speed，duration，and distance [J]. Child Development，1984，55（6）：2151—2159.

[16] Levin I. Interference of time related and unrelated cues with duration comparisons of young children：Analysis of Piaget's formulation of the relation of time and speed [J]. Child Development，1979，50（2）：469.

[17] Fumiko Matsuda. Development of concepts of interrelation ships among duration，distance，and speed [J]. International Journal of Behavioral Development，2001，25（5）：466—480.

[20] 数学辞海编辑委员会. 数学辞海 [M]. 北京：中国科学技术出版社，2002：8.

[21] 恩格斯. 反杜林论 [M]. 北京：人民出版社，2015：37.

[22] 刘坚，孔企平，张丹. 义务教育教科书数学六年级（上册）[M]. 北京：北京师范大学出版社，2014.

[23] 闫云梅，刘琳娜，刘加霞. 小学阶段乘法的不同现实模型分析与教学建议 [J]. 课程·教材·教法，2014，34（3）：80—83.

[24] 姚建欣，郭玉英. 为学生认知发展建模：学习进阶十年研究回顾及展望 [J]. 教育学报，2014，10（5）：35—42.

[25] 杨九诠. 学生发展核心素养三十人谈 [M]. 上海：华东师范大学出版社，2017：133.

[26] 史宁中. 基本概念与运算法则 [M]. 北京：高等教育出版社，2013：42—43.

（此文发表于《中小学教师培训》2018 年第 10 期）

167

小学生数学语言发展的教育机理与操作路径

张文超[1,2]　范　蔚[2]

（1. 西南大学附属小学　四川重庆；

2. 西南大学教育学部　四川重庆）

随着学习科学的兴起，学习者所使用的学业语言及其能力发展成为研究的热点。[1]作为一种学业语言，数学语言不仅是自然科学交流的工具，随着全球化及跨学科研究的兴起，也成为社会科学和管理科学交流的重要工具，以至于有研究认为数学语言能力是学生学习数学学科的核心素养[2]；同时，数学语言可以把抽象的数学知识、学生学习时内在的思维变化，外化为可视的语言，因而成为数学教师课堂利用的重要资源和教学改革的着力点。鉴于数学语言对学生发展及教师教学的双向意义，本书依托对数学语言基本样态的探讨，分析小学生数学语言发展的教育机理及操作路径，意在为小学生数学语言素养培养及教师教学改革带来一定的启示。

一、数学语言的基本样态

数学语言伴随着数学自身的发生和发展而逐渐成长起来，是储存、传承和加工数学思想的工具。[3]区别于日常语言表达随意、发散等特征，数学语言具有抽象化、准确化、简约化和形式化等特性。依据实践场域的不同，可将数学语言分为三种样态。

1. 知识样态的数学学科语言

数学学科语言是表达数学自身固有概念、法则、问题解决思想方法等学科知识的语言。作为一种专业语言，数学学科语言反映的是数学学科知识，并以知识的样态存在于教学实践中。因此，数学学科语言与数学知识紧密联系，具有数学知识的三种属性。一是准确性，从数学知识的内容来看，数学是研究现实世界的空间形式和数量关系的科学[4]，是对客观世界规律性的反映。作为表达知识的数学语言必须准确反映这种规律。二是简洁性，从数学知识的形式来看，数学知识多以符号形式呈现，符号的重要特点是简洁，作为反映这种关系的语言，也要求以尽可能少的词句表达思想的普遍性和深刻性。三是逻辑性，从数学知识的呈现顺序来看，数学知识是按照学科知识框架，分层次、有梯度螺旋上升呈现的，知识间有着严格的数理逻辑。作为表达这种逻辑的语言也必然具有一定的逻辑条理。可见，数学学科语言在学生学习数学中起着支架性的作用，学生可以通过掌握数学学科语言来掌握数学知识。

2. 学习样态的数学教学语言

数学教学语言是教师和学生在数学教学与学习中互相交流所使用的语言，是日常语言与数学学科语言的混合。数学教学语言主要发生在课堂，以学习样态存在于教学中，因此，具有教学的双重特性。一是科学性。教学本质上是一种知识传授，数学教学最主要的目的是让学生理解数学学科知识，进而促进数学能力的提升，因此，教师的教学用语必须科学规范。二是艺术性。尽管数学学科语言是冰冷的，但艺术性的数学教学可以使冰冷的学科语言化为生动而富有生命活力的语言，展示数学语言的画面感、数学思维的形象感，这就需要教师生活语言的丰富以及数学学科语言和生活语言的契合。可见，数学教学语言具有知识的客观和教师个体主观创造的混合属性，是教师有效教学和学生发展思维的重要媒介。

3. 生活样态的数学化语言

数学化语言是具有数学语言特征、应用数学学科独有的思想方法所表达的语言。区别于数学教学语言，数学化语言的使用场域狭隘，数学化语言存在于生活各个层面的交流中，因此具有一定的生活样态。生活样态的数学化语言具有三个特征：一是使用主体的广泛性，数学学科语言、数学教学语言使用的主体主要是数学教师、学生以及数学研究人员，数学化语言的使用主体是各行各业各类人员。二是表达内容的丰富性，数学学科语言、数学教学语言的表达内容局限于数学知识的传授，数学化语言的表达内容涉及文学、社会学、管理学、艺术学等学科。三是语句结构的数学化，从表达语句的整体结构上分析，虽然数学化语言描述的内容可能与数学无关，但结构上都呈现一定的层次性，语句表现出一定的准确性、简洁性与概括性，具有明显的数学语言特征。因此，数学化语言是一种高级的数学语言，是数学发展人思维的本质体现。

二、小学生数学语言发展的教育机理

小学生初步接触系统的数学学科知识，处于数学语言发展的关键期。发展小学生数学语言，需要结合小学生思维与语言特殊性，深刻认识数学语言的教育机理。从本质上说，数学语言发展是学生的一种内在生成的过程，包括发生、运行与调节三重机理；同时也是一种外在促成过程，包括环境熏陶、课堂训练和评价激励三种机理。内在与外在相互作用，生成与促成有机结合，从而促进数学语言的不断发展变化。

（一）内在生成机理

1. 发生机理

从语言的习得过程来看，语言的发生是外界信息引起学生"注意"的结果[5]，但不是所有的信息都能引起学生的"注意"，只有那些学生熟悉的或具有一定经验的信息才能引起学生的"注意"。可见，学生的语言知识和学习经验在语言发生中起关键作用。对小学生数学语言发生而言，学生的语言知识即数学学科语言知识，学生的数学知识越丰富，外界输入的信息越能引起内在的"注意"，从而促进新的数学语言发生；学习经验是数学学习的活动经验，学习科学研究表明，经验能改变大脑的结构，进而影响大脑的功能[6]，当外界输入信息类似于已有活动经验时，学生大脑会主动地产生"注意"的指令，由此促进数学语言的内化。

2. 运行机理

从语言运行过程来看，语言的运行需要三个阶段：理解、转译和表达。理解是个体基于已有知识和经验将新的信息纳入知识结构并建构意义的过程；转译是语言的内部加工过程；表达是内在语言的外显化。对小学生数学语言的运行而言，理解是对外部输入的数学语言的认知，认知的水平决定理解的层次，一般而言，深度理解有助于数学语言的习得。转译是三种样态数学语言内部转换的过程，这个过程涉及数学概念建构的两种内化过程：一是知识样态向教学样态的转换，由此完成知识的内化；二是教学样态向生活样态的转换，由此完成思想的内化。表达是数学语言系统化的展示，由此完成数学语言一个阶段的发展过程。在此过程中，小学生所具有的数学语言理解、分析与表达技能深刻影响数学语言的运行。学生具备越多的技能，其数学语言的表达就越好。

3. 调节机理

从语言发展的动力来看，学生的情感、学习的动机对语言发展具有一定的调节作用。学习动机是学生学习活动的助推力，包括学习的需要、学习必要性的认识、学习自信心、学习情趣等。学习情感是学生学习时内心的态度和对学习的体验，是学生学习的精神世界反映。小学生是正在发展中的人，其心理特征决定了学习数学语言时的动机意识是否强烈和情感体验是否积极，要促进这种意识和体验的持续发展，需要增强教学中对学生动机的激发和兴趣的培养，由此调节数学语言学习的进程，促进数学语言学习的持续发展。

（二）外在促成机理

1. 环境熏陶

环境熏陶是利用环境对学生学习心理、学习方式的影响而采用的教育机理。小学生是正在发展中的人，生理、心理不成熟的特性决定其学习更容易受外在环境的影响，具体到数学语言方面，环境熏陶就是要通过优良的学校环境、课堂环境和家庭环境的培育，实现环境对数学语言发展的积极影响。这种影响主要体现在心理层面。有研究表明，强调"学生中心"的课堂环境有助于促进学生内在动机与自主学习能力的发展[7]，和谐、平等、民主的学校课堂和家庭环境可以让小学生产生表达的愉悦心理倾向，增强表达的信心和动机，从而使小学生敢于表达、乐于表达，实现数学语言的发展。

2. 课堂训练

小学生的语言表达具有形象、发散、跳跃的"原生态"特性，这与数学语言严谨、准确、简洁而富有逻辑的学科规范性存在一定差距。课堂训练正是为弥补这种差距对小学生语言表达行为矫正而采用的教育机理。小学生数学语言的课堂训练就是在课堂教学中，教师通过数学概念的讲解、交流、辨析、总结，有意识、有规划地引导学生掌握数学语言和进行数学语言表达的过程。这种训练，实际上是教师主导、学生参与的数学语言训练形式，因此教师对教材、学生和语言技术的把握在小学生数学语言发展中起着重要的作用。

3. 评价激励

评价是一个运用标准对事物的准确性、实效性、经济性、满意度等方面进行评估的过程。评价具有诊断、导向与激励的功能。小学生数学语言发展的评价激励正是利用评价的激励功能，通过创设一定的评价规则，使用一定的奖励措施，以检测标准的改变促进学生数学语言表达心理和行为改变而采用的教育机理。也就是说，教师通过检测评价增加数学语言比重并辅之以物质、精神奖励，以激发学生心理层面对数学语言重视、行为层面更加积极地使用数学语言，以此促进数学语言的发展。

三、基于教育机理的小学生数学语言发展路径

教育机理为小学生数学语言发展提供了可能，从可能走向可行，因此需要基于内外机理，设计适合小学生数学语言发展的路径。内在机理阐释的是知识经验、技能与情感动机在语言发展中的重要作用，本质上属于数学语言发展目标；外在机理勾勒的环境、训练与评价，属于外在行动策略；内外机理互融涉及发展多方主体的协调。因此，可从目标、行动与机制三个方面构建小学生数学语言发展的路径。

(一) 架构逐级递进的发展目标

数学语言发展是一个逐级递进、变化发展的进程，学生内在的数学语言知识、技能与情感也是一个逐步培养的过程。依据小学生的认知心理特点及数学语言现状调研，可将小学生数学语言发展目标分为"会说""能说""乐说"三个层级。

首先是小学低段（一二年级）学生，强烈的求知欲望使其敢于表达、乐于表达，但由于初步接触数学，其学科语言不丰富，表达常常处于一种原生态的生活语言状态。据此，数学语言发展的目标可以定位为"会说"，即会用数学语言特有的概念、法则、思想去表达，以此培养学生规范性的数学学科语言表达能力。

其次是小学中段（三四年级）学生，学生已经具有一定的数学学科语言基础，掌握了一定的课堂交流技巧，但是缺乏分析问题的思想方法、概括问题的表达技巧、交流问题的礼仪规范，因此，此阶段数学语言发展的目标可确定为"能说"，即能用数学教学语言进行数学交流，能用数学化语言进行生活表达，并且能在语言规范的基础上形成学生表达的个性和创造性。

最后是小学高段（五六年级）学生，对其进行"乐说"的情感目标培养。小学高段学生具备比较完备的数学学科语言、丰富的数学交流经验，但限于年龄增长及中国内敛文化的影响，课堂中积极主动发言表达的愿望不强烈。因此，高段语言发展重在对学生表达情感的培养，为此需要采取各项激励措施激发学生的表达动力，促进小学生数学语言可持续发展。

三种语言目标是知识、技能和情感目标的通俗化表达，共存于小学阶段的数学教学中。其中，会说是基础，指向数学语言的发生；能说是核心，强调数学语言的运行；想说是动力，注重数学语言的调节。每一个学段都应兼顾三个目标，同时也要有所侧重，由此构建能力不同、水平各

异、循序渐进的语言发展目标体系，为小学生数学语言发展提供方向性导引。

（二）构建研训一体的发展策略

研训一体是将教师教学研究与学生数学语言训练结合起来的行动策略。依据数学语言的形态及教育机理，可在三个方面进行研究训练。

首先是研究教学内容，进行"说点"训练。"说点"是数学核心概念、思想方法的集中表达和数学学科语言的体现，因此"说点"是否能掌握并顺利表达关系着学生学习数学的质量。"说点"训练需要关注两个方面：一是"说点"的凝练，需要教师在理解数学课标理念、把握数学学科知识结构的基础上，进行教材的系统整合。具体而言，就是要形成年段能力衔接、单元知识一体的"说点"体系，便于学生掌握系统的数学学科语言，从而为高层次的表达奠定知识基础。二是进行"说点"训练，需要教师在课堂上遵循"说点"生成、"说点"提炼、"说点"提升和"说点"测评的教学逻辑，革新教学结构，精简教学功能，使学生在习得"说点"的同时，提升数学语言理解与表达力。

其次是研究学生基础，进行"说理"训练。"说理"是用数学语言进行有理有据、推理表达的过程，是数学教学语言条理性和逻辑性的体现。依据课堂环节和问题解决过程，学生的说理可分为四个层次：一是复述训练，通过阅读和理解指导，训练学生理解数学信息、提炼数学有用信息，为问题解决奠定理解基础的训练。二是辨析训练，围绕关键性问题，组织学生进行辩论、分析，以培养学生有理有据分析问题、互动交流的训练。三是概述训练，通过回顾总结，概括知识结构、思想方法的形成过程，以提高语言表达概括性、简洁性的训练。四是讲述训练，学生围绕问题，通过模拟讲解，提升语言整体性表达效果的教学训练。四种形式训练需要教师把握学生认知基础和水平层次，这样教师能把握说理训练内容的深度，同时引导不同层次的学生参与各种说理训练，提高学生参与的积极性，进而提升小学生数学交流的水平。

最后是研究语言艺术，进行"说技"训练。"说技"是数学语言表达的技巧，是生活样态数学化语言的体现。"说技"训练的目的是增强小学生表达的感染力，主要包括三种形式的训练：一是用词、用语准确性训练，表现在数学基本概念、法则、定理的使用必须科学规范；二是谋篇布局的结构性训练，主要体现在学生组织语篇时，用条理清晰的结构性语言架构自己的观点；三是表达场景的多样性，主要是训练学生在不同的场景中使用不同的语言形式进行表达。因为"说技"与语言表达艺术密切相关，所以需要教师研究语言艺术，灵活运用语言的幽默、停顿和遣词造句来增强表达的效果，以此迁移到数学语言，掌握数学语言表达的艺术。

（三）协同多维互动的发展机制

机制是一种体现事物各关键要素运动变化的关系型特征。[8]小学生的数学语言发展涉及教师、学生和家庭等各种行为相关主体，依据发展机理，各主体在小学生语言发展中具有不同的作用机制。想要有效促进数学语言发展，需要协同各主体行为，构建发展"共同体"，以此形成多维互动、互通互融的数学语言发展机制。

1. 教师主导机制

从数学语言发展的内外机理可以看出，教师是营造课堂环境、实施课堂训练、进行课堂评价的组织和实施者，数学语言的知识样态也要求数学语言的发展必须立足于教师系统的知识传授，因此，教师在数学语言发展中起着主导作用。这种主导作用主要体现在两个方面：一方面，在数学语言本身内化方面，教师要有意识地主导课堂教学，着力于课堂训练，形成课堂训练的模式，促进学生掌握系统的数学语言。另一方面，在数学语言外在影响方面，教师要形成数学语言表达的活动机制，给学生提供展示比赛交流的机会，建立家校沟通的联系机制，搭建更加畅通的联系平台，使家校形成教育的合力。

2. 家庭助推机制

家庭教育是现代教育重要的一环，是小学生数学语言发展重要的助推力量。构建家庭的助推机制可在两个方面着力：一是家庭阅读机制的建立，数学语言的深刻理解建立在深度阅读基础上。虽然数学语言是抽象的符号化的语言，但基于小学生特点的数学读物呈现了形象的故事化特征。因此，可以激发学生阅读数学读物，了解数学故事、数学趣题、数学游戏，以此提升其数学语言修养。这需要家庭配合教师，购买一定的数学读物，形成定期阅读的机制。二是建立家庭数学活动机制。国外研究表明，孩子早期参与的家庭数学活动情境，利于学生数学语言的发展。因此，家庭可以形成定期的数学游戏、数学故事交流活动等，在互动交流中可以促进小学生数学语言的转译和表达。

3. 学生参与机制

小学生的数学语言能力主要表现在其参与活动中的表达。因此，小学生主动参与是数学语言发展机制的核心。构建小学生参与机制，就是确立"学生中心"的教学取向与行为机制。这种取向与机制主要体现在三个方面：一是环境营造中的"学生中心"。在学校环境、课堂环境和家庭环境营造中使学生参与进来，构建基于学生需要的课程体系。二是课堂训练中的"学生中心"。教师的课堂训练以小学生特点为出发点，设计适合小学生语言表达的自主、合作与探究等学习样式。三是评价激励中的"学生中心"。设计小学生参与评价的制度，注重评价实施中的小学生表达，以此促进小学生参与语言评价，提高其数学语言表达质量。

综上，数学语言不仅是一种知识，更是一种能力。小学生数学语言的发展需要教师有所作为，从外在训练角度激发其内在的认知、毅力与学习动机的改变，由外促内实现数学语言的发展，进而引发其思维的进步和教师教学方式方法的变革。

注　释

[1] 任友群. 学习科学：为教学改革带来了新视角 [J]. 中国高等教育，2015（2）：54—56.

[2] 周竟，陈思. 学业语言：教育必须重视的学习者语言能力构建 [J]. 全球教育展望，2013（12）：75—81.

[3] 邵光华，刘明海. 数学语言及其教学研究 [J]. 课程・教材・教法，2005（2）：36—41.

[4] 中华人民共和国教育部. 义务教育数学课程标准（2011年版）[M]. 北京：北京师范大学出版社，2011.

[5] 温晓虹. 语言的输入、输出与课堂的互动设计 [J]. 汉语学习，2013（2）：86—94.

[6] 约翰・D・布兰思福特，安・L・布阁，罗德尼・R・科金，等. 人是如何学习的：大脑、心理、经验及学校 [M]. 程可拉，孙亚玲，王旭卿，译. 上海：华东师范大学出版社，2013：108.

[7] 李子建，尹弘飚. 课堂环境对香港学生自主学习的影响：兼论"教师中心"与"学生中心"之辨 [J]. 北京大学教育评论，2010（1）：70—82.

[8] 刘义兵，付光槐. 教师教育一体化发展的体制机制创新 [J]. 教育研究，2014，35（1）：111—116.

（此文发表于《中小学教师培训》2016年11期）

生成性教学的实践困境与应对方略

——以小学数学教学为例

于国海

(南通师范高等专科学校小学教育研究所　江苏南通)

一、问题的提出

生成性教学是教师依据课堂中师生互动情况灵活调适教学思路与行为的教学样态。生成主义视域下的教学过程不是肤浅的镜式表征与映照教材知识，而是引领学习者身临其境的意义建构与观念创生。[1]前苏联教育家苏霍姆林斯基较早地把生成教学观运用于课堂实践，在其看来，教学应是不断生成的，儿童只有在生成中才能自由、自主、主动地创造。[2]自20世纪90年代叶澜教授倡导"应用动态生成的观念构建新的课堂教学观"[3]开始，生成性教学这一后现代教学理念逐渐根植于学校课堂，破解了传统课堂运行呆板、机械的屏障，成为课堂实践自觉的价值诉求。以小学数学为例，《义务教育数学课程标准（2011年版）》指出：为了使教学活动产生更好的效果，对于教学中师生互动"生成"的新教学资源，教师应充分把握，及时因势利导，调整预案。[4]也就是说，应妥善处理好生成与预设的关系。但课堂教学中，依然会发现一些不尽人意的实践短板。

案例1：教学梯形的面积（苏教版小学数学教科书五上）。当教师引导学生通过操作获得求梯形面积的三种方案：把梯形分成2个直角三角形和1个长方形；分成1个三角形和1个平行四边形；补一个同样梯形拼成平行四边形，见图1中的①。一名学生突然说："教师，我觉得可直接转化为一个长方形。"教师停顿片刻，简单表扬之后，蜻蜓点水，一掠而过。课后笔者提起，该教师说："太不可思议了，学生为什么会这么想？"

案例2：笔者与一位小学教师探讨"分数的初步认识（一）"教学设计（苏教版小学数学教科书三上），为了增加学生对1/2的感性认识，教师组织学生折正方形纸，设计了可能的两种方案，笔者指出学生可能会折出完全一样的直角梯形（如图2）。该教师立即否定：学生不可能这么想。

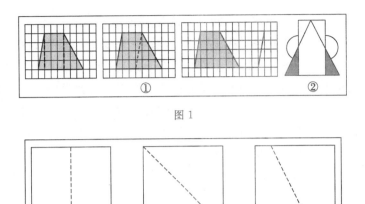

图 1

图 2

案例 3：一位教师教学平行四边形面积（苏教版小学数学教科书五上）。课始教师依据教材意图组织学生求不规则图形面积，学生直接提出可转化为已学习的长方形，教师就顺着学生回答演示转化过程（如图 3）。课后笔者问他："为何没有介绍数小方格的方法呢？"该教师解释："学生没有这么想。"

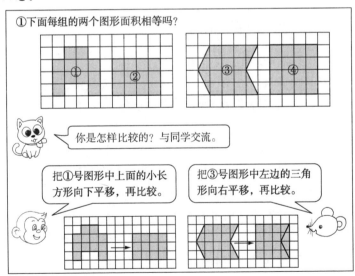

图 3

上述三个案例反映的类似场景经常在一线教师课堂中出现。案例 1 中，学生的方法在某种程度上确实不符合他们的思维现状，但课堂中往往会出现出乎教师意料的现象，教师的临场处理也是各有千秋；案例 2 中，教师断言显然是基于自身过往的教学经验；案例 3 中，虽然教师进行了周密预设，但由于根深蒂固的"生本"理念导致其被学生的思维牵着走。三个案例究其本质都是同一问题：学生可能怎么想？对教学中类似现象深层解读，实质是预成性教学与生成性教学这对矛盾在课堂实践中的映照。

预成性教学固承"师本"理念，追求课堂运行的可控性、秩序性和完整性[5]，把教材内容讲清楚、讲透彻是教师教学的出发点，一般遵循教材内容的基本架构，按部就班，稳扎稳打，因此容易造成教学活动的僵化呆板，束缚课堂中教师与学生的自由伸展。而生成性教学可从源头上改变这一状况，以其灵动、多元、富于创造性的课堂运行有力促进教学活动的价值升华。因此，生成性教学一度成为课堂教学变革的方向与驱力，但落实到日常教学，却难以消弭先进理念与操作实践的差距。有迹象表明，近年来随着基础教育聚焦核心素养转向深度教学，学界对生成性教学的研究虽然不温不火，但已逐渐呈旁落之态。实质上，生成性教学以"学"为中心，凸显课堂教学中的动态生成、多元创生，有助于对学生核心素养的培育与发展。因此，只有破解生成性教学的实践屏障，才能彰显其实践价值，成为发展学生核心素养的高效路径。

二、生成性教学的实践困境

（一）目标预成与目标生成之困

教学目标是授课教师根据教材内容结合学习者实际预先设定的教学价值期待。因此，传统教学论通常认为教学目标是教学起点，也是教学终点。目标一旦确立，课堂教学的框架结构、推进方案也随之定格，通常围绕新学知识点完成环环相扣的教学步骤。预设目标有无达成或达成度如何，被视为教学成效的关键评测依据。若课堂教学引领学生动态生成、多元创生，则可能由于教学时间的限制导致预设目标难以达成，也可能会生成先前没有预设的发展目标而不易把控。因此，在教学实践中，有些教师顾虑预设目标的达成度而对课堂中出现的生成契机漠然置之，或者对生成资源可能的价值判断难以预测而不敢大胆地调整预设思路。

（二）教材内容与教学内容之惑

教材是课堂运行的基本要素，是师生连接的中介与桥梁，教材内容直接反映了大纲或课程标准的要求与编写者的教学期望，在一些教师观念中，学生对教材内容都理解不透，拓展创生会导致拔苗助长或使学生产生畏学心理，因此教学设计满足于课本释读、浅表呈现，教学过程中对于出现的超越教材本意或超出学生实际情况的问题或念头，认为没有必要纠缠其中，结果可能错杀了一个价值生成的切入点。另外，也有一些教师虽然具有生成教学的主观愿景，但对于"超纲"内容，或者由于对自身专业知识驾驭课堂的底气不足，或者由于先期没有周至预设，担心出现教学疏漏而主动放弃可能的教学亮点。

（三）周密预设与灵活应变之难

教学应该预设，此为常理，预设需要周密，这才有走上三尺讲台的底气。但传统预设往往习惯于从"教"的角度考虑。也就是说，基于成人想象或过往经验去考虑如何教学儿童才能使其理解，而漠视儿童究竟是怎么学，儿童面临一个问题可能会怎么思考。因此，教学设计追求预设的高屋建瓴、精推细敲，课堂教学自然也是四平八稳、滴水不漏。在倡导动态生成的课堂教学中，毋庸置疑，教师应秉持"生本"理念，引领儿童自由伸展。由于"师本"静态预设与"生本"动态教学的对撞，教师在实践中常常发现即使预设"周密"，依然会出现众多先前没有预料的情况。经验丰富的熟手教师固然能根据课堂动态变化运用教学机制及时调适教学思路，灵活应变，但对于新手教师来讲，由于缺乏经验，应变能力弱，如果以生为本，打破预设，或者出现盲目发挥、适得其反的现象，其会导致教学任务难以完成，丢失有价值的教育元素。

（四）鉴定评价与赏识评价之囿

学习评价是生成性教学实施的关键。客观评价学生学习的优缺长短，本是学习评价应有之义。但我们在课堂实践中发现，多次否定学生可能会打击其学习主动性、积极性，甚至使其逐渐丧失学习兴趣。因此，"不要轻易地否定学生""化否定为肯定"逐渐成为评价实践的主流理念。做"好好"先生，固然可以产生正面的激励效应，但也可能使一些学生不能客观地认识自我，失去教育过程中一些更有价值的东西；客观鉴定学生，可能会打击其自尊、自信，难以营造民主、和谐的课堂生成氛围，有可能产生课堂教学生成的屏障。

三、生成性教学的应对方略

（一）捕捉意义权变、发展数学核心素养是生成性教学的意蕴旨归

权变理论（Contingency Theory）是 20 世纪 60 年代后产生的领导有效性理论。领导有效性即领导者、被领导者与领导情境三个变量的函数。[6]教育领域引进该理论核心要义是指教学有效性涉及教师、学生和教学环境三个变量的配合程度。意义权变是指在具体教学情境中，教师面临突发意外事件，根据教学内在逻辑机智转变预设教学内容和思路以升华教学境界。[7]显然，意义权变是生成性教学高效实施的关键。在当下基础教育聚焦核心素养这一大背景下，发展数学核心素养成为数学课堂教学的价值指向。生成性教学实质与发展数学核心素养的课程目标高度契合。课堂活动中的各种教学意外往往潜藏着数学核心素养不同层面的教育元素，若教师能及时洞察，捕捉意义权变，则可助推学生数学核心素养的发展；反之，若教师背离教学内在逻辑，则不利于学生数学核心素养的发展。

案例 1 中，若教师能突破教材浅表内容，随境而变，深挖潜藏的数学核心素养元素，不仅能使学生感悟到前后数学知识间的内在逻辑关联，而且转化思想甚至类比思想也能引领学生感悟，从而预设目标生成了更有价值的发展目标。这种意义权变无疑会提升生成性教学的价值旨趣。案例 3 中，学生没有说出数小方格的方法，教师就刻意迎合学生，顺势调整预设，被学生牵着走，这在当下数学课上屡见不鲜。教师不可能让每名学生表述观点，实际上是用某个人或一小部分人的观点替代了所谓的可能。虽然不介绍数小方格的方法也能完成教学，但可能会失去这部分内容中最为本质的数学理解。这种权变就是无意义的，因为数小方格是面积计算方法之源，贯通平面图形面积计算的始终，一个小方格是一个单位面积，不能顺利地数小方格才会自然思考把所求图形转化为已学图形面积去求，因此，不能轻易抛弃教材内容，数小方格的方法不可随意回避。

因此，教师进行教学设计时应对课堂运行进行充分预设，深挖内蕴于活动过程中的数学核心素养元素，抓住有利于学生数学核心素养发展的生成契机，考虑教学过程中的权变策略，从而避免教学预设与课堂运行的实践落差。

（二）"生本"预设是生成性教学的实践支点

作为值得追求的教学理念或实践范式，生成性教学并不拒斥周密预

设，甚至讲"生成"只宜作为"预设"的补充而无法取代预设[8]，缺失完善预设的支撑，课堂生成就是无根无基的空中楼阁，易出现乱弹琴、瞎发挥、无价值的随意生成现象。例如，广为流传的"树上有十只鸟，打死一只，还剩多少只?"的智力题教学的异化，固然可开窍儿童的发散思维，但一些无厘头回答实质远离了生成性教学的价值内核。"师本"教学预设固化了教学运行，压抑了教学活动中师生的自由伸展，基于"生本"的预设不仅可以对教学过程的随意生成进行调控，更可以预测教学活动中的各种教学意外以灵活应对，高效生成。

案例1中求梯形面积的三种方案是教材中提供的，把梯形面积直接转化为长方形面积计算确实不易想到，但学生为什么能提出该方案呢? 课后笔者与授课教师商榷时指出，学生很可能是发现教材封2中求三角形面积转化为长方形面积的图例（以盈补亏），通过类比获得的启发，见图1中的②。如果教师进行了更为周密的预设，课堂中出现该方案时，就可以灵活应变，引领学生感悟蕴含其中的转化、类比等数学思想以升华教学境界。案例2中，学生不容易出现第三种方案，但这是基于教师自身过往经验的"师本"判断，更多实践表明，基于经验的教学预设有时并不可靠，看高或看低学生的现象都会存在，况且课堂中教师完全可以运用适当的言语调控激发精彩生成，引领学生进一步开放思维，在观察连续变化的折痕中感悟动态数学之美，从而对数学的本质获得更为深邃的理解"一千个读者眼中有一千个哈姆雷特"，教学设计实质上难以完全准确地预设课堂教学运行，但是如果教师经常进行换位思考：如果我是学生，面临一个问题可能会怎么想? 这类基于"生本"理念的经常性思考不是为了面面俱到的或更全面的教学，而是秉持树枝状"粗线条"设计观，给教学留下足够的缓冲空间[9]，同时也可消减无意义权变，提升对课堂的掌控与应变能力，为教学的精彩生成提供可能。

（三）预设性生成是生成性教学的艺术观照

缺乏周密预设的生成性教学的价值与效果难以先知，需要教师在课堂实践中充分展示教学机制，灵活应变各种教学意外，捕捉可能的生成资源。对于成熟教师或专家教师来说，丰富的教学经验或许可使他们在课堂中运筹帷幄，但新入职教师或新手教师由于缺乏经验，如果教学前不周密考虑预设教学中的各种可能，就难以在课堂教学中面对教学意外，实现意义权变。任何有价值的"生成"都源于"预设"，"生成"的精彩恰恰彰显了"预设"的科学。[10]因此，笔者认为预设性生成教学更契合一些新入职与新手教师的教学实际，虽然这种教学类似于一些研究者所说的"伪生成"[11]或"控制式生成"[12]，但某种程度上讲恰恰是教师教学设计艺术的体现，是前瞻生成性教学最高境界的现实路向。

上述三个案例中，如果教师周密预设了教学中的各种可能，即使学生的思维被既定方案束缚，也可通过语言调控激发学生进一步思考。再如，五年级数学课上，一位教师出了一道练习题"某社团有 10 名男生、10 名女生和 1 位老师。儿童节到了，每位同学、老师要向其他男、女同学和老师赠送一个小礼物，那么该社团共需准备多少个小礼物？"问题很简单，总共 21 人，每人要准备 20 个小礼物，所以共准备 $20 \times 21 = 420$（个）。但教学过程中一位学生提出了一种"独特"的思路：$(10+1) \times 10 + (10+1) \times 10 + 20 = 240$（个）。结果明显不正确。对于繁且错的解答，教师并未简单否定，而是化错成彩，化茧成蝶，首先对该学生分成几种情况讨论的方案（这是数学解题的重要策略）进行肯定，然后提问全班学生：怎么少了 180 呢？在学生终于搞清楚后顺势发挥，说明分类注意点。显然对于一些教师来说，没有周至预设是难以达到教学的这种境界。这样教学虽然背离了既定目标，但引导学生感悟了数学解题中重要的分类思想，充分展示了教师的教学设计艺术。

（四）激励评价是生成性教学的关键路向

适切中肯的评价有助于激发学生生成性学习的主观愿望。喜欢被表扬、被欣赏是学生的天性，但随意的认同与肯定也可能导致无价值生成或使学生难以分辨方案、观点的优劣长短，不利于学生的发展。在课堂教学中，学生有时生成的知识或观点是肤浅的、片面的甚至错误的，应针对其不同特点进行正确引领，给予其及时的个性化评价。例如，对于学困生，不要打击他们生成学习的积极性，可婉转指出，化否定为肯定，引导他们体验成功；对于优等生，不要做"好好"先生，应客观评鉴优缺点，更有利于他们正确认识自我，促进他们健康成长；对于不善言辞、性格内向的学生，应充分运用语言艺术循循善诱，激励他们主动交流，积极表现。总之，对不同类型的学生应善于运用针对性评价，激励他们在课堂中主动思考，积极表现。教学是一门永远存在缺憾的艺术，如何评价学生也没有一个客观标尺，因此需要教师在日常教学实践中根据学生的不同情况实施针对性评价，有效发挥评价的激励功能。

注　释

[1] 赵垣可. 生成主义教学观的缘起、内涵及价值意蕴 [J]. 教育探索，2017（3）：13—16.

[2] 李祎. 生成性教学研究述评 [J]. 宁波大学学报（教育科学版），2006（4）：19—23.

[3] 叶澜. 让课堂焕发出生命活力：论中小学教学改革的深化 [J]. 教育研究，1997（9）：3—8.

[4] 中华人民共和国教育部. 义务教育数学课程标准（2011 年版）[M]. 北京：北京师范大学出版社，2012.

[5] 殷学明，姜晶. 生成性教学改革得失论 [J]. 河北师范大学学报（教育科学版），2017，19（3）：110—115.

[6] 刘永芳. 管理心理学 [M]. 北京：清华大学出版社，2008.

[7][9] 朱文辉. 生成性教学：困顿之因与落实之径 [J]. 当代教育论坛，2018（2）：89—94.

[8] 段会冬. 生成性教学：教学哲学还是教学范式 [J]. 四川师范大学学报（社会科学版），2018（1）：141—146.

[10] 周序. 生成性教学：教学当中会出现一种新的方法论吗 [J]. 课程·教材·教法. 2015，35（4）：44—50.

[11] 靳玉乐，朱文辉. 生成性教学：从方法的惑到方法论的澄清 [J]. 教育科学，2013，29（1）：19—23.

[12] 杨继全. 生成性教学的失范与规范 [J]. 当代教育科学，2012（15）：10—13.

（此文发表于《中小学教师培训》2018 年第 9 期）

谈高中数学教学结构的优化

王明山

（兴化中学　江苏兴化）

自新课标实施以来，数学教学的目标设置就由单一的知识目标向知识与技能、过程与方法、情感态度与价值观三维目标转化，评课的标准也由单一"严谨科学"形式向评目标、评教学理念、评教学个性[1]的三维形式转化，进而具体为评亮点、研究点和努力点的"三点"转变；但同时出现了一些"怪现象"——评课时认为很完美的课，谈到效果却难以尽如人意，甚至个别的连一般也算不上，而不被评为完美的课，效果却往往是很好或不好的两极。这其中缘由，除了个别的公开课有些"作秀"因素外，最初认为是设计的三维目标中过程与方法、情感态度与价值观不具体，过空、过泛，但将其具体化之后，此问题扩张的势头仍然没有得到控制。细究发现，发生这种情况的最大根源在于讲练长期"不协"，其中少数是内容不协，而多数在于难度、顺序或思想方法的不协，即教学结构出现了问题！那么如何优化教学结构，就是一个迫切而又现实的问题。

一、数学教学结构的含义

教学结构是指在一定的教学思想指导下，为了完成一定的教学目标，对构成的诸多因素在时间、空间方面所设计的比较稳定的、简化的组合方式及其活动程序。它既含有一节课的总体宏观和过程微观安排，又包含教学理念、方法的备课预设、课后反思以及练习或作业的布置设计。目前，中小学已经不再是二三十年前的"有教材缺教辅"的时期，而是教辅材料随处可见，以内容选材料对各学校而言已不再是问题，甚至以内容创编材料也正在有条件的学校酝酿或兴起。如何安排这些材料，使其更好地为内容服务，就构成了教学结构优化的核心内容。

目前，由于侧重点不同，人们对数学教学结构大致有三种认识：其一，认为真正有意义的教学是观念性教学[2]，数学的意义不是一个逻辑概念，而是被理解为生命的表现；不是从文本中提炼出来的，而是从对话中创造出来的[3]。因而在教学方式上应注重活动与探究[4][5]，数学课堂教学的核心在于简约[6]。可见，这是侧重于思想、理念方面的理解。其二，认为每个数学问题的研究对象中，都有一个或多个关键的量，称为元[7]，数学知识的本质包含概念的内涵与外延、概念之间的联系、知识获得过程中蕴含的数学思想方法，以及获得知识的思维过程和元认知过程[8]。数学教学结构的核心是元认知的递进过程，因此操作上注重将概念讲透、点透、练透、悟透。其三，认为数学教育的意义在于让学生的思想更具有逻辑性，数学教学结构是"教与学对应"和"教与数学对应"的双逻辑结构[9]，数学课堂要进行逻辑推理，通过典型例子的分析和自主探究活动，使学生理解数学概念、结论逐步形成的过程，体会蕴含其中的思想方法，把数学的艺术形态转变为学生易于接受的教育形态[10]，因此数学教学结构重心在于新知与原知间的各种联系，通过这种联系来实现原知向新知的正向迁移。无论何种认识，对真正实施一节课教学的教师而言，不仅要考虑这些材料因素，还要考虑学生状况与自身实际的人为因素，只有将这些因素均考虑进去，找出其中最佳效果的教学结构这一过程，才是教学结构的优化。

二、高中数学教学结构优化的途径和方法

按照教学的次序，数学教学结构的优化也分为备课预设结构优化、课堂交流结构优化和课后反思结构优化。

（一）备课预设结构优化

备课预设结构优化是指在备课之前，对至少两个方案，相互比较优劣，从中选取、组合或改编为一个较好的模式进行的备课预设。课堂效果如何，很多情况下与课前的预设程度有关。

一般情况下，备课预设结构优化要考虑材料和人为两个因素。材料因素主要考虑以下几个问题：该节课的目标是什么？该节课用什么材料？如何嫁接这些材料？有无改编这些材料的必要？如何改编这些材料？改编或嫁接后预估问题的难点何在？人为因素主要考虑的是学生和自身两个方面，着重于以下几个问题：学生已经知道相关的什么内容？用什么教学法实现已知向新知的迁移？这些方式、方法中哪个对自己而言用得更得心应手？课上对自己、对学生应注意什么问题？

1. 系统、章、节教学顺序结构优化

系统、章、节教学顺序结构优化，主要从逻辑关系及分散难点考虑。

从逻辑关系角度而言，目前的高中数学，主要有四大系统：一是工具系统，含有集合、算法、简易逻辑、推理与证明；二是代数系统，含有函数、不等式、导数、三角、复数、数列；三是概率与统计系统，含有计数原理（限理科）、统计、概率；四是几何系统，含有平面向量、解析几何、立体几何、空间向量及其应用（限理科）。一般情况下，因为工具的基础性及代数的广泛性，决定了高中数学的新知教学，所以无论是必修还是选修，都要将工具、代数教学前置，而将其他教学后置。

从分散难点角度而言，分散难点操作的基本理念是"尽量不一步到位"（一次性地将一个系统内容学习完毕）。所以，章节的新知教学顺序一般随模块循序渐进。分散难点有两层含义：一是尽量使各难度较大的单元或章节不集中在一段时间内进行——过分集中的结果，往往是人为增加了学生的学习难度；二是具体到每节课上，基于多数学生"跳一跳可够得着"的思路，设置一节课有且仅有一个难点——无难点的课易"走神"，长此以往，会养成学生懒惰的行为习惯，而两个以上的难点，一般智商、基础的学生往往会学得吃力，长期的吃力就容易让学生丧失对学习的兴趣与信心。

2. 教学方法结构优化

教学方法大致可分为新式教学法和传统教学法。从教学理论上而言，课堂更侧重于学生主体地位的教学方法称为新式教学法，目前基本含有活动法和探究法；而将讲授法、讲练结合法、练习法等相结合的课堂更侧重于教师主导地位，以上这些方法归属于传统教学法。从理论上说，采用什么教学方法，又采用多少，取决于学生达到形式思维及其运算的阶段，随着年龄的增长，高中生基本能用形式化的抽象表述进行思维过程，所以新式教学法就应相应减少，这样传统教学法未必一定不好，新式教学法未必一定就是好的[11]。目前社会上有种偏见，只要是传统教学法就被扣上一个"满堂灌"的帽子，其实真正的教学追求是效果，效果是评价教学方式、方法的唯一标准，而不是形式，教学上还是要提倡教无定法这一原则性理念的。笔者在1999年就传统教学法总结了几句话：优等生指着走，中等生牵着走，后进生扶着走，可以作为一丝经验参考。

新式教学法的理论基础在于一项大规模的教育心理学研究发现：采用不同的教学方式，学生对所教内容的平均回忆率不同。具体数据为：教师讲授5%、学生阅读10%、视听并用20%、教师演示30%、学生讨论50%、学生实践70%、学生教别人95%。[12]这些落实到具体的教学上，基本就是活动法（含有讨论、角色扮演、模拟与游戏等方法）和探究法。迄今为止，高中用此法的成功者还只是零星的个案，多数还在摸索实践当中，目前我们只是知道，影响这种方法实施的最大因素首要的是学生的习惯自觉性，其次是教师驾驭课堂的能力，再次是学生的基础水准。从成功的个案中找出共性的结构顺序，基本为"自主学习—合作交流—点拨诱导"，如果用问题引领，前面的自主学习，如何能更快而有效地切入主题？中间的合作交流，如何使交流不偏离主题？后面的点拨诱导，怎样充分发挥学生教学生的高效作用？

传统教学法优化的总体思想是如何更好地体现学生的主体地位。所以，讲授法可分解为小问题展开，或者先让学生讲解，教师再汇总讲解，是优化的方向与思路；讲练结合，必要时可将顺序倒过来为练讲结合，这样比照讲练结合效果会更好；练习法，为了避免因评判时间延误而遗忘带来效果的大打折扣，练习法可将题目变少、变精，做完练习就进行订正或讲评。

3. 教学环节结构优化

一节数学课，一般有一定的教学环节顺序，如新知与复习课的环节顺序一般是：引入—知识—例练—小结—作业，这里各环节究竟起到什么作用？能否起到应起的作用？是优化必须要考虑的问题。在流行的教辅资料中，常常将几个基础题作为引入，这一环节有无时间进行？有无必要进行？再如课上例题与练习，是就教材还是就学生手头有的教辅资料，还是自己"另搞一套"？这些例题与教材及自己设想有何关联？目前看来，也许是由于时间所迫或利益驱动的原因，编教辅资料者并未过深地考虑这些问题，不只如此，当中缺陷莫过于这些环节预设没有一个为处理上节课问题预留时间，与之矛盾的是，这种时间预留又基本是每节数学课所必需的！那么，预留多少时间合适呢？实践表明，为了不影响本节主题，一节45分钟的课，处理上节习题在 8 分钟之内为宜。就单独一节课而言，许多课的确能称得上一节"好课"，但由于缺少这种处理上节课问题的时间预设，也就难以推广到正常的课堂，这不能不说是个遗憾！

4. 作业布置结构优化

现在各校认真负责的教师有许多问题与困惑，一方面不得不为学生身心发展考虑，随社会及政策高呼"减负"；另一方面要及时讲评作业，讲评时要求学生勤于思考，所以得要求当天作业当天完成。在这种形势下，作为"主科"的数学，量的完成上一般不存在多少问题，但谁又能知晓到

187

底有多少是学生认真"做完"而不是抄完的呢？这里的关键是没有一个统筹兼顾的考虑，更别谈什么规划与措施了。其中最核心的是作业设置量与难度问题。

我们不妨做一下分析：假如一名学生每天有 6 门功课，需要写 6 科作业，写作业时间估计为 4 个小时，这样平均每科作业的时间为 40 分钟；如果说，在各科都想多挤占一点儿时间的情况下，又要求学生当天完成，再勤于思考，不出现"应付"状况又怎么可能呢？因此，比较理想的数学作业量是 40～45 分钟。至于难度，如上文所述，共性问题能够在下节上课的 8 分钟之内处理完毕为宜，太容易则起不到作用，太难又不可避免地让下节课出现喧宾夺主的情况。

能力是练出的，而不是看出、听出的，既然练，就得有收获，无收获的不如不练。遗憾的是，如今市面上的教辅资料的习题，多数是在与教材争"双基"，使得基础题到处都是，而在基础之上的，又多是竞赛味颇浓的技巧性难题占据主导地位，中等题廖若晨星，成为作业题中的一段空白。所以，教师布置作业时，应让教材习题充当夯实基础的任务；将教材习题稍加拓展延伸或迁移应用，变形为中等题，作为补充题的主要内容；将竞赛题通过分解微型解题，以前后呼应、操作实验、质疑纠错、查阅资料的方式变为探究性题[13]，这是作业性质优化的一个方向。

目前，悄然兴起一种仅说或写解题思路的作业设置方法，这种做法值得商榷：毕竟对数学而言，从说出思路到书面表达，还是要有个过程的。可以毫不夸张地说，对数学，听懂了，看懂了，不如自己独立完整地写出，这才能算真正地学会。

最后，感悟出适合所教学生留作业的难度、新颖度的比例与结构顺序，更是作业布置优化的一个方面，[14] 因为，2003 年高考试题告诉我们，每个题都是好题，但组合在一起未必是一组好题，这与将世界精英球员放于一起，未必是一个好的球队是一个道理。

总之，备课预设结构优化的总体思路是要相互和谐；操作时，主要从逻辑和难点两个方面来考虑；要点是：逻辑关系理顺，难点分散进行。

（二）课堂交流优化

课堂教学，是师生共同就材料进行交流、相互适应的过程，单方面强调学生主体或教师的主导地位，所以课堂交流优化的核心在于灵活，这一点是不能从书本上学来的，这既与人的个性相关，又与经验积累密切相关。

1. 课堂引入结构优化

目前看来，数学课堂引入大致可分为史料式、故事式、生活式、知识推理式和自学预习式，它们各自有各自的优点。从多年实践的结果上看，对于一般智商的学生，自学预习式的课堂引入效果是最差的，遗憾的是，目前许多学校还在"新课标多活动"的口号下，不遗余力地搞自学式预习。当然，不是说采用教材中的引入例子，让学生自学不可以，而是真要自学的话，教师最好进行重点强调。至于其他几种引入方式的优劣，关键看其应用与课堂联系的关联度。对各地学生就感兴趣的引入方式进行调查，结论是：故事式＞生活式＞史料式≈知识推理式，这可以作为数学课堂引入结构优化的一点参考。

2. 课堂衔接结构优化

有了环节，就需要将各环节衔接起来，衔接得越自然，课堂就越生动，效果也就越好。目前，关于课堂衔接，有两种基本的框架结构理论：一是模式推进结构理论，是指围绕该节课的中心，说明主要有哪几类应用，这些应用如何用一般思路解决？与该节课的中心有何关系？这种结构的优点在于中心问题的应用比较全面，如果是这一结构，优化的方面一般也有两个，即如何设置更好的层次结构？如何汇总操作步骤及注意事项？这两个方面可以用一个如何有序来概括。[15]二是双基变式结构理论，其认为基础知识教学应求联，基本技能的教学应求变，这一结构的优点在于重点比较突出、层次分明，其优化方向即如何让数学思想充分渗透或彰显，这里将数学思想的关键词作为衔接技术未尝不是个好办法，如"差异分析""依次二分"等，其具体显现的终极优化目标是"一题式"教学。[16]

3. 课堂解题教学结构优化

在新课标理念下，课堂解题教学常常是先做后评。这样就有两种情形发生：一种情形是学生解出、解对了，教师是作为一个订正者一带而过还是更充分地暴露其解题思路？如果是后者，那么教师不妨用"分析法"的技巧来阐明，再点明操作的有序步骤、关键点，甚至改进的解法；另一种情形是学生解答有缺陷或解答错误，这时教师是就学生思路点明问题所在并进行优化还是直接用另外巧法进行？笔者认为前者更为优越。上述情形中，中学数学教师的感受最深，探求优解也是多数数学教师一贯进行的工作。

4. 课堂小结结构优化

课堂小结一般是每节课必需的，既然是小结，就得简明扼要地说明一下。对于数学而言，小结不外乎知识、技巧、方法和思想，知识口诀化，技巧注意点化，方法有序化，思想关键词化，是优化的一个方向。[17]

总之，课堂交流结构优化的总体思路是因势利导，具体操作主要从质和量两个角度考虑，要点是质如何更有序，量如何更简明。

（三）课后反思结构优化

课后反思的必要性，不需要再用理论去说明，实践证明：不进行反思的教学，永远也无经验积累可言。那么，究竟应反思什么内容呢？对以往成果汇总，可以概括为：汇精彩、查缺失、记火花。[18][19]这样，反思优化方向就很明显——首先，能否将这些反思内化为经验？如果将预设作为第一次备课，反思作为第二次备课，那么记下积累经验的教后感可以说是第三次备课。[20]其次，能否将经验上升为一定的理念或理论？

三、高中数学教学结构优化应注意的问题

数学教学结构的优化要适合自身条件，不能生搬硬套。如果教师将感觉好的做法、经验不加分析地搬来贯彻、实施，结果就是"邯郸学步"，貌合而神离。所以，在教学结构优化上，首先要反对生搬硬套的冒进，起码对于自身，必须有一个一节课如何上的规划。

其次，一个成形集体的数学教学结构的贯彻，需要有一定的规程保障运行，笔者在2003年曾提出一个观点：见问题不说等于零，说了不布置等于零，布置了不检查等于零，跟随如今形势的发展，笔者再加上一条，检查了走形式等于零，将此合称为"四零原则"！

再次，我们说到优化，总得有个对象加以比较与鉴别，而不是空洞地说某某就是优化。目前，许多学校教师认为，二十世纪八九十年代提倡的素质教育不甚理想，究其原因，在于你也说素质，我也说素质，但它自诞生之日起，作为基层的学校就没有感受其具体的内涵，是空洞的，更别谈什么实施的措施与评价了。新课标所倡导的素质教育能够大面积推广并基本获得成功，它告诉我们，由上而下的模式运作，不适合数学教育的深入发展，当转向反思性教学实践［21］［22］，由下向上的理论开拓更具有现实意义。因此，数学教学结构的优化不能走避实就虚的路子，而应多一点务实，多一点协作，这样才能让教学结构优化永无止境地走下去。

注　释

［1］钟伟荣. 新课程标准下如何评课［J］. 中学数学教学参考，2005（7）：11—12.

[2] 张鹤. 如何让数学教学更具有意义 [J]. 北京教育, 2011 (1): 26—28.

[3] 胡典顺. 人为什么要学数学: 数学意义的哲学思考 [J]. 数学教育学报, 2010 (4): 54—57.

[4] 郝保国. 高中数学三级自学教学法实验报告 [J]. 现代教育论丛, 2010 (2): 47—50.

[5] 孙建洪. 探究式教学的实验与反思 [J]. 数学教学研究, 2010 (11): 14—16.

[6] 朱占奎, 陆贤彬. 简化课堂教学约定数学文化 [J]. 中学数学教学参考, 2011 (3): 8—13.

[7] 戴柏雄. 数学解题新思路: 元解决方案 [J]. 中学数学研究, 2010 (3): 26—28.

[8] 上海市控江中学课题组. 本原性问题驱动的数学教学实践研究 [J]. 数学教学, 2009 (6): 1—6.

[9] 徐伯华, 涂荣豹. 谈谈数学课堂的学科得失 [J]. 教学与管理, 2011 (4): 46—49.

[10] 北京师联教育科学研究所. 新课程与高中数学教学 [M]. 北京: 学苑出版社, 2004.

[11] 张奠宙, 赵小平. 非传统教学方式要适合学生的年龄 [J]. 数学教学, 2011 (5): 50.

[12] 张晓东. 让他们在课堂中像儿童一样积极: 高中数学课中几种有效的教学策略 [J]. 数学通报, 2009 (6): 49—54.

[13] 朱建明. 高中数学课后思考题的设计与思考 [J]. 教学与管理, 2010 (10): 62—64.

[14] 王明山. 题的理论进展探究 [J]. 数学通报, 2011 (1): 42—45.

[15] 王明山. 数学中的有序思想探究 [J]. 数学教学研究, 2011 (5): 18—24.

[16] 徐春波. 一题式课堂教学 [J]. 福建中学数学, 2013 (10): 33—37.

[17] 王明山. 高考数学复习方案设计分析 [J]. 教学考试理论实践, 2014 (20): 39—40.

[18] 熊川武. 反思性教学 [M]. 上海: 华东师范大学出版社, 1999.

[19] 王晓东. 数学教学后记应记些什么 [J]. 数学通讯, 2002 (19): 5—6.

[20] 王为忠. 倡导第三次备课提高课堂教学质量 [J]. 教学与管理, 2007 (9): 22.

[21] 郑毓信. 展望后课标时代 [J]. 中学数学教学参考, 2009 (10): 2—4.

[22] 郑毓信. 展望后课标时代 [J]. 中学数学教学参考, 2009 (11): 2—5.

(此文发表于《中小学教师培训》2015 年第 5 期)

- **语文**

紧紧抓住教学关键　着力培育核心素养

——关于小学语文教学培育学生语文
核心素养的初步探索与思考

徐光华

（利川市教学研究室　湖北利川）

2016 年 9 月，教育部发布《中国学生发展核心素养》，标志着我国基础教育改革已进入培育学生核心素养新时代。义务教育阶段的小学教育是基础性、生长性教育，而小学语文是母语启蒙课程，是"'基础'的基础"，既是深度课改的"重中之重"，又是培育学生终身受用语文核心素养的"奠基工程"。那么，究竟如何把培育学生核心素养的时代要求和基本目标落实到学科教学的每一节课中呢？笔者认为，根据小语学科的性质和特点，在实际教学中可紧紧抓住以下"五个教学关键"来实现培育"五种核心素养"的基本目标：

一、激趣为先，快乐第一，习惯为重，着力培育学生乐学热情

《中国学生发展核心素养》把"乐学"列为"学会学习"核心素养的首个基本要点，并对其主要表现进行了这样的描述："能正确认识和理解学习的价值，具有积极的学习态度和浓厚的学习兴趣；能养成良好的学习习惯。"《义务教育语文课程标准（2011 年版）》[1]（以下简称"语文修订课标"）不仅把"兴趣、快乐、习惯"等个体内在心理因素和外化行为视作实现教学目标的基本条件，而且把它确定为语文教学必须实现的首要目标任务。比如："语文修订课标"把"养成良好的学习习惯""关注学生的个体差异和不同的学习需求，爱护学生的好奇心、求知欲，充分激发学生的主动意识和进取精神"等写进了"课程的基本理念"；把"培植热爱祖国语言文字的情感，养成语文学习的自信心和良好习惯"等，写进了"课程总目标"。[2]"学段目标、教学建议、评价建议"也是如此，始终都把

"兴趣、快乐、习惯"等放在目标、教学和评价的首位。由此可见，"乐学"是推进深度课改、培育核心素养时代，与过去的"学会、会学"所追求的学科教学的更高境界和目标相比，它击中了中小学长期存在的"收获分数但牺牲快乐而造成学生厌学"的弊端。小学语文作为母语启蒙课程，因其自身内容的独特性和在基础教育课程中的主体、奠基等地位，在培育学生终身受用的"乐学热情"方面发挥着生长、牵引、辐射等作用，也就是通过小学语文教学培育起来的"乐学热情"，不仅会影响到对其他学科的学习热情和效果，还会迁移到学生终身学习和生活之中。

学生"乐学热情"主要表现为学习兴趣盎然、积极主动、轻松愉快、富有成功感、习惯良好等心理和行为因素方面，采用"兴趣为先、快乐第一、习惯为重"的基本教学策略来追求"乐学热情"培养目标的实现，就是要求我们在教学实施过程中，从一开始就要努力让学生对语文学习产生直接的、浓厚的兴趣，迸发出无穷的动力，养成自主的习惯，使他们真正感受到学习语文的快乐，进而感受到学习其他课程甚至人生的快乐和美好，从而为他们成长为终身有学习热情、爱学习的人奠定良好的心理基础。这正如苏联教育家苏霍姆林斯基所说过的："让学生把你所教的学科看作是最感兴趣的学科，让尽量多的学生像向往幸福一样幻想着在你所教的这门学科领域里有所创造。做到这一点是你应当引以为荣的事。"我国著名教育家蔡元培也曾说过："我们教书，并不是像注水入瓶一样，注满了就算完事，最重要的是引起学生读书的兴味。"这些精辟论述启示我们，要围绕培育学生"乐学热情"来更新语文教学理念、优化教学过程、创新教学策略、改进教学评价。

"乐学热情"的培育、形成是一个过程，我们可以致力于通过建构"快乐自主"的语文学习课堂，采用科学的教学策略来实现。一是始终要把"激趣诱学、习惯养成"列为课堂教学的首要目标。我国古代教育家孔子就说过："知之者不如好之者，好之者不如乐之者。"这里，"好之、乐之"，就是指学生的学习积极性高涨，求知欲望强烈，以学为乐。美国著名教育家泰勒说得更加明确："兴趣、习惯目标，又是与旨在达到目标的经验相关的动机力量。然而，在这里我们把兴趣、习惯看作是第一类目标。"二是始终要把"激励赏识、评中导学"作为课堂评价的基本策略。笔者在长期深入课堂观课诊断中，经常看到有的教师面对学生的学习表现，特别是面对学生课堂生成的时候，要么不思效果地随意点评，要么不知所措地不置可否。这不仅影响了教学的进度和效率，更为致命的是，如果学生长时间受到不恰当的评价，会泯灭其学习兴趣甚至学习的内驱力，进而会影响其终身"乐学热情"的形成。所以教师激励赏识，既要充满激情，又要充满真情，还要评中导学，努力把每一节语文课上得让每一个学生"小脸通红、小眼发光、小手直举、小嘴常开"，使语文课堂真正成为学生的学习乐园、成长摇篮，为他们形成终身受用的"乐学热情"奠定基础。

二、创新教法，改进学法，学中悟学，着力培育学生善学能力

美国著名未来学家托夫勒曾指出："未来的文盲不再是不识字的人，而是没有学会怎样学习的人。"但长期以来，我们的学科教法和学法更多关注的是学习结果（实质是单一的分数和升学率），不注重引导学生经历知识形成的过程，更不注重指导学生在学习的过程中领悟学习方法、增强自学能力、形成善学素养，严重忽视学生是"通过什么样的学习方式来学习的"这一学习的核心问题。事实上，不少学生往往通过被动接受、简单重复、机械记忆等方式得到了高分，却掩盖了他们在学习方式、创新能力、核心素养等方面存在的突出问题和缺陷。虽然无论是用哪种教法和学法让学生学会的，单纯从试卷（分数、升学率）上看到的结果是一样的，但由于获得知识的过程与方法不一样，往往导致真正意义上的收获是大不一样的，特别是对学生掌握学习方法、形成善学能力、增强核心素养的影响是极不一样的。这正如澳大利亚教育家比格斯所说的："即使学生面临的教学环境都一样，由于学习过程中的不同的学习方式，学习结果也会有所不同；虽然有各种因素影响学生学习的结果，但主要因素还是学习的过程和方法。"记得达尔文曾说过："最有价值的知识是关于方法的知识，而良好的工作方法是以良好的学习方法作基础的。"笛卡尔也说过："没有正确的方法，即使是有眼睛的博学者也会像瞎子一样盲目摸索。"

也正是因为如此，《中国学生发展核心素养》把"学会学习"列入核心素养六大要素之中，同时明确提出了"乐学善学、勤于反思、信息意识"三个基本要点。"语文修订课标"在"课程的基本理念"中增加了"初步掌握学习语文的基本方法，具有适应实际生活需要的识字写字能力、阅读能力、写作能力、口语交际能力，正确运用祖国语言文字"等基本要求，继续"积极倡导自主、合作、探究的学习方式，教学内容的确定，教学方法的选择，评价方式的设计，都应有助于这种学习方式的形成"。在

"教学建议"中提出"鼓励学生选择适合自己的学习方式，积极倡导并认真探索自主、合作、探究的学习方式；积极开发课程资源，精心设计教学方案，灵活运用多种教学策略，引导学生在实践中学会学习"。2016 年秋开始使用的"部编本小学语文新教材"充分体现了《中国学生发展核心素养》和"语文修订课标"新理念，在编排上科学设计、大胆创新，不仅注重把"教会学生学习"渗透到每一个单元、每一篇课文、每一道问题的设计之中，还在中、高年级的每一册教科书中专门设计了"学习策略单元"，以便教师集中指导和学生集中学习"如何学习"，循序渐进地教给学生学习方法，增强其善学能力，从而使学生获得终身学习和创造的"金钥匙"。

上述"理念、目标、要求、平台"，实质就是在启示、引领我们，在语文教学中要在培育学生"乐学热情"的同时，注重探索培育学生"善学能力"的策略方法。以阅读教学为例，一是要坚持以"读"为"法"，变"问懂"为"读懂"，就是把"读"作为阅读教学的重要方法和主要途径，促进阅读教学由"内容分析型"向"语言学习型"转变，同时在"教读"中教师也要少讲、少问，要善于指导学生在"读"中理解、思考、感悟和探究、解答、悟法；二是要坚持积极渗透"学法"，变"教过"为"教会"，就是说，一堂语文课不在于教师教过多少课文内容、语文知识，而在于学生究竟在学（读）中领悟、掌握了什么学习方法，并指导学生迁移到平时的阅读学习之中；三是既要坚持在平时的阅读（学习）中引领学生悟出学法，还要注意发挥"阅读（学习）策略单元"的作用，对平时悟出的阅读方法进行迁移运用、总结提升，逐步内化成终身受用的"善学能力"。总之，要像教学论专家蒋金铺所说的那样："聪明的教师以学定教、为学而教，让学生明白教的法子就是学的法子。教为学服务，为学生会学而教，是教师教学工作的出发点和归宿。"

三、创新模式，三位一体，推进阅读，着力培育学生"悦读素养"

长期以来，小学阅读教学大多仅限于教科书内所编课文的教学，而对所编课文的教学又主要指向于对课文内容的讲解、篇章结构的分析、语法知识的传授、结论性知识的灌输、应试技能的训练等。这种阅读教学模式不仅费时低效、致使阅读教学质量长期徘徊不前，更为突出的问题是造成学生阅读量小、积累不足、底蕴不深、文化单薄、素养不高，严重阻碍了"语文课程的多重功能和奠基作用"的发挥，尤其难以为学生培育起终身受用的"悦读素养"。毫无疑问,这种阅读教学模式很难适应近年来出现的"扩大阅读量、课外阅读课程化、引领读整本书、推进亲子阅读和全民阅读、让阅读成为习惯和生活、时尚"等阅读教学发展的新理念、新趋势、新目标、新境界。

也正是基于上述原因,《中国学生发展核心素养》把"人文底蕴"(包括人文积淀、人文情怀、审美情趣三个基本要点)列入六大核心素养的首位,而人文底蕴的积淀的重要途径和方法之一,就是"基于培育阅读素养的'悦读'"。"语文修订课标"在这方面的目标和要求更加明确、具体。比如,在"课程总目标"中确立了"认识中华文化的丰厚博大,吸收民族文化智慧"和"背诵优秀诗文240篇,九年课外阅读总量应在400万字以上"等具体目标;在"阅读教学建议"中提出:"要重视培养学生广泛的阅读兴趣,扩大阅读面,增加阅读量,提高阅读品位。提倡少做题,多读书,好读书,读好书,读整本的书。""部编本小学语文新教材"大胆创新阅读教学内容编排体系,建构"教读、自读、课外阅读"三位一体阅读教学新模式,促进课内课外沟通,把课外阅读纳入教材体制,为阅读由"窄"向"宽"、由"少"向"多",最终实现"质"的飞跃,尤其为培育学生终身受用的"悦读素养",开启了新思维,建构了新机制,搭建了新平台。

在明确阅读教学改革方向、目标的同时,我们要着手探索"改革阅读教学、推进三位一体大阅读、让学生的阅读变成'悦读'"的基本策略。一是要促进阅读教学观念的更新。叶圣陶先生曾说过:"单凭一本国文教材是远远不够的,必须在国文教材以外多看一些书,越多越好。"著名教育家苏霍姆林斯基曾说过:"让孩子变聪明的方法不是补课,不是增加作业量,而是阅读,阅读,再阅读。"有人曾统计过,一个人课外阅读获得的知识占总知识的70%。教学实践也证明,有选择的课外阅读对学生来说是最好的"补课";学生由阅读一本书到阅读四五本书,课外阅读量成倍增加,阅读能力会不断提高,其语文素养也会相应提升。二是要促进"教读课"目标定位和策略方法的变革。"教读课"要把"阅读兴趣的激发、阅读习惯的养成、阅读方法的习得、阅读能力的培养"等作为重点;"教读课"要做好五对"加减法"(即在烦琐内容理解分析上做"减法",在突出重点突破难点上做"加法";在感情朗读技术说教上做"减法",在感情朗读指导过程上做"加法";在抽象空洞讲解分析上做"减法",在直观形象感知感悟上做"加法";在解答个体学习困惑上做"减法",在小组合作交流机会上做"加法";在被动接受教学环节上做"减法",在主动学习探究时空上做"加法"),坚持"有所教有所不教",尝试运用"1＋X"(即讲一篇教读课文附加若干课外阅读的文章)阅读教学新模式,既扩大"教读课"的"量",又为上好"自读课""课外阅读指导和成果展示课"挤出一定时间,同时把指导学生阅读配套的《语文素养读本》《朝读经典》落实,如此便能实现大阅读、高质量。三是要为学生营造浓厚的课外阅读氛围。比如,加强班级读书文化建设,在教室里放置图书柜、建立书报角、开辟课外阅读成果展示墙等,把书香班级建设抓落实、抓持久,如此便能有效促进学生由"应试阅读"上升到"快乐悦读"的境界,从而为他们培育终身受用的"悦读素养"奠定基础。

四、夯实基础,强化实践,科学训练,着力培育学生语用能力

长期以来,小学阅读教学中一直存在着"三多三少(即讲得多、问得多、演得多,读得少、练得少、用得少)"现象,不少教师把主要精力和时间用在了"深挖洞"和"烦琐分析"上,不仅挤占了学生阅读积累的时间,导致学生文化底蕴严重不足,而且挤掉了学生宝贵的基础训练、语文实践的机会和时间,造成学生母语基础不扎实,尤其是语言文字运用能力普遍较差,以致影响到他们的后续学习,甚至造成他们严重缺乏适应社会生活和工作需要的语言文字运用能力。比如,教师很少在教学中引导学生读课文中的"语言",说课文中的"语言",记课文中的"语言",把课文中的"语言"内化成自己的"语言",而是在"内容"上大做文章,消耗大量宝贵的时间,以致教完一篇课文,学生只理解一些内容和浅显的语文知识,课文根本没有读熟,对课文中的生字、词语、句子印象不深,从读悟写结论化、浅层化,更谈不上正确地运用语言文字了,因而严重影响着学生语文学习能力,特别是语言运用能力的整体提高。语文课只有致力于通过语言文字的科学、有序、扎实训练来增强"语感"、夯实"基础"、锻炼"语用"能力,才会有浓浓的"语文味",才能真正凸显语文课程和语文学习的"工具性和实践性"。

也正是针对"语言基础训练、语用能力培养"教学相对薄弱的现实和对学生学习语言基本规律的进一步把握,"语文修订课标"在"课程的基本理念"中特别指出:"语文是实践性很强的课程,应着重培养学生的语文实践能力;语文又是母语教育课,学习资源和实践机会无处不在,无时

不有，因而应该让学生更多地直接接触语文材料，在大量的语文实践中掌握运用语文的规律。"在"课程总目标"中确立了"能主动进行探究性学习，在实践中学习、运用语文"的基本目标。由此可见，"语文修订课标"进一步突出了语文课程的核心目标——学习祖国语言文字的运用，凸显了"语文课程是一门学习语言文字运用的综合性、实践性课程"的基本特性，要求"语文课程教学必须注重基本功训练，给学生打牢扎实的语用基础，切实全面增强语用能力"。"部编本小学语文新教材"采用"双线（人文主题、语文要素）"编排单元内容，重视语文核心素养培养，重建语文知识技能体系，强化语文实践，着力夯实语用基础。这些都为我们"教好部编教材，并用部编教材新理念来指导教好实验教材"，尤其是加强语文基础训练和语用能力培养，指明了方向。

那么，如何夯实基础、强化实践、科学训练，培育起学生终身受益的语用能力呢？笔者在长期指导教师和研究教学中，有这样的深刻感悟和实践体会。一是教学中要特别关注语文教学的"落脚点"，就是要通过语言文字的范例和实践来引领学生学习语言文字运用，包括"重视语言形式的学习，变'讲内容'为'学语言'和注重表达方法的学习，变'只感悟'为'学表达'"两个方面。二是要改革创新语文教学的模式和方法，突出实践环节，落实基础训练，增强运用能力，这就要求教师要在"四个吃准"（即吃准学段目标、编写意图、课文特点、学生学情）的基础上，精心设计学生的语文学习实践活动（包括综合设计朗读、默读、背诵、速度、精读等读书活动和科学设计课堂练笔活动等），引领学生"读写结合、读中学写、用写促读、读用联动"，尽可能增加语言文字实践运用的时空，促进学生语言文字运用能力的整体提升。三是根据"部编本小学语文新教材"的编写特点，教师要深入学习"语文修订课标"，了解各学段目标要求，特别是关于知识能力的要求；注重参考教师用书所建议的知识点、能力点，这可以和"语文修订课标"互为补充；尤其要研究这些"要点"是如何分布到各个单元、设计在每篇"教读课"的课后思考训练题之中的，做到前后衔接、左右关联、系统归纳、整体把握；教学预设要细化落脚点，通过深入解读教材，利用慧眼梳理出"隐藏"在教材中的知识体系和语言运用训练点，自然扎实地落实在相应的教学环节之中。总之，学生母语基础的夯实、语用能力的培育非一日之功，唯有科学训练、持之以恒，才可能大功告成。

五、着眼终身，面向全体，整体提高，着力培育学生发展后劲

《世界全民教育宣言》中早就指出："基础教育本身不应看作是一种目的，而应是终身学习的基础。"[2]很显然，这是学习化、知识化、信息化、网络化、现代化社会，从教育可持续发展战略出发，对基础教育性质的一种新界定。这种新界定意味着基础教育的发展性、前瞻性、生成性和未完成性。它启示我们对基础教育中的教学也应做出新的判断：基础教育中的教学是准备性教学，它的价值取向是受教育者的准备性学习。准备性教学和准备性学习，不具有严格意义上的终结性，而因为要面向未来、面向世界，它又必须具有开阔和广延的包容性。国际上长达20多年的研究表明，只有找到人发展的"核心素养体系"，才能解决好有限与无限的矛盾，只有找到对学生终身有益的DNA，才能在给学生打下坚实知识技能基础的同时，又为其未来发展预留出足够的空间。

语文课程本为"基础的'基础'"，应该发挥"为学生心灵奠基、为可持续发展增强后劲"的重要作用。但由于不少教师受"应试教育"思想的长期影响，加上对语文课程根本性质的认识出现偏差、对语文教育基本价值的定位严重偏向，没有树立起"教学生六年语文，想到（或着眼于）学生未来六十年的发展"的先进理念，导致实际教学中把语文当成了"纯工具之学"，甚至"纯应试之学"，没有很好体现出其"工具性与人文性相统一"的基本特性，因而大大削弱了语文教学的多重育人功能，影响了学生全面、协调、可持续发展。

基于对国际上关于学生核心素养研究趋势的准确把握和对语文课程教学存在问题的基本分析，"语文修订课标"在"课程性质与地位"中明确指出："语文课程应致力于学生语文素养的形成与发展。语文素养是学生学好其他课程的基础，也是全面发展和终身发展的基础。语文课程的多重功能和奠基作用，决定了它在九年义务教育阶段的重要地位。"在"课程基本理念"中首先提出："九年义务教育阶段的语文课程，必须面向全体学生，使学生获得基本的语文素养。"我国应大力提高国民综合素质，培养时代和社会发展所需的创新人才，充分地发挥课程在人才培养中的核心地位。《中国学生发展核心素养》的建构，就是以"培养全面发展的人"为目标（核心），分为文化基础、自主发展、社会参与三个方面，综合表现为人文底蕴、科学精神、学会学习、健康生活、责任担当、实践创新六

大素养，具体细化为国家认同等十八个基本要点。由此可见，中国学生发展核心素养体系，既是指学生应具备的，能够适应终身发展和社会发展需要的必备品格和关键能力，又是关于学生知识、技能、情感、态度、价值观等多方面要求的综合表现，是每一名学生获得成功生活、适应个人终身发展和社会发展都需要的、不可或缺的共同素养，且其发展是一个持续终身的过程。核心素养的这些特点，恰恰与语文学科的综合性、人文性（育人性）特征高度契合。所以，只要我们遵循语文教学的规律、凸显语文学科的特点、坚持基于语文学科教学来培育学生的核心素养，就能为学生终身发展培育起充足的后劲。

那么，如何通过语文教学来培育学生终身发展后劲呢？笔者认为，其关键：一是语文教学目标的设定和实施要从"三维目标"出发，坚持面向每一个学生，着眼于每一个学生的全面发展和语文核心素养的全面增强，如海纳百川，每一堂语文课的目标都是学生语文素养不同层面的不断积淀；二是要为学生创造进行广泛阅读、实践运用、发现创新的良好机会和充足时空，使每一次语文课堂教学都最大限度地抵达"三维目标"，从而促进学生语文核心素养的逐渐生成、终身发展后劲的不断增强。

注　释

［1］教育部.义务教育语文课程标准（2011年版）［S］.北京：北京师范大学出版社，2012：2.

［2］温儒敏."部编本"语文教材的编写理念、特色与使用建议［J］.课程·教材·教法，2016（11）：8—12.

（此文发表于《中小学教师培训》2017年第5期）

审美思维：文学阅读的一种理解方式

储建明

（无锡市锡山区教育局教研室　江苏无锡）

文学作品是作家刻骨铭心的审美体验，也是独特深刻的心灵参悟，寄寓着一定的社会理想和人生信念。文学教育是中学语文教学中一个特别重要的组成部分，如何让读者在作品接受的过程中引发精神的愉悦和陶冶，提高文学阅读的审美鉴赏能力，其中离不开一种积极介入的审美思维过程。审美思维作为一种文学阅读的理解方式，通过阅读者对作者作品的审美欣赏活动，寻找到文学作品的气脉、神髓和意境，达成作者作品和读者自我的双重发现，实现文学作品的精神传递和生命升华的审美价值。

审美思维是文学阅读的能动反映，一方面在文学作品中体认审美对象，在文学作品中找到作者思想；一方面在审美欣赏中领悟审美价值，在文学作品中生成读者意义。席勒说："美虽然是一种形式，因为我们观赏它；但是，美同时是一种生命，因为我们感觉它。总之，一句话，美同时是我们的状态和我们的活动。"[1]面对文学作品的审美思维，是一个从感觉和心理的受动性到思维和意志的能动性的过渡过程，是一种从审美感性认识走向审美理性认识的理解与解释活动。

一、观照与体验：审美思维的情感属性

审美情感是推动审美思维的原动力，既表现为对作者作品的情感把握，也表现为读者感受的情感投入。在文学阅读的过程中，读者的情感倾向对审美思维的选择、判断和鉴赏具有决定性意义，从迷乱疑惑走向清醒开朗，从形象观照走向意象体验，从感性思维走向理性思维，最终把自己发展成一个精神自主之人。

1. 观照感知：审美思维反映情感趣味

所谓审美观照，就是对文学作品所描摹的形象世界进行的注视、沉思和期望。它不是消极被动的感觉，而是积极主动的感受，是既有思维又有情感的反映和认识，并由这种认识产生情感上的满足和愉悦。审美观照是

文学阅读活动的必要过程，是审美主客体之间发生实践性和活动性的一种特殊方式，也是与直觉、想象、联想、移情等有着密切联系的一种审美经历。

朱光潜先生说，"所谓美感经验，其实不过是在聚精会神之中，我的情趣和物的情趣往返回流而已"[2]。美感经验首先是一种形象直觉，美就是作品呈现形象于直觉的感知特质。读者面对文学作品中的人物形象、自然环境、结构章节等要素，不仅将自己的性格和情感移注于此，同时也把作品的姿态和意蕴吸收于自己，在作品与读者的共同存在之中达成审美观照的境界。

作家在创作文学作品的时候，"情感是生生不息的，意象也是生生不息的，换一种情感就是换一种意象，换一种意象就是换一种意境"[3]。读者在观照文学作品的时候，"通过审美活动，人逐步在头脑中储存了审美信息，经过加工整理，即理性认识，这些信息形成某种审美习惯和思维定式"[4]。文学作品是作者的情感艺术，文学阅读就是读者的情感观照，虽然美感直觉似乎只在一瞬间发生，但其实质是经过了长期的观照实践之后形成的一种审美经验的反应。它经历了联想和想象的补充、融解，从文学作品的语言表现之中获取感知对象，在读者原有的阅读经验前提下进行储存、分化和重组，形成对美的对象的新的审美知觉。美感和作品的微妙关系以读者情感为核心纽带，美感其实就是一种情感。

如何发挥情感的驱遣作用，怎样实现形象观照的意向理解，要求阅读者在直觉和心灵的互动关注上加以具体化。因为感知是感性的、直观的、符号性的心理思维，如果没有阅读主体的情感参与，就有可能只是获得零散的、局部的、片面的感官印象。所以，文学阅读的审美观照包含着三层意思：一是以宁静的心态来晤对作品中的一切内容，二是以心物感应的方式获得心神的贯通，三是将人情化的形象凝合成一种理想化的生命。一篇优秀的文学作品是一个完整的有机体，每一个部分的内容哪怕一字一句都可以见出全篇的精神，审美思维就能营造出一种丰富的情趣生活，是一种情趣的艺术化。

2. 体验感悟：审美思维走向理性欣赏

什么是体验？"如果某个东西不仅被经历过，而且它的经历存在还获得一种自身具有继续存在意义的特征，那么这种东西就属于体验。以这种方式成为体验的东西，在艺术表现里就完全获得了一种新的存在方式。"[5]在文学阅读的过程中，审美体验以情感活动为中心，直接参与作品的经历，产生美丑、善恶、崇高与卑下等各种情感的经验，体现一种价值性的认识和领悟，直接指向"以身体之"和"以心验之"的理性价值。

文学与人的体验有着特别密切的联系，其本身就是对人的生活与生命的叩问，是情感领域世界里的艺术。童庆炳先生认为，"经验是体验的基础，没有经验，或没有起码的可供想象发挥的经验，就谈不上体验。但体验则是对经验的意义和诗意的发现与升华。"[6]无论是审美的经历还是经验，都表现为对作品意义的审美思维性和情感性，反映读者心灵自由的一种潜能，在产生新的情感的时候产生新的理解，在欣赏具体形象的时候生成新的深刻意义。

文学是创造出来的，有了具体的意象才能蕴藉深切的情感；文学欣赏也是一种创造，审美思维就是一种创造式的欣赏，是从作品的意象世界和语言符号中进行的情感解码和信息重构。既然文学作品从根本上说是为接受者而创作的，那么，读者的接受注定是一种能动性的理解和解释，文学作品只有在审美欣赏的过程中才是真正的审美对象。审美欣赏无疑具有感性的特征，但又绝不止于感性；它不可能是无意向性的泛览，必然灌注着阅读者的心灵知觉。我们不能简单地将感性的感知理解为审美的欣赏，"因为感性的精神化，它的提炼和高尚化才属于审美"[7]，"因为感知可以分成两个方面，一方面为感觉，另一方面为知觉，感性与快乐相联系，属情感性质；另一个方面知觉与客体相联系，属认知性质"[8]。审美的体验感悟是一种认知与情感的活动，它的思维分析和判断越是深刻和透彻，读者的人格力量就越是鲜明和豁亮。

只有当文学作品的形象生命在读者的感觉里存活下来，才能在读者的知性世界里形成美的品质，感知的因素上升为理智的精神，这是审美的完整意义。审美知觉更加关注阅读欣赏的协调和完成，从矛盾向和谐、从片面向整体、从浅薄向深刻、从情感的审美趣味趋向于理智的审美自由，感觉体验与思想感悟随着感性本能复归理性本能，活跃的纯粹的情感与理智的精神的思想在审美接受的经历过程中融为一体。

二、期待与融合：审美思维的理解艺术

文学阅读的理解是审美心理的要素之一，是对文学作品的一种心智思维。只有理解了的东西，才能更深刻地知觉它。作为审美心理的理解，不仅是对作品的文化背景、象征意义、主题思想、表现手法等的理解，而且由于理解的努力表现出一种精神自由的状态，是读者期待和作品意义之间

的存在方式。

1. 阅读期待：审美思维唤醒生活经验

文学阅读是一种特殊的接受过程，它将读者带入一种特定的情境世界之中，唤醒读者的情感生活，激发读者的阅读经验。任何一部文学作品的出现都带着特有的历史时刻，期待视野与作品历史之间存在着审美经验的自然距离。在任何情况下，每一个对文学作品具有经验的读者无疑会把这种经验纳入到作品解释之中，纳入到自我理解之中。

审美经验是读者在阅读文学作品的过程中所产生的一种审美的心理体验，是读者内在的心理生活与审美作品之间相互交流、相互作用的结果。有时候，审美经验是在更深刻、更普遍的意义之上对已有认识对象的不断认识，是阅读主体基于自身的情感趣味和阅读感受所获得的一种既成的思维指向和观念结构。这就是文学阅读的期待视野，是对文学作品的一种预先的估计和期盼，是阅读者的人生经验和审美经验转化而来的关于作品形式和内容的定向的心理结构图式。

姚斯说："一部文学作品在其出现的历史时刻，对他的第一读者的期待视野是满足、超越、失望或反驳，这种方法明显提供了一个决定其审美价值的尺度。期待视野与作品间的距离，熟识的先在审美经验与新作品接受所需求的'视野的变化'之间的距离，决定着文学作品的艺术特性。"[9]从文学阅读的意义上来说，阅读期待构成了我们整个经验能力的先行指向，成了一种开启文本世界的先入之见和积极判断。尽管每一个读者的生活经历、文学趣味、认识水平和文化背景等都不一样，但只要参与到阅读理解之中，就必须通过自己已有的认知结构加以选择和分析，推理和判断、补充和完善，通过作品的不确定性和空白来寻找和充实作品的意义，获取一种新的阅读经验和价值。

当我们带着对文学作品的某种特殊意义的期待去阅读文本的时候，"解释开始于前把握，而前把握可以被更合适的把握所替代，正是这种不断进行的新筹划过程构成了理解和解释的意义运动"[10]。所以，谁想理解文学作品，谁就会不断地通过期待视野去谋划，不断地把自己的审美经验保持开放的状态，包括把他人的阅读见解放进自己的阅读经验之中。一方面无须丢弃自己内心世界已有的前理解而直接接触文本，一方面明察内心已有的前理解之根源性和正确性，在和文本的对话中逐步建构新的理解经验。只有打开了作品封闭的背景领域之后，阅读者才能把每一个理解片段整合成一个作品的世界观，接受自己原先不熟悉的作品视野，感受到文学作品的艺术魅力。

2. 视域融合：审美思维贯通时间距离

文学阅读会遭遇到两个彼此不同的视域，一个是进行理解的读者生存于其中的当下视域，一个是读者置身于文学作品的历史视域，审美思维把两者之间的时间距离拉拢在一起。伽达默尔再三强调，"解释者和文本都有其各自的'视域'，所谓的理解就是这两个视域的融合"[11]。这就是文学阅读的视域融合，是在积极期待的情况下，以读者的前理解为出发点所发生的历史与现实、作品和读者、自我和他者之间的融合。

文学作品只有在不断的过去与现在的对话中才能发生意义，也只有在不断的视域交融中才能延续生命。一部作品既可以证实由它引起的阅读期待而实现这样的理解视域，也可以通过作品与期待之间制造的时间距离而使得期待落空。能不能把时间距离看成是一种积极的理解可能，让读者真正走进作者作品的历史世界之中，那就必须从作品中寻找到一个个明晰的回答，为过去的作品和后来的阐释提供一种历史的联系。视域融合决定文学阅读的审美效果的程度，是因为读者一方面拥有一种虔诚的心态，打破现时阅读的情感界限；一方面采取循环阅读方式，跨越视野变化的时空距离，促使审美思维作为一种阐释方式进入到意义建构之中。

文学作品以文字形式建构一种意义域，每一个阅读者在阅读理解的时候就同时参与到这个意义域之中。不同的文学作品反映不同时代所特有的现实性，审美思维并不仅仅是推知作品以往的历史内容，看到日常生活之中并不能看到的现实，更重要的是参与到作品当下的视域之中，超越他们特定的真实的生活情境并卷入到作品的意义之中。读者的阅读视点随着阅读理解的变化而变化，文本视野同样随着阅读理解的推移而成为下一个理解的背景和前提，被读者回忆起来的阅读理解作为一种回溯表现影响和联系着不同的审美体验，构成一种整体性的真知灼见。

文学作品本身是一个图式化的结构，存在着诸多的不定点和空白。"作品的召唤结构本身并没有统一的现成的答案，需要读者自己去回应作品的问题，这个过程是没有止境的，也是需要从遮蔽的静止的作品中去克服种种误解的过程，是不断敞亮和捕捉作品历史意义的无限过程。"[12]对于读者的每一次阅读来说，都意味着"谁不能把自己置身于历史性视域之中，谁就不能真正理解文本的意义"[13]。当作者的主观精神和经验与读者的现实生活和体验发生具体的、历时的、活生生的视域交融活动的时候，就是一种穿越时空的文化对话活动，每一次阅读理解积累起来的阅读经验又会影响到下一次的阅读体验，作品和读者之间被相互接续和相互渗透起来。所以，审美思维就开始拥有"一个现在的意义"，作品的艺术表现力就不再被严格地控制在自己的那一段历史时刻，而是产生恒久的历史影响。

三、自在和自为：审美思维的读者响应

每一部文学作品的审美思维，都发生在作品结构和作品接受者之间的相互作用之中。伊瑟尔说："更有启发的是分析欣赏者阅读本文时所实际形成的东西，因为正是在这个时候，本文才开始揭示它的内涵；本文正是在读者那里获得了生命。即使'意义'的历史已经变得十分悠久与我们已经没有什么关联，这一点仍然适用。"[14] 只有当读者在阅读的过程中对作品意义予以参与和响应，在充满未定性的文学作品艺术极之中进行读者审美极的具体化，文学作品才有可能获得一种现实的存在。

1. 自在透视：审美思维再现文本世界

阅读文学作品是一种特有的实现意义的进程，所有阅读的理解都是一种审美的思维和解释。伽达默尔告知我们，"理解的任务首先是注意本文自身的意义"[15]，"对于理解本文意义的真正诠释学经验来说，重构作者事实上曾经想到的意图乃是一项还原的任务"[16]。每一个文学作品都有一种潜在之美，实现每一次的理解意义首先要从作品的语言世界里去体味和欣赏，因为作品语言渗透着一种精神的力量，每一个作者的作品语言代表着每一个作者的风格和世界观。

作品中的每一个语词和每一个句了都是作者经验世界的产物，表现着一个又一个的现象和事件，存在着许多的空白和暗示，也为理解和解释的展开提供了无限的可能。"能被理解的存在就是语言"[17]，和作品语言打交道，就是在相互对话交流中形成一个生命共同体，读者的响应过程成为一种独特的经验过程。这种阅读是读者对作品试图传递的意义进行透视和再现的过程，所以是一种真正的审美思维的语言活动。读者并不简单地把作者创造出来的艺术形象进行被动的赞美或哀叹，而是想象出未经作者处理的原生的艺术状态，将原生的语言情境和艺术形象加以对比和分析，从矛盾和差异中享受审美的意境。

"所有的再现首先都是解释，而且要作为这样的解释，再现才是正确的。在这个意义上，再现也就是'理解'。"[18] 读者的阅读理解是进行的一种再现行为，期间努力让自己适合于作品的暗示和指示，既不能随意地将

作品现实化，也不能完全受作品的约束，而要在作品生动的材料之中创造性地进行体验和具体化，于字里行间补充和确认作品的语境意义。不同的作家作品有着不同的文化背景和历史经验，因此有着不同的表现方式以及风格特质。每一部作品都是一个完整的有机体，整体和部分息息相关，不能稍有疏忽和增删移位。"正如个别的词从属于语句的上下文，个别的本文也从属于作者的作品的上下文，而这作者的作品又从属于相关的文字类即文学的整体。但从另一方面说，同一本文作为某一瞬间创造性的表现，又从属于作者的内心生活的整体。理解只有在这种客观的和主观的整体中才能得以完成。"[19]虽然读者与作品之间的历史距离造成了位置上的矛盾，但是只要每一个时代的读者都能遵循作品构成的审美感觉、节奏韵律的暗示，尽可能地体会、揣摩作品的语言世界，从整体到部分、再从部分到整体地加以循环运动，在反思性还原的情况下进行梳理和归纳，就能打破现实读者阐释的距离和障碍，就会明晰地排解历史的视野问题。

读者的自在透视，是对潜在的文学作品进行的明辨和深思。审美思维作为一种心灵的存在，当读者把作品从头至尾地予以阅读透视的时候，总是从一个时间外观之中来审视和理解作品的内容。这个时候读者的角度、态度与正在阅读的作品的部分应该是一致的，作品自身跨越的历史越长，具体化作品的时间透视就越丰富。随着作品事件的情节进展，读者也在不断更新自己的透视方式，作品正在阅读的部分的具体化很大程度上取决于已经读过部分的具体化方式，对一部作品的完全理解也只有通过这样的理解透视才能实现。

2. 自为开悟：审美思维再造读者世界

审美思维是面对文学作品的一种能动思维，也是再造文学意义的一种创造思维。"本文的意义超越它的作者，这并不只是暂时的，而是永远如此的。因此，理解就不只是一种复制行为，而始终是一种创造性行为。"[20]文学作品不仅仅是一种艺术形式，更是一种精神性的产物，所有的理解性阅读都表现为一种创造性的解读精神。在文字的理解和解释中指向一种理解的意义，原本陌生的静止的语言变成了绝对亲近的动态的东西，以至文学作品就像是在对我们陈述一样。因此，阅读理解的能力，善于理解文字的审美思维，就像是一种隐秘的艺术，促使读者将无生气的意义痕迹转换成有生气的意义精神。

姚斯说："一部文学作品，并不是一个自身独立、向每一时代的每一读者均提供同样的观点的客体。它不是一尊纪念碑，形而上学地展示其超时代的本质。它更多地像一部管弦乐谱，在其演奏中不断获得读者新的反响，使本文从词的物质形态中解放出来，成为一种当代的存在。"[21]正因为每一部文学作品都和人类活动的其他产品一样有着一系列的特性和要素，阅读理解才会在读者的传递过程中出现一种从被动接受到主动接受、从简单解读到审美解读的连续性变化，甚至在与阅读过的作品进行比较综合中接续其他阅读意见，构成读者丰富而充实的经验视野。由于读者的个人经验、心境、文学修养和文化背景的不一样，可能导致读者角色以不同的理解方式去开悟文本的意义。这个实现的过程是一个读者选择的过程，任何一种理解的具体化都离不开具体化的背景。读者在接受作品信息的时候和自己的理解构成呼应，读者和作品之间的交流成为一个能动修正的过程，阅读理解就成了一个阅读事件。

作者往往以自己独特的审美方式在现实中寻找文学的材料或者可以加工成文学的内容，将历史、文化、道德、政治等因素凝聚于审美价值之中，在审美理想的照耀下融化成文学艺术的对象和内容。童庆炳先生反复强调，"文学的特质首先根源于现实的审美之中。文学既然是审美价值的凝聚化和物态化，那么它的特质就是审美。"[22]文学阅读唯有在审美状态中才能让读者挣脱时间的束缚，才能深刻地打动读者的人性。"如果我们把感性规定的状态称为自然状态，把理性规定的状态称为逻辑的状态和道德的状态，那么，我们就必须把这种实在的和主动的可规定性的状态称为审美状态。"[23]我们只能在审美的心境中去接受文学作品馈赠给我们的精神，在作品中获取作者的情感与个性、观念与精神，从而陶醉于审美思维的生命自由之中。

读者的自为开悟，是一种开智明理的审美思维。整个审美思维的过程，不仅表现为把审美对象情感化的感性自由，更表现为把审美对象认识化的理性自由，它是一种灵魂与自身的对话，在通向思维品质的路上不断进行着自我的超越。因为内心世界充满了期待与光明，文学阅读就从寻求理解出发向自我理解努力，因此，只有积极的文学阅读才能发现和重构文学作品独有的结构和丰富的意义，也只有积极的审美思维才能证明和实现文学阅读独到的理解和美的创造。

注　释

[1]［23］席勒.审美教育书简［M］.张玉能，译.南京：译林出版社，2012：86，63.

[2]［3］朱光潜.朱光潜讲美学［M］.北京：中国标准出版社，2011：19，56.

[4] 凌继尧. 美学十五讲 [M]. 北京：北京大学出版社，2003：88.

[5] [10] [15] [16] [19] [20] 汉斯－格奥尔格·加达默尔. 真理与方法——哲学诠释学的基本特征（上卷）[M]. 洪汉鼎，译. 上海：上海译文出版社，2004：79，345，483，484，376，383.

[6] [22] 童庆炳. 文学审美论的自觉——文学特征问题新探索 [M]. 北京：北京师范大学出版社，2011：189，27.

[7] [8] 沃尔夫冈·韦尔施. 重构美学 [M]. 陆扬，张岩冰，译. 上海：上海译文出版社，2006：14，15.

[9] [21] H·R·姚斯，R·C·霍拉勃. 接受美学与接受理论 [M]. 周宁，金元浦，译. 沈阳：辽宁人民出版社，1987：31，26.

[11] [18] 汉斯－格奥尔格·伽达默尔. 诠释学Ⅱ：真理与方法 [M]. 洪汉鼎，译. 北京：商务印书馆，2010：137，557.

[12] [13] 储建明. 视阈融合：穿越时间距离的阅读理解 [J]. 黑龙江教育学院学报，2012（5）：99—102.

[14] W. 伊泽尔. 审美过程研究——阅读活动：审美响应理论 [M]. 霍桂桓，李宝彦，译. 北京：中国人民大学出版社，1988：25.

[17] 汉斯－格奥尔格·加达默尔. 真理与方法——哲学诠释学的基本特征（下卷）[M]. 洪汉鼎，译. 上海：上海译文出版社，2004：615.

（此文发表于《中小学教师培训》2016 年第 1 期）

隐喻与逻辑：深度阅读的真性建构

蒋智斌

（南京市双塘小学　江苏南京）

"深度阅读"是到一定年龄，有一定生活积累，形成一定阅读能力后的阅读要求，是"有目的""带着任务"的阅读，需要一定意志品质的参与。深度阅读应该处于阅读"金字塔"的顶端，是高年级学生应具备的阅读习惯和应形成的阅读能力。

作为高年级阅读能力形成的主阵地——课堂阅读教学，有责任引领学生开掘阅读的深度，形成深度阅读的能力。《语文课程标准（2011年版）》中对阅读教学有这样的阐述："阅读教学应引导学生钻研文本，在主动积极的思维和情感活动中，加深理解和体验，有所感悟和思考，感受到情感熏陶，获得思想启迪，享受审美乐趣。"对这段话可做这样的剖析："钻研文本"是引领学生深度阅读的前提，"主动积极的思维和情感活动"是深度阅读的凭借，"理解、体验、感悟、思考"是深度阅读的途径，"情感熏陶、思想启迪、审美乐趣"是深度阅读的成果。

阅读教学中的阅读不能等同于日常阅读，更应强调从文字中取得意义，让学生的思维、情感、审美等在阅读过程中获得发展，运用隐喻与逻辑思维，从熟悉的地方看到陌生的风景，引领学生将阅读"向青草更青处漫溯"。

一、隐喻式阅读——让"内隐的"变敞亮

认知语言学家莱考夫与约翰逊在《我们赖以生存的隐喻》一书中首次建构了隐喻理论的框架，从而将隐喻从文学、修辞学的范畴拓展到更为广阔的认知范围，成为一种思维方式和认知方式，即通过人类的推理、联想等认知过程将一个概念域系统地投射到另一个概念域，从而建立不同概念之间的相互联系。

汉语重视隐喻与直觉思维，用联想的方式挖掘事物之间的联系，用比喻例证的方式表达自己的思想。从这个角度讲，汉语是"含蓄"的艺术，

需要通过想象、体验、移情等引领学生走向文字的深处，让原本"内隐的"变敞亮，欣赏到原本忽略的风景。

隐喻式阅读教学模式就是利用学习者的隐喻思维，对阅读内容和技巧等采取隐性教学的方法。具体来说，就是利用母语或者学习者已有的认知经验，通过类比、启发等方式帮助学生自主联想、推理、思考。这样的阅读方式，既激发了学生的阅读兴趣，也开掘了其阅读深度。

（一）推想：推隐喻式阅读之门

文章的空白点，是学生平时阅读容易忽略的，隐喻式阅读要让学生在阅读的过程中通过文本和已有阅读经验推想空白点，感受"不著一字，尽得风流"的表达张力。

苏教版（六上）《负荆请罪》一共有两幕，两幕之间形成了一个很大的空白——廉颇的态度怎么发生一百八十度转弯，由对蔺相如的"处处找茬"转为"负荆请罪"的？课堂上，教师让学生根据第一幕和第二幕的情节进行推想，学生做了以下推想：

1. 廉颇听到了老百姓的议论。

2. 有一爱国情怀的门客劝说了廉颇。

3. 赵王也听说了此事，点拨了廉颇。

……

这些推想的依据是学生对廉颇人品的了解和第二幕中对廉颇"负荆请罪"的描写，这样有依据的推想使剧本情节更为完整，学生还学会了"编剧"，在原有的两幕中间又增加了一幕。

人物的内心世界也是推想的契机，例如《厄运打不垮的信念》中对谈迁丢失《国榷》的描写，只有短短的 20 个字："他茶饭不思，夜难安寝，只有两行热泪在不停流淌。"

字虽少却是内隐式阅读的"聚焦点"，男儿有泪不轻弹，让学生从这两行热泪中推想谈迁复杂的内心世界：伤心？失望？悲观？无助？……每一种情感似乎都是可以理解的，但每一种情感似乎又不完全准确，这样复杂的综合情感，只有通过隐喻式阅读，在推想中让学生走进谈迁的内心世界，与人物"同命运，共呼吸"，才能实现与书中人物、与作者表达情感共鸣的理想效果。

很多句子需要学生透过"表面"看到"实质"，能读懂句子的"言外之意，弦外之音"。这时候，就可以加上必要的推想，引导学生走向深度阅读。

例如，《钱学森》中美国的一位海军高级将领说："钱学森无论到哪里，都抵得上五个师，绝不能让他离开美国！"

推想一下：这位高级将领可能是在什么样的场合说的这句话？说这句话的语气是什么样的？究竟想表达什么样的意思？美国当局可能会做些什么？……从而读懂这位高级将领的潜台词——死也要让钱学森死在美国！进而感受到钱学森的重要性以及归国的难度。这样的困境，依旧没能影响钱学森的归国之心，钱学森的爱国形象也在这样的推想中变得丰满起来。

隐喻式阅读中的推想强调依据的合理性。合理的依据是什么？是上下文的表达，是阅读的经验和生活的经验，是"换位式"阅读的体验……只有这样，推想才是合情合理的，内隐的文字世界才能在隐喻式推想阅读中变得敞亮。

（二）联想：拓隐喻式阅读之路

汉语言的内隐性还体现在留给读者丰富的联想空间。联想的广度和深度直接影响学生的阅读深度。

《音乐之都维也纳》第二小节有这样一句话："维也纳是欧洲古典音乐的摇篮。"对于"摇篮"这个词，学生很容易在脑中形成相应的画面。但此刻脑中浮现出来的画面是作者想表达的画面吗？"摇篮"表达的丰富内涵学生真正明白吗？"摇篮"与"维也纳"之间又有什么内在联系呢？为什么不说成意思更直白的"发源地"呢？……这些陌生的未知点就是隐喻阅读的起点，也是阅读的生长点。让学生通过对"摇篮"感觉的联想，感受到"舒适、温馨、安逸、甜美"等感觉，丰富"摇篮"的内涵，让美妙的遐想从"摇篮"的丰富内涵出发，由"摇篮"产生的丰富情感体验，巧妙迁移到原本陌生的维也纳的感受中，体会到维也纳对音乐家来说是个温暖、安全、舒适并能产生很多美丽梦想的地方，所以才会孕育出海顿、莫扎特、贝多芬、舒伯特、施特劳斯等伟大的音乐家。联想中学生独特的感受和文本的表达自然融合，能使学生真正体会到看似普通的"摇篮"这个词背后的精妙。这是作者"隐喻式"表达的魅力，也是隐喻式阅读带来的阅读乐趣。

一篇文章，引导学生从不同的角度进行联想，能让隐喻式阅读的联想链接更为丰富。例如《望月》这篇优美的散文，从不同的角度进行联想就会产生不同的阅读收获：

内容的联想：文中"赛诗"让我们联想起哪些与月亮相关的诗歌、童谣、民间传说、优美语句……？

形状的联想：月亮的阴晴圆缺让你联想到哪些形状？哪些物体？

情感的联想：你曾与月亮发生过什么有趣的事？曾与月亮说过什么悄悄话？许下过什么心愿？……

学生在不同角度的联想中彼此交流，相互影响，相互吸收，同时相互增长。"月"之形象也逐渐在学生的心目中丰满起来，它不再是普通的自然之物，而是能承载很多情感、寄托很多希望、激发无限想象的神奇之物，这样的隐喻式阅读让"月"由直观变为抽象，由直板变为丰富，让学生的言语与精神世界都得到充分的生长。

还有很多文章可以引导学生进行"换位"联想，让"我"入文中，例如《青海高原一株柳》，不妨让学生进行这样的联想：

柳絮将种子带到青藏高原这片贫瘠的土地上，此刻种子会有什么想法？

这一株柳看到周围的柳树在恶劣的自然环境中被淘汰会想些什么？

独自撑在这片高原上面对风霜雨雪的洗礼，这株柳是怎么想的？

又一次遭到雷劈，只剩下一半树权，它又会想些什么？

……

这些联想，其实就是"角色体验"，赋予柳树人的思想、人的情感，让学生移情于"柳树"，在丰富的联想中感受高原柳的坚强。课文的结尾："命运给予它的几乎是九十九条死亡之路，它却在一线希望之中成就了一片绿荫。"看上去表达是直白的，其实蕴藏着丰富的内涵，有前面的隐喻式联想阅读作为铺垫，学生再读"这株柳"，眼中可能浮现的是"一类人"：轮椅上的霍金，从"小草"长成"大树"的夏洛蒂三姐妹，厄运打不垮的谈迁，宫刑后发愤写《史记》的司马迁……进而看到"一种精神"：百折不挠、坚强不屈……再概括出"一类形象"：九死一生、顶天立地……由"树"到"人"到"精神"到"代表形象"，这便是隐喻式联想阅读的魅力。

（三）批判：开隐喻式阅读之窗

"批判"既含有对文本内容和形式的是非、优劣、美丑做出客观的理智判断和价值评估，做出自己的评价的过程，也含有对文本内容和形式的肯定、阐扬与补充或者对文本内容和形式的否定、反驳与匡正的过程。就

213

是说，批判性阅读既有正面的评价，也有反面的批判。

批判性阅读是一种个性阅读，学生将质疑思辨的过程贯穿于阅读的始终，是学生"将已知领域的思维方式投射到未知领域"的阅读过程。批判性阅读给隐喻式阅读开了一扇窗，透过这扇窗，学生才能真正领略到"窗含西岭千秋雪"的独特画面。

对苏教版五年级《嫦娥奔月》的插图，有学生在阅读后提出了自己的质疑：这幅插图里嫦娥飞行时头朝着月亮，好像很向往月亮，这就与课文的描述和嫦娥当时的情感不符，学生认为嫦娥是被迫离开人间的，连跟后羿道别的机会都没有，因此插图中的嫦娥应该画成人向月亮方向飞，头却回看人间的模样。这样的批判性阅读是建立在学生对文章内容、人物情感的准确把握之上的，并且需要学生有基本的质疑能力才能实现。这是作者或者编者的"无意隐喻"，却成了学生进行批判性阅读的资源，我们不妨顺着学生的思路继续下去：

1. 你同意这位同学的看法还是同意书上的插图设计？

2. 如果你来设计这幅插图，你准备怎样设计？

3. 如果让你给编辑部的叔叔写一封信，你准备怎么说清楚你的理由？

……

再如王冕的《墨梅》，"不要人夸颜色好，只流清气满乾坤"中的"流"，教材中最终确定了"流"这个版本，因为这个"流"有一种动感，有"流动、飘荡"的感觉，可有的孩子就认为"留"字更合适，理由是：梅花即便谢了，但它的香气却永远留在天地间，即使变成了一幅画，香气也永远留在人们心里。还有的学生找出"留"字的不同版本作为自己的佐证。这一种隐喻式阅读应该不是作者的本意，而是时间流逝造成的"不确定"，这样的"不确定"恰好成为隐喻式阅读的一个契机，可以让学生将批判精神融入其中，在"较真"中探索，在探索中表明"我的想法"，亮出"我的观点"。如果我们教师能鼓励孩子继续研究下去，其实就可以写出一篇关于《墨梅》中"流"与"留"考证的小论文，远比统一为"流"或"留"更有价值。这样的批判式阅读就给隐喻式阅读开了一扇独特的窗，透过这扇窗学生能看到文字背后更为独特的风景。

二、逻辑式阅读——让"外显的"富情趣

汉语的隐喻之美给深度阅读提供了无限的张力，凸显了深度阅读的感性创造价值，是"诗化的文明"。其实，深度阅读还需要有理性价值作为

支撑，运用逻辑式阅读，依靠逻辑思维到达彼岸的真理世界，追求"文化的文明"。

对于文章来说，文章的结构、段落的结构、句子语法、词语标点的运用都必须与逻辑相伴，体现逻辑之美。如今的课堂教学否定语法，淡化知识，重视多元解读与文无定法，追求感性，缺乏必要的理性分析，学生的言语系统缺乏经过逻辑规定性提升的语言。逻辑式阅读培养的是学生语言的严谨性、思维的缜密性。逻辑式阅读是界定性的：让我们的学生在阅读的过程中更清晰地看到我们已经看到的，感受形式逻辑与思想逻辑表现出来的特有情趣。

（一）关注结构：感受文章布局之精妙

文章之美，外显为结构之美。结构之美体现了作者谋篇布局的表达逻辑，看似"外显的"，实际上需要逻辑的解读思维才能发现这种结构之美。

苏教版六年级上册《钱学森》一课，作者这样安排文章的结构：

1955 年 10 月 1 日：一艘归国巨轮，一个中年男人眺望祖国的方向，神情专注而向往……

1934 年：他赴美留学，师从冯·卡门教授，拥有优厚的物质待遇。

1949 年：新中国成立的第一个中秋之夜，他产生强烈的归国愿望。

1955 年 9 月 17 日：历经艰难的 5 年时光踏上归国的航程。

课堂上，我们不妨重新调整表达顺序，变为：

1934 年—1949 年 10 月 1 日—1955 年 9 月 17 日—1955 年 10 月 1 日—归国后

这样的变化从时间上来看，似乎更清晰、更符合表达的逻辑，但作者为什么以他的逻辑安排：将 1955 年 10 月 1 日写在最前面呢？只有通过比较，才能感受到作者采用倒叙的方法更能表现出钱学森的强烈归国之心和爱国之情，同时还能形成一种阅读的悬念，使学生不仅能直观领略到"倒叙"的逻辑之美，还能充分感受到作者谋篇布局的匠心和表达形式的智慧。

因此，对于结构形式比较独特的文章，我们要引导学生关注这样的特殊形式，体会这样的文章表现出来的独特逻辑结构之美。例如，《天鹅的故事》写"我"去俄罗斯考察遇到斯杰潘老人，看到墙上挂着的枪，然后老人回忆了"他与天鹅的故事"，这就是"故事中套着故事"的结构，是十分独特的"套娃式"结构。"天鹅的故事"让我们感受到了天鹅的献身和团结精神，而"老人的故事"则让我们看到了人性中"向善"的光芒，彰显了"人与动物和谐相处"的主题。

有一些文章在描写的时候，两条线索并行，这样的独特结构也要让学生关注。如叶圣陶的经典游记《记金华的双龙洞》就是两条讲述的线索并存：一条是作者的游览路线；另一条是寻找一路溪水的源头，形成"明暗"两条线索。学生在阅读的过程中关注这两条线索，段落的内在联系便会迎刃而解，可以体验到独特的逻辑之美，让阅读走向纵深。

当然，对于结构的逻辑之美，不仅要让学生放眼于整篇文章，还要聚焦到某些段落中，从具体的"构段方式"感受逻辑之美，如：总分式、并列式、因果式、承接式、转折式等。这些常见的段落结构形式，每一种构段方式体现的都是作者的表达逻辑——按一定顺序表达。我们在阅读的过程中不能"视而不见"，必须厘清段落中句子间的逻辑关系，如此才能真正读懂作者的表达意思。也只有长期关注句子间的逻辑关系，才能让自己的表达变得规范、有序，这也是逻辑式阅读的价值体现。

(二) 关注独特：发现言语表达之精妙

除了文章的段落有其逻辑之美外，一个标点、一个词语、一句话也有其表达的逻辑，在阅读的过程中，如果能引导学生关注这些独特的标点、词语或者句子，就能寻找到打开作者言语表达密码的钥匙。

1. 在对比式阅读中感受表达的精妙

文本中独特的"语言现象"有它独特的逻辑思维和逻辑表达，对于这些独特的语言现象，可以通过逻辑式对比阅读，感受其独特的魅力，领会其表达的"密码"，最终规范自己的言语结构。

(1) 在对比中关注标点的独特

很多的标点是学生在阅读过程中容易忽略的，而准确的标点，也是一种表达，也能传递信息、融入情感。小小的标点，体现的是作者准确的逻辑表达。

《最后的姿势》中："忽然，课堂摇晃起来！整栋楼房都摇晃起来！地震！"若变成"忽然，课堂摇晃起来，整栋楼房都摇晃起来，地震。"仅仅是标点的变化，表达效果就发生了明显的变化，那种危急、紧张之感荡然无存，短句式营造出来的紧迫感也消失得"无影无踪"。因此，逻辑式阅读要求对一些重要的标点符号要带着"放大镜"去阅读。

再如《安塞腰鼓》中全文的最后一句："耳畔是一声渺远的鸡啼。"很多学生认为应该将句号换成省略号，改成"耳畔是一声渺远的鸡啼……"认为这样改有"言虽尽，而意无穷"的感觉。作者为什么选择句号呢？这看似普通的句号背后其实体现了作者的表达逻辑。只有让学生带着这个问题再回读全文，通过反复比较，才有新的发现——用上句号，给人一种戛然而止的感觉，语句极其简练，却极力突出了此刻的"静"字，这一声"鸡啼"既是对明天美好生活的希望，同时也在"静"中增加了一份"生活的活力"，这种"静"不是一种死寂，反而充满了生活的希望、生活的活力，没有任何的拖沓感，这是省略号无法表现出来的效果。关注标点，其实关注的就是逻辑，进行的就是深度阅读。

（2）在对比中推敲词语的精准

作者遣词造句的精准，是需要学生深度阅读才能体会到的，对于用词"准确性"的把握，就是一种逻辑，我们可以引导学生在对比式的逻辑阅读中感受作者"遣词造句"的精妙。

例如《大自然的文字》："那些冰块从寒冷的北方'爬'过来，沿路把大大小小的石块带着一起走。"

关注过这个"爬"字吗？如果换成"走""滑""溜"……行不行呢？学生只有在对比阅读中才能感受到"爬"的精准：缓慢，有个漫长的过程，并且形象生动，学生脑子里很快将"拖着重重壳的"乌龟形象与陌生的带着石块走的"冰块"形象连接起来。"科普小品文"语言的生动性、趣味性也在对比式阅读中得到诠释。

这样的例子不胜枚举，因此，高年级的语文教师在带领学生阅读的时候，有时需要将脚步再放慢一点，"走马观花"的同时，不要忘了带学生下马，为某朵独特的花（词、句、表达方式）停留，与周围的花对比一下，这样的"花"究竟独特在何处？如果成为一种习惯，学生自然会知道阅读的过程中该为什么而驻足，也能真正感受到用词精妙的内在逻辑之美。

（3）在对比中发现语序的魅力

文章的语序有它的内在逻辑结构，文章也有它的内在结构，这些往往是学生平时阅读时容易忽略的。

比如：《我们爱你啊，中国》中有这样的表述：

"我们爱你——桂林山水的清奇俊秀，杭州西湖的浓妆淡抹，黄山、庐山的云雾飘渺，长江、黄河的波澜壮阔。"

有学生觉得作者的表达不符合我们平时的语言表达习惯，应该改成：

"我们爱你——清奇俊秀的桂林山水，浓妆淡抹的杭州西湖，云雾飘渺的黄山、庐山，波澜壮阔的长江、黄河。"

这也是学生逻辑式阅读的结果，我们不妨先尊重学生的阅读成果，让学生进行比较思考：既然意思差不多，作者为什么采用文中的表述方法？通过对比式反复阅读体会出微妙的变化——作者采用这样的语序更凸显了祖国山水的特点，这一过程无形中也让学生领略了"倒装"在逻辑表达中的作用。

语序的变化是逻辑表达的需要，关注这些变化，熟悉的地方也能欣赏到独特的风景。

2. 在赏析式阅读中探寻表达的精妙

高年级的学生已经具备了欣赏的能力，应该让学生用欣赏的目光去感受语言文字的逻辑之美。

《麋鹿》的开篇这样描写："天色微明，晨雾如轻纱般漂浮在黄海滩涂上。一群麋鹿悄无声息地向水塘走去。不知从何处传来人的脚步声，警觉的麋鹿迅即蹦跳着遁入草丛……"

第一层面赏析：读着读着，你仿佛看到了怎样的画面？

第二层面赏析：状物类的说明文为什么在开篇写这样美的景？

如果第一层次是隐喻式阅读的话，那么第二层次就是在赏析中进入逻辑式阅读了，学生会认真思考这一段写景文字在全文中的作用：这段文字向我们描绘了一幅晨曦中麋鹿的生活场景，给人一种神秘、静谧、自由、悠闲的感觉，感受到麋鹿与自然环境的和谐，"无忧无虑""麋鹿天堂"的感受在文字中流淌，这样的环境描写不是多余的，只有在这样的背景中才能感受到麋鹿独有的神奇，同时也为麋鹿的出场拉开了"帷幕"。

高年级的独特表达方式，在一些经典文章中"俯身即拾"，可很多时候学生视而不见，这种独特表达方式的逻辑之美也就无法体会。例如《夹竹桃》中"雪与火交融"的描写，将两种看似不可能的物体放到一起，就形成了独特的表现效果。再如作者对夹竹桃"韧性"的描写，没有直接表现，而是通过院子里其他三季的花进行反衬；"月光下的遐想"的无限想象力……都需要引领学生在文字里多几个来回，多在文字中沉浮，用欣赏的目光感受语言文字的独特魅力。只有浸润在文字的独特魅力中，才能体会作者独特的表达方式，领悟其表达的逻辑之美。

有时睿智性的语言描写中也藏着逻辑，也需要用逻辑式阅读看到我们该看到的。例如：阅读《鞋匠的儿子》，在赞叹林肯人格魅力的同时更要欣赏其独特的语言魅力。林肯的语言究竟有什么神奇的地方，让众议员由原先的"嘲笑"变为后来的"赞赏"；《钱学森》中几次"质朴"的语言为什么能让我们感受到浓浓的爱国情怀；《螳螂捕蝉》中少年看似不经意的话，有着怎样"四两拨千斤"的巧妙艺术……这些都需要引领学生去感受，去欣赏，甚至去学习这样的"语言智慧"背后的逻辑表达，最终让学生的表达也充满"魔力"。

隐喻与逻辑是高年级阅读教学中不可偏废的两种思维方式，隐喻式阅读和逻辑式阅读是互补的两种阅读方式，学生可以在这两种阅读方式中推敲已知，读出未知，借助偶然，关注必然……阅读也在这样两种方式中不断纵深，达到高年级学生应有的深度，最终让深度阅读成为一种阅读自觉！

参考文献

［1］胡壮麟. 认知隐喻学［M］. 北京：北京大学出版社，2004.

［2］蓝纯. 认知语言学与隐喻研究［M］. 北京：外语教学与研究出版社，2005.

［3］谢之君. 隐喻认知功能探索［M］. 上海：复旦大学出版社，2007.

（此文发表于《中小学教师培训》2015 年第 10 期）

"非连续性文本"的缺失与教学对策

傅登顺

（建德市新安江第二小学　浙江建德）

《义务教育语文课程标准（2011 年版）》（以下简称《语文课程标准》）在第三学段目标和内容中提出："阅读简单的非连续性文本，能从图文等组合材料中找出有价值的信息。"到第四学段则要求："阅读有多种材料组合、较为复杂的非连续性文本，能领会文本的意思，得出有意义的结论。"这是"非连续性文本"第一次进入广大语文教师的视野，引起了大家的广泛关注。"非连续性文本"不是以前没有，而是没有独立为体系，没有引起重视。厘清原有教学中存在的缺失，明确接下去该怎么办是"非连续性文本"教学的关键。

一、"非连续性文本"阅读的缺失

（一）认识的缺失

"非连续性文本"在现代社会运用广泛，生活中随处可见，其实用性特征十分明显。但这些与人们生活息息相关的、关系社会文明进步的文本却一直被语文教学晾在一边。原因何在？一是认为只要把新闻报道、散文、小说、故事、评论及书信等"连续性文本"学好了，"非连续性文本"就能无师自通；二是认为"连续性文本"重点解决的是学生的精神认识问题，义务教育则主要是为了涵养学生的精神世界，生活中的问题可以暂且搁置；三是认为"非连续性文本"的内容专业性比较强，专业知识非义务教育的重点，以后上了高一级学校，自然就能解决。这种认识的缺失直接导致对"连续性文本"本身认识的缺失。

1. 概念的缺失。"非连续性文本"对绝大多数教师来说是一个陌生的概念，这个概念的提出是阅读教学的一种进步的表现。"非连续性文本"的提出，不仅确立了它的自身地位，也对"连续性文本"的认识更为清晰，有豁然开朗之感。这时我们才认识到现行教材是有缺陷的，"非连续性文本"需要进一步加强。

2. 类型的缺失。随着社会的发展、高科技成果的不断涌现和人类探索自然与社会奥秘的不断发现，"非连续性文本"的形式呈现多元和飞速发展，这就需要教师善于捕捉，与时俱进。目前，"非连续性文本"主要有四种形式：一是单一的图与表等文本，如公交站牌、车票、时刻表、导游图、旅游报价单、产品配方表等；二是内含图表的综合性文本，如产品说明书、有图表的调查报告和实验报告等；三是与信息相关、包含图表在内的多种形式的文本集群；四是以某一指向为目的的多种内容资料的阅读，如地图、与风土人情等相关的资料。另外，如短信、插入图表的连续性文本、绘本、连环画和阅读碎片等，只要利用得好也属于"非连续性文本"的范畴。

3. 教学内容的缺失。因概念和类型认识的缺失，导致教学内容的不全面、不典型。主要表现在：（1）对"非连续性文本"教学意识的空白。没有有意识地把"非连续性文本"纳入教学内容范畴。（2）"非连续性文本"内容利用不足。"非连续性文本"在现有教材中还是有相应内容的，只不过量不足。但由于意识不强，还在用"连续性文本"的思维方式教学，就等于浪费了现有资源。如《妈妈的账单》，由于插入了一张账单，也属"非连续性文本"的类型；再如，教学中要进行同类文本的比较，或结构，或内容，或语言风格，或审美观点的比较，这种则属多种文本的整合；同时，还有对课文文本内容的拓展与延伸，背景材料和延伸材料之间也是不同的整合，都属"非连续性文本"的阅读。只要"非连续性文本"的意识强，通过对现有教材的改造使用和教师有意识地引进相关内容还是能够弥补教学内容不足的问题的。

（二）教学的缺失

由于对"非连续性文本"重要性缺乏认识，导致教学缺失的顽症。如，虽然我国学生从小喜欢连环画、图画书和漫画书，几年前也强调绘本阅读，但就阅读指导和效果来看，它没能跳出"连续性文本"阅读模式，图画一般只起辅助作用，并非真正意义上的"非连续性文本"阅读。

1. 现状的不足。2009 年有媒体报道，广东省语文高考卷中一道带有图表的阅读题，全省 64.4 万考生中有 13 万考生在这道题上得了 0 分，占总考生数的 20.19%。这种教学上的欠缺不只存在于某一个省，而是具有相当的普遍性。在 PISA2009 评估中，中国上海学生的阅读成绩在参加评估的国家和地区中居第一，但在"连续性文本"与"非连续性文本"的阅读上却出现了明显差异:"连续性文本"平均得分 564 分,比第二名韩国高 26 分;"非连续性文本"平均得分 539 分,比韩国低 3 分。上海学生"非连续性文本"与"连续性文本"的成绩差异 25 分,是参与评估的国家和地区中差异最大的。这说明"连续性文本"与"非连续性文本"之间的教学严重失衡,几乎到了失控的地步。这与"非连续性文本"越来越受重视的世界潮流背道而驰。

2. 迁移的不足。阅读教学主要包括三种类型:为获取文学体验进行的阅读,重点在审美体验;为获取信息、建构意义进行的阅读;为完成任务、解决实际问题进行的阅读。在实际教学中,"连续性文本"与"非连续性文本"是不能截然分开的,是可以相互转换和迁移的,如"连续性文本"阅读也非常强调获取信息、建构意义,也同样要解决认识问题、思想问题和现实中的是是非非问题,这些要求是与"非连续性文本"阅读要求相通的。由于教学中没有关注这点,使"连续性文本"与"非连续性文本"成了两张皮。调查发现,多数学生觉得,他们在习惯了文学作品的文本类型阅读后,面对图表阅读显得不习惯、不适应,特别是对"非连续性文本"中特定用词的理解有困难,面对语言信息的"非连续性"产生了理解上的跨越障碍,这说明教学中不注重"连续性文本"阅读向"非连续性文本"阅读的迁移和"非连续性文本"阅读指导的缺失。

3. 素养的不足。"非连续性文本"的有效教学对多数教师来说是一个全新的课题,弥补教师在这方面的缺失是解决问题的关键。一是教师要有经常阅读"非连续性文本"的习惯。多年来教师习惯于阅读《教师教学用书》、课本、教学设计、教辅资料等方面的书,很少去研究和阅读与日常生活息息相关的多种形式的"非连续性文本",涉及面有限,不善于归纳和总结。教师要趁着新标修订版颁布之机,努力形成关注、阅读"非连续性文本"的习惯。二是教师要形成"非连续性文本"阅读的素养。"非连续性文本"阅读有其固有的规律,教师要通过大量的实践掌握其阅读方法、摸索其阅读规律。如尽量最大限度地把握"非连续性文本"的种类、特点,掌握"非连续性文本"阅读的技能技巧,能快速有效地提取、整合有效信息,构建意义,能通过阅读及时解决生活中遇到的困难和问题等。三是教师要训练好"非连续性文本"阅读的教学技能。教师不是自己懂、自己会就行,关键要让学生懂、学生会。因此教师要尽快开展"非连续性文本"的教学专题研究,熟悉并形成各具特点的有效"非连续性文本"教学行为准则。如文本的解读、教学的设计、教学的实施、练习题的拟定、课外阅读的指导，以及与"连续性文本"教学的整合等。

二、"非连续性文本"的教学策略

从某种程度上说，童话、小说、诗歌、散文能滋养儿童精神，而"非连续性文本"的阅读则直接与学生的学习、生活相关。面对两种不同文本的阅读，学生需要具备不同的阅读能力。目前，"连续性文本"阅读已经引起了语文教师的重视，而"非连续性文本"阅读尚未进入语文教师的视野。"非连续性文本"教学，要首先从认识阅读能力出发，采取有效的教学策略。

（一）"非连续性文本"的阅读能力要求

一是图文并茂的信息互补。"非连续性文本"之所以图文并茂，主要原因是文字说不清楚由图表来补充，文字表达太啰唆由图表来代替，而且一目了然。因此，图表信息要与文字信息互相联系，以获取有价值的信息。二是从图文中提取重要信息。这类文本，文字内容是必要的，如背景说明、场景交代是不可少的，图表也同样要求规范性、完整性，但因人、因事、因时不同，不是所有的信息都重要，读者想提取的是关键性、实质性、可解决问题的重要信息。三是解释与推论。"非连续性文本"中不可能把所有的内容都写出来，往往留有空白，让读者去推断、想象，这是激发读者阅读兴趣的主要诱因之一，让学生不仅"知其然"，更"知其所以然"。四是比较与归纳。"非连续性文本"往往是几个独立文本的组合，甚至在阅读中要自发去寻找相似内容来阅读，如学了《鲸》，就想寻找介绍海豚的文本。这类阅读就需要比较，并通过比较归类。五是反思与评价。适应"非连续性文本"的反思与评价主要有两种，第一种是不同文本介绍相同内容，你觉得哪种更有趣、更喜欢，各有什么长处；第二种是多元文本，即把多篇独立的文本放在一起，它们可能在内容上存在某种特定的关系，可能相互补充，也可能完全相悖。如关于什么样的体质适宜进西藏：一种说法是"瘦的人更适应，胖的人不行"；一种说法是"太瘦的人不行，胖的人更适宜"；一种说法是"只要服用一个星期的抗高原反应的藏药，谁都行"；还有一种说法是"坐火车没事，坐飞机多容易出问题"。面对不同的观点和文本，谁都想搞清"什么人最适应"，这是阅读中经常碰到的。

（二）"非连续性文本"的教学策略思考

教学中教师的主导地位是不可改变的，只有教师的主导地位发挥得好，才能体现学生的主体地位。教师的"引导——指导——辅导——诱导"决定着教学效益。教学策略的决定因素在教师，在"非连续性文本"教学的推行中，教师的教学策略是决定其成败的第一要素。

1. 认识"非连续性文本"阅读的价值，充实教学内容。国际上把小学的阅读教学分为两个阶段：1—3年级是"学习阅读"，4年级以后是"通过阅读学习"。小学各科中，除语文外，多数学科的教材内容以图文结合的"非连续性文本"形式呈现，而日常生活中常见的看广告、看地图、看汽车火车时刻表等都属于"非连续性文本"阅读。从某种程度上说，现行的语文教材内容绝大多数是文学作品，如故事、小说、散文、诗歌等"连续性文本"，注重的是学生的精神滋养，而"非连续性文本"的阅读直接与学生的学习、生活相关。"连续性文本"早已引起重视，而"非连续性文本"还未真正进入语文教师的教学思维。针对这种情况，一是要用好现有教材中"非连续性文本"内容，变换形式在"连续性文本"教学中渗入"非连续性文本"教学因素。二是要在现有教材没有修订的前提下，依据学生的实际，充实"非连续性文本"内容。三是要实现跨学科整合，与其他学科配合教学，如数学中的统计表、小学学科中的地图阅读等。四是要引导学生在课外阅读中多阅读"非连续性文本"，如阅读说明书、产品介绍、广告等，解决身边的困难与问题。"语文素养是学生学好其他课程的基础，也是学生全面发展和终生发展的基础。"如果语文教学忽视培养学生"非连续性文本"阅读素养，不仅会影响学生其他课程的学习，还会影响其终身发展。

2. 帮助学生掌握从"非连续性文本"中提取有效信息的方法。获取有效信息、获取重要信息是一个人快速发展与良好生存的必要条件。多年来人们习惯于关注孩子的智商、情商，这显然没有错，但社会进步证明"搜商"更有必要性。所谓"搜商"，简单说就是获取关键有效信息的能力，如快速阅读，提取有用信息，辨别信息真伪和分析整合信息等能力。"搜商"素养的提升主要靠"非连续性文本"阅读来培养。

3. 培养学生比较、归纳、综合和自主建构意义的能力。对由多个材料组成的文本，要善于比较，分辨它们的异同，形成自己的观点。要联系已有的知识和生活经验，自主建构意义。《语文课程标准》在"总目标与内容"中增加了"积极尝试运用新技术和多种媒体学习语文"的要求。在"学段目标与内容"中，第三学段提出"阅读简单的非连续性文本，能从图文等组合材料中找出有价值的信息"。第四学段提出"阅读多种材料组合、较为复杂的非连续性文本，能领会文本的意思"。"找出有价值的信息"也好，"领会文本的意思"也罢，皆是学生的个性化行为。这一补充目的是为了弥补以往教学的不足，适应时代发展的潮流。从多种材料和文本中获取信息并建构意义，离不开需要与动机，更离不开教学的有意识的培养，多种材料的比较、归纳、综合和自主构建是培养的重点。

4. 强化教学中的训练、实际运用和文本写作意识。阅读需要掌握知识，阅读需要掌握技能，知识的巩固离不开练习，技能的形成离不开训练。所以拟定好练习题，开展有效的"非连续性文本"写作训练，是搞好"非连续性文本"教学的关键。如教师针对《美林药品说明书》（原文本略）设计了下列练习。

练习 1. "美林注意事项"第七条"对美林过敏者禁用，过敏体质者慎用。"改为"对美林过敏者慎用，过敏体质者禁用。"可以吗？为什么？

练习 2. 下列做法正确的一项是：

A. 半夜，张小明体温三十九度，慢慢倒出清澈如水的美林，喂小明。

B. 陈琳感冒发热，吃了 999 复方感冒颗粒，又吃了美林。

C. 王方身体发烧，早上七点半他喝了美林去上学，中午十二点回家喝了一次，下午五点到家又喝了一次，晚上十点钟睡觉前又喝了一次。

D. 李伟伟是个壮小子，才八个月大，就有 21 斤了。有天他发热了，他妈妈心疼，喂了他 4 毫升的美林。

练习 3. "美林注意事项"第九条为什么要求"请将美林放在儿童不能接触的地方"？请阅读整篇说明书，说出其中的原因。

通过练习，学生针对问题回答，对说明书内容进一步深入研读，有效提升了学生通过阅读获取信息和解决实际问题的能力。

为了进一步熟悉"非连续性文本"及其内部要素，如内容组合、结构安排、语言风格、图文表组合等特点，教师要在教学中带领学生结合教学内容练习"非连续性文本"的写作。如第一学段写一则广告词；第二学段写产品的使用说明书；第三学段推销一种地方特产，然后组织一次社会调查，并图文表并茂地写好一次调查报告等。让学生在练习和写作中提升"非连续性文本"阅读素养。

"非连续性文本"阅读是一项形式老、要求新的语文教学任务。暂时的不熟悉、不理解、不投入是可以理解的，但放弃是不允许的，只有主动出击才是语文教师的合理选择。

参考文献

[1] 教育部. 义务教育语文课程标准（2011 年版）[S]. 北京：北京师范大学出版社，2012.

[2] 曹媛. 关注"非连续性文本"丰富多元阅读体验 [J]. 小学语文教学，2012 (13).

[3] 张卫其. 非连续性文本的教学策略 [J]. 教学月刊：小学版（语文），2012 (7).

[4] 沈大安. "非连续性文本"的阅读和指导 [J]. 小学语文，2012 (7—8).

[5] 巢宗祺. 对《义务教育语文课程标准（2011 年版）》几个热点问题的解析 [J]. 小学语文教学，2012 (13).

（此文发表于《中小学教师培训》2012 年第 11 期）

以"学"为基点　开掘"本"的价值

——不同年级同题异构引发的思考

许红琴

（苏州市教育科学研究院　江苏苏州）

语文教材既有作为社会阅读客体而存在的原生价值，又有一种新的价值——语文教学价值。语文教材的教学价值具有内隐性，隐藏在教材深处，需要语文教师以专业的眼光去开掘。[1] 如今，很多一线语文教师的课程意识逐渐增强，开始关注对教材内蕴语文教学价值的开掘。许多教学研讨活动给了教师极好的专业引领：同年级同题异构教学研讨，引导教师对教材丰富的教学价值做个性的、多元的开掘；同体裁文本教学研讨，引导教师关注"类"的共有教学价值的开掘。

据笔者教研观察，在教学实践中，对教材教学价值的开掘依然有缺憾。有的教师对"学"的关注度不够，眼中无"人"（学生），以"教"为中心，认为自己发现教材"有什么"即可"教什么"，缺少对学生学习起点与需求的估测与了解，不能基于"学"的起点，对"本"的教学价值做二度开发，教师所"教"不切合学生所需"学"、所想"学"。

如何以"学"为基点，开掘"本"的教学价值，研制合宜的阅读教学内容，是不容忽视的研讨话题。选择怎样的研讨路径与形式来倡导教师真正确立"以学定教"的教学理念，也很费思量。"语文教材无非是例子"[2]，叶老的话给予我们启迪，教材是发展学生语文素养的重要资源与凭借，那么，同一教材文本，是否可以成为不同年段学生的语文学习之"例"？对于不同年级的学生，同一文本又分别可以"例"什么？即以"学"为基点，同一文本是否可以有不同的教学价值？笔者曾在本市组织过几次不同年级同题异构的教学研讨活动。在此以《鹬蚌相争》一课为例，谈谈不同年级同题异构引发的一些思考。

一、同中求异，开掘同一文本不同的语文教学价值

《鹬蚌相争》是一则浅近的寓言故事，故事篇幅短小，内容通俗易懂，

结构完整，既交代了故事发生的场景、原因，又生动描述了鹬蚌相争的对话与相争的结果，"鹬蚌相争，渔翁得利"的深刻寓意蕴含于有趣的故事中。

同一则寓言故事，相同的文字，相同的情节，相同的寓意，不同年级的学生，可"学什么"、该"学什么"，需要教师以"学"为基点，对"本"的教学价值做不同的审视与开掘。换言之，课文还是那篇课文，面对不同学生，其语文教学价值应该是不同的；不同年级的学生学习同一则寓言，得到的语文收获应是有差异的。

（一）二年级教学价值

苏教版教材将《鹬蚌相争》编排在三年级下册《寓言两则》中，若此文放到"二下"教学，学生该"学什么"？经过反复研讨，我们最后确立了以下主要教学价值：

1. 提高识写力。生字教学是低年级语文教学的重点，教师重组教材资源，梳理出适合二年级学生学习的四会生字"壳""牢""夹""死"。初读，引导学生读准字音，读通课文，识写四个生字。借助生活经验与图片，了解"壳"就是坚硬的外皮，由"蚌壳"为点，激活已知，加深了解，拓展积累——鸡蛋壳、贝壳、甲壳虫、脑壳、外壳等；借助媒体展示"牢""夹""死"的字源，大致了解其意思，帮助识记字形；根据四个生字横笔较多的特点，重点指导"横笔等距，长短不一"等书写要点。为有效落实识写目标，教师采用集中识记、书写的形式，保证识写时间，力求培养学生准确识记、规范书写、独立识写的能力。

2. 增强解词力。结合生活经验和上下文了解词句意思，是第一学段重要的阅读目标。教师梳理出适合二年级学生结合语境了解意思的词语，根据二年级学生特点，采用多种方法帮助学生了解这些词语的意思，培养学生的解词力：借助图片形象认识"鹬""蚌"和"壳"；通过做动作，了解"啄"的意思，用手作河蚌的两个壳，在动作演示中了解"张开壳儿""合上壳儿""松开壳儿""收拢壳儿"的意思；借助故事情境，激活生活经验，在对话朗读指导中了解"威胁""毫不示弱""得意扬扬""筋疲力尽"等词语的大致意思。通过多种活泼适切的形式，化解学生词语理解障碍，渗透理解词语的方法。

3. 培养故事力。低年级孩子喜欢听故事、讲故事，本文是寓言故事，尽管短小，但有人物、有情节，形象生动，适合训练、培养学生的故事力。教学伊始，教师惟妙惟肖讲故事，先声夺人，把学生带入故事情境中，激发其读、讲故事的兴趣；初读课文后，引导学生先"读好故事"，即边读边想象，把自己当作故事中的人，有声有色读故事。重点指导学生想象鹬和蚌的动作与心情以及说话时语气、语调的变化。通过比赛的形式，激发学生读故事的兴趣。学生读故事时，教师及时点评，引导学生"读好故事"：读好故事开头，带入情境；读出情节变化，引人入胜；读好人物语气，有声有色。学生"读好故事"，为"讲好故事"做铺垫。

4. 发展理解力。本文是寓言，二年级学生不需要深入理解寓意，但是课标要求"阅读浅近的童话、寓言、故事，向往美好的情境，关心自然和生命，对感兴趣的人物和事件有自己的感受和想法，并乐于与人交流"，对故事的内容和寓意还是需要有初步的感受的，尤其对感兴趣的人物、事件要能发表感想。于是，教师从学生"感兴趣"入手，在课末创设续编故事的情境：那可怜的鹬和蚌，在渔夫的鱼篓里傻傻地看着外面的世界。鹬想："我真傻，_____。"蚌想："我真傻，_____。"学生沉浸于故事情境，把自己当作故事中的人物，说出心中的感受、体验与想法。教师顺势点拨：这一对傻蛋，要是早明白你们说的这些道理该有多好啊！我们可不能犯它们这样的傻啊！续编故事，情境对话，将寓意具象化，孩子用自己的语言说自己的感受，以形象感悟寓意，没有说教的痕迹。

尽管是三年级学习的课文，由于教师基于"学"的起点重组教材资源，降低理解难度，凸显识写、朗读等重点，学生学习没有艰涩感，依然学得趣味盎然。

（二）三年级教学价值

三年级学生知识经验与学习能力较二年级有所提升，课程标准对中年段学生阅读能力也有新的要求，如"初步把握文章主要内容""能复述叙事性作品的大意，初步感受作品中生动的形象和优美的语言……"，据此，教学三年级时，对教材主要教学价值做如下设定：

1. 继续提升识写力。三年级应重视培养学生的独立识写能力，本课只有一个四会生字"弱"，以此为点，着力教"弱"的书写规律：引导学生观察发现字形与书写特点，左右两部分相同，书写时左边略矮略窄，右边略高略宽，两部分既不能粘在一起，也不可太过疏离；再引导学生回忆学过的同类字"朋""林""羽"等，巩固对这一类汉字字形特点及书写规律的掌握。"夹"易读错，教师请学生查字典，发现"夹"有三种读音，结合字典义项，引导学生明白，在不同语境中，"夹"字意思不同，读音也不同，因此，可用"据义定音"的方法记多音字；教师再引导学生思考发现，在表示"里外两层的衣被"时读 jiá，如夹衣、夹被，在"夹肢窝"中读 gā，其余大多读 jiā，"记少不记多"也是区分多音字的方法。

同为生字教学，与二年级相比，三年级更多的是引导学生对汉字识写规律进行探寻，旨在提升学生独立识写的能力。

2. 着力训练概括力。利用生字教学资源，教师引导学生抓住"啄"和"夹"这两个字，概括第 1 自然段的主要内容"鹬啄蚌肉，蚌夹鹬嘴"，指导方法——抓住关键字词概括；再引导学生用此方法，抓住"威胁""毫不示弱"归纳第 2、3 自然段的主要内容"鹬威胁蚌会被干死，蚌毫不示弱，说鹬会被饿死"；借助"相持""一齐捉住"归纳第 4 自然段的主要内容"鹬和蚌相持不下，被渔翁一齐捉住"。在此基础上，教师引导学生用归并段意法概括故事内容；再引导学生用扩提法概括内容："鹬蚌相争"的经过加上"被渔夫一齐捉住"的结局，用"鹬蚌相争，渔翁得利"这个成语可更简要概括主要内容。

教师充分利用文本资源，培养中年段学生提取、整合文本核心语言信息的能力以及从不同角度用不同方法概述的能力以及有方法指导，有实践过程，学生概括力得以提升。

3. 致力发展故事力。同为培养"故事力"，三年级不仅要求学生"读好故事"，更致力于让学生"讲好故事"。首先，借助关键词句，用自己的话把故事内容大致复述出来，定位于把故事"讲清楚"；接着，逐步引导学生学习"有声有色讲故事"，重点指导学生复述鹬蚌相争、相持部分，可以借用文中的基本句式"今天不……明天不……你就……"讲述，也可以加入自己的语言丰富人物对话，还可以加上表情、动作活化故事中的人物形象，甚至可以通过语气、语调的夸张来表现鹬蚌相争时心情、语势等的变化，使故事更具吸引力和感染力。

基于"学"的基点，"讲故事"这一教学价值在三年级又有了新落点：从"读"故事推进到"讲"故事，从"讲清楚"发展为"讲生动"，循序渐进，学生的故事力在反复实践中得到发展。

4. 逐渐提升阅读力。讲完故事，教师创设故事情境：听听，鱼篓里又有一番怎样的对话？它们还争吗？鹬和蚌分别会怎样说？说什么？请展开想象，用"……不……，……不……就……"的句式或自己的语言，写写鹬、蚌在鱼篓里的对话。这一教学价值的开掘，将体悟寓意与语用实践相结合，提升了学生的阅读理解力与表达力，体现了年段差异。

苏教版教材编排中，这是第一次出现寓言。初识寓言，也成为教学价值。理解寓意后，教师点明寓言特点——通过一个简短有趣的故事，传递深刻的道理，引人思考，予人启迪，所谓小故事寓大道理。学生不仅读懂了这一则寓言，也知晓了寓言这一类文体的基本特点，提升了认识力。教师推荐学生阅读其他几则浅近的寓言，为孩子打开一扇寓言阅读之窗，引发学生阅读兴趣，在自主阅读中进一步提升其阅读能力。

（三）六年级教学价值

这样一则浅近的寓言故事，学生在三年级已学过，后续又学过《自相矛盾》《滥竽充数》等多则中国古代寓言，也学过《伊索寓言》，对寓言"小故事、大道理""穿着外衣的真理""常用夸张和拟人等手法"等形式特点有了一定的认识。那么，《鹬蚌相争》在六年级还可以开掘出怎样的教学价值？设定怎样的目标与内容才适切？经过研讨，我们觉得六年级的教学，可以多一些"类"的意识、"法"的指导、"赏"的视角。

1. 认识小故事的大作用

《鹬蚌相争》是战国时谋士苏代游说赵惠王时所讲的一则寓言故事，苏代以此寓言委婉劝诫赵王，赵国和燕国争战不休，不过是"鹬蚌相争"，必定让秦国得"渔翁之利"。教学中，复习、回顾寓言内容和寓意后，教师出示了这些背景资料，让学生对这则寓言有了新的认识，一则寓言平息一场战争，小故事不仅有大道理，小故事还有大作用。出示学生已学《螳螂捕蝉》，了解这则寓言同样有大作用。教师顺势点拨：战国时代，由于士阶层的兴起，他们或著书立说，发表自己的政治主张，或奔走于各国，游说诸侯，都致力于言谈的技巧，往往借精彩的寓言，使言说更具说服力。通过创设游说情境，引导学生把寓言故事放入历史背景中讲述。

出示背景、勾连已学、拓展介绍，深化了学生对寓言这一"类"文体的特点、作用等的认识，与三年级相比，阅读眼力有了新的生长点。

2. 感受古今语言的风格

出示文言文《鹬蚌相争》，引导学生借助现代文和注释，推想意思，大致读懂文言文；将文言文与现代文进行比较赏析，感受文言文语言的简洁洗练，现代文语言的浅近直白。这一环节，旨在感受古今语言的不同风格，体现与三年级阶段学习的衔接与渐进发展。

3. 初味中外寓言的智慧

和学生一起回顾、梳理小学阶段学过的以及课外读过的中国古代寓言、伊索寓言等，以《鹬蚌相争》《狐狸和葡萄》为例，引导学生比较中外寓言的异同。经过思辨讨论，学生发现中外寓言都有篇幅短小、语言精练、寓意深刻等共同点；中国古代寓言的寓意往往蕴含于字里行间，含蓄委婉，耐人寻味，而伊索寓言的寓意往往在文末揭示，一语道破，深刻精辟，给人醍醐灌顶之感。学生静思两"类"寓言，感受到中外寓言尽管形式不同，但有异曲同工之妙。这一教学价值的开掘，意在拓宽学生阅读欣赏的视角，初味中外寓言的智慧，指导阅读欣赏的方法，提升阅读欣赏的眼力。

4. 体验改编寓言的乐趣

小学语文教材中出现的《鹬蚌相争》有多个版本，编者意图不同，在尊重原文的基础上，文本语言、结构等有一定差异。教学中，出示西师大版的《鹬蚌相争》，引导学生从篇幅、语言等方面与苏教版的《鹬蚌相争》进行比照阅读。学生比较后发现，苏教版故事简洁浅近，重在人物对话的描摹；西师大版故事生动，有环境描写，有细节刻画。比较中学生发现，同一个故事，可以改编得浅近直白，让人一读就懂，也可以改编得情节曲折，生动形象，引人入胜。教师再引导其发现，两个版本教材将这则寓言编入的年级不同，由此明白，同一个故事，根据不同的阅读对象、不同的需要，可以有不同的改编形式与方法，给予读者不同的阅读乐趣与享受。

教师出示《螳螂捕蝉》故事雏形，引导学生根据自己的喜好改编故事，可以改编得浅近直白，也可以发挥丰富想象，刻画细节，描摹环境，改编得生动具体。这一教学的价值在于培植学生阅读欣赏的眼力，也在语言运用实践中，使学生享受改编寓言的乐趣。

5. 获取寓言阅读的方法

高年级阅读教学更注重指导阅读方法，培养独立阅读能力。本课教学，强化"比较"阅读方法的指导：与文言文比照，认识语言形式之美；与伊索寓言比较，感悟中外寓言之智慧；与不同版本的寓言比较，初悟改编寓言之趣。"比较"阅读法在实践中入心，也在实践中渐渐转化为学生的能力。比较之中，学生欣赏的视角得以拓宽，眼力得以提升。

李海林先生认为，语文教学的内容必须由教学双方在教学实践中现实地生成出来，学生是语文教学内容的现实生成者。[3]由此观之，语文教材教学价值的删选依据也应是当下学生的学习起点与需求。因此，同一则寓言，在二年级，其教学价值主要定位于培养学生识写能力、解词能力、情境朗读能力，激发学生阅读寓言兴趣等的"资源"；到三年级，其教学价值主要为培养学生概括力、故事力等的"凭借";而六年级,寓言又有了新的教学价值,成为拓宽学生寓言阅读视野,培养学生勾连、比较等阅读思维与能力,初步培养寓言类文本阅读欣赏眼力等的"载体"。

以"学"为基点,同样的文本,教师能发掘出不同的教学价值;不同年级学生学习同一篇课文,收获迥异;即使是学过的文本,也能看到以往学习中所看不到的风景,收获常读常新的惊喜。

二、异中求同,不同年级追寻共同的课程价值

同题异构,力求同中求异,也追求异中求同的境界。"异"的是教学目标、内容与形式的确定与选择,"同"的是课程目标与核心价值的把握与追寻。"求异"考量的是教师开掘教材教学价值的专业眼光与智慧,"求同"考量的是教师课程意识与对学科教学本质坚守的定力。

从前面的陈述中不难发现,尽管不同年级教学目标定位不同,开掘的教学价值、研制的教学内容迥异,但是,三位教师都在落实共同的语文课程目标——引导学生学语文,用语文,提升阅读能力,生长言语智慧。在书写规律、解词方法、比较阅读法,培养概括力、故事力等方面,只有"点"与"序"的差异,而无"质"的区别。三位教师各具慧眼,依据学习起点,开掘适合当下学生语文能力发展需求的教学价值,不同年级学生的语文知识、言语智慧、阅读能力、思维能力等在原有基础上都有了新的生长,实的发展。

"求异",并非一味地标新立异,而是以"学"为基点,形式、方法、内容求异,目标则趋同,即循序渐进地发展学生语文能力。各具特色的教学形式与内容背后,是对语文课程共有的核心价值的追求。求异亦存同,可谓殊途同归。

三、异曲同工,适切的才是最好的

不同年级同题异构教学研讨,让教师们看到了同一文本在不同年级具有不同的教学价值,看到了执教者创造性使用教材的功力,看到了不同年级教学异曲同工之妙,最主要的是给了教师这样的启示:阅读教学在明确语文应该"教什么",把握教材"有什么"的基础上,还必须思考"为谁教",以此确定当下的课堂适合"教什么""学什么"。

上述案例中,同为"故事力"培养,二年级定位"读好故事",三年级致力于"讲好故事",六年级则要求还原到历史背景中机智巧妙地讲述

故事。每个年级学生的"故事力"均有发展，纵向看，三个年级学生"故事力"的发展是循序渐进的。

以"学"为基点，追求的是适切的教学，"适切的才是最好的"。教师心中须有"人"——学生，充分了解、估测学生的学习起点，寻找到略高于又贴近于学生现有知识能力水平的最近发展区，学生已懂的、自己能读懂的，不教不学；学生读不懂、读不透、看不到的地方，即阅读思考粗浅、疏漏处，学生能力缺失处、薄弱处，才最具教学价值。引导学生在这些地方驻足、咀嚼、思辨、对话，实实在在经历阅读、思考，教师点拨，学生再深入阅读思考的学习过程，学习才有挑战性、新鲜感，学生理解能力、阅读眼力、言语智慧、思维品质等才能有所提高。

不同年级同题异构教学，只是一种教研尝试。但给予一线教师的启迪还是比较鲜明直观的——"教"是为"学"服务的，须转变教与学的关系，为学而教，以学定教。教师站在学情视角，即以"学"为基点开掘"本"的教学价值，才能教在学生学习发展的起点上，教到学生心坎儿上，让不同年级学生的学力、核心素养有长足、长远的发展。

注　释

[1] 胡立根. 中学语文教材教学价值特征简论 [J]. 深圳教育学院学报，1999（2）：43—48.

[2] 叶圣陶. 叶圣陶语文教育论集 [M]. 北京：教育科学出版社，1980：5.

[3] 李海林. 论语文教学内容的生成性 [J]. 浙江师范大学学报（社会科学版），2005（6）：94—99.

（此文发表于《中小学教师培训》2016 年第 2 期）

• 化学

中学化学核心素养的构成体系与培养策略

房 宏

（常州市第二中学 江苏常州）

2014 年 3 月印发的《教育部关于全面深化课程改革落实立德树人根本任务的意见》（以下简称《意见》），5 次提到"核心素养"或"核心素养体系"，具体要求研究制订"各学段学生发展核心素养体系"，并在"修订课程方案和课程标准"时"依据学生发展核心素养体系，进一步明确各学段、各学科具体的育人目标和任务"。自此，"核心素养"便成了我国基础教育界的新热点，而各学段、各学科"核心素养"体系建构与培养策略等问题也需要广大一线学科教师的积极应对。

一、中学化学"核心素养"的含义

关于"核心素养"的研究是一种持续的多学科、多领域协同研究的集成，历来受到国际教育界的关注，我国的教育改革是在国际教育的背景中进行的，对于"核心素养"的理解应该借鉴国际社会的研究成果。

近年来，联合国教科文组织、欧洲联盟、经济合作与发展组织等国际组织和世界各国都高度重视"素养"的研究，并将其作为推进课程建设的核心。其中，经济合作与发展组织还邀请有关学者进行了"素养的界定与选择"的专题研究。该研究认为，"素养"是"个体在特定的情境下能成功地满足情境的复杂要求与挑战，并能顺利地执行生活任务的内在先决条件"。"素养"是"可教、可学、可测"的，是"经由后天学习获得的，它可以通过有意的人为教育加以规划、设计与培养，是经由课程教学引导学习者长期习得的"。而"核心素养"是"个体适应未来社会生活和个人终身发展所必须具备的"，是"不同学习领域、不同情境中都不可或缺的共同底线要求，是关键的、必要的，也是重要的素养"。"如果说素养是基本生活之所需的话，那么，核心素养则为优质生活之所需”，“核心素养”是“少而精的”，包括“能互动地使用工具”“能在异质社群中进行互动”和“能自律自主地行动”等几个方面。[1]

教育部在《意见》中引入“核心素养”的同时，将其界定为“学生适应终身发展和社会发展需要的必备品格和关键能力”。我国学者在研制学生核心素养体系的过程中还揭示了“核心”的基础性和共同性等特征。成尚荣认为“核心素养之‘核心’应当是基础，是起着奠基作用的品格和能力。‘核心’的基础性决定着核心素养的内涵、重点和发生作用的方式。因此，完全可以说核心素养就是基础性素养”[2]。张华认为“核心素养是最关键、最必要的共同素养”，“核心素养不是只适用于特定情境、特定学科或特定人群的特殊素养，而是适用于一切情境和所有人的普遍素养，这就是‘核心’的含义”。[3]

综上所述，中学化学“核心素养”是化学学科最具学科本质的素养，不会因为时代或国界的变化而变化；是化学学科固有的关键素养，不是其他学科素养所能替代的；是学生借助化学学习过程形成的解决实际问题所必需的最有用的化学知识、最关键的化学能力、最能满足终身发展需要的化学思维。也就是说，中学化学“核心素养”具备关键性、稳定性、独特性、生长性和实践性等特征。

二、化学学科的特征与中学化学“核心素养”的构成

化学是一门中心的、实用的、创造性的科学。化学之所以能够成为中学课程体系中一门独立的学科或教学科目，是因为其所具有的独特魅力。毕华林等认为，“在漫长的发展过程中，化学科学积累丰富知识的同时，也积淀了化学家认识物质、改造物质和应用物质的思想观点、科学方法、思维方式等。这些丰富的思想、观点、方法彰显了化学的伟大魅力，成就了化学科学在促进社会发展中的强大力量，是化学科学的精髓。很显然，化学科学承载着丰富的教育价值，化学教育根植于化学科学，必须彰显化学科学的魅力和特征，只有这样，化学教育才有生命力，才能促进学生化学核心素养的发展”[4]。因此，化学科学特有的知识、思想、观点、方法等不仅是中学化学教学内容的主体，更应该是构成中学化学“核心素养”的重要元素。

关于中学生的化学能力和化学观念等问题，从不同的角度可以建构成不同的体系。陆军的视角是站在学校教育的框架内，他认为，"学校教育范畴的学科能力，应该与学科知识的学习能力相对应"，化学学科能力"就是与化学知识性质相对应的获取与运用化学知识的能力"，具体包括"观察能力、实验能力、问题解决能力和思维能力四个方面"。[5]陆军还认为，"化学基本观念就是化学在人脑里留下的基本的概括性认识"。在中学化学中，"化学的研究对象包括物质的组成、结构、性质和应用四个方面，中学生在这个层面学习化学之后就会留下与之相对应的概括性认识"，具体包括"元素观、微粒观、结构观、变化观、化学价值观以及分类观和实验观"。[6]所以，将化学能力、观念以及思想、方法等纳入中学化学"核心素养"体系时，我们也应该从中学化学教学和学生的实际出发。

从中国知网收录的文献看，关于中学化学"核心素养"构成问题的论述，目前仅有林小驹等人的一篇论文，他们参照有关学生"核心素养"的模型，尝试构建了高中化学"核心素养"体系。林小驹等认为，高中化学"核心素养"包括"化学素养、化学信息素养、化学能力、合作能力和语言素养、化学思维素养、跨学科合作综合素养以及情感、态度和价值观等"。[7]这作为最先提出的相对完整的高中化学"核心素养"构成体系，对于进行关于中学化学"核心素养"的深入思考具有一定的积极意义。但是，在该"核心素养"体系中，语法上处于并列关系的"化学素养""化学信息素养""化学思维素养"等要素之间存在着明显的包含关系，"化学信息素养"和"化学思维素养"从属于"化学素养"，即"化学素养"包含着"化学信息素养"和"化学思维素养"。所以，构建中学化学"核心素养"必须选准思考问题的角度。

从中学化学的实际出发全面考察化学学科，并结合毕华林、陆军等学者的有关认识可以发现，化学学科在中学化学教学中具有宏微结合的表征方法、变化可控的反应规律、服务社会的绿色价值、同类相似的物质性质、实验探究的实现途径等学科特征。这时，根据"核心素养"的含义和化学学科的特征，我们可以构建与中学化学研究对象相对应的中学化学"核心素养"体系，具体包括宏微结合、变化可控、服务社会、同类相似和实验探究等几个方面（参见表1）。

表 1 与研究对象相对应的中学化学"核心素养"体系

研究对象	"核心素养"的内容		
物质的组成	宏微结合：物质有宏观性质、微观结构和符号表达的三重表征，而且不同性质物质的微观结构和符号表达不完全相同，这也体现了不同结构的物质具有不同性质的规律	同类相似：同类物质有着相似而不完全相同的组成、结构、性质及其应用	实验探究：实验是实现测定物质组成、结构或探索其性质、应用的重要途径
物质的结构			
物质的性质	变化可控：物质的性质主要通过变化来表征，物质变化时有定量、守恒、平衡等反应规律，同时伴随能量的变化，在控制条件的情况下物质变化能够满足人类社会的需要		
物质的应用	服务社会：利用物质的性质服务人类社会时，要发挥其积极作用，同时防止消极作用的发生		

三、培养学生中学化学"核心素养"的教学策略

实践表明，中学化学教学要培养学生宏微结合、变化可控、服务社会、同类相似和实验探究等几个方面的"核心素养"，主要有强化结构性质的联系、突出反应原理的教学、注意科学伦理的教育、注重化学思维的指导、设置真实问题的情境等相关教学策略。

（一）强化结构性质的联系

"化学是从微观层面上解释宏观性质的学科，宏观与微观的联系是化学学科不同于其他学科的最特别的思维方式"。目前，"化学符号已经是化学学科的通用语言，既可以从微观水平上解释物质的组成和变化，又可以从宏观水平上描述物质的状态和性质，可以说是联系宏观和微观的桥梁和中介，是学习化学必须掌握的语言"。[8] 所以，强化结构性质的联系，实际是要加强化学宏观世界、微观世界和符号世界三重表征的结合。对于氨气与酸反应的宏观性质，从结构的角度看，是因为氨分子中存在孤对电子，这在氨分子的电子式或铵离子的结构式中可以用相应的符号表示。加强结构与性质的联系，不仅有利于学生形成宏微结合的观念，而且能够帮助他们建立物质组成、结构和性质之间的联系，形成"结构决定性质、性质决定应用"的化学思想，并从宏观与微观相结合的视角解释物质的性质和变化。

（二）突出反应原理的教学

所有的化学反应，即使是常温下能够发生的反应，都有相应的反应条件，而且有定量、守恒、平衡以及能量等方面的反应规律。对于氮气与氢气合成氨的可逆反应，工业上选择一定温度、压强和适当催化剂的条件，就是为了按照化学反应的有关规律，获得相对最佳的反应速率和反应限度。所以，在物质性质的教学过程中我们不仅要阐明反应的条件，更应该突出反应原理的教学，让学生理解并掌握控制反应速率和限度的有关知识。也就是说，教学中既要让学生熟知有关的反应条件、反应规律，以及相关的反应原理，又要让学生能够运用化学反应的原理解释相关反应的条件或规律，还要让学生能够运用已知的化学反应原理，探索某些反应发生的条件，建立变化可控的化学观念，知道控制条件能使大多数变化按照所需要的速率和限度进行，以满足人类社会的需要，并为形成正确的化学价值观和绿色应用思想打下基础。

（三）注意科学伦理的教育

科学伦理是指每个人在自由生活的同时必须承担的不可推卸的对他人、社会、自然的责任，绝对不能为了某些私利而危害人类健康和公共安全。这是化学服务人类社会时绿色应用价值取向的基础。据报道，一次某市青年化学教师评优课，高中组课堂教学的课题是"硫酸"，有一名参赛选手这样介绍了浓硫酸的腐蚀性，"同学们都听说过曾经发生的清华大学学生用硫酸泼熊的事件吧……用浓硫酸泼北京动物园里的狗熊，最终对狗熊造成了严重的伤害……试想，连狗熊这么厚的皮都吃不消（学生笑），大家说浓硫酸的腐蚀性强不强呢？"[9] 在这一过程中，教师将"硫酸泼熊"事件只用于佐证浓硫酸具有强腐蚀性，作为传授知识的铺垫，从而失去了对学生开展科学伦理或尊重生命的教育时机，这实在是一种缺憾。化学教学应该为每个学生建构相应的科学伦理，帮助他们形成利用物质的性质服务人类社会时，要发挥其积极作用，同时防止消极作用发生的绿色应用价值观，从而避免日后因为个人的原因使科学潜在的隐患转变为现实风险或危害的可能。

（四）注重化学思维的指导

思维能力居于一切能力或素养的统摄地位，不同学科有着各自的思维方法或思维模式。化学学科的思维模式，首先是"结构决定性质、性质决定应用"或"应用反映性质、性质反映结构",于是便有了"化学宏观世界、微观世界和符号世界"三重表征的结合以及"同类相似"的思维模式。化学教学中像氨气与酸反应等许多事物都有宏观世界、微观世界和符号世界三重不同的表征;而像二氧化碳与氨气、甲烷与乙醛等不同类别的物质具有不同的性质,或像二氧化碳和二氧化硫、甲酸乙酯和乙酸乙酯等同类物质又有着相似而不完全相同的性质,这些又决定了物质性质存在"不同类别各不相同""相同类别也不一定完全相同"的相关规律。在认识有关物质性质或化学反应原理的教学中,我们要注重化学思维的指导,让学生掌握从类别、组成、结构等方面认识有关物质性质的思维路线和一般方法,同时要注意从其他某些特殊的角度全面认识物质的性质,从而提高化学思维的精准性和全面性。

(五) 设置真实问题的情境

科学研究从问题开始,问题是科学研究的起点,而且真实的问题情境更能激发学生的学习欲望,使学生主动运用已有知识在解决相关问题的过程中获得新的知识。而且在中学化学研究物质的组成、结构、性质和应用的过程中,实验探究是实现测定物质组成、结构或探索其性质、应用的重要途径。所以,化学教学要注意设置与学习活动或生活实际相关的真实问题情境,让学生在运用已有知识思考和解决"实验室为什么常用氨水与硫酸铝溶液反应制取氢氧化铝,而不用氢氧化钠溶液?""交警是利用乙醇的什么性质和怎样的化学原理判断驾驶员是否酒后驾车的?"等问题的过程中,形成自主学习、合作探究的意识,提高依据目标设计实验、基于证据分析推理和解决实际化学问题的技能,在认识有关物质的组成、结构、性质和应用的同时,了解科学探究所包含的提出问题、制订方案、进行实验、收集证据、形成结论等要素和实施的一般步骤,全面提高解决问题的探究能力并形成"实验探究"的相应素养。

注 释

[1] 柳夕浪. 从"素质"到"核心素养"——关于"培养什么样的人"的进一步追问 [J]. 教育科学研究, 2014 (3): 5—11.

[2] 成尚荣. 基础性: 学生核心素养之"核心" [J]. 人民教育, 2015 (7): 24—25.

[3] 施久铭. 核心素养: 为了培养"全面发展的人" [J]. 人民教育, 2014 (10): 13—15.

[4] 毕华林, 万延岚. 化学的魅力与化学教育的挑战 [J]. 化学教学, 2015 (5):

3—7.

[5] 陆军. 高中学生化学学科能力的要素及培养策略 [J]. 教学与管理，2014（10）：51—53.

[6] 陆军. 中学化学基本观念体系的重构——中学化学定义的视角 [J]. 教育科学研究，2015（8）：55—59.

[7] 林小驹，李跃，沈晓红. 高中化学学科核心素养体系的构成和特点 [J]. 教育导刊，2015（5）：78—81.

[8] 张丙香，毕华林. 化学三重表征的界定及其关系分析 [J]. 化学教育，2013，34（3）：8—11.

[9] 於飞. 学科德育渗透：有效开展德育工作的重要路径 [J]. 化学教与学，2013（6）：18—19.

（此文发表于《中小学教师培训》2016年第6期）

化学学科核心素养的培养策略

徐　宾

（江苏省南通第一中学　江苏南通）

2016 年 9 月《中国学生发展核心素养》发布，标志着以核心素养为导向的新一轮基础教育课程改革已经启幕。作为一线教育工作者，必须弄清核心素养与素质教育的关系、核心素养与三维目标的关系、核心素养与学科核心素养的关系，坚持以立德树人为宗旨，立足课堂教学，着力培养学生的学科核心素养，使学科独特的教育价值在学生身上得到体现和落实。化学学科核心素养包括宏观辨识与微观探析、变化观念与平衡思想、证据推理与模型认知、实验探究与创新意识、科学精神与社会责任等五个方面，[1]体现了化学学科的本质特征，内涵丰富，价值多元。化学学科核心素养的培养可从以下几方面展开。

一、聚焦核心知识

化学学科核心素养是化学课程标准的"魂"，是化学课堂教学的"根"，是化学教学评价的"尺"。化学学科核心素养的培养必须以具体的化学知识为依托，在化学知识学习的活动过程中进行，从而为学生核心素养的培养做出化学学科应有的贡献。化学学科知识就其重要性而言，可分为核心知识、次要知识和外围知识，核心知识就是指那些在整个知识系统、学科结构中处于轴心地位，对周边知识领域起着统摄、关联作用，发挥结点功能的课程内容。[2]化学核心知识犹如"根系"和"经脉"，具有内核性、统摄性和生长性。加强化学核心知识教学，有利于理清教学内容的主次，合理安排教学时间，让学生集中主要的时间和精力学习"最有价值"的核心知识，从而为培养学生的化学学科核心素养奠定基础。

例如，"硫的氧化物"中的"二氧化硫"，从知识主线上看，它位于"非金属单质—酸性氧化物—酸—盐"知识链的节点上；从化学性质上看，它既具有酸性氧化物的通性，又具有还原性和漂白性等特性；从化学与技术、社会、环境的关系上看，它与日常生活、环境污染及防护密切相关，是培养学生绿色化学观念和社会责任感的重要素材；从它所处的课程模块上看，它属于化学必修模块的学习内容，体现了国家对公民素质的最基本要求；从化学学科核心素养上看，它几乎涉及化学学科核心素养所涵盖的五个方面的内容。因此，有关"二氧化硫"的知识应当作为化学学科的核心知识来组织教学，而"三氧化硫"则属于一般性的次要知识。教师可通过物质分类、实验探究、证据推理和宏微结合等，引导学生对二氧化硫在水中的溶解性、还原性与漂白性等知识进行自主探究与建构，在体验学习的过程中培养学生的核心素养。

二、建构思想观念

化学学科核心素养中明确提出要培养学生的"变化观念与平衡思想"，"结构决定性质，性质决定用途"的观念以及绿色化学观念等，多个条目均与化学学科思想或学科观念相关联。化学学科思想是化学科学在认识物质、改造物质和应用物质过程中所体现出的具有化学学科特征的最具影响力的思想集合体[3]，例如物质变化思想、质量守恒思想以及物质结构决定性质的思想等。而化学学科观念是个体对化学研究对象、化学研究过程以及化学学科价值的本体的见解或意识，具有超越具体事实的持久价值和迁移价值[4]，例如元素观、微粒观、变化观、实验观和化学价值观等。长期以来，广大中学化学教师对于化学学科思想与学科观念的区别模糊不清，事实上它们是化学研究者基于不同角度做出的阐述。从某种意义上说，科学共同体在头脑中构建的学科观念等同于学科思想，而科学教育的目标是期望学生通过对学科内容的学习达成与学科思想相一致的观念。[5]所以，笔者认为，化学教学不必刻意地区分学科思想与学科观念，重要的是要通过无痕教学引导学生在具体的知识学习过程中自觉领悟与形成化学学科的基本思想和观念，从而更好地促进学生的学习，达到培养学生化学学科核心素养的目的。

例如，"氨"属于必修模块中重要的元素化合物内容，"喷泉实验"是学生学习氨的溶解性和"氨与水反应"的重要实验，有些教师在教学中将教学重点放在喷泉实验的原理上，而将氨与水的"可逆反应"简单告知。笔者认为，喷泉实验是激发学生学习兴趣的重要手段，教学重点应放在基于实验现象的证据推理、变化观念与平衡思想等核心素养的培养上，虽然必修模块中没有出现"化学平衡"的概念，但这并不意味着学生就不应对平衡思想有一定的认识。相反，因为只有部分学生选修《化学反应原理》，教师就更应该在必修模块中潜移默化地渗透平衡思想,以满足国家对发展学生核心素养的基本要求。为此,教师可在喷泉实验之后提出 3 个问题:(1)通过喷泉实验,你了解到氨有哪些物理性质?(2)氨溶解于水仅仅是物理变化吗?(3)氨溶解于水后得到的溶液(氨水)中存在哪些微粒?在问题解决过程中培养学生的变化观和微粒观,并建议再补充一个实验:用吸管从喷泉实验的圆底烧瓶中吸取少量溶液注入试管中,并在试管口上套一个气球以达到密封的效果,将试管放在酒精灯上加热,观察溶液颜色的变化,冷却后再观察溶液颜色的变化。此实验操作虽然简单,但实验现象的变化却可以让学生对"变化观念与平衡思想"有具体的感性认识,相关核心素养的培养在化学必修课程学习中也能得到有效落实。

三、注重宏微结合

化学是一门在原子、分子层面上研究物质的组成、结构、性质及其变化规律的学科,宏观辨识、微观探析和符号表征是化学学科有别于其他学科的基本特性。宏观辨识要求,能通过观察辨识一定条件下物质的形态及变化的宏观现象。微观探析要求,能从物质的微观层面理解其组成、结构和性质的联系,能根据物质的微观结构预测物质在特定条件下可能具有的性质和可能发生的变化。符号表征要求,了解化学符号的内涵,使符号表征成为概括、提升宏观认识与微观认识的重要环节。[6]有专家指出,化学学习存在三种水平:宏观水平、微观水平、符号水平。[7]化学学科核心素养把"能运用符号表征物质及其变化"置于"宏观辨识与微观探析"条目之下,一方面规定了高中阶段学生化学学习水平的层级要求(宏观水平和微观水平),另一方面要求学生对化学符号表征有所了解,能从基本的化学符号表征中解读出它们的宏观意蕴和微观意蕴。

例如,学习"乙烯的加成反应"时,我们要求学生从"乙烯能使溴的四氯化碳溶液褪色"的宏观现象入手,推断出乙烯能与溴的四氯化碳溶液反应,能从乙烯与溴的分子结构上分析和理解反应原理,并在此基础上正确书写乙烯与溴加成反应的化学方程式,进而推测乙烯与氯化氢、乙烯与水、丙烯与溴的四氯化碳溶液在一定条件下反应的产物。教学注重宏微结合,化学方程式就不再是冰冷抽象的符号,而是被赋予了"灵魂"的宏微结合的载体,这样的学习体验不再需要死记硬背,而是富有意义的建构活动。

四、引导实验探究

化学是一门与实验相关的自然学科。在化学教学中引导学生进行实验探究，有助于学生发现和提出有探究价值的化学问题，培养学生的问题意识；根据问题，明确探究目的，设计并优化实验方案，有助于学生了解科学探究的一般方法，培养学生的创新意识；通过相互合作完成实验操作、观察记录实验现象，对实验现象进行信息加工并获得结论，有助于培养学生的科学态度、科学精神、科学思维和合作意识。所以说实验探究既是化学学科核心素养的内在要素，又是综合培养学生化学学科核心素养的一种有效方法。

例如，学习"苯酚的酸性"时教师可采用"发现探究式"的教学模式[8]，引导学生在问题情境中发现问题，在实验探究中解决问题。

[引导发现]观察苯酚样品及分子结构模型，展示苯酚软膏，阅读说明书有关条款，从"不能与碱性药物并用"角度引出问题：苯酚具有酸性吗？酸性强还是弱？

[猜想与假设]根据苯酚、乙醇、水分子中均含有羟基，猜想苯酚能电离产生 H^+，可能具有酸性。

[制订计划]设计苯酚与指示剂、金属钠、NaOH 溶液作用，判断苯酚能否电离产生 H^+；设计苯酚在非水、非醇条件下与金属钠反应。设计苯酚钠溶液与 HCl、CO_2 反应，进一步判断苯酚酸性强弱。

[进行实验]

(1) 将少量苯酚溶于热水中，向其中滴加 2~3 滴紫色石蕊试液。

(2) 将少量苯酚溶于苯中，向其中加入一小粒金属钠。

(3) 将少量苯酚晶体与一定浓度的 NaOH 溶液混合并振荡。

(4) 将制得的苯酚钠溶液分为两份，向其中的一份中滴加稀盐酸，另一份中通入 CO_2。

[收集证据]苯酚不能使指示剂变色，能与金属钠缓慢反应放出 H_2，能与 NaOH 溶液反应，苯酚钠溶液中加入盐酸或通入 CO_2，均出现浑浊。

[推理与结论]由于受苯环的影响，苯酚分子中的羟基变得活泼，能电离产生 H^+，表现出酸性，其酸性比 H_2CO_3 弱。

五、启发科学思维

科学思维是《中国学生发展核心素养》的重要内容，是基于经验事实建构理想模型的抽象概括过程；是分析综合、推理论证等科学方法的内化；是基于事实证据和科学推理对不同观点和结论提出质疑、批判，进而提出创造性见解的能力与品质。科学思维主要包括科学推理、科学论证、模型建构、质疑创新等要素。

科学推理和科学论证在化学学科核心素养中具体表述为证据推理，上述"苯酚的酸性"探究实验中，学生根据苯酚的分子结构做出猜想，通过实验收集证据，并基于证据进行分析推理，得出苯酚具有酸性的结论，就是在实验教学中基于证据推理培养学生科学思维的一则教学案例。

模型建构源自科学研究，是人类认识事物的重要方法，因而模型认知也是学生学习化学的重要方式。它是在已获得大量感性认识的基础上，以理想化的思维方式对化学事实进行近似、形象和整体的描述，进而揭示其本质和规律的认知方式。化学教学借助模型认知有利于化抽象为具体、化复杂为简单、化深奥为浅显，加深学生对具体事物的复杂联系或本质属性的深刻理解和认识。

例如，"原电池"教学可以将证据推理与模型认知很好地体现出来。首先教师组织学生实验，通过铜丝与锌粒在稀硫酸中接触，铜丝表面产生大量气泡，激发学生的好奇心和求知欲，进而引发猜想"锌失去的电子转移到铜上去了"。果真如此吗？学生通过实验收集证据，验证猜想得出结论，从而形成"原电池"的概念。猜想验证的过程其实就是证据推理的科学思维过程。然而，这一装置具有普遍意义吗？将铜片换成石墨、稀硫酸换成乙醇试试？学生在此基础上建构原电池的工作原理模型，了解原电池的形成条件。如何判断一个装置是否属于原电池？就需要借助模型认知，学生尝试从电极、电解质溶液、闭合回路、氧化还原反应等方面做出判断。借助模型认知，不管遇到怎样陌生的情境，只要将复杂的反应、陌生的装置与模型中的要素一一对应，就能很好地解决相关问题。

化学学科核心素养的培养还必须关注与化学有关的社会热点问题，渗透社会责任教育，深刻理解化学、技术、社会和环境之间的关系，加强与其他学科核心素养的融合，共同致力于培养学生适应个人终身发展和未来社会发展所需要的必备品格和关键能力。

注　释

[1] 王云生. 基础教育阶段学科核心素养及其确定——以化学学科核心素养为例 [J].
福建基础教育研究，2016（2）：7—9.

［2］龙宝新. 走进核心知识的教学：高效课堂的时代意蕴［J］. 全球教育展望，2012（3）：21—24.

［3］［4］［5］毕华林，万延岚. 化学基本观念：内涵分析与教学建构［J］. 课程·教材·教法，2014（4）：76—83.

［6］［7］吴俊明. 对化学语言及其教学的再认识［J］. 化学教学，2015（7）：3—9.

［8］徐宾. 新课程化学教学方式的基本特征与有效设计［J］. 中学化学教学参考，2009（4）：16—18.

（此文发表于《中小学教师培训》2017 年第 1 期）

基于化学核心素养的教师巡课

卢天宇

（深圳中学龙岗初级中学　广东深圳）

一、引　言

近几年，教师巡课已然成为美国新兴的一种课堂观察模式，不少美国的学者和中小学校致力于这一新概念的探究。教师巡课是一种以教师自身的课堂实践为基础，并充分利用教师合作学习的力量，着眼于发展教师的实践能力和专长的专业发展形式。[1]前期研究，我们综合特伦、普雷特等人对教师巡课过程的见解，将听评方式简化为"三步九要点"（见图1），优化了教师巡课的操作细节。[2]

巡课前准备	巡课	巡课后的交流、反思等
（1）巡课小组在主持人引导下通过集体协商，确定一个实践问题 （2）受巡教师完成"受巡教师准备表"，发给每位成员，表格要解释实践问题、说明课堂背景、设定探究问题及征求观察者与学生的预期互动程度 （3）进行巡课情况介绍，落实巡课表相关事宜	（4）借助电脑、笔记本、视频录制等协助观察 （5）在不干扰课堂的情况下，近距离靠近学生观察，可询问学生一些问题 （6）填写巡课记录单，及时写下学生的行为及个人分析	（7）初步想法，即受巡教师最初的反思以及专业伙伴的回应 （8）探究，就是在探究问题的基础上分享和讨论自己的观察，强调使用描述性语言而不是评价性语言 （9）最后反思，也就是成员们将注意力完全集中于如"本次巡课我学到了什么""本次巡课对将来的教和学有何启示"这样的问题进行深入反思

图1　教师巡课"三步九要点"示意图

从维度上看，高中化学学科核心素养主要包括"宏观辨识与微观探析""变化观念与平衡思想""证据推理与模型认知""科学探究与创新意识"和"科学精神与社会责任"五个维度。[3]考虑到初中化学较少涉及化学平衡等知识，更注重质量守恒定律的应用，本文将维度二的"变化观念与平衡思想"改成了"变化观念与守恒思想"。从内容上看，化学核心素养可分为化学核心认知与关键能力。

初中化学课堂是否有效落实化学核心素养，又如何进行观测评价？借力于教师巡课聚焦问题的课堂观察范式，笔者把巡课主题拟定为"如何有效落实化学核心素养"，对人教版九年级上册第六单元课题 1 第 2 课时"单质碳的化学性质"展开多次 巡课实践。

二、巡课观测表的初步设计

"教、学、评"一体化是一种以"过程评价模式"与"发展评价模式"相结合的价值取向来构建框架的教学模式。[4] "教、学、评"一体化的化学教学应当重视课堂提问的设计，将课堂提问与教学目标的落实和评价目标的达成有机结合起来，发挥课堂提问对学生化学学科核心素养发展水平的诊断功能。[5] 基于化学核心素养，立足于"教、学、评"一体化教学模式，我们将"单质碳的化学性质"这一课的课时学习目标以问题形式描述：（1）单质碳的化学性质有哪些？如何从结构与性质的关系理解碳的稳定性？怎样理解碳与氧气的反应？（2）探究碳与氧化铜反应的实验装置，选择依据是什么，如何预测生成物并进行检验？实验操作要点有哪些，你能记录实验现象并得出结论吗？你能优化设计实验方案并进行探究吗？（3）如何建立模型以更好地理解氧化还原反应等概念？

在课时目标的导向下，笔者从"核心认知、巡课观测要点与评价等级、预期达成的化学核心素养、实际达成的化学核心素养及水平等级"四个方面设计了核心素养巡课观测表（见表1）。观测要点落在教师教学与学生学习的行动上，对学生构建核心认知，习得关键能力的过程进行观察，既可描述记录，也便于巡课后的对比分析；按照"认识记忆、理解掌握、模仿应用、分析评价及创新创造"几个方面分层梳理，以此确定学生实际达成的化学核心素养及水平等级。

表1 "单质碳的化学性质"课时核心素养巡课观测表

核心认知	巡课观测要点与评价等级		预期达成	实际达成
	教师教学	学生学习		
（1）知道碳的稳定性	①能创设合理的情境，从宏观、微观视角启发学生认识碳的稳定性（优） ②能创设合理情境帮助学生从宏观视角认识碳的稳定性（良） ③直接给学生讲授碳的稳定性（差）	①从微观本质理解碳的稳定性，并能用之解释生活中的实际案例（优） ②知道碳的稳定性，并能用之解释生活中的实际案例（良） ③不会运用碳的稳定性分析实际案例（差）	维度一、维度五	
（2）掌握碳与氧气的反应	①能结合前概念，碳分别在空气与 O_2 中燃烧的现象，引导学生从 O_2 浓度的视角和质量守恒等视角理解碳与 O_2 的反应，并写出化学方程式（优） ②直接从 O_2 浓度的视角帮助学生理解碳与 O_2 的反应，写出化学方程式（良） ③直接指导学生对比并识记碳与 O_2 发生的两个反应的化学方程式（差）	①能从前概念中，主动发现影响碳燃烧的因素：O_2 的浓度，能用化学方程式表征反应（优） ②可以从 O_2 浓度的视角理解碳与 O_2 的反应，并写出化学方程式（良） ③简单、机械地识记碳与 O_2 发生的两个反应的化学方程式（差）	维度一、维度二	

核心 认知	巡课观测要点与评价等级		预期 达成	实际 达成
	教师教学	学生学习		
（3）探究碳与某些氧化物的反应	①能从制氧气的装置与原理出发，启发学生实验装置的选择依据是什么；能组织学生分组实验，归纳实验操作要点并说明理由；引导学生观察、记录实验现象，自主分析，得出实验结论（优） ②能介绍实验装置及选择依据，规范演示实验，引导学生观察现象并得出结论，讲明实验操作要点（良） ③能介绍实验装置，进行演示实验，引导学生观察现象并得出结论，忽略实验操作要点（差）	①能根据已学知识说出装置选择依据；和谐展开小组合作，进行探究实验，找到3个以上的操作要点（例如，试管口略向下倾斜）并说出原因。记录现象及结果；提出质疑问题，正确评价或改进实验方案（优） ②能理解实验装置的选择依据，认真观察演示实验，准确描述实验现象并得出实验结论；能在教师启发下找到操作要点及原因（良） ③能认识实验装置但不理解装置选择依据；未认真观察实验现象，没有发现操作关键点，提不出质疑问题（差）	维度一、维度二、维度三、维度四、维度五	

续　表

核心认知	巡课观测要点与评价等级		预期达成	实际达成
	教师教学	学生学习		
（4）理解还原反应等概念	①能够结合具体化学方程式，引导学生画出"氧化剂失氧发生还原反应"的过程，深刻认识还原剂、氧化剂、氧化反应和还原反应等概念，加以应用；能启发学生画出"碳三角"模型并加以应用(优) ②能够结合具体反应方程式，引导学生认识还原剂等概念；能提示学生碳与碳的氧化物之间的转化关系（良） ③能够结合具体化学方程式介绍还原剂、氧化剂、氧化反应和还原反应等概念（差）	①能够结合具体化学方程式，画出"氧化剂失氧发生还原反应"的过程，辨识还原剂和氧化剂，从得氧与失氧的角度理解氧化反应和还原反应；能构建"碳三角"物质转化模型，并加以应用（优） ②能够结合具体化学方程式，认识常见还原剂、氧化剂、还原反应、氧化反应等概念；知道碳与碳的氧化物之间的转化关系（良） ③对还原剂、氧化剂、氧化反应和还原反应等概念模糊不清（差）	维度二、维度三	

三、巡课分工及巡课记录

1. 巡课分工

四位巡课组成员（记为教师甲、教师乙、教师丙、教师丁）制订了巡课观测表之后，逐个接受巡课。从观测表可见，观课过程集中于两个核心认知：探究碳与某些氧化物的反应和理解还原反应等概念。巡课分工见表2，要求受巡教师所提交的教学设计，着重介绍这两部分内容的教学环节与设计意图。观课时，每位巡课教师都关注、记录这两部分内容的教师、学生行为，及时评价教与学的效果，初步对达成的核心素养维度及水平做出判断。

表 2 "单质碳的化学性质"巡课分工

巡课场次	角色分配	观课分工		交流反思
第一次巡课	受巡教师：甲 巡课教师：乙、丙、丁	乙	着重观测核心认知（1）、（3）与（4），分析核心素养维度二、三、四	由下一位受巡教师乙主持巡课后的交流反思，汇总巡课记录、巡课建议等，及时对个人教学设计进行调整
		丙	着重观测核心认知（2）、（3）与（4），分析核心素养维度一、二、三、四	
		丁	着重观测核心认知（2）、（3）与（4），分析核心素养维度二、三、四、五	
第二次巡课	受巡教师：乙 巡课教师：丙、丁、甲	丙	着重观测核心认知（1）、（3）与（4），分析核心素养维度二、三、四	下一位受巡教师丙主持巡课后的交流反思，汇总巡课记录、巡课建议等，及时对个人教学设计进行调整
		丁	着重观测核心认知（2）、（3）与（4），分析核心素养维度一、二、三、四	
		甲	着重观测核心认知（2）、（3）与（4），分析核心素养维度二、三、四、五	
第三次巡课	……			
第四次巡课	……			

2. 巡课记录

教师乙对教师甲、教师丙、教师丁的课堂均进行观测，表3是观测教师甲授课的记录。教师乙不仅以巡课观测表的观测要点为标准，还要捕捉教师甲个性的设计行为，基于行为事实，即时做出效果评价。记录语言主要描述师生行为，例如教师运用的媒介，设计的提问或引导；学生的回答频次、回答效果等。在课堂上，教师乙如果来不及分析学生实际达成的化学核心素养及水平等级，可在交流反思之前抽空完成。同时，写出个人建议或疑问。

表3　教师乙对教师甲巡课的记录表（部分内容）

核心认知	教与学的行为、效果		实际达成的化学核心素养及水平等级	个人建议或疑问
	教师甲的教学	学生学习		
（1）知道碳的稳定性	展示图片，抛出两个问题①在书写有保存价值的档案时，规定用碳素墨水，为什么？②木桩入土一端表层烧黑，为什么？[追问] 为什么碳在常温下化学性质稳定？[组织] 学生进行小组讨论	学生：因为碳在常温下化学性质稳定此时学生陷入困境，沉默片刻，半数以上小组无从着手，在教师指引下从碳原子核外电子排布进行微观分析	联系碳的原子结构示意图解释碳常温下的稳定性。良好达成核心素养维度一，等级为水平1，能联系结构解释物质的某些化学性质；会运用碳常温下的稳定性解释古字画保存等实际问题。基本达成维度五，等级为水平3，养成理论联系实际的观念，学以致用	建议：教师追问指向更明确，直接引导学生从碳原子的结构分析，为什么碳在常温下化学性质不活泼？疑问：导入情境有无更加鲜活的素材？
……	……	……	……	……

四、巡课交流反思，优化设计形成标准

前三次的巡课交流反思，旨在汇总记录，发现问题，寻找并尝试最优设计方案。最后的交流反思，巡课小组需要结合四次的巡课事实展开讨论，提出最优设计建议，确定课时化学核心素养观测维度及水平等级，形成科学的课时教学标准指导意见。

1. 由宏入微，宏微结合

在讲授碳在常温下化学性质稳定时，教师们一致认可情境导入。

[教师乙] 展示图片，引出新闻：2016年曾巩的《局事帖》共124字，拍卖2.07亿，可谓"一字千金"。提问，古字画都已保存几百甚至上千年，为何墨迹不褪色？

[学生] 因为常温下，碳的化学性质比较稳定。

[教师乙] 追问，单质碳是由碳原子直接构成的，请从碳原子的结构分析，为什么碳在常温下化学性质不活泼？

[学生] 碳原子最外层有4个电子，它要成为最稳定的结构，得或失4

个电子都不容易。

大家认为教师乙的素材鲜活，教师丙认为教师乙应该乘胜追击，继续发问："这说明结构、性质有什么关系？"强化学生对"结构决定性质，性质体现结构"的认识。教师丁注重知识的关联，还强调了原子的化学性质是由原子最外层电子数目决定的。

2. 巧设探究，启发创新

在讲授 C 还原 CuO 实验时，教师甲、教师乙采取的授课方式均是教师演示实验，虽然节约了大量的教学时间，但是学生对实验操作及细节的体验不到位，学习效果一般。教师丙、教师丁均把演示实验改为学生探究实验。

教师丙设计的学生实验流程是：学生计算反应物的用量→选择反应装置和验证装置→开始实验→记录实验现象并交流→写出反应原理→教师投影学生实验操作图片，师生共议实验细节。组员们一致认为教师丙的学生实验时间把握不妥，学生在计算反应物环节耗时过多，部分小组由于反应物的比例偏差大，导致澄清石灰水未出现浑浊或黑色固体变红的现象不明显。

教师丁在教师丙的基础上，重新设计的学生实验流程效果更佳：教师课前按照一定比例混合了木炭与氧化铜，滴加无水乙醇，振荡附着管壁，晾干备用→学生选择验证装置、组装仪器→开始实验→记录实验现象并交流→写出反应原理→教师启发学生参考"制氧气"流程（"查、装、定、点、收、离、熄"）寻找该实验细节。

3. 构建模型，应用模型

构建还原反应等概念模型和"碳三角"的物质转化模型是深化本节知识体系的重要环节。

参照高中化学使用"双线桥或单线桥"示意氧化还原反应，教师甲指导学生通过比较 C 和 CuO、H_2 和 CuO、C 和 Fe_2O_3 这三组反应，构建还原反应与氧化反应的概念模型（见图 2）。后续授课均采用了这一模型，课后的学生访谈中，大多数学生表示更倾向使用"双线桥"的模型。图 3 的"碳三角"是经典的物质转化模型，学生容易忘记 CO_2 转化成 CO 的方法。为此，教师丙有意识地引导学生在物质转化之间标注上反应物和反应条件，这样有利于初学者熟知模型的使用条件等。教师丁借此模型追问学生"如何实现 $CO \rightarrow CO_2$"为后续碳的化合物学习埋下了伏笔。

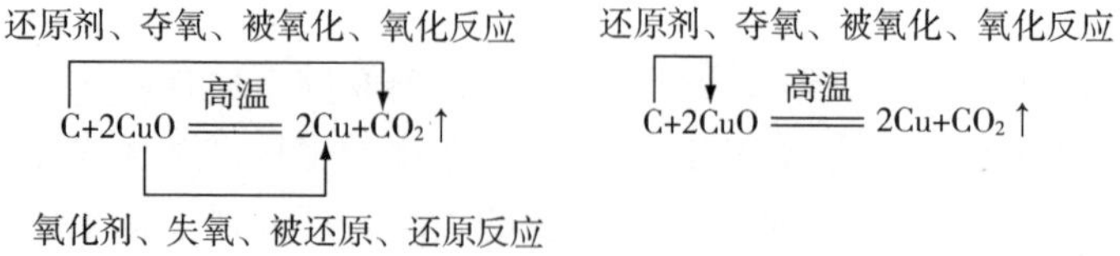

还原剂、夺氧、被氧化、氧化反应   还原剂、夺氧、被氧化、氧化反应

$$C+2CuO \xlongequal{\text{高温}} 2Cu+CO_2\uparrow \qquad C+2CuO \xlongequal{\text{高温}} 2Cu+CO_2\uparrow$$

氧化剂、失氧、被还原、还原反应

图 2　还原反应与氧化反应概念模型的两种构图

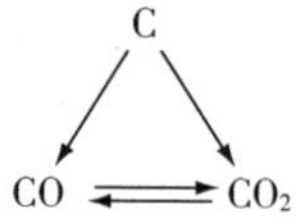

图 3　"碳三角"模型

4. 定量计算，概念延伸

教师丁在主要教学任务完成之后，播放了个人配置反应物的视频，引导学生运用化学反应方程式进行定量计算，算出碳与氧化铜的相对质量之比（等于质量之比）为 3 : 40，查阅文献资料，进而获得反应物的最佳配比。定量计算的引入，一方面巩固了学生在第五单元所学习的质量守恒定律和运用化学方程式进行计算等知识，另一方面激活了学生从定量角度研究化学变化的思维。巡课组认为，在学情允许的情况下，可以引入定量计算。

同时，教师可在反馈练习的提高题中适当延伸还原反应等概念，结合题目的信息情境，启发学生从化合价升降或电子得失的角度去分析氧化还原反应、氧化剂和还原剂。

5. 紧扣实际，严谨求实

教师在帮助学生构建单质碳化学性质的过程中，十分注重联系单质碳在生活、生产中的实际用途。在探究实验环节，教师要发展学生"反应现象→化学符号→反应本质"的三重表征化学思维。教师丁还启发学生，在密闭的试管里进行 C 还原 CuO 实验，生成物是否存在 CO，如何改进装置处理尾气，这样可帮助学生打破思维定式，积极思考绿色化学工艺的设计，养成严谨求实的科学态度。

6. 课时教学标准指导意见

综上，巡课小组形成"单质碳的化学性质"的课时教学标准指导意见（见表 4），部分预设素养水平及目标、学业质量水平建议应当根据实际教学酌情选择。

表 4 "单质碳的化学性质"课时教学标准指导意见

化学核心素养维度	预设素养达成情况 （化学核心素养水平及目标）	学业质量水平
维度一：宏观辨识与微观探析	水平 1：能运用化学符号描述物质的化学性质，联系结构解释物质的某些化学性质	能用化学方程式表示碳发生的化学变化，联系碳的原子结构示意图解释碳常温下的稳定性
	水平 2：初步认识还原反应等概念及实际应用	认识 C 或 H_2 与 CuO 等发生的反应；知道还原剂、氧化剂的性质；知道碳的生活或生产用途
	水平 3：能根据反应条件判断化学反应的能量变化（酌情选择）	从"加热""高温""点燃"等反应条件判断化学变化中的能量变化（酌情选择）
	水平 4：能宏观与微观相结合，深刻理解还原反应等概念	能从得氧和失氧的角度去理解还原剂（C 或 H_2）、氧化反应、氧化剂与还原反应等概念
维度二：变化观念与守恒思想	水平 2：能运用质量守恒定律看待和分析单质碳所发生的化学变化	能运用质量守恒定律看待和分析碳发生的化学变化（C 的燃烧、C 与 CuO 反应、C 与 Fe_2O_3 反应）
	水平 3：理解反应物浓度对生成物的影响。运用化学方程式定量计算，初步学会运用控制变量的方法研究化学反应（酌情选择）	理解 O_2 的浓度影响碳燃烧后的产物；尝试计算出 C 与 CuO 反应的最佳质量配比（酌情选择）
	水平 4：能从其他视角辩证统一地认识还原反应、氧化反应、氧化剂和还原剂（酌情选择）	在信息情境下，能从化合价升降或电子得失的角度去分析氧化还原反应、氧化剂和还原剂（酌情选择）
维度三：证据推理与模型认知	水平 2：能从宏观、微观视角收集证据，构建还原反应等概念模型和"碳三角"的物质转化模型	能够结合具体反应的化学方程式，画出"氧化剂失氧发生还原反应"的过程并加以应用；能画出"碳三角"物质转化模型并加以应用

化学核心素养维度	预设素养达成情况（化学核心素养水平及目标）	学业质量水平
维度四：科学探究与创新意识	水平1：根据教材实验，完成实验操作，记录现象，分析得出结论，发现问题等	熟知C还原CuO反应的实验操作及现象；能写出C还原CuO、澄清石灰水变浑浊的原理；能发现操作的细节及装置的不足等
	水平2：结合之前的探究实验经验，从反应装置、验证生成物装置的选择去设计实验，并厘清实验细节	知道试管口略向下倾斜的原因；理解先从石灰水中撤离导管后熄灭酒精灯的原因；从化学变化角度理解热的Cu会与空气中的O_2发生反应等
	水平3：结合之前的制O_2实验，梳理总结探究实验的要点	梳理实验关键词：选、查、装、定、点、验、离、熄
	水平4：能根据文献资料等研究反应物C与CuO的最佳质量配比，评价或优化实验改进方案（酌情选择）	绿色化学角度下如何设计、改进或评价C还原CuO的实验装置等（酌情选择）
维度五：科学精神与社会责任	水平1：逐步养成严谨求实的科学态度	在进行C还原CuO的实验操作中，发展"反应现象→化学符号→反应本质"的三重表征化学思维
	水平2：崇尚科学真理、不迷信教材，养成绿色化学观	在改进与优化实验装置等体验中，打破僵化思维，敢于发问或质疑，养成绿色化学观等
	水平3：养成理论联系实际的观念，学以致用	会运用碳常温下的稳定性解释古字画保存等实际问题；会运用还原反应解释冶金等某些化学工艺

五、结　语

教师巡课是聚焦式探究问题的有效课堂观察模式，具有较强的突破力。确定巡课主题即巡课核心问题为"如何有效落实化学核心素养"之后，"观测要点"与"化学核心素养内容"成为本次巡课的一对关键词。笔者梳理并联合观测主线和明确观测内容，形成巡课观测表，架构起观测"如何有效落实化学核心素养"的路径（见图4）。

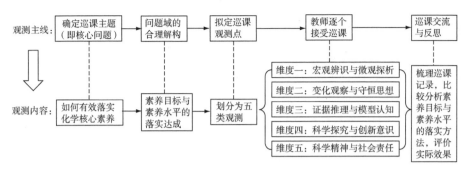

图 4 教师巡课视角下观测"如何有效落实化学核心素养"的路径图示

教师巡课打开了观测化学核心素养的新思路。观测主线牵引着观测内容，观测内容呼应了观测主线，细化完善巡课的观测要点。主线与内容之间相互关联，交织推进，形成了操作性较强的观测路径。

在巡课过程中，教师们在观察者与实践者的角色之间切换，感悟在初中化学课堂培养学生化学核心素养的重要性；集体研讨巡课主题，群策群力，有利于科学、准确地把握课时的教学尺寸；观测他人课堂的化学核心素养落实，切磋彼此的教学手法；基于巡课的交流反思，反复琢磨落实化学核心素养的路径和方法，促成了有效落实化学核心素养的课堂。

注 释

[1] 周成海. 美国中小学"教师巡课"介评 [J]. 外国教育研究，2015 (8)：40—51.

[2] 卢天宇. 教师巡课的实践探索 [J]. 化学教学，2017 (5)：8—11.

[3] 中华人民共和国教育部. 普通高中化学课程标准 [S]. 北京：北京师范大学出版社，2017.

[4] 唐云波. 初中化学"教·学·评一体化"教学模式的构建与实施 [J]. 化学教学，2013 (6)：50—54.

[5] 郑长龙. 基于"教、学、评"一体化理念的化学学习评价设计 [J]. 中学化学教学参考，2018 (6)：3—5.

（此文发表于《中小学教师培训》2019 年第 4 期）

发展学生核心素养的问题设计

——以化学学科为例

董 海

（南京市建邺区教师发展中心　江苏南京）

一、问题的提出

在大量的教学视导（听课）过程中，我们发现部分化学教师年复一年用同样的问题进行教学，问其原因，部分教师认为，理科教学因为书本知识内容几乎没有变化，因此课堂教学中问题的设计也无须改变。而当我们组织教师观摩国家、省、市化学优质课比赛以后，他们发现与自身的教学比较，优质课的最大亮点就是"新、活"，而"新、活"主要体现在设计的问题上，而且发现学生解决这些问题后，获得的不仅仅是知识与技能，对形成化学学科观念、体验化学实验探究的过程、运用化学特征的思维方式分析和解决实际问题都有很大帮助，简而言之对发展学生的核心素养非常有效。但是回到自身的教学实践中，让他们自己设计类似"新、活"问题时又没有方向和缺乏方法。鉴于以上问题，笔者在大量学习、自身实践与反思总结的基础上，提出聚焦"三类"问题的设计，可使化学教学与时俱进，充满活力，并且有效地发展学生的核心素养。

二、"三类"问题的设计及功能分析

（一）基于当下社会中发生的事件进行联系实际题设计

社会参与是体现人的社会性的主要方面。《义务教育化学课程标准》提出"感受并赞赏化学对改善人类生活和促进社会发展的积极作用，关注与化学有关的社会热点问题，初步形成主动参与社会决策的意识""增强安全意识，逐步树立珍惜资源、爱护环境、合理使用化学物质的可持续发展观念"等目标。而现实生活是不断发生新情况，出现新问题的，教师要与时俱进，及时通过电视（电台）、网络、报刊等渠道，敏锐地关注当下社会生活中发生的与化学学科密切相关的事件，结合所学的化学知识设计问题（举例见表1）。

表1　联系实际题设计

知识内容	问题设计
防治空气污染；水的净化；爱护水资源等	【联系实际题1】人均水资源占有量为全国均值1/10的缺水之城郑州，为降尘治理雾霾，市区洒水日耗3.5万余吨自来水，引发市民持续热议，质疑声众——请说出你的观点并提出解决问题的方法与建议
酸雨的形成原因；认识使用和开发清洁能源的重要性	【联系实际题2】南京六朝石刻的表面有不同程度的腐蚀，导致石刻腐蚀的主要原因可能是什么——为了减缓石刻腐蚀，请你提出建议
CH_4的可燃性；燃烧与爆炸；易燃物和易爆物的安全知识等	【联系实际题3】据外媒报道，德国黑森州拉斯道夫农场的一个牛棚，因为拥挤了90多头奶牛，引发一场出人意料的爆炸，事故原因和奶牛打嗝放屁有关系——请解释爆炸的原因
CaO、$Ca(OH)_2$的性质；化学反应中的能量变化等	【联系实际题4】央视报道一名5岁男孩将零食包里的干燥剂拆开，把干燥剂倒入瓶中并加入水玩耍，结果瞬间爆炸，短短两分钟时间，男孩的右脸红肿、脱皮，还造成一只眼失明——请利用所学知识解释男孩受到伤害的原因，并编写干燥剂（生石灰）的使用说明书

该类问题发展学生的核心素养分析：

联系实际题1、2中雾霾、酸雨是环境问题，水资源缺乏则是资源问题，都是人类所面临的重大且亟待解决的问题。让学生直面并尝试运用已有知识、技能与方法解决这样的社会热点、难点问题，可促进学生理解化学、技术、社会和环境之间的相互关系，培养勇于承担和分析化学过程对人类社会可能带来的各种影响的责任精神，形成可持续发展的观念与积极参与有关化学问题的社会决策的意识。[1]

联系实际题3、4中气体爆炸、化学品腐蚀都事关生命财产安全，同时这些事件与化学知识高度相关。引导学生关注并解释这些事件发生的原因，一方面可帮助学生提高安全意识与自我保护能力；另一方面能促进学生认识和理解学习的价值，激发学习的兴趣。

设计类似的联系实际题让学生去解决，使化学教学呈现出鲜明的时代特征，有利于增强学生的社会责任感，提升创新精神和实践能力，促进学生发展成为有理想信念、敢于担当的人。

（二）基于教材实验的拓展进行实验探究题设计

化学是以实验、理论（数理）和计算机模拟等方法研究物质的，而实验方法是最基础和最重要的研究方法。在目前的化学课堂上多数是验证性实验，即使是探究性实验，诸多方面也已经预设好，学生通过做这样的实验解决相关问题，很难激发对未知世界真正的探究和思考。而在教材实验的基础上加以拓展，把原有实验、拓展内容与所学知识整合起来设计实验探究题，学生通过设计实验方案并动手实验尝试解决这种开放、真实的问题，会真正有效地培养批判质疑和勇于探究等科学精神（举例见表2）。

表 2　实验探究题设计

书本实验	拓展内容	问题设计
【人教版实验2-1】测定空气里氧气的含量	红磷（过量）熄灭后用传感器测得反应后装置内氧气浓度为8.85%	【实验探究题1】 （1）为什么集气瓶内水面上升约1/5，但是瓶内氧气浓度为8.85%？提出猜想并设计实验加以证明 （2）改用过量白磷进行该实验，用传感器测得反应后瓶内氧气浓度约为3.21%，从燃烧条件的角度回答产生上述结果的主要原因 （3）根据铁生锈的原理，探究用铁能否准确测定空气中氧气的含量，请提出猜想、设计并进行实验，最后对实验结果进行解释
【人教版实验10-8】在氢氧化钠溶液中滴加稀盐酸	服用含$Al(OH)_3$的药物可以治疗胃酸过多	【实验探究题2】 （1）在氢氧化钠溶液中滴加稀盐酸无明显现象，请设计多种实验方案证明两者发生了反应 （2）$Al(OH)_3$可以治疗胃酸过多，说明$Al(OH)_3$能与盐酸反应，请通过实验说出证明两者反应的证据（现象） （3）$Mg(OH)_2$也属于碱，请初步判断其是否可以用于治疗胃酸过多，并简述理由(通过与盐酸反应实验和查阅资料等途径)

该类问题发展学生的核心素养分析：

实验探究题1（1）利用数字化仪器得到的数据与教材实验的数据不一致来引发学生的认知冲突，进而让学生提出猜想并设计实验加以证明。实验探究题1（2）通过提供新的实验证据让学生解释实验结果，需要学生结合燃烧条件、红磷与白磷着火点不同等已有知识，进行符合逻辑的推理。实验探究题1（3）在准确理解教材实验原理的基础上，由运用燃烧方法拓展到缓慢氧化（铁生锈原理）方法。这三个问题的解决均有利于培养学生尊重事实和证据、独立思考和敢于质疑的品质，对帮助学生理解和掌握基本的科学原理和方法也很有价值。

实验探究题 2（1）中实验方案设计来源于教材实验（在氢氧化钠溶液中滴加酚酞溶液），又高于教材实验（从不同角度，如反应物的消失、生成物的存在、反应产生热量等方面证明反应的发生），解决这样的问题有利于培养学生运用科学的思维方式认识事物的能力。实验探究题 2（2）则需要学生通过实验验证已知结论，有效培养实证意识。实验探究题 2（3）的解决既要学生能概括出酸与碱反应的本质，还要结合物质（反应）对人体的影响，综合多种因素加以判断，可提高学生思维的缜密性及多角度、辩证地分析问题的能力，有助于做出合理、科学的选择和决定。[2]

持续让学生解决以上类型的实验探究题，可以帮助学生发现有探究价值的化学问题，初步学会依据探究目的设计并优化实验方案，正确实施实验探究方案，提高对科学探究过程和结果进行交流、评估、反思的能力。这样可有效提高学生通过实验探究解决与化学相关实际问题的能力。

（三）基于新知识情境进行化学信息题设计

信息素养是现代公民全面素质的重要组成部分。《义务教育化学课程标准》也明确提出"初步学会运用比较、分类、归纳和概括等方法对获取的信息进行加工"这一课程目标。教师要精心选取教科书以外的知识，通过文字叙述、图形或表格等方式表述新知识信息，围绕信息，从不同角度、不同侧面、不同层次展开提问，如此进行信息题的设计（举例见表3）。

表 3　化学信息题设计

知识内容	化学信息题设计
化石燃料等	【化学信息题 1】尽管生物燃料对环境大有益处，但化石燃料仍然被大范围使用。下面的表格中比较了石油和酒精燃烧产生的能量和 CO_2，其中，石油是一种化石燃料，酒精是一种生物燃料。 | 燃料源	释放的能量（kJ/g）	CO_2 释放量（mg/kJ）
---	---	---
石油	43.6	78
酒精	27.3	59	 （1）根据上面的表格数据，解释在花费相同的情况下，为什么有些人更加倾向于使用化石燃料而不是酒精？ （2）根据表格中的数据，列举一个使用酒精代替石油对环境的好处。

续　表

知识内容	化学信息题设计
CO 与铁的氧化物反应；元素质量分数的计算等	【化学信息题2】用 CO 还原焙烧氧化铁时，温度的变化对还原焙烧产物影响很大。下面是不同温度下还原焙烧过程中固体中 Fe 和 O 的百分含量变化示意图（其中 A、B、D 为纯净物，C、E、F 为两种物质组成的混合物，F 中有一种物质为 Fe），根据图中信息可知： 温度/℃ 还原焙烧过程中Fe和O的百分含量 （1）C 点物质主要成分是＿＿＿＿＿＿＿； （2）D→E 过程发生的反应为＿＿＿＿＿＿； （3）用 CO 还原焙烧氧化铁炼铁时，温度最好控制在 570℃ 左右的原因是＿＿＿＿＿。

该类问题发展学生的核心素养分析：

化学信息题 1 通过表格呈现问题背景（化石燃料与生物燃料）与数据信息（CO_2 与能量的释放量），其中数据信息是新知识内容。学生需要通过阅读表中数据获取信息，进行对比分析，结合所学的相关知识，进行合理的解释或得出合理的结论。化学信息题 2 是图形类信息题，此类信息题中的图形多以时间、温度、pH 等量为横坐标，以元素或物质的质量（质量分数）、压强、溶解度等为纵坐标，以坐标系曲线来表示两个量之间的变化关系。本题以坐标曲线图呈现 CO 还原氧化铁的过程中，固体中铁、氧元素含量与温度之间的函数关系，此数据信息为新知识内容。学生首先要分析横、纵坐标代表的量及其定量关系，再根据铁的三种氧化物中铁、氧的含量与题中其他信息（A、B、D 为纯净物，C、E、F 为两种物质组成的混合物等），分析判断各点物质及其发生的反应。

以上化学信息题具有取材真实、角度广泛、学科特色鲜明的特点，学生要调用自己的各种感官，学会进行信息转换，并将其准确地与自己所掌握的知识、具备的社会经验结合起来。设计这样的信息题让学生去解决，可有效培养和提高学生的阅读理解能力、抽象和概括能力、分析和综合能力、联系和迁移能力；有利于学生初步学会科学的数据分析和处理方法，帮助学生形成"尊重事实和证据并基于证据推理形成结论"的化学特征思维方式，促进自主学习能力的提高。

三、结　论

初中学生化学核心素养必须而且只能在化学问题解决学习中形成和发展。化学问题解决学习通过在真实而复杂的情境中提出问题、开展探究活动，训练和运用化学特征的思维方式，最终获得问题解决的方案和结果。[3]以上"三类"化学问题具有情境性、体验性、过程性和开放性，高度符合发展学生化学核心素养的化学课程实施要求。合理地设计上述"三类"化学问题并运用于课堂教学，一定会有效地发展学生的化学核心素养。

注　释

[1] 吴星. 高中化学核心素养的建构视角 [J]. 化学教学，2017（2）：3—7.

[2] 赵婀娜，赵婷玉.《中国学生发展核心素养》发布 [N]. 人民日报，2016-09-14（12）.

[3] 吴星. 对高中化学核心素养的认识 [J]. 化学教学，2017（5）：3—5.

（此文发表于《中小学教师培训》2018 年第 2 期）

化学思维及其能力培养

陆 军

（江苏省南通中学 江苏南通）

在"落实立德树人根本任务"，使学生形成正确的价值观念、必备品格和关键能力的背景下，笔者通过思维能力与核心素养、思维结构、学科性质等关系的梳理，对思维能力形成了三点基本理解。具体包括：（1）思维能力是智力结构的核心，对学科能力的有关要素特别是心智范畴的要素具有统摄作用；（2）学科教学议题中思维能力类型的多样性呈现，主要是由于考察视角的不同，常用的视角主要对应思维的内容、方法与品质等几个维度；（3）不同学科的思维能力具有同一性、互通性和差异性，差异性主要取决于学科的性质。[1]本文拟从化学学科出发，在梳理我国化学思维相关研究的基础上，形成关于化学思维含义的基本认识，以帮助广大化学教师认清培养学生化学思维能力的相关策略。

一、我国化学思维的相关研究

截至 2017 年 12 月 31 日，中国知网收录篇名中含有"化学思维"的文献共有 451 条，其中，最早的记录是丁文楚发表在 1992 年第 3 期《教学与管理》上的《试论化学思维呆板性》。相关文献对化学思维的论述，基本都指向研究者所选择的某一维度。

1. 基于思维品质的研究

丁文楚在《试论化学思维呆板性》一文的开篇指出，"思维灵活性和思维呆板性是一种思维素质的正反两个方面，所谓思维呆板性，是指墨守成规、一成不变的僵化思维，它是培养思维灵活性、独创性的最大障碍……"[2]。谭建民将培养思维能力的策略归结为"运用猜测假设，培养探究性思维；运用质疑，培养创新思维；运用对比，培养归纳思维；运用类比，培养迁移思维；运用挖掘，培养发散性思维"[3]。之后，张逵、钱华等认为，中学生的思维障碍主要表现为"直觉思维的表面性、定式思维的消极性、求同思维的局限性"，矫正这些障碍的主要策略有"应用开放性试题，培养学生思维的广阔性；利用题目的变式，培养学生思维的深刻性；展现教师的思维过程，培养学生思维的严密性；抓住问题的本质，培养学生思维的敏捷性"[4][5]。显然，这些论述基本都属于思维品质的范畴。

2. 基于思维模型的研究

1994 年，时为贵州省教育学院化学系学生的陈茂林尝试对化学思维模型进行建构。陈茂林认为，化学思维模型"就是学生在化学学习过程中，表现出来的那种既反映学科思维方法，又体现学生思维特征的相对稳定的思维风格"，同时建立了"知识点线型，实验程序型，数学模拟型，规律、原理型"等几种思维模型。陈茂林还认为"思维模型不光反映具体的思路，更重要的是表明应该怎样去寻找这些思路"[6]。之后，骆仁新又针对需要运用数学方法解决的化学问题，构建了解决"数学—化学"问题的"数学—化学"思维。[7]这些所谓的化学思维模式，本质上就是解决有关化学问题的思路或模型。

3. 基于思维方法的研究

廖正衡认为，化学方法包括"具有哲学、逻辑学、心理学特征的化学思维方法"和"以物质仪器为基础的化学操作方法"两个方面。其中，化学思维方法包括"化学观察方法、化学实验方法、化学比较方法、化学归纳方法、化学演绎方法、化学分析方法、化学综合方法、化学模型方法、化学直觉思维、化学假说方法、化学移植方法和化学系统方法等"。从这些具体方法的名称上看，虽然被冠以"化学"二字，其实是一般思维过程的具体表现或是思维的形式，作者所赋予的含义也表明了这一点。如"化学观察方法是化学家利用人的感官或感官的延长——仪器，直接从化学现象中获取感性认识的方法，以提供化学研究的初步信息和资料"[8]，将其中的"化学"用"物理学"等其他学科的具体名称或直接用"科学"替代，仍然成立。

4. 基于唯物辩证法和哲学观的研究

21 世纪以来，科学技术的迅猛发展促进了学科之间的融合与渗透，唯物辩证法和哲学观对化学思维的促进作用也得到了化学教师的认同。有人认为"实验是检验、评判化学问题的唯一标准；对立统一规律是化学世界的根本规律；透过现象看本质是认识化学世界的基本方法；抓主要矛盾是解决化学问题的关键"[9]。还有人认为，化学学科存在着"普遍性与特殊性、整体与局部、主与次、质与量、可能性与现实性、因与果、本质与现象、运动与静止"等对立统一的规律。[10]这些融合的观点也表明，化学是科学的一个分支，遵循着科学的一般规律，所以唯物辩证法和哲学观都有助于化学思维，能促进化学问题的解决。

5. 基于学科属性的研究

20世纪的有关论述也有涉及学科特征的观点。喻祖伦认为，化学思维由化学学科特点决定，是"人们在学习和研究化学问题时所运用的、有别于其他学科思维的一些思维方式和方法"，化学思维包括"结构决定性质""性质决定用途和制法"和"实验是学习和研究化学的重要手段"三个方面，其中"结构决定性质"又包括"原子结构决定元素的性质"和"分子结构决定物质的性质"两个方面。[11]盛云林也认为，化学思维"是由化学学科本身的特点决定的、在学习和研究化学问题时所运用的、有别于其他学科的思维方式和方法。例如化学教学中，结构决定性质，性质反映结构的思想；量变到质变的思想；以实验为基础的思想等等。"[12]"结构—性质—用途和制法—实验"的思维路线反映了化学学科的基本属性，也是化学学科所特有的逻辑关系。

6. 基于两个维度的研究

中国知网中唯一明确从两个维度论述化学思维的期刊文献发表于1998年，对应的两个维度是学科能力和思维品质。其中，学科能力包括知识的再现能力、知识的运用能力、知识的创造能力、方案的评价能力、数学的建模能力等五个层次，思维品质包括敏捷性、严密性、整体性、创造性等四个方面。[13]其实，早在20世纪80年代末，林崇德及其研究团队就形成了"学科能力的结构，应有思维品质参与"的观点，以及语文能力和数学能力分别是"听、说、读、写能力"或"运算能力、空间想象能力、逻辑思维能力"与"思维的深刻性、灵活性、独创性、批评性、敏捷性"所组成的开放性动态系统的结论。[14]由时间的相对先后与内容的相似程度进行推理，这个二维的化学思维能力结构可能受到了林崇德学科能力结构的影响。但值得注意的是，学科思维能力与学科能力之间不应该是等同关系。

关于对我国化学思维研究情况的判断，毕华林在分析国际化学课程改革发展动向与启示时指出，"国内化学课程改革对化学思维方式缺乏足够的重视"，不仅"在化学课程标准中没有关于化学思维方式的明确阐述，在化学教科书中也很少体现出对化学思维方式的培养"，教师更是"在化学教学中忽视，甚至并没有意识到化学思维方式对促进学生科学素养发展的重要性"。[15]而培养学生化学思维的前提，是对化学思维含义的准确建构。

二、化学思维含义的初步建构

普通心理学认为，思维是人脑对客观现实的概括的、间接的反映，分析和综合是思维的基本过程。[16]思维过程具体表现为比较、抽象与概括、具体化与系统化。思维有概念、判断和推理三种互相联系的主要形式，其中，概念是脑对现实的对象和现象的一般特征及本质特征的反映形式，判断是肯定或否定事物之间的某些关系，推理是从一个或数个已知判断推出新的判断。概念的形成往往要通过一定的判断和推理过程，判断是肯定或否定概念之间的关系，而判断的获得通常又需要通过推理。在推理层面上，从一般到具体的推理是演绎推理，从具体到一般的推理是归纳推理，从具体到具体的推理是类比推理。思维的品质包括广阔性和深刻性、敏捷性和灵活性、独立性和批判性、逻辑性和创造性等几个方面。从已有的研究和实践体验来看，普通心理学中有关思维的这些描述都适用于包括化学在内的所有学科。

"化学是在原子、分子水平上研究物质的组成、结构、性质、转化及其应用的一门基础学科，其特征是从微观层次认识物质，以符号形式描述物质，在不同层面创造物质。"[17]也就是说，化学学科既研究物质微观上的组成与结构，也研究物质宏观上的性质与应用，还能用自身特有的符号形式对物质的组成、结构、性质等进行解释或描述。美国 1996 年颁布的《国家科学教育标准》就明确要求学生能够通过化学学习在思维的"可观察现象的宏观世界；分子、原子和亚原子微粒构成的微观世界；化学式、方程式和符号等构成的符号与数学世界"三大领域中"漫游"。[18]所以，化学学科独特的思维形式即从宏观、微观、符号三个视角认识与理解物质，并建立三者之间的内在联系。综合已有研究和学科特点并参照其他学科的建构方式，笔者认为，化学思维是在哲学和辩证唯物主义的指导下，以物质为中心，将动作思维、形象思维和逻辑思维、经验思维和理论思维相结合，从原子、分子层面上认识物质的微观结构，揭示其宏观现象的本质，并用相应的化学及数学符号表达对微观结构和宏观现象认识的特种思维。化学思维的要素及其关系，如图 1 所示。

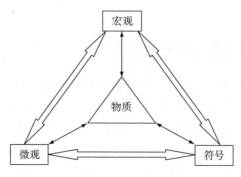

图 1　化学思维的要素及其关系

在化学思维结构中，物质与其宏观现象、微观结构、符号表达之间，或同一物质的宏观现象、微观结构、符号表达之间存在着特定的对应关系，这些关系都可以借助动作（实验）思维、形象思维和逻辑思维，以及经验思维和理论思维进行推演与转化，从而实现在宏观、微观、符号三大领域中的"漫游"。其中，宏观现象可以通过感知器官或者仪器获得，包括与物质物理性质相对应的颜色、状态、气味，以及物质在化学变化过程中生成沉淀、产生气体或者反应物的消失、体系颜色的改变，等等，这些宏观现象具有生动、直观、可重现的特点；微观结构是指构成物质的微观粒子及其相互作用，如物质由分子、原子、离子构成，原子由质子、中子、电子构成，描述原子核外电子的运动状态主要有能层、能级、原子轨道和自旋方向四个方面，粒子之间的作用有离子键、共价键、金属键、范德华力，等等；符号表达是指用有关符号表示与物质组成、结构、性质相对应的宏观现象或微观结构，如用原子结构示意图、电子式、电子排布式或轨道表示式表示原子结构，用分子式、电子式、结构式或结构简式表示分子组成，用化学方程式、离子方程式、热化学方程式或电极方程式表示化学反应，用数形结合的方式表示化学反应进程中物质浓度、体系温度、反应速率等方面的变化，或元素原子半径、电离能、电负性等性质随原子序数递增呈现的周期性变化，等等。

此时再考察我国化学思维的有关研究成果可以发现，其中许多都限于一般思维活动，主要是思维品质、思维过程或思维形式，而且将思维过程中的分析、综合、比较、抽象、概括等具体表现与判断、推理、演绎、归纳、类比等思维形式并列，统称思维方法。但凡能从一定程度上体现化学学科本质属性的思维逻辑，都可以纳入以物质为中心的"宏观—微观—符号"化学思维结构之中。如"结构—性质—用途和制法—实验"的思维路线，可以归属"宏微结合"，其中，"结构"属于微观层面，"性质—用途和制法—实验"是物质宏观现象之间的联系及其实现路径。元素周期表中的"位置—结构—性质"的关系，对应着化学思维结构中的符号、微观和宏观。元素周期表是化学学科特有的符号，元素周期表中的位置对应元素原子的微观结构，原子的微观结构以及周期表所反映的元素性质周期性变化规律可以作为元素宏观性质的判断依据。元素的宏观性质又是原子微观结构或元素周期律的外在具体表现。

对于以物质为中心的"宏观—微观—符号"化学思维结构，毕华林曾用如图 2 所示的以知识为中心的化学学习三重表征结构图表示，并称其为三重表征思维方式。[19]在毕华林明确表述三重表征的化学思维形式之后不久，有人提出"宏观—曲线—微观—符号"四重表征的说法。[20]其认为由于曲线与符号的意义相差甚远，所以应该在宏观、微观和符号的基础上引入"曲线"这一表征形式，构成"宏观—曲线—微观—符号"的四重表征。四重表征的建立以高中"化学反应原理"模块中"水溶液中的电离、中和、水解"为研究对象，其中涉及一元酸（碱）稀释过程中的 pH 曲线、酸碱中和滴定曲线、弱酸与弱酸盐混合溶液中加入有关物质时的浓度与时间关系图等。由于研究对象的特殊性，"曲线"表征的存在便有了依据。其实，许多适合"宏观—微观—符号"三重表征的对象，不一定有"曲线"相对应，而且"符号"在美国《国家科学教育标准》中的原意除了化学符号以外，还包含"数学世界"的成分，"数学世界"的含义相当宽泛，"曲线"所对应的"数"与"形"都是"数学世界"的重要组成部分。所以，"宏观—微观—符号"的三重表征是化学学科不同于其他学科最具特性的思维方式，或者说，化学思维具有以物质为中心的"宏观—微观—符号"三重表征的独特结构。

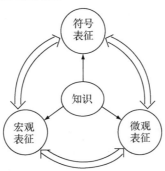

图 2　化学学习的三重表征

三、化学思维能力的培养策略

化学思维能力在化学学习活动中处于统摄地位，直接影响观察、实验和问题解决等其他能力的实践效果。[21]化学思维的含义决定了化学思维能力的培养应该加强一般思维的训练，重视三重表征的教学，同时要注意学段或课程知识的递进关系。

1. 加强一般思维的训练

由于一般思维是一切学科思维的基础，所以学科教学首先要加强一般思维的训练。就化学学科而言，实验是学科的基础，许多化学概念和原理都可以通过实验中的有关现象进行揭示或验证。也就是说，化学教学大多是基于对实验现象的分析，或通过对感性材料的比较、抽象和概括，从而使学生建立起有关的化学概念、判断与推理，形成相应的理性认识。清晰的理性认识又有助于对化学知识的深化理解，并便于运用这些知识，实现化学问题的解决，同时获得新的知识。这其中涉及的思维过程中的分析、综合、比较、抽象、概括等具体表现，以及判断、推理、演绎、归纳、类比等思维形式，包括唯物辩证法和哲学观对思维过程的适时指导，都是培养学生化学思维能力不可或缺的基本内容。实践表明，"激发学生的学习动机和学习兴趣是培养思维能力的前提，培养学生的思维品质是发展思维能力的突破口，教给学生科学的方法是培养思维能力的关键"[22]。化学教学要注意创设相应的情境，激发学生的学习兴趣，将思维训练贯穿于化学教学的始终，促使学生在获取化学知识的同时不断提升自身的思维能力。

2. 重视三重表征的教学

化学思维具有以物质为中心的"宏观—微观—符号"三重表征的独特结构，要提高学生的化学思维能力，除了一般思维训练以外，还应该重视三重表征的教学，帮助他们完成三重表征的意义建构。关于三重表征的教学策略与宏观、微观、符号有着基本对应的关系[23]：（1）切实加强实验教学，增强对宏观现象的体验。化学教学通常是用化学实验呈现物质的宏观现象，进而从物质组成与结构的角度进行解释，并揭示其中蕴含的原理和规律。宏观现象是微观认知的基础，所以化学教学要尽可能借助化学实验增强学生对宏观现象的体验。（2）合理使用微观模拟，实现微观结构的可视化。化学是在原子、分子水平上研究物质的组成、结构与性质的，而原子、分子是肉眼见不到的微观粒子，为了不让学生对化学微观结构的认知停留在文字上，教师可以利用多种手段进行微观模拟，实现微观结构的可视化。（3）深化理解符号意义，发挥符号表达的中介作用。符号是连接宏观现象与微观结构的桥梁，为了使学生能更好地学会化学思维，教师应该充分发挥符号的中介作用，将符号学习与宏观现象和微观结构紧密联系在一起，必要时还应该借助数学手段以增进对化学知识的理解。（4）强化三者的相互联系，形成自动转化的意识和能力。化学思维教学的最终目标是使学生能自动化地实现"宏观—微观—符号"的信息转换，教师要创造性地使用教材，创建有利于学生运用和掌握化学思维的学习情境，让学生在实践中不断提升自动识别与转化的意识和能力。

3. 注意学段或课程知识的递进

处于不同学习阶段的学生，因学习内容与水平的差异，其与三重表征对应的化学思维水平也有不同，并遵循学习越深入、思维水平越高的总体递进趋势。从化学知识的教育价值和学生心智的发展历程来看，中学生化学思维的建立与发展过程大致需要经历奠基（九年级上学期）、初建（九年级下学期）、完善（高一学年）、深化（高二学年开始）四个阶段[24]，并且与有关学段或课程知识之间存在明显的对应关系。

就高中阶段而言，学生在高一学年的必修课程中，通过氧化还原反应、电离与离子反应、原子结构与元素周期律、化学键等的学习，较大程度地丰富了关于物质及其变化的微观知识。学生能够从氧化还原反应与离子反应的角度理解化学反应的本质，从原子结构的角度认识物质的性质，从化学键的角度看待物质结构、化学反应和能量变化的关系，这样就能建立起比较完善的三重表征的化学思维，实现三重表征之间的联系与转化。进入高二学年的选择性必修课程的学习以后，学生将在教师的引导下，自觉运用"三重表征"思维进行化学学习与研究，例如，在"化学反应原理"模块，从化学反应与能量，化学反应的方向、限度和速率，以及水溶液中的离子反应与平衡等方面，探索化学反应的规律及其应用；在"物质结构与性质"模块，又以微粒之间不同的作用力为线索，研究不同类型物质的有关性质，进一步认识物质构成的规律，丰富物质结构的知识；等等。化学教学应该注意学段或课程知识的递进关系，并结合相应的学段或课程知识开展三重表征的教学，促进学生形成对应的"宏观—微观—符号"信息转换水平，同时获得化学思维能力的逐级提升。

注 释

[1] 梅云霞，陆军. 核心素养背景下有关思维能力的几个基本理解 [J]. 中小学教师培训，2017 (11)：39—42.

[2] 丁文楚. 试论化学思维呆板性 [J]. 教学与管理，1992 (3)：59—60.

[3] 谭建民. 中学化学思维培养策略初探 [J]. 化学教学，2005 (3)：17—18.

[4] 张逵. 中学生化学思维障碍的形成及矫正策略 [J]. 中学化学教学参考，2007 (10)：28—30.

[5] 钱华. 浅谈中学生化学思维障碍的表现及突破 [J]. 化学教学，2010 (3)：25—29.

[6] 陈茂林. 浅议学生化学思维模型的建立 [J]. 化学教学，1994 (2)：42—43.

[7] 骆仁新. 对数学—化学思维能力培养问题的探讨 [J]. 化学教育，2001 (7/8)：37—39.

[8] 廖正衡. 略论化学思维方法 [J]. 化学教育，1996 (1)：11—15.

[9] 杨新生. 运用唯物辩证法提高学生化学思维能力 [J]. 教学与管理（理论版），2002 (12)：68—69.

[10] 姜红. 用哲学观建立化学思维 [J]. 中学化学，2017 (7)：1—3.

[11] 喻祖伦. 如何培养学生的化学思维 [J]. 中学化学教学参考，1995 (10)：8—9.

[12] 盛云林. 浅谈学生化学思维素质的培养 [J]. 科学教育，1997 (3)：27—29.

[13] 顾建辛. 化学思维能力结构及其培养 [J]. 课程·教材·教法，1998 (11)：39—43.

[14] 林崇德. 中学生能力发展与培养 [M]. 北京：北京教育出版社，1992：8—9.

[15] 毕华林，万延岚. 当前国际化学课程改革的发展动向及启示 [J]. 比较教育研究，2015 (9)：79—84.

[16] 曹日昌. 普通心理学（合订本）[M]. 北京：人民教育出版社，1987：252—286.

[17] 中华人民共和国教育部. 普通高中化学课程标准（2017 年版）[S]. 北京：人民教育出版社，2017：1.

[18] 国家研究理事会. 国家科学教育标准 [S]. 北京：科学技术文献出版社，1999：217.

[19] 毕华林，黄婕，亓英丽. 化学学习中"宏观—微观—符号"三重表征的研究 [J]. 化学教育，2005 (5)：51—54.

[20] 刘彩燕. 高中化学概念的四重表征教学模式的设计与应用研究 [D]. 广州：华南师范大学，2009.

[21] 陆军. 高中学生化学学科能力的要素及培养策略 [J]. 教学与管理（中学版），2014 (10)：51—53.

[22] 毕华林，卢巍. 试论化学教学中学生思维能力的培养 [J]. 化学教学，1999

(1)：14—17.

[23] 张丙香，毕华林. 化学三重表征的含义及其教学策略 [J]. 中国教育学刊，2013
(2)：73—76.

[24] 杨梓生. 对"宏观—微观—符号"三重表征思维及其培养的认识 [J]. 中小学教
材教学，2015（7）：55—58.

（此文发表于《中小学教师培训》2018 年第 6 期）

精彩课堂的基本内涵与实施策略

——以化学教学为例

徐 宾

（南通第一中学　江苏南通）

实施新课程以来，精彩课堂的提法频频出现，笔者在中国知网进行文献搜索，得到的条目有千条之多，但大多是以具体的教学事例演绎教学的精彩，对于精彩课堂的内涵、研究价值、实施策略以及评价体系等问题，几乎没有涉及。这一方面说明精彩课堂是一个仁者见仁、智者见智的话题，站在不同的角度可以有不同的阐释，要对其进行全面界定是比较困难的；另一方面也说明精彩课堂是一种目标追求，是课堂教学所追寻的一种高境界状态。

一、精彩课堂的基本内涵

何为精彩？《现代汉语词典》的解释为"优美；出色"，常用来指表演、言论、文章等的独到之处，不同凡响。相应地，精彩课堂指的是参与课堂教学活动的师生感受到教学的精致美妙、富足幸福的课堂，是弘扬教学特色、关注师生生命成长的课堂，是超越一般、充满智慧、令人叫好甚至禁不住拍案叫绝的课堂。显然，追求精彩就是追求教学的高品位，追求真善美的和谐统一。精彩课堂具体体现在以下几个方面。

1. 科学组织

精彩课堂要求在遵循教学活动客观规律的前提下，依据课程标准、教学内容以及学生已有的知识经验，围绕课堂教学目标的落实，科学合理地设计学生的学习活动，体现以学为主、以学定教的新课程理念，最大限度地促进学生积极主动参与课堂学习。精彩课堂的创意在教师，成就在学生。它不求形式上的花哨和表面的热闹，而是追求学生的积极参与和主动探究，也就是精彩的落点在学生的学——积极主动地学、生动活泼地学、富有成效地学。课堂上每个问题、每个环节、每项活动都凝聚着教师匠心独运的智慧、学生在学习活动中的出色表现和收获，而这些成就了课堂教学的精彩。

2. 艺术呈现

教学有法，但无定法。从某种程度上说，教学的真谛就在于激发学生的学习兴趣。精彩课堂讲究知识的呈现方式，艺术地展现化学学科知识的独特魅力，引起学生的认知冲突，激发学生对新知识的渴求欲望，让有趣和有价值的学习活动充盈着课堂的时间和空间。可以说，艺术性是精彩课堂的重要元素，缺乏艺术性就缺乏精彩感，精彩课堂就无从谈起。

3. 技术支撑

现代教育技术进入课堂，大大丰富了课堂教学资源，使课堂教学的手段和方法更加灵活多样，为精彩课堂建设注入了新的活力。电子白板、PPT、教学视频、WiFi 和 Pad 的使用，从某种程度上改变了学生的学习方式，虽然它们代替不了传统的化学实验，但作为教学辅助，却可以使课堂教学更直观、信息传输更便捷、学习效率更高。尽管传统课堂也有精彩呈现，但毕竟缺乏现代气息，数字化教学是时代的要求，是精彩课堂建设的有力支撑。

4. 人文实施

德国著名教育家第斯多惠说过："学生的发展水平是教学的出发点，教学必须符合受教学生的发展水平。"学生的认知起点和认知能力是有差异的，为此，精彩课堂的目标设定具有层次感和阶梯性，每节课的学习过程既有"规定动作"，也有"自选动作"。"规定动作"强调"实"，是学习的基本要求，是学习内容的底线，也是发展的最低目标；"自选动作"突出"活"，强调个性自由，注重自我发展。实活并济，演绎精彩。这其实也是中国古代"和而不同""因材施教"思想在精彩课堂中的体现。同时，精彩课堂又强调预设与生成的协调。因为无论教师预设得多么充分，也难以预料课堂教学中的"节外生枝"，变动不居的课堂充满了不确定性，教师只有慧眼识珠，敏锐捕捉不期而至的生成点，应学生而动，应情境而变，才能让"优秀者更优秀，平常者不平常"，才能够演绎出不曾预设的别样精彩。

科学归真，艺术求美，人文向善，技术创新。教学是一门科学，也是一门艺术，精彩课堂就是在现代教育技术支撑下真善美和谐统一的课堂，科学、艺术、人文、技术，它们犹如正四面体的四个顶点，围绕着精彩重心发挥着各自的育人功效。

二、精彩课堂的实施策略

精彩课堂没有固定的教学模式，在很大程度上反映了教师的教学功底和教学风格，体现出教师的教学思想和教学智慧。虽然"课堂精彩"不等于"精彩课堂"，但是没有课堂的精彩也就难以演绎出精彩的课堂，它们是局部与整体的关系。精彩课堂正是由无数个课堂的精彩片段组成的，正如夜晚的天空，群星璀璨才使夜空无比美好。

1. 整体优化策略

整体优化既是精彩课堂的实施策略，也是精彩课堂建设的基本要求；须凸显三个关键词：精准、灵动、优质。

所谓精准，是指课程标准把握得准——认真解读课程标准相关的教学要求，并以此为依据进行教学设计；教学内容选得准——精心处理教材、精心设计问题、精心编制例题和习题；生情学情摸得准——根据学生的认知，面向大多数学生，合理确定教学起点和设计学生的课堂活动；教学目标定得准——制定具体、适切的学生课堂发展目标；教学评价抓得准——依据教学目标进行课堂教学评价，防止教与评相悖，评价落空。精准体现在教学环节上就是要目标精细、导入精妙、展开精当、训练精致、点拨精巧、小结精要。当然，精准还要求教师的语言精练、板书精美等。

灵动是指教学方法灵活多样，敢于借鉴和创新，注重教的方式与学生学的方式相匹配，体现教师的启发引导，关注课堂教学的动态生成；在围绕教学目标精心预设的基础上，依循学生的认知曲线、思维张弛以及情感波澜，以灵动的教育机智和开放的教学生态，随时调整教学进程和教学策略，让课堂教学充盈生命成长的人文韵味。

优质是指教学目标达成度高，即课堂教学质量高，教学效果好。学生在经过一段时间的课堂学习之后，其学习效果和行为表现能够达到预设的三维目标要求，每个学生的潜能都得到充分激发，并尽可能多地获得全面、自由与可持续的发展，能够满足家长的愿望和社会的需求。

2. 创设亮点策略

亮点就是精彩点，是教学的特色与魅力所在，反映了教师的教学艺术和教学智慧。亮点之处就是最引人深思或最吸引学生的目光之处，学生聚精会神，全身心沉浸在学习之中。这样的课堂是学生主动参与的课堂，是师生生命成长的课堂，也是引人入胜、成就精彩的课堂。

例如，教学"氮的氧化物"一节内容时，教师可以利用网络和实验来创设 3 个亮点。

亮点 1：网络学习闪电概述

在教学过程中，教师（或学生用 Pad）以"闪电"为关键词进行百度搜索，就会出现大量图文并茂的闪电概述、产生原因、发生频率以及伴随的化学反应等内容，精美的闪电图片让雷雨交加的情景再现在学生脑海里。学生在阅读相关文字时，还惊奇地发现"雷雨发庄稼"，这就激发了学生强烈的求知欲。这样创设问题情境，方便快捷，现场感强，体现了"从生活走进化学"的新课程理念。

亮点 2："模拟空气中的闪电"视频

闪电稍纵即逝，伴随的化学反应更是难以观察。为了增强 N_2 与 O_2 在放电条件下反应的直观性，我们尝试演示实验，但耗时太长，故改用播放"模拟空气中的闪电"实验视频，反而更便捷、直观和高效，也体现了教学资源的丰富性和教学手段的多样化。

亮点 3：氮氧化物的转化系列实验

用圆底烧瓶和塑料瓶组装成类似喷泉实验的装置，只需将其中的滴管改为配有乳胶管的短导管即可。将一束铜丝置于圆底烧瓶内，塑料瓶（配单孔塞和长导管）内装满水，夹住乳胶管。

（1）制取 NO_2：用针筒从短导管内注入一定量的浓硝酸，即可观察到铜与浓硝酸剧烈反应，生成红棕色的 NO_2 气体。

（2）NO_2 转化为 NO：用针筒从短导管内吸出烧瓶中的溶液，夹住乳胶管。打开长导管的止水夹，轻轻挤压塑料瓶，待水进入圆底烧瓶后立即松开，形成美丽的喷泉。

（3）NO 氧化为 NO_2：将瓶内溶液放出，将长导管的乳胶管夹住，从短导管内注入一定量的 O_2，瓶内气体立即变为红棕色。

三个实验用同一套装置进行，实验的连续性强，密封性好，现象明显，而且可以进一步拓展，如进行氮氧化物与碱反应的演示实验。实验设计巧妙，其中还可穿插少量的学生分组实验，教学效果显著，令人难忘。

3. 关注细节策略

细节即细小的环节和情节，教学细节是构成教学行为的最小单位，是教学行为的具体分解。泰山不拒细壤，故能成其高；江海不择细流，故能就其深。细节虽小，却能透射出教育的大理念、大智慧。细节显示差异，细节彰显品位，细节决定成败。关注细节，才能提升教学智慧；关注细节，才能预设与演绎课堂中的那份精彩。

例如，教学"最简单的有机物——甲烷"时，问一问"为什么说甲烷是最简单的有机物？分子中的氢原子还能减少吗？""甲烷为什么是正四面体结构而不是平面正方形结构？"又如，学习"铁与氯气的反应"时，让学生比一比"铁与盐酸反应生成什么物质？"再比如，书写乙酸的结构简式时，让学生辩一辩"乙酸的结构式可以写成 CH_3—CO—OH 吗？"还有，在分析了化学反应与能量的关系图后，让学生想一想"需要加热的反应都是吸热反应吗？"等等。这些问题虽小，却很容易滑过，在教学中只需教师适时提醒或强调一下，就能引起学生的注意，从而避免了学习中的"夹生饭"或错误的发生。

细节无须做大，但细节必须做细做实。一滴水可以映出太阳的光辉，欣赏细节，雕琢细节，就能使课堂魅力无穷。

4. 举一反三策略

学习总离不开考试，考试是目前无法替代的一种重要的学习评价方式。精彩课堂不是花架子，没有必要也无法回避考试问题，但可以通过精准、灵动和优质的教学，减轻学生过重的课业负担，提高学生的学习能力，达到教得愉快、学得扎实、考得满意的目的。举一反三是精彩课堂的一种重要的教学策略。

举一反三，是儒家的教学思想之一，是指从一事类推而知其他事，由某事物而推知同类的其他事物。举一反三，在心理学上称为迁移，指遇到问题时善于运用已有的知识和经验去解决、去探求未知的领域，以期达到事半功倍的效果。值得注意的是：首先，举一反三中的"一"与"三"必须存在必然的内在联系，"一"应该是"三"的典型，"三"必须是"一"的泛化，因而"一"的典型性和"三"的全息性必须存在着天然的适应性。否则，举"一"不可能反"三"。其次，"举"的方法和过程必须是科学的。我们不但要研究"举"所反映的"一"是否符合其内部特点，还要研究向学生"举一"时是否切合学生的认知规律和接受能力；同样"反"的过程和方法也应该注意这两方面的问题，与"举"相对应。"举"的本质是科学地解读"一"，"反"的本质是灵活地悟到"一"并联系到"三"。[1]精彩课堂要求的"精准"，某种程度上就是关注"举"的典型性、适切性，"灵动"就是关注"反"的发散性和迁移性。化学教学中，举一反三的例子有很多，这里不再举例。

5. 动态生成策略

精彩课堂是预设与生成和谐统一的课堂，预设是对课堂教学的精心谋划，生成是对教学目标的有效落实，预设如山的沉稳，生成似水的灵动，两者相辅相成，演绎精彩。

例如，学习"温度对化学反应速率的影响"时，教师安排学生进行"碘化钾在酸性条件下的氧化"实验。当学生将一定量的碘化钾溶液与稀硫酸混合后，再滴入适量的淀粉溶液，水浴加热。很快，溶液出现了碘水所特有的棕黄色。为什么溶液不显蓝色？这一意外的现象引起了学生的热议。有人怀疑生成的碘单质太少，建议改用 CCl_4 萃取来检验；有人怀疑淀粉变质了，建议另取少量碘水与淀粉溶液混合来验证；也有学生怀疑碘单质与淀粉在加热条件下不显蓝色，建议将原混合溶液冷却后再观察。甚至有同学提出淀粉遇碘呈蓝色的机理是什么，这一实验应该在怎样的条件下进行。一波未平一波又起，根据学生的提议，师生一同探究。虽然教学没有按原计划进行，但学生都很投入。诚然，实验准备要充分，要尽可能避免出现意外。但真正出现了意外，还是应该尊重事实，因势利导地引导学生提出问题、分析问题，并在解决问题的过程中生成新的问题。这样的课堂教学看起来也许有些零乱，但课堂上学生始终处于积极的思维状态，这难道不比完成预设的教学任务更有价值？[2]

真正的生成性教学就应该是教师随着学生思维的变换、心态的逆转和情绪的波动，敏锐把持各种教育契机，对课堂中出现的问题、疑难、困惑等生成性资源进行有价值、有目的的创造性重组，并在教学目标和活动主线的牵引下，高效推进学生经验的建构和知识生成。[3]

精彩是相对的，也是无限的。没有穿越时空的永恒的精彩，精彩课堂建设永远在路上，离我们很近，又离我们很远。只有把精彩装在心中，在课堂教学中坚持让精彩继续，精彩课堂才会渐行渐近。正如泰戈尔诗云：不是锤子的打击，而是水的载歌载舞，才使鹅卵石日臻完美。

注　释

[1] 朱水萍. "举一反三"教学要义的当代意蕴 [J]. 教育探索，2012（1）：40—41.

[2] 徐宾. 化学教学：从预设走向生成 [J]. 福建教育，2006（12）：41—42.

[3] 靳玉乐，朱文辉. 生成性教学：从方法的惑到方法论的澄清 [J]. 教育科学，2013（2）：19—23.

（此文发表于《中小学教师培训》2014 年 7 期）

● 历史

基于核心目标的历史课堂简约之道

——以《从汉至元政治制度的演变》教学设计为例

邬云琰

（南通中学　江苏南通）

当前，面对海量教学资源涌向课堂，各种教学策略层出不穷，各类教学理念推陈出新，在历史课堂教学中引入简约的理念，从而改变课堂的浮躁与烦琐已成为一种共识。

新课程改革中提出了"三维目标"的教育理论，但教师在具体的教学中往往找不到整合三维目标的有效途径，导致目标的散乱。教学内容看似面面俱到，教学形式看似异彩纷呈，实际却是目标的缺失，教师教得累，学生学得迷糊。当前中学历史教学界提出了"历史核心目标"的主张，该主张认为，"在若干教学目标中，总有某个教学目标起到核心引领作用，在对三维目标有统一性理解的基础上，在具体的教学设计中，选择某些维度作为核心目标，结合其他维度的相关因素构成具体的教学目标体系"[1]，这正是教学内容所蕴含的独特价值，亦是贯穿全课的主线。"提领而顿，百毛皆顺"，历史课堂教学要走向简约，有一条清晰的主线是前提和保证。要明确核心目标，在精致设计教学环节、约取教学资源、简洁使用教学方法的过程中，剔除课堂的浮华，保留最经典的内核，达成课堂教学的优质与高效。

人教版高中历史必修1《从汉至元政治制度的演变》所涉及的历史时间跨度大、史料繁杂、概念抽象、内容琐碎，是较难处理的一课。笔者以本课教学设计为例，谈谈自己是如何围绕核心目标，简约地进行历史课堂教学的。

一、解构课程标准，确立核心目标

核心目标的确立必须在三维目标的框架和核心素养的视野下构建，所谓历史学科核心素养是在掌握学科知识和依托学科能力基础上深入内心的一种修养和行为，一种科学地对待历史和运用历史的能力，一种正确的思考问题的角度与习惯。[2]这与历史教育所致力达成的三大类教学目标，即知识目标、能力目标、价值目标是相吻合的。其中价值目标是指学生对社会形成更具普世意义的价值认定，是对历史经验和教训的提炼，是历史智慧的集中体现。

对于新授课《从汉至元政治制度的演变》而言，课标要求："列举从汉至元政治制度演变的史实，说明中国古代政治制度的特点。"就课标这一要求来说仍属于较低层次的知识层面的能力要求，如果把核心目标定位于知识的掌握，显然对于高中学生是不适合的。核心目标的确定应该放在单元、主题（模块）的整体目标中去把握。本课被列入"古代中国的政治制度"专题，安排在必修1政治史模块。课标在必修1政治模块的学习目标中有如下表述："学会从历史的角度来看待不同政治制度的产生、发展及其历史影响，理解政治变革是社会历史发展多种因素共同作用的结果，并能对其进行科学的评价与解释。"[3]从中笔者领会到课标设计本课学习内容的要旨在于：从制度创新的角度，认识和借鉴中国古代政治文明的有益成果，增强公民政治意识和素养。这一要旨体现了历史学科的核心素养，也体现了本课在价值目标上独特的立意与高度，且能古今相连。由此以价值目标的维度，确立本课的核心目标：

从人类政治文明的角度，认识汉至元中央集权、君主专制和选官制度不断创新与完善的价值和意义，从中感受古代政治家们的政治智慧，领悟其对当今制度建设的借鉴意义。

二、围绕核心目标，简约教学设计

（一）简练朴实的教学结构，承载核心目标

1. 紧扣核心目标，凝练课堂导入

简约课堂的导入主张开门见山、直奔主题。好的课堂导入要能在简洁明快中依托核心目标，提挈全课主线，同时连接起学生的知识储备和情智基础，激活探究新课的兴趣。本课教学笔者引用北京大学张传玺教授的一段论述进行导入：

中国是世界上的四大文明古国之一，……有一项更伟大的文明，而且已创造出并行用了两千余年，却为人们所忽视，这就是在中国所实行的中央集权制度。此制度的创行和存在、发展、完善，是中国古代政治文明的标志；也应当说，是世界古代政治文明的重要标志之一。

这段论述将中国古代政治制度上升到政治文明的高度，认为这是中国对世界文明的重要贡献，这与我们把两千多年中国古代政治史看成黑暗专制时代的传统观点截然不同。这一导入设计着眼于较高的教学立意，以认知冲突激发学生探究的欲望，同时在新课开始就简明扼要、提纲挈领地指向本课教学的核心目标。

2. 选取典型案例，简省教学环节

课堂导入以后就进入具体的教学环节。从实践的效果看，高中历史课堂只有一个环节不符合教学实际，但细化为四个及以上的环节，结构过于分散，教师对课堂的控制也会力不从心，因此环节设置为二至三个比较适合。教学环节之间要有适度的停顿和留白，过于环环相扣、细密紧凑会使课堂始终处于饱和的状态，师生疲于应付，缺少生成的空间。在每个教学环节内，既要关注历史发展的连贯性和延续性，也要选择能反映、阐释、达成核心目标的典型案例或事件的核心内容，从而"简省枝叶、突出主干"。笔者在本课教学中依据核心目标和教材文本设计了如下三个环节：

环节一：归纳汉至元中央集权的发展历程及其特点（选取汉初、北宋、元朝的地方行政制度）

环节二：归纳汉至元君主专制的主要表现及其特点（选取唐、宋时期的中央行政机构）

环节三：阐述汉至元选官制度的演进及影响（选取汉、魏晋南北朝、隋唐时期的选官制度）

上述教学环节的建构改变了传统的线性结构形式，没有按时期顺序依次讲述古代政治制度的基本内容和特点，而是采用了板块式结构设计，分为中央集权、君主专制和选官制度三个教学环节（部分），环节之间既有历史逻辑的关联，又相互独立，为学生留足了思维生成的空间。环节内笔者简省了教材中汉初内外朝、唐朝节度使、元朝中书省的教学内容，突出了有代表性和探究价值的古代政治制度中的典型案例，旨在通过对少量而精致的历史案例的细细研读，让学生在动态生成中产生智慧的迸发与撞击。

（二）约取巧用教学资源，实施核心目标

当前历史教学中作为重要教学理念的史料教学已深入人心，但也存在一些问题：一是单纯地追求史料的充盈和新异；二是历史素材主要以文字形式呈现，内容单一且冗长；三是"选材过多、用材过简"，一些素材的使用鲜有深度的研读和挖掘。由此，要剔除课堂教学表面的繁华，教师就要从学生的实际出发，围绕核心目标，在史料的选取、运用和分析上多下功夫。

1. 选材要精而丰

这里的"精"：一是指材料的选择应围绕着核心目标的达成能少则少，能用一则材料讲明问题，就不用两则。二是材料的呈现形式要简明，多使用直观性的图片资料。例如，笔者在讲述汉初、元朝地方行政制度的特点时，选用了"汉初地方行政区划图""汉初中央直辖和王国区域比例图""元朝疆域和行省图"三幅历史地图，依次分析汉初郡国并行的区划特点、汉初王国与中央的关系、元朝行省的分布和特点，同时引导学生通过这三幅图片所呈现的地方行政区划的变迁，归纳出中央和地方权力演变的总体趋势，认识到制度创新是政治文明发展的核心成果。三是要用足、用好书本的现有资源，尤其是教材中的辅助材料。本课所属的人教版高中历史教科书由正文和辅助材料两部分组成，辅助材料包括"历史纵横""资料回放""学习延伸"等。笔者在本课教学中，优先选取教材资源。例如在讲解北宋强化中央集权的措施时，巧用书本的《唐朝河西节度使张议潮统军出行图》和《北宋文官出行图》，两图比较可见宋代文官出行的气派场面可比拟唐朝节度使，从而对比出晚唐军阀政治和宋代文臣治国的鲜明反差，认识到宋代加强中央集权的重要举措。

所谓选材要"丰"：一是指所选取的材料表述简单却内涵丰富，材料具有典型性和研读的价值；二是指资源的呈现形式要多样化，如文字材料、图片材料、影音材料等，但也要本着求精、适度的原则；三是对于能够有效落实核心目标、激发学生思维的素材要择优多选，要丰厚。

2. 用材要巧而实

精选后的材料运用应围绕本课的核心目标，以问题链的形式如剥笋般层层解析，使材料在问题解决中发挥最大的效益。笔者在讲述元朝行省制度这一知识点时，选取书本"元朝疆域和行省图"和两则简短的补充材料设计问题。

材料一　人教版必修1"元朝疆域和行省图"

材料二　凡钱粮、兵甲、屯种、漕运、军国重事，无不领之。——《元史》卷九一

材料三　今立行省于外，维持错综，众建其官，有诸侯之镇而无诸侯之权。——（元）赵天麟

问题设计：

1. 读图指出元朝在地方行政区划方面的特点（提示：关注江苏、西

藏、河北、山西、山东等地）；2. 读图分析实行行省制度的原因；3. 读图解析行省区划的依据和原则（提示：可以陕西行省为例，观察行省边界与黄河走向）；4. 阅读材料二，认识行省权力的大小；5. 结合第3问和材料三，思考行省权力的扩大是否会对中央产生威胁？由此归纳中央政府与行省之间的关系。

该部分所选用的"元朝疆域和行省图"具有典型性和扩张力，配合简短的两则材料充分发掘材料信息，设计符合高中生认知水平的问题，由浅入深，依次解决了行省设置的原因、区域分布的特点、对中央集权的影响等问题，并落实了元朝地方行政制度的重大创造是中国古代政治文明演进的突出成就这一目标要求。

（三）简洁实效的教学方法，凸现核心目标

简约课堂能否最终达到教学效果的丰厚，达成核心目标的凸现，还需要教学方法的合理运用。简约教学所倡导的简单教法不是浅层次的率意，而是教师选用简洁的策略达到最好的效果。具体教学方法会因学科、课型、学情、目的等的不同而有所差异。依据历史课堂教学的特点和现状，笔者认为可以在探究设计、问题引导、学习延伸三个方面着力。

1. 探究设计小巧丰实，生成核心

在以学生为主体的探究性学习中教师"少讲"许多，却给了学生更多的自主学习、潜心会文、情智生成的空间，这也是"简与丰"的体现。新授课的探究性学习首先要"数目少而有价值"，一堂课中的探究活动不宜过多，否则缺乏深度探讨的时间；其次，探究主题的确定须围绕核心目标的达成，并且有开展探究式学习的必要；再者，要"切口小而重实效"，小切口意味着好抓手，小题大做，才能做出实实在在的教学效果。笔者以"分析唐宋时期中央机构设置的特点，认识汉至元君主专制的演进历程"为主题开展活动，设计了如下探究任务：

任务一　绘制唐朝和宋朝中央机构示意图

任务二　探讨唐朝三省六部制的特点及其影响

步骤1：结合"三省六部制"示意图，思考与汉朝相比唐朝的相权有怎样的变化？这种变化对君权与相权之间的关系产生了怎样的影响？

步骤2：依据所设置的历史情境，扮演相关角色，探讨唐朝中枢机构政务运行的程序。

步骤3：综合上述探究，归纳总结三省六部制的特点和影响。

任务三　探讨宋代是如何解决君权与相权之间的矛盾的

步骤1：结合"二府三司制"示意图，阐述宋朝是如何削弱宰相的权力的？

步骤2：阅读宋真宗与宰相李沆的小故事，认识相权与君权消长过程中历史发展的复杂性。

任务四　归纳汉至元君主专制演变的特点和趋势

上述设计选取唐、宋时期中央机构的设置作为探讨对象，既抓住了君主专制演进过程中的典型案例，又简单明确便于操作，留给了学生更充足的生成空间。探究的主题和结构小巧，内在的表现却很丰实：活动的形式丰富，有绘制示意图、阅读小故事、角色扮演等；加强了思维的力度，在分析唐宋政治制度运行的机制时，在学生现有认知下，展现历史的"另一面"，在探讨中领悟历史的发展并非简单的直线；探究的效果丰厚，任务的设计基于学生的学情和思维能力层层推进，最终在对历史特点的提炼中把握历史发展的规律，获得能力的成长、思维的拓展和价值观的生成，从而落实核心目标。

2. 问题设计适时精准，指向核心

简约课堂要避免教师的"一言堂"，也要避免以问代讲的"满堂灌"。要把握好提问的时机，结合课堂生成的新问题，不断加深教学的厚度，将学生的思维引入深处，最终引向对核心目标的理解。笔者在本课教学中选择了如下三处最佳的问题切入点设计课堂提问：

（1）在知识的联结处设问。笔者在讲授唐朝三省六部制的影响时要求学生思考：结合此前对元朝行省制度的评价，教材中"三省六部制是古代中国政治制度的重大创造"的表述能给你怎样的启示？这一设问，旨在通过前后知识的有机结合，从基本史实出发引导学生领悟政治制度的创新是政治文明进步的推动力和重要表现，由此落实核心目标的要求。

（2）在常规知识的"不寻常"处设问。在讲解完唐朝三省制相权一分为三的史实后，设置时任门下省给事中魏征阻拦太宗错误决策的故事，设问："除了个人因素外，是什么赋予魏征驳回皇帝敕令的权力？由此反映出皇帝与三省体制之间是怎样的关系？"围绕核心目标，适时提出问题，突破学生熟悉的常规知识，推动深层思考，认识到唐朝君主的决策包含在政务运行的程式中，避免了君主独裁造成的失误，从而体会到制度设计的巧妙与智慧。

（3）在知识的比较延伸处设问。本课所涉及的选官制度的演变突出反映了中国政治文明的进步，并且对当今制度建设有借鉴意义。笔者在此处点拨学生思维："察举制与之前的世卿世禄相比，有怎样的进步？九品中正制在确立之初一无是处吗？"在学生思考回答后，顺势引导其进行深层探讨："试从人才选拔的'公平、公正、客观、科学'等方面，比较三种选官制度，归纳其演进的趋势，分析其对当今制度创新和人才选拔的借鉴意义。"让学生在比较中认识到：以选官制度的演变为例，古代政治制度不断地创新与发展，都是应时而变地去解决现实政治中的某些问题。这就说明古代中国的政治制度经过长期的历史积淀，能够不断自我修复、完善和发展，达到了制度文明的高度，亦是人类文明发展与进步的基石。

3. 学习延伸升华拓展，落实核心

古人曰：博观而约取，厚积而薄发。简约教学的目的是通过约取简教的方法，突出教学的核心，最终实现在历史认知、思维品质、历史意识上的凸现。课堂设计如同穿珠子，核心目标是串珠的主线，待穿起一颗颗知识珠子后还要束结，学习延伸应是那最后的束结。笔者设计了两组问题：

思考 1：古代中国的制度体系中有哪些方面值得我们学习和借鉴？

思考 2：在愈加细致缜密的政治制度下，古代社会仍不能实现长治久安，不能从根本上跳出天下兴衰、王朝更替、一治一乱的循环，你认为造成这一现象的原因是什么？（可从制度体系围绕的核心、制度运作的层面思考）

上述两组问题，形式精练简约，但思考颇有深度。第一个问题连接古今，以古鉴今，解决学习本课的现实意义。第二个问题意图引导学生在考察制度时着重关注制度的理念，即自秦以来的政治制度是以"家天下"为理念，服务"君主"这一核心的。在今天现代化建设的过程中，可以借鉴古代制度体系中行之有效的操作方式和技术手段，但需要在制度上有本质的转变。从而与导入呼应，扎实高效地落实核心目标，让整节课在简约教学中兼具思维的厚度，彰显历史教学的人文价值。

注　释

[1] 张向阳. 历史教学论 [M]. 长春：长春出版社，2011：174.

[2] 朱可. 高中历史教学应该凸显历史学科的核心素养——兼评 2013 年浙江省文科综合试卷历史试题 [J]. 历史教学（上半月刊），2013（8）：3—8.

[3] 教育部. 普通高中历史课程标准（实验）[S]. 北京：人民教育出版社，2003：9.

（此文发表于《中小学教师培训》2016 年第 7 期）

教学设计的设计艺术

——以历史学科为例

周云华

（常熟市教育局教学研究室　江苏常熟）

教学设计主要是以促进学习者的学习为根本目的，运用系统方法，将学习理论与教学理论等原理性内容转换成对教学目标、教学内容、教学方法和策略、教学评价等环节进行具体计划，创设有效的教与学系统的"过程"或"程序"。教学设计的质量如何直接关乎教学的成败。因此，有必要对教学设计艺术进行深入研究。笔者认为，可从以下三个环节加以改进和优化。

一、下移设计重心

历史学科的教学设计要以学习设计替代教学设计。具体来说，就是要从过去的以教材为中心、以如何教为重点，转到现在的以学生为中心、以如何促进学生有效学习从而获得发展为重点，真正体现"以学生为本、以学生的发展为本"和"一切为了学生、为了一切学生、为了学生的一切"的现代教学理念。具体地讲，以人为本的教学设计，就是要在了解学生的学习意向、体察学生的学习情感、诊断学生的学习障碍的基础上，设计出真正关注学生、促进学生充分发展的教学策略。同时，又要跳出"教教材"的圈子，引导学生体验和领悟教材的精华，并对学科教材知识进行教学重组和再创造，让教材成为学生积极发展的广阔策源地，通过激活教材，使教学达到一种新的境界。

1. 分析学习起点

美国教育心理学家奥苏泊尔曾说："如果要把全部教育心理学还原为一句原理的话，我将会说，影响学习的重要因素是学生已经知道了什么，我们应该根据学生原有的知识状况进行教学。"能否准确地把握学习起点，将决定教学活动的针对性和有效性。因此，分析学生的学习起点成为我们历史学科教学设计的重要前提。

笔者以为，可以通过调查、访谈、练习等形式来把握，主要包括学习需要分析、学习内容分析、学生状况分析等。从学习内容分析的角度，教师在设计时应充分考虑如下问题：（1）学生是否已经具备学习新知识所必须掌握的知识与技能，掌握的程度如何？（2）哪些历史知识学生已有初感，哪些离学生相差较远，需要在课堂教学中创设哪些情境促进学生的学习？（3）哪些历史知识学生基本能够自学，哪些需要教师点拨启发和引导？（4）如何在课堂上分步骤、分层次地向学生展示知识结构，设置思考问题，引起学生求知欲望，并经过一番努力找到答案？（5）如何针对学生智力水平层次不同的实际情况，提出不同的目标和相应的练习题，达到促进学生个体历史学习不同层次的进步？这样，既尊重了学生的已有知识，沟通了与新知识的联系，又提高了学生在新情境中解决问题的能力，达到了课堂教学的"交流—互动"。巴班斯基在《教学过程最优化》中明确提出，经常地、全面地、系统地研究学生，是实现教学过程最优化的重要前提。

2. 确定学习策略

学习策略是学习者对学习方法选择和综合运用的意识和倾向，是学习方法正确发挥作用的必要条件。可见，学习方法是学习策略的基础，没有学习方法或者学习方法缺乏就不可能形成较高水平的学习策略。根据新课程的教育理念，结合历史学科的特点，笔者以为有效的学习策略应该是自主、合作、探究的学习策略。问题在于，我们在进行教学设计时，应充分体现学生自主学习的程度、合作学习的效度和探究学习的深度。

以探究学习的深度为例，笔者认为，探究学习从本质上说是一种发现学习，具有深刻的问题性、广泛的参与性和丰富的实践性与开放性。它要求我们历史教师在教学过程中，要以问题为载体，创设一种科学研究的情境，通过学生搜集、分析、处理信息，独立地发现问题，获得知识技能，形成情感态度价值观的探究活动。探究学习的深度如何，主要是看学生有无问题意识和问题能力；问题的数量是否多、质量是否高。问题指的是需要研究讨论并加以解决的矛盾、疑难，或是关键、重要之点。我们认为，一节课中，学生提出的问题越多越好，说明教师善于启发；教师回答不上来的问题越多越好，说明学生的探究有深度。因此，学习策略的关键在于问题和探究情境的创设。

二、拓展设计内容

加涅曾在《教学设计原理》（1988 年）中提出："教学设计是一个系统化（systematic）规划教学系统的过程。教学系统本身是对资源和程序做出有利于学习的安排。任何组织机构，如果其目的旨在开发人的才能均可以被包括在教学系统中。"[1] 以前，我们历史学科的教学设计偏重于课堂内的教学设计（主要侧重于教学目标设计、教学环节设计、教学评价设计等），笔者以为，从学生全面发展的角度出发，还应设计课前自主先学环节和课后巩固延伸环节，这样三位一体的设计能充分拓展学生的学习时间和空间，有利于帮助学生养成良好的学习习惯，全面提升学生的会学能力。

1. 课前自主先学环节的设计

课前自主先学环节的设计很重要，一方面能够让学生明确先学的方向，另一方面也可让教师更充分地了解学情，以便据此调整教学策略，进而使学生在课中学习环节取得事半功倍的学习效果。此环节就是要在充分了解学情的基础上，精心设计导学案（或任务书等），让学生自主先学有方向。教师要花大力气对教材进行深度解读和第二次编译，即为学生设计导学案，我们称之为学生自主学习的"路线图"。导学案的内容主要由学习目标（三维目标）、学习重难点、学法指导、知识链接、学习过程、达标检测、先学反思几个部分组成。我们要求导学案的设计要体现四个结合：结合教材，结合课标，结合考纲，结合学情。导学案的设计应体现如下几个基本原则：（1）忌"空泛"宜"扎实"，要有操作性。（2）忌"统一"宜"分层"，要有差异性。（3）忌"脱节"宜"联系"，要有点拨性。（4）忌"单一"宜"多样"，要有趣味性。（5）忌"单向"宜"双向"，要有反馈性。另外，自主先学的评价设计要重视对学生自主先学的检查和评价，以提高学生的主动学习能力。教师评价的目的在于：一是监督评价，看学生是否认真完成了先学任务；二是发现学生在本节课先学中存在的问题；三是发现疑难问题，提前准备，课堂上重点指导；四是发现学生先学中好的、突出的、不同于一般的解决问题的方法，便于在课堂上安排展示，增强课堂教学的效果。当然，对先学的评价、课前检查的评价只是其中的一个环节，它还要贯穿课堂先学展示中的评价、课堂先学训练中的评价等多个方面，课前先学评价只是一个前奏。

2. 课中深度学习环节的设计

学生是学习的主体，只有有深度的学习才能促进学生全面有效地成长。因此，课中深度学习环节的设计很重要。笔者认为，深度学习是针对浅层学习（shallow learning）而提出的一个概念，其主要特点是：深度学习意味着理解与批判；深度学习意味着联系与构建；深度学习意味着迁移与应用。在历史教学过程中引导和帮助学生对知识进行深度学习显得尤为关键。

首先，在问题探究中加深理解与批判。巴尔扎克说过：打开一切科学的钥匙，毫无异议的是问号。人教版高中历史必修 3 第 18 课《新时期的理论探索》，我们可以设计如下探究性问题引导学生对毛泽东思想、邓小平理论和"三个代表"等重要思想做系统的梳理和探究：

有人认为中国特色社会主义理论"始于毛、成于邓、深于江"，你怎样看待毛泽东思想和邓小平理论之间的关系？怎样理解改革开放前后"两个三十年"的辩证统一关系？

通过对本主题的深入探究，学生就很容易理解毛泽东思想是中国特色社会主义理论的渊源理论；邓小平理论是中国特色社会主义理论的本源理论，即中国特色社会主义理论是对毛泽东思想的继承和发展；"三个代表"则是对中国特色社会主义理论的进一步深化。

另外，通过探究引导学生从社会主义的角度深刻认识改革开放前后两个历史时期的辩证逻辑关系和历史关系。这样就把新中国前 30 年和后 30 年的历史科学地贯通了起来，客观、完整地揭示了中国特色社会主义的酝酿、形成和发展的历程及其历史逻辑。

其次，在学生活动中加强联系与建构。在人教版高中历史必修 1 第 8 课《美国联邦政府的建立》中，我们可以将全班学生分成四个活动小组，每组合作研究一幅权力圈子示意图，判断能否准确反映联邦制的相关内容，并说明理由。

通过对四幅权力圈子示意图（参见图 1—4）的辨别，师生建构了正确的权力圈子示意图（参见图 5）。

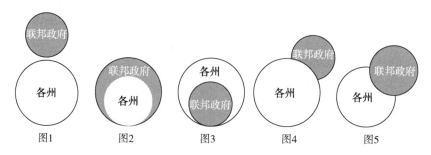

图1　　　　图2　　　　图3　　　　图4　　　　图5

第三，在材料研习中加以迁移与应用。（案例略）

著名教育家叶圣陶先生说过，"假如学生进入这样一种境界：学生能够自己去探究，自己去辨析，自己去历练，从而获得正确的知识和熟练的能力，岂不是就不需要教了吗?"[2]笔者以为，课中深度学习环节设计的目的就在于此。

3. 课后巩固延伸环节的设计

学习的过程是连续的，知识的掌握需要反复地内化，一课时的结束绝对不意味着45分钟的彻底终结。如果能够利用课后的恰当时间，复习和巩固前面所学的内容，即便是简单的回味与咀嚼，实效性也会得到更好的提升。课后巩固延伸环节的设计主要包括作业设计（含知识结构设计）、方法设计和情感设计等。

以课外作业的设计为例，其设计目的主要在于使学生进一步消化和巩固所学知识，培养学生应用所学知识独立分析问题和解决问题的能力。笔者认为，课后作业的设计应做到：一要适量，作业的重点应针对学生易错、易混、易忽视的教学重点内容；二要适度，要有层次性，做到难易适中。此板块的设计不可或缺。当然，"课后拓展延伸"还可以包括以下内容：（1）在导学案的空白处写上学后记，关注学生学习后的问题和指导学生有效进行学习的方法、规律等的笔记。（2）提供一些综合性和实践性的思考题，供学生课后拓展探究，加深对所学知识的理解。（3）设计下节课的相关先学问题，以及和本节课学习内容有关的辅助资料和信息资源，使课内学习自然延伸到课外，满足学生自主学习的要求。

三、注重设计评价

《历史课程标准》指出："历史教学评价是历史教学环节的重要组成部分，对改进历史教学，提高教学质量具有重要的意义，在教学过程中要充分发挥教学评价的导向功能、诊断功能、激励功能和促进功能，促进学生学习能力和创新意识的提高……还要注意考查学生历史学习的过程。"用著名教育评价专家斯塔弗尔比姆的话说："评价不在于证明，而在于改进。"笔者认为，教学设计的评价可以从以下三个维度展开。

1. 教学相长度

教学相长度是指教师通过自己精心的教学设计而达到的学和教两方面的和谐共进程度。《礼记·学记》指出："是故学然后知不足，教然后知困。知不足然后能自反也，知困然后能自强也。故曰教学相长也。"从教学设计的角度，笔者以为，这段话至少包含这样几层意思：一是要因"学"而"教"，教师须从学生的学习动机、学习态度、接受能力出发进行教学设计和施教。二是教师须一面"设计（含教）"一面"学"，不断提高自己的教学设计能力和专业素养。换句话讲，教师设计教学的过程同时也是教师自身学习和提高的过程，即教师通过设计促进自身的学。三是以"学"论"教"，评价教师"设计（含教）"得如何，必须依据学生"学"得如何来评价。四是"教"和"学"是互相促进的，教师和学生应当互相学习，实现"共生"。总之，教学是教与学的交往、互动的过程，是师生双方相互交流、相互沟通、相互启发、相互补充的过程，在这个过程中教师与学生彼此间进行情感交流，从而达成共识，达到共享、共进，实现教学相长与共同发展。正所谓"'学'因'教'而日进，'教'因'学'而益深"。

2. 目标的达成度

教学目标的达成度指的是教师根据教学内容进行设计后，在教学实施中所能达到的目标设计的程度。教学目标的确定是教学活动的核心，它贯穿于教学活动的全过程，制约着教学活动的每一个局部和环节，是教学评价的主要依据之一。在教学过程设计中，教师首先要确定教学目标，然后根据教学目标调控教学信息，完成教学任务。教学目标不只是单一目标，也不是三个目标，而是一个三维目标。目标的实现是以知识为载体、以过程为中心来展开教学的。三维目标是在过程中统一体现出来的，而不是单独体现的，课程目标不要过大，而要具体化、层次化，这样才能成为有用的目标，而不是一个摆设。

以知识与技能目标的达成评价为例，可以从以下几方面加以考察：是否准确把握了知识、能力、情感的增长点，有无知识性错误；是否抓住了教学的重难点，对教材处理详略得当；是否对教材内容很熟悉；是否整合了现有教育资源。对过程与方法的评价，可以从以下几个方面加以展开。（1）从教学环节视角审视：教学环节是否灵活多样，环节衔接是否生硬；导入、导语是否准确精彩，是否把学生引入了教学情境；是否善于组织学生自主学习，学生参与状态如何，是否包办代替、满堂灌。（2）从教学方法视角审视：是否善于激发学生的积极性，采用了什么方法，教学目标达成意识是否贯穿于教学过程始终；是否注重了学习指导，学生学到了什么方法，是否体现了知识形成过程、结论由学生自悟与发现；是否尊重学生，允许学生有个别差异、有异议。总之，要高效达成互动的目标，教师在设计上要注意三个问题：高兴趣，让学生爱学；着眼未来，让学生会学；知情合一，让学生乐学。

3. 预设的生成度

预设的生成度是指通过教师的教学设计学生获得非预期发展的程度。预设是指教学预测与设计，是课前进行的有目的、有计划的设想与安排。生成是指课堂教学的生长和建构，是指在师生和生生的合作、对话、碰撞中，现时生发的超出教师预设方案之外的新问题、新情况。余文森教授认为：生成表现在课堂上，指的是师生教学活动离开或超越了原有的思路和教案；表现在结果上，指的是学生获得了非预期的发展。没有预设的课堂是不负责任的课堂，而没有生成的课堂是不精彩的课堂，预设与生成是互补关系：预设与生成具有统一的一面，课堂教学既需要预设，也需要生成，预设与生成是课堂教学的两翼，缺一不可。预设体现教学的计划性和封闭性，生成体现教学的动态性和开放性，两者具有互补性。[3]

要提高预设的生成度，课前精心预设应留有生成空间，要追求开放化和集约化。从教学的全局来看，预设只能是一个教学的准备，真正的有效教学是在课堂中动态生成的。所以，教师在设计的过程中，应充分考虑到课堂上可能会出现的情况，给生成留足空间，促进课堂有效生成，处理好预设与生成之间的平衡。在历史教学设计中，我们可以通过精心设计开放性问题，有效组织思辨性探究，合理安排变通性训练等方法，让学生能在课堂上获得更多的意外收获。叶澜教授指出："在教学过程中强调课堂的动态生成，但并不主张教师和学生在课堂上信马由缰式展开学习，而是要求教师有教学方案的设计，并在教学方案中预先为学生主动参与留出时间和空间，为教学过程的动态生成创设条件。"[4]强调"生成"，先要解决好"预设"。我们不能等走进课堂时，才发现学生有着许多与"预设"不相符的地方。我们要根据对学生的了解来思考：学生学习的起点在什么地方？在学习的过程中，学生会对什么更加感兴趣？旧知与新知的距离有多远？需要给学生一些暗示吗？这些暗示会不会降低学生的思维强度？学生可能会提出哪些问题，对学生提出的各种问题可以做出怎样的回答？这些，我们在预设时，必须了解，必须关注。我们不能因为强调生成而忽视预设。只有在预设上多下功夫，才能更好地解决生成的问题。

当然，更应在课中及时调控生成空间。课堂教学是千变万化的，难免会发生诸多意外，一旦出现"不速之客"，教师要灵活应对，及时调整预设，给生成腾出空间，有时巧妙利用意外的"生成资源"，也许会成为我们课堂中一个预料之外的精彩之举。

注　释

［1］加涅. 教学设计原理［M］. 上海：华东师范大学出版社，1999.

［2］张一山. 一堂好课的两个发展性历程——重读叶圣陶先生给《中学语文》的题词
　　［J］. 语文教学通讯，2008（3）：18—19.

［3］余文森. 论教学中的预设与生成［J］. 课程·教材·教法，2007（5）：17—20.

［4］叶澜. 重建课堂教学价值观［J］. 教育研究，2002（5）：3—7，16.

（此文发表于《中小学教师培训》2015 年第 5 期）

基于问题史培养学生发现问题的素养

郭子其

（成都树德中学　四川成都）

提高学生问题解决能力是发展学生核心素养的有效途径，发现一个问题比解决一个问题更重要，而且，2017 年考试大纲首次提出了考查学生"发现问题"的能力，历史教学应如何培养学生发现问题的能力呢？本文结合问题史谈谈相关认识。

一、问题史学及历史问题的价值

1. 问题史学的缘由与内涵

"问题史学"是二十世纪西方史学发展起来的重要理论成果，"问题史学"是年鉴学派史学方法论的核心。"问题史学"的产生是在挑战实证主义史学方法论的背景下提出的。作为十九世纪西方史学主流的实证史学"强调史学研究的客观性和实证性，认为作为主体的研究者与作为研究对象的历史之间不应该存在依存关系"。"问题史学"强调从现实问题出发去研究历史，围绕问题展开的研究不再仅仅关注精英阶层的历史以及与政治、军事有关的历史，并且力图展现一种"总体史"面貌。

马克·布洛赫在《为历史学辩护》中写道："一件文字史料就是一个见证人，而且像大多数见证人一样，只有人们开始向它提出问题，它才会开口说话，历史研究若要顺利展开，第一个必要前提就是提出问题。"[1]年鉴学派第三代代表人物雅克·勒高夫（Jacques Le Goff）明确提出"问题历史"即"作为问题的历史学"的口号，用来代替实证主义的"事件的历史"（即以实践为基础的历史学）。[2]朱本源指出："'问题史学'强调提问、分析对史学研究的重要性。费弗尔明确地说'提出问题是历史研究的开始和终结，没有问题，便没有历史……提出问题和形成假设，这两个程序构成了所有现代科学工作的基础'。""它（传统历史学）是从史料中发现问题，并通过史料解决问题，所以它的口号是'没有史料就没有史学'。但年鉴派所说的'问题'是现实的问题。即从现实问题出发研究历史，当然也不能不通过史料，否则就不能成其为历史；但是还必须超出史料，否则历史不能成为科学。"[3] 正是如此，"问题史学"强调史学家围绕所提出的问题，决定运用哪些具体方法去解答问题。概而言之，"'问题史学'是一种以'问题'为研究的出发点，把科学性与有用性相结合的历史学"[4]。

2. 历史问题的研究价值

德国十九世纪的著名历史理论家德罗伊森（J. G. Droysen）说过："历史研究工作的起点是历史问题的提出。"[5]

首先，历史问题（提问）对于人们认识历史具有突出的价值。因为史学家总是以问题为中心，针对不同问题进行解释，历史研究工作总是以解决问题而展开。由此观之，历史教学中引导学生提出问题，像史学家一样思考历史，这正是培养学生核心素养的有效方法。列维和莫奈就提出核心素养包括两部分："复杂交往"与"专家思维"[6]。

其次，历史问题具有研究特定客体的旨趣。"问题史学"强调从现实思想出发研究历史，以史料为基础，借助对史料的分析研究来解决现实问题，如马克·布洛赫提出了"对现实的曲解必定源于对历史的无知；而对现实一无所知的人，要了解历史也必定是徒劳无功的"[7]。年鉴学派第三代成员弗朗索瓦·菲雷也指出，史学研究者"不仅通过确定时期（事件的合成物），而且通过规定由那个时期和那个事件所提出并需要解决的问题，来构造自己的研究对象"。巴勒克拉夫认为，"现代意义上的世界历史绝不是综合已知的事实，或根据其相对重要性的次序来排列的各大洲的历史或各种文化的历史。相反，它是探索超越政治和文化界限的相互联系和相互关系。这种世界历史与其说是关心时代的发展及历史的目标和意义——非西方文化基本上不关心这些西方所关心的问题，还不如说是关心各个地方的人类所面临的不断出现的问题，以及对这些问题的不同反应"[8]。巴勒克拉夫也强调历史问题的现实性，强调问题对于特定人群的价值与意义，由于现实变动不居，新的问题层出不穷，给历史研究带来活力。

再次，历史问题还具有方法论的价值。李剑鸣认为，"没有问题，再好的材料和方法也会失去意义。研究一个课题，一定要围绕问题进行，不能停留在'事俱始末，文成规矩'的地步"[9]。"问题史学"本身就强调围绕问题而求证问题，注重广泛收集史料，扩大了史学研究的领域和史料收集的范围，有鉴于此，"问题史学"还提倡跨学科研究。

最后，历史问题具有研究主体寻求知识与意义的价值。海德格尔提出，"任何发问都是一种寻求，任何寻求都有从它所寻求的东西而来的事先引导"[10]。"问题史学"提升了史学研究者的地位，让研究者居于研究的主导地位，强调研究者对史料的运用、分析与解释，从而解答问题。

二、学生发现问题存在的问题

学生发现问题能力的缺乏表现在历史学习与考试两种情形中。

1. 学生在学习历史过程中问题能力的缺乏主要表现在：一是问题碎片化。学生难以对事实进行关联性思考或辨析，常常会因为一个细小的知识产生浅表的疑问，这样的问题即使经常出现，也难以帮助学生提高问题能力。二是没有形成有价值的问题。学生常常会问一些简单的问题，很难涉及学科的内在逻辑与思想，这样的提问没有充分利用学科思维方式、学科观念对学习对象发问，因此，学生提问能力依然不高。

2. 学生面临试题发问，常常出现两种情形：一是偏离材料"无中生有"形成问题；二是问题选择能力差。学生自我产生了众多问题，难以选择有价值有意义的问题，主要表现在：问题琐碎，只见局部不见整体，只见轻微的细节不见关联性信息，只见表层信息不见主要内容或内涵；问题过于复杂，自我论证乏力（即使是个好问题，也难以自圆其说）；问题缺乏代表性（典型性），学生未真正理解材料反映的核心概念，难以把握住信息实质，导致问题剑走偏锋；问题刁难，有些问题连史学家也难以说清，很难具有明确的答案。关键是学生在考试中发现问题有不同于日常学习提问的地方，考试中的发问是有限开放的，因为试题有或明或暗的主旨，有明显的材料信息限制，有明确的话题（或设问范围）限制。学生在考试中选择问题时犹豫不定，选择能力较差，尤其应引起历史教学的重视。

三、培养学生发现问题能力的教学策略

1. 设置问题情境，培养学生的问题意识

学生在熟知情境下习得的知识是"惰性"知识，而且抑制学生的发问能力。佩蒂托和邓巴研究发现，当呈现的新概念或新知识与学生的初始认识一致时，容易被学生接纳并整合进已有知识结构；反之，新概念的获得或新知识的重组将比较困难甚至会受到抑制，由此，他们提出抑制性知识建构的观点。[11]教学应设置较为复杂的新情境，如此才会引发学生迁移能力，促进学生生发问题。教师在学生学完工业革命内容后，提出一个问题让学生思考：荷兰率先建立民主制度，但为何未最先发生工业革命？这一

认知冲突促进学生追问工业革命在英国率先兴起之因。在学生想象之后，教师展示下列材料，诱导学生进行"内部探因"。

荷兰乌特列支大学经济史教授扬·卢滕·范赞登认为，"工业革命不是突然发生的，而是经济增长和结构转型过程的结果"，"自中世纪晚期以来，西欧在制度、人力资本形成以及经济绩效三个方面都具有（持续）突出的表现"，而"工业革命是内在激励、经济结构、知识积累和人力资本形成之间特别互动的产物"[12]。

通过提示，学生可以进一步发问得出工业革命兴起的复杂因素：新技术的推动（包括印刷术）；快速增长的城市对纯熟劳动力需求的增长；经济结构的转变（包括农村资本主义的发展）；制度改善（它导致借贷低利率）；内在激励，如对稀缺的、昂贵的劳动力的渴望（导致人力资本提高——催生工业革命）；注重专利技术；重商主义思想；新教主义，宗教改革运动等。这样多角度分析工业革命兴起原因，并深度揭示因素之间的彼此关系，有利于促进学生复杂性思维的发展。

钟启泉强调，核心素养不是直接由教师教出来的，而是需要学生在具体的问题情境中借助问题解决的实践而逐步培养和发展起来的。[13]教师设置复杂的问题情境引导学生对照现实进行历史性思考，有利于培养学生深度发现问题的能力。

2. 培养学生在沉思中优选问题的能力

"首先，因为有些问题和概念并不具有明确的回答；其次，因为有的问题在原则上能够具有明确的答案，但由于材料的缺乏或由于这些问题本身的性质而无法获得解决"[14]。所以，不是学生一有疑问，就有了高质量提问，学生应该对情境进行判断、对信息进行有效提取、对有无高质量的证据进行照应、对问题本身的质量进行判断等，通过问题甄别与改进，才会提升学生发现问题的质量。在这个过程中，一是需要学生具有深思品格。只有学生进行冥思苦想，才会从知识深处生长出问题来，并在思考过程中充分调动自我的知识、经验与思维方式，让自我"摄入"在知识海洋中，使自己成为"思想"者。二是选择问题。学生面对学习内容，常常会疑问万千，学生应关注诸多疑问的质量和层次，即"是什么"的问题或"为什么"的问题；关注问题的抽象性与具体性，明确是宏观问题或微观问题；问题的解决程度如何，是充分解决或捉襟见肘等。学生在比选问题中，常常会深化对问题的认识。例如，"荷兰率先建立民主制度，但为何未最先发生工业革命?"这一问题，就促使学生比照荷兰来认识英国的差异性因素，扩大了学生的认识视野，有利于学生从英国内部探究具体原因，促进了学生的深度思维，答案也更具说服力。

3. 利用核心概念培育学科思维

有学者认为，把握学科核心素养由三个层面构成：最底层的"'双基'指向"（称为"'双基'层"），以基础知识和基本技能为核心；中间层的"问题解决指向"（称为"问题解决层"），以解决问题过程中所获得的基本方法为核心；最上层的"学科思维指向"（称为"学科思维层"），指在系统的学科学习中通过体验、认识及内化等过程逐步形成的相对稳定的思考问题、解决问题的思维方法和价值观，实质上是初步得到学科特定的认识世界和改造世界的世界观和方法论。[15]

由此观之，问题解决成为发展学生核心素养不可或缺的中间纽带，历史教学要培养学生的问题发现能力，既要重视基础，又要在顶层设计上关注学科思维方式，因此，建构知识结构也十分必要。例如，引导学生揭示英国工业革命的复杂进程，促进学生进行关联性思维。

要培养学生发现问题的能力，只有基础性的知识建构是远远不够的。除了"内部探因"引发学生从时空视角进行"历史性"思考外，笔者又引导学生通过历史想象进行"现象探源"：工业革命有哪些深广影响？学生在全面理解教材内容后，面临这一问题定会出现发问困境，教师可以通过一些材料展示多个视角，如对交通工具产生的影响（铁路、汽车），对工业及经贸的影响，对工作与生活的影响等，开阔学生视野，活跃学生思维。

教师通过追问扩展了学生认知视角，极大地激发了学生思考发问的兴趣，诱发学生进行广泛思考。例如，工业革命对建筑材料、规模、样式、设计思想、艺术审美等方面的影响。工业革命对货币金融的影响，英镑逐渐成为国际货币，英国成为世界金融中心，金融业在全球化进程中居于重要地位。工业革命对煤等能源的影响：布罗代尔认为，"十八世纪前的文明是木材和木炭的文明，正如十九世纪是煤的文明一样"[16]，具体而言，煤炭工业的发展，促进了蒸汽动力的广泛应用，带动了纺织业、以钢铁业为代表的高能耗产业、交通运输业及建筑业等行业的发展，运河在英国"前铁路化时代"的经济发展过程中起了中心作用，而煤炭贸易的发展又促进了运河的兴修；煤炭部门的发展，对英国不同地区的"原工业化"向"工业化"的过渡结果产生了近乎决定性的影响，"原工业化"指农民家庭为远方市场生产产品的过程，也包括由一般意义上的制造业及乡村工业扩展到包括开矿、冶炼、编织业以及整个城镇工业，英国成功实现工业化的地区，都有丰富的能源，尤其是煤炭资源作为保证；以煤炭为代表的能源也是英国近代城市发展中一个不可缺少的条件，对推动城市化水平的提高至关重要，没有煤炭，势必会影响城市居民的基本生活，住房、取暖、饮食以及一般的城市生活都将出现问题，人口的爆炸性增长，需要大量的燃料供应。[17]

马克·布洛赫认为，"唯有总体的历史才是真历史"[18]。以上视角的探究，引发学生多视角寻找史料求证问题，促进学生调动自我经验理解历史，引导学生总体把握工业革命的众生相，深刻领悟工业革命的广泛影响与现实意义，极大地调动了学生思考问题、发现问题的积极性。

要培养学生发现问题的能力，只要引导学生掌握更多的事实，形成复杂性关系（现象与核心概念的联系，现象之间的联系），通过变式深度理解联系，进而体悟并把握学科思维方式，形成历史观念，学生发现历史问题的能力一定会得到显著提高。德国学者 BöHm 在对概念的价值理解中指出，"渔夫能捕到哪种类型的鱼，取决于它所采用的渔网，历史研究者所编制的概念网络，决定了他所捕捉到的资料和事实"[19]，所以，历史教学要引导学生掌握更多的证据（对高中生来说，有渊博的知识再好不过了，但高中学生知识有限，引导学生关注所认知的史实与概念的联系显得十分必要），促进学生关注学科的解释和判断模式，有力提升学生的思考素养。

4.借助深度问题教学，提升学生发现问题的能力

教学要引发学生进行深度学习，就应实施基于历史学科思想价值的深度问题教学，形成层次化发展学生核心素养的教学路径：本源层，注重学生历史兴趣与意识，培养学生的历史感；基础层，注重知识建构与发展基本能力，培养学生的知识建构能力与历史理解力；深化运用层，注重历史问题深度解决，培养学生灵活运用知识解决情境化问题的能力，发展学生批判创新思维；思想价值层，关注历史学科思想价值，发展学生高阶思维，提升学生价值判断力。逐层推进，形成清晰的内容深化逻辑、价值提升逻辑、学科思维与素养发展逻辑。本课始终围绕三个问题：有哪些因素促成一个国家产生工业革命？工业革命内在过程是怎样步步推进的？工业革命对人类社会产生了怎样的深广影响（现象视角）？形成三个教学环节：知识建构——内部探因——现象探源，让学生思考提出问题。

总之，可以采用四大类型问题实施深度问题教学（广义）。一是中心

问题，就是依据课程内容目标，围绕教学重难点而设计的具有丰富的思辨性和利于构建知识结构的一个提纲挈领、纲举目张的"结构性问题"来指导学生学习。二是深度问题（狭义），主要是从核心概念与思想文化视角深度理解历史意义与深度建构历史认知结构，重点关注历史的结构性与非结构性知识意义建构，强调学生批判地学习历史思想和历史事实，并对复杂信息进行精细加工，并有效迁移到新情境中进行问题解决，凸显学生的深度学习。三是生成问题，就是师生在具体的教学情境下围绕教学内容进行批判性思维而不断衍生出的"教学问题"。四是研究性问题，就是以问题为中心，学生自觉地以探究方式质疑问难，并重构知识结构而获得新知的问题。

以上四大类型问题教学，依据历史文本、实物遗迹、口述等知识信息：一方面从核心知识角度构建中心问题，以此为基础深化知识，加深对问题的理解，形成深度问题，引领学生对知识进行深层次理解；另一面引导学生不断对预设性问题进行生成性理解，形成生成性问题，引领学生对知识进行活化性理解。在对知识内部的深化性理解与知识建构过程的生成性理解的基础上，引导学生进行创生性理解，形成研究性问题，促进学生像史学家一样思考解释历史。四类问题构成了问题教学的启动、深化、创新发展循环圈（见图 1），彼此依托与照应，促进学生对知识的往复理解与生成，进而促成学生融通知识的内涵与意义，提升学生的历史理解力与认识力，让学生涵蕴出知识学习的智慧。

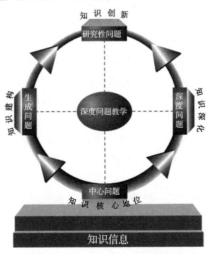

图 1　知识问题教学

通过问题教学可以构建出工业革命的立体化的丰富图像（见图2），利于提高学生发现问题的能力。因此，历史教学要培养学生发现问题的能力，需要植根于历史境遇，逼及历史现场，引发学生的问题思考，促进学生形成反思性历史智慧，让课堂具有温度：富含人文性！让课堂具有力度：富含思想性！

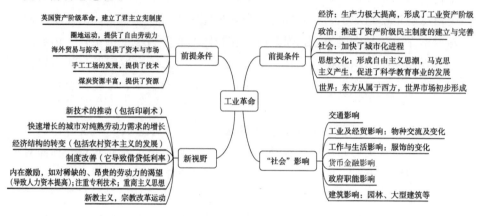

图 2　工业革命历史图像

注　释

［1］［7］［18］马克·布洛赫. 为历史学辩护［M］. 张和声，程郁，译. 北京：中国人民大学出版社，2006：26，37，131.

［2］雅克·勒高夫. 新史学［M］. 姚蒙，译. 上海：上海译文出版社，1989：13.

［3］朱本源. 历史学理论与方法［M］. 北京：人民出版社，2007：55，62.

［4］王加丰. 试论年鉴派的"问题史学"［J］. 浙江社会科学，2006（5）：160.

［5］德罗伊森. 历史知识理论［M］. 胡昌智，译. 北京：北京大学出版社，2006：13.

［6］张华. 论核心素养的内涵［J］. 全球教育展望，2016（4）：11.

［8］杰弗里·巴勒克拉夫. 当代史学主要趋势［M］. 杨豫，译. 北京：北京大学出版社，2006：206.

［9］李剑鸣. 历史学家的修养和技艺［M］. 上海：上海三联书店，2007：226.

［10］海德格尔. 存在与时间［M］. 陈嘉映，王庆节，译. 北京：生活·读书·新知三联书店，1987：7.

［11］吴仁英，王坦. 翻转课堂：教师面临的现实挑战及因应策略［J］. 教育研究，2017（2）：114.

［12］扬·卢滕·范赞登. 通往工业革命的漫长道路——全球视野下的欧洲经济，1000—1800 年［M］. 隋福民，译. 杭州：浙江大学出版社，2016.

［13］钟启泉. 基于核心素养的课程发展：挑战与课题［J］. 全球教育展望，2016

（1）：3—24.

[14] 雅克·勒戈夫，皮埃尔·诺拉. 史学研究的新问题、新方法、新对象［M］. 郝名玮，译. 北京：社会科学文献出版社，1988：28.

[15] 李艺，钟柏昌. 谈"核心素养"［J］. 教育研究，2015（9）：21.

[16] 费尔南·布罗代尔. 15 至 18 世纪的物质文明、经济和资本主义（第一卷）［M］. 顾良，施康强，译. 北京：商务印书馆，1989：427.

[17] 裴广强. 工业革命史煤炭问题研究中的三个维度［J］. 史学理论研究，2015（2）：84—94.

（此文发表于《中小学教师培训》2018 年第 9 期）

● 英 语

现阶段高中英语教学存在的问题分析及解决建议

吴晓威[1]   鞠墨菊[2]

(1. 吉林省教育学院   吉林长春;

2. 前郭县第五中学   吉林前郭)

近年来,随着社会经济的快速发展,英语作为一门全球通用的语言,已经广泛地应用到国内的各个领域。高中阶段是学生学习英语的基础阶段,也是学生学习英语的非常重要的阶段。新课程标准的改革不仅使英语教学在整个高中英语教学中的地位大大提高了,而且对英语教学提出了新的要求。教师在教学中需要一改传统的教学方法和目的性的教学模式,让学生成为学习的主体,将课堂从"一言堂"变成师生互动、共同学习的课堂。但是,在实际英语教学中,仍旧存在一些问题,尤其是将英语作为一种语言,对其工具性与人文性的理解与运用存在问题,这些问题的存在影响了学生的英语学习效果。

一、高中英语教学中存在的问题

(一)高中英语教学中本土文化的输入缺失

"交际能力是得体使用语言的能力,是知道什么时候说什么样的话的能力,以及该如何表达自己的观点等,这与文化背景知识有着直接的关系"[1],即语言和文化是密不可分的,各民族语言和各民族的文化有着密切的联系。要想学习一门外语,就必须要学习、了解其所在的民族的文化背景和文化特点,将语言和文化融合起来。由于语言的这一特性,在过去的几十年的高中英语教学中,英语的文化背景和文化特点不断受到重视,这使高中生更容易学习英语,对其英语学习产生了积极的推动作用。然而,为了高中生更好地学习英语而不断地重视英语的文化背景的这种行为却造成了中国本土文化在英语学习中的缺失。

英语作为一门全世界通用的语言,它是一种交际工具,对英语的学习是为了培养我们使用这种交际工具的能力。也就是说我们使用英语交流,并不是只进行非常浅显的打招呼这样的交流。"大部分时间我们进行的是更深层的各方面的文化交流，而且交流是双向性的，我们也不可能只谈论对方国家的文化。"[2]然而，由于在高中英语的学习中过于强调西方文化，缺乏对中国本土文化的渗透，使许多高中生在使用英语表达时，能够对西方文化侃侃而谈，但谈到中国本土文化时，却面露难色，不知如何用英语表达，又或者表达出来之后让人并不是十分地理解。这种在高中英语教学中对本土文化输入的缺失，造成高中英语教学中文化的不平衡性，导致学生产生跨文化交际的障碍。

（二）高中英语教学与大学英语教学缺乏衔接性

学生接受了高中三年的英语学习，继而又接受了大学四年的英语学习，但学生的英语听、说能力依旧很差，其中的原因是多方面的，但一个非常重要的原因就是高中英语教学与大学英语教学无法很好地衔接。

首先，在教学内容上衔接较差。高中英语教科书与大学英语教科书的难易程度不同，大学英语教科书比高中英语教科书偏难。课堂授课的内容也发生了改变，高中英语课堂注重语法和笔试练习，而在大学英语课堂教学中，更加注重对语篇的分析和欣赏，以及对与语篇相关的社会文化背景知识的讲解。英语教学中的听、说教学无法衔接，这是高中英语教学与大学英语教学衔接方面最突出的问题。高中英语课程标准和大学英语课程教学要求都对学生的听、说能力提出了一定的要求，但由于各地区高考对听、说能力的考查不统一，使各地学生的听、说能力相差较大。而大学英语课程除了开设专门的听、说课程外，教师在教学过程中完全用英语授课，用英语与学生交流，对于大部分学生来说，英语听、说能力是一个巨大的挑战。

其次，教师的教学方式和学生的学习方式无法很好地衔接。高中英语教学中，教师对知识进行讲解，学生在课堂上认真听、认真记，接受教师的知识输入，而大学英语课堂则要求学生积极参与课堂活动，注重学生口语交际能力的培养，并且在学习方式上也要求学生能够充分利用课余时间自主学习。由于缺乏过渡和衔接，大一新生对大学英语学习会产生不适应感，甚至会产生厌烦心理。

（三）高中英语教学中的语言教学缺乏实用性和交际性

英语应该作为一种培养学生口语交际能力的学科，在英语教学过程中应该注重学生口语表达能力的培养。随着新课程改革的进行，"高中英语课堂教学多'以学生为中心，以活动为中心'，但教师还在相当程度上过于注重知识的落实，组织活动时总担心'考点'"[3]，依旧一味地在活动中套入很多语言知识、练习题等。在英语教学中过分注重语法、写作、阅读和答题技巧的培养，忽视了学生英语运用技能的发展，弱化了学生听、说能力的训练，使听、说、读、写、译这几种英语学习要求变为了单纯的读和写，完全违背了英语学习的过程，即先听后说、先说后读、先读后写，使学生进入了畸形的、没有实用性和交际性的英语学习中，英语丧失了能够使人更好地进行沟通的作用。

这种教学方向导致很多学生具有较强的英语应试能力，在150分的高考中能够达到100分或120分以上的好成绩，但学生不能自如地进行英语日常交流，甚至有的学生连最基本的日常口语也无法脱口而出。在高中英语教学中，语言教学缺乏实用性和交际性，这严重阻碍了学生英语口语表达能力的形成和提高，导致的后果是可怕的，更有一些在大学选择学习英语专业的学生，还要从最基础的口语发音开始学起，之前在中小学多年的英语学习几乎白费，这严重影响了学生未来的发展。

二、高中英语教学问题的原因分析

（一）西方语境强势

首先，我们把对英语的学习定义为我们对西方文化的学习，即我们通过学习英语来学习西方的文化，而不仅仅是将英语作为一种语言、一种交流工具来学习。但事实上，我们没能将其很好地与我们中国的本土文化相结合。除此之外，受中国高考"指挥棒"的影响，学生不是因为对一门学科有兴趣而学习它，而是针对考试而学习，试卷考什么，学生们就学什么，由于英语试卷上很少有或者根本没有中国的文化知识，所以教师不教授相关知识，学生也就不学习与之相关的内容。于是，中国文化的英语表达一直处于被忽视的状态。

其次，高中学生的升学压力很大，无暇顾及对中国传统文化内容的学习。学生通过对高中英语课本的学习，往往会了解到很多西方的文化，而书本上很少有对中国文化的描述，学生又在升学压力下很少阅读课外读物，这就导致英语学习中的中国文化输入的缺失。很多学生可以使用英语说出很多外国的文化知识，却不能说出中国传统文化的相关内容。

最后，无论是在教科书中还是在英语试卷上，高中的英语阅读文章基本上都来自外国的期刊或是名著节选等，这些文章基本上都在讲外国文化，很少有讲述中国文化的完整的、地道的英语文章，这使教师和学生很难找到参考书来学习中国文化的英语表达。

(二) 教科书结构单一

首先，高中英语教科书与大学英语教科书存在脱节现象。高中英语教科书相对于大学英语教科书来说，形式、结构都过于单一，学生需要学习的单词、语法、课文及需要参与的课堂活动都集中在一本教科书中，对学生需要掌握的知识和应用技能没有做到很好的分类。而"大学英语教育依然属于精英教育"[4]，教科书形式和结构都具有多样化的特点，如"大学英语教科书有《读写教程》《听说教程》《视听说教学》及《快速阅读教程》等，分别从不同层次训练和培养学生的英语听、说、读、写、译能力"[5]。因此，导致高中英语教学与大学英语教学存在衔接上的问题。

其次，虽然高中英语课程改革正在进行，但教师在课堂教学过程中的教法和学生的学法依旧过于老套、死板。新课程改革要求课堂教学以学生为主体、以教师为主导，强调在教师的指导下，学生能够自主、探究式地进行学习。而在实际的高中英语课堂教学中，教师为了提高学生成绩，一味地向学生传授英语语法知识，让学生大量做题，采取题海战术，让学生仔细听、认真记，使学生处于一种被动学习状态。进入大学以后，由于大学英语教学没有升学的压力，所以更加注重培养学生对英语的实际应用能力，因此开设的课程多为提升学生听、说能力的课程，学生在高中阶段的学习方法已经不再适用于大学英语的学习，所以学生会出现厌学心理，进一步导致高中英语教学与大学英语教学无法衔接。

最后，高中英语与大学英语在教学内容上存在差异。由于受到高考升学压力的限制，很多高中教师被迫减少了对学生听、说能力的训练和培养，只注重高考所考的内容，也就是高考考什么，教师就教什么，学生就被动地学什么，这样使学生形成了语法强、阅读强、写作强而口语表达能力很差的现象，学生只擅长笔试。而大学英语教学注重英语的实用性，注重对学生口语表达能力的培养，但在培养过程中却发现效果很差，很多学生连最基本的发音都是不正确的，这给大学英语教学带来了很大的困扰。

(三) 应试升学压力

首先，一方面高中英语课堂上教师比较少甚至没有组织学生进行口语练习的环节，即使有些教师组织学生进行了口语练习，也只是以学生背诵模仿为主。例如教师为了提高学生的写作能力，让学生背诵英语作文或英语课文，这种口语练习方式单一，只是纯粹地进行机械性的模仿，很难提高学生的英语口语表达能力。另一方面，英语教师的口语表达能力水平不一，很多英语教师的发音不标准，带有地方口音，久而久之就导致学生的英语发音很不标准。

其次，由于高中教师和学生存在很大的升学压力，导致教师在英语教学中过于偏重学生对词汇、语法的学习及对解题思路的讲解，忽略了英语口语表达能力的培养。并且很多学校的课堂现在仍以教师讲、学生听的教学方式为主，教师一味地教授高考英语的考点，学生只是被动地接受这些知识。时间久了，很多学生在课堂上昏昏欲睡，压抑了学生英语学习的主动性和积极性。

最后，学生的英语表达能力较差，也有学生自身的问题。有些学生存在自信心不足、惧怕开口说英语的心理。由于学生对英语知识掌握不够扎实，在用英语表达时产生畏惧心理，怕自己说错而被其他人嘲笑，这样就形成了一个恶性循环——越怕越不敢说，越不敢说就越不会说。又或者学生在用英语进行表达时出现错误，有些教师习惯性地打断其发言，对学生的错误进行纠正，这样会使学生产生很大的心理压力，打击其学习的积极性和参与性。

三、高中英语教学问题的解决建议

（一）明确教学目标，融学习于生活

1. 要正确理解英语学习的定义，它不仅仅是对西方文化的学习。学生在学习过程中不要为了学习英语而学习英语，或是为了应付考试而学习英语，应该理解学习英语的目的是什么，从而将它作为一种交流工具来学习。除此之外，教师也不要仅仅为了考试而教授英语，进行填鸭式的教育。"教师应该创设适合的文化教学情境，启发学生独立思考"[6]，将英语教学与文化教育有机联系起来，使教学充满趣味性，让学生更好地学习英语。

2. 对高中学生的英语教育，不要一味地追求分数，让其死记硬背英语的语法、词汇等。要让学生灵活地学习英语，注重学生的文化素质教育。尤其是在高中的英语课本中，可以适量地增加描述中国文化的文章。"在英语教材编写中充分考虑中国文化和中国英语的文化教学功能。"[7]当然，也并不是一味地学习中国文化，我们学习英语，就要相应地学习一些

英语文化，了解英语所处的文化背景，帮助我们更高效地学习英语。因此，可以将中国传统文化和西方文化进行对比，让学生对比二者的差异。"例如，在讲到中西方节日时，教师可以将中国的中秋节和西方的感恩节，中国的七夕节和西方的情人节进行比较。"[8]这样使高中的英语学习既不忽略中国文化，又能很好地学习英语。

3. 学生不仅要在课堂上学习英语，更要将英语学习渗透到生活的每一个细节。比如在周末，以春游等活动组织学生进行文物参观时可以注意对应的英语表达；鼓励学生阅读与文化现象有关的书籍；在旅游参观时可以主动向外国人介绍中国的传统文化。并且随着科技的发展，媒体形式的多样化，学生不仅可以通过书本来学习英语，更能通过电视、网络等媒体形式寻找描述中国文化知识的英语文章或视频进行学习。

（二）教科书编写体系化，课程与教学个性化、综合化

1. 英语教科书应呈现一定体系，设置个性化的课程。要编写一套能相互衔接的从小学开始，到初高中一直到大学的一体化英语教科书，并在每个学习阶段开设不同的个性化课程。如在初高中阶段开设语法课、听说课、阅读写作课；在大学阶段，针对学生的英语基础，实施英语分级、分层次教学。

2. 教师教法和学生学法要转变。大学英语教师只注意到大学英语教学要注重培养学生的听、说能力，继而展开一系列的活动教学，却忽视了高中英语教师的主导传授知识教学，以及学生在三年的高中英语学习中已经形成的高中英语的学习模式。因此，大学英语教师要借鉴高中英语教师的教学方法和教学模式。同样，大学英语教学中也涉及了一些新颖的、能够帮助提高学生综合能力的教学模式，如"读写译交互式教学、视听说合作教学、作文联系教学"[9]，高中英语教师也应该借鉴大学英语教师教学中的精华，从彼此的教学实践中找到适合的切入点，将彼此有利于学生发展的教学方法相融合。高中学生要在上大学之前对大学英语学习有一定的了解，做好心理准备，进入大学学习后要转变高中的英语学习方法，注重自主学习，从多方面管理自己的学习。

3. 教学内容也要相应转变。学生在高中英语学习阶段，由于高考的压力，只注重语法和知识的练习，而忽略了听、说的练习。事实上，学生学习英语的初衷是希望能够把英语作为一种可以在日常生活中进行交流的语言，但很多学生学了近10年的英语，还是听不懂、不会说。在无法改

变高中应试英语教学的情况下，大学英语教学就要更加注重学生听、说能力的培养，在课堂教学中通过组织互动活动增加学生听、说英语的机会，同时教师也要构建相应的英语口语评价体系，要体现出学生课堂口语应用情况，以此来激发学生练习口语的兴趣。

（三）改革考核方式，培养综合人才

为了顺应大学教育培养学术型人才和应用型人才并重的总体趋势，从高中阶段就要培养学生的应用能力。在英语教学方面，高中英语教学应结合"UGS"联动机制，即发挥"大学——政府——中小学校（社会）"联动机制的作用，对不同阶段英语教学进行相应的改革。

北京高考改革措施的出台，使人们看到了未来英语考核改革的希望，不仅英语考查分数大幅度下降，而且加强了听力的考查力度，这无疑会提升英语教学中语言交际能力的比重。对于高中英语语言教学缺乏实用性和交际性的问题，笔者根据"UGS"联动机制，提出如下建议和意见。

1. 国家教育主管部门应对高中英语课程标准进行调整。现阶段的高中英语课程标准没有突出对学生语言技能——听、说能力的注重。针对这一现象，高中英语课程标准应提高对学生听、说能力的要求。并且高考英语的考查方式也应该做出调整。高考英语应把口语考试与听力考试合二为一，为了避免考查人员的主观评价，可把考试形式变为"人机对话"的口语考试形式。将这种口语考试面向全国，逐步推广，面向每一个高考考生，并将口语考试成绩计入高考录取总成绩中。这样，高考英语的口语考试形式就会对高中英语课堂教学产生一定的影响，会促使高中英语课堂教学更加注重培养学生的听、说能力，真正把英语作为一种实用性、交际性的语言来学习，而不是一味地注重笔试成绩。通过考试杠杆去实现高中英语教学从单纯的教授语言知识向真正地培养学生的听、说能力转变。

2. 高中英语教师在实际课堂教学中，要充分体现课程标准的要求，尤其是要加强口语教学。通过设置适当的情景，加强学生日常生活交际中口语表达能力的练习和培养。教师在口语教学中，要严格要求自己，要注意"英语发音是否清晰、纯正，口语是否地道、流利，语速是否合适"[10]，提高自身的课堂教学能力，注重培养学生口语表达的兴趣和积极参与口语练习的主动性。教师在教学方式的选择上，也不能千篇一律，要注重个性化、启发性教学，在以学生为主体的同时，突出教师的引导作用，将学生带入良好的口语练习活动中来。

四、结 语

总之，英语作为国际通用的交流语言，能否流利、准确地用英语与他人沟通已经成为现代人才不可缺少的能力。因此，高中英语教师在教学过程中，要注意中国本土文化的输入，注重与大学英语教学的衔接以及注重学生听、说能力的训练和培养。只有这样，学生才能在基础教育阶段学好英语，形成良好的英语听、说、读、写、译能力，为以后进一步学习英语、掌握英语、使用英语打下坚实的基础。

注 释

[1] 李红恩. 论英语课程的文化品格 [D]. 重庆：西南大学，2012：83.

[2] 葛慧颖. 中国文化在高中英语教育中的输入 [J]. 中国校外教育（下旬刊），2010（1）：87—88.

[3] 葛炳芳. 新课改背景下高中英语教学中的问题与对策 [J]. 课程·教材·教法，2008（11）：48—52.

[4] 桑紫林. 论我国初中、高中和大学英语教学的衔接问题——基于《普通高中英语课程标准（实验）》的调研结果 [J]. 课程·教材·教法，2013（7）：90—96.

[5] 武力宏. 大学英语教学改革探析——兼谈高中与大学英语教学的衔接 [J]. 教育理论与实践，2010（6）：56—58.

[6] 廖晓莉. 高校英语教学中的文化教学探析 [J]. 教育教学论坛，2014（17）：4—5.

[7] 李涤非. 中国文化、中国英语与文化教学 [J]. 广州大学学报（社会科学版），2006（8）：82—86.

[8] 金虹. 论中国文化在英语教学中的意义 [J]. 课程·教材·教法，2013（8）：77—82.

[9] 陈枫. 大学英语自主式课堂教学模式的理论与实践 [J]. 内蒙古师范大学学报，2014（3）：120—122.

[10] 周启加. 基础教育英语教师教学能力及其发展研究 [D]. 上海：上海外国语大学，2012：62.

（此文发表于《中小学教师培训》2015 年第 2 期）

启迪学生思维　构建魅力课堂

陈　俊

（安庆市教育教学研究室　安徽安庆）

　　课堂教学改革经历了传统低效课堂→有效课堂→高效课堂→魅力课堂演变的历史进程。课堂教学的目的是促进学生的发展，关注学是教的根本。魅力课堂是"引力场"，魅力课堂是"思维场"，魅力课堂是"情感场"，魅力课堂是人的"生命发展场"。[1]

　　加德纳指出，21世纪的教育是什么？是思考力的教育。启迪学生思维，可以彰显课堂魅力，提高学生素养，为学生终身可持续发展奠定基础。

一、创造目标语言氛围，培养学生英语思维意识

　　《英语课程标准》（高中版）提出："着重提高学生用英语获取信息，处理信息，分析问题和解决问题的能力。特别注重提高学生用英语进行思维和表达的能力。"语言与思维密切联系：思维是语言的内容，语言是思维的载体。人的思维受母语的影响大，学生在开口讲之前往往要先把讲的中文内容在头脑中翻译成英语，然后再说出来，还不能完全用英语来思考问题，形成英语思维。

　　用英语思维是指排除本族语或本族语的干扰，用英语直接理解、判断和表达的能力。没有经过英语思维能力训练的人，大都是把听的东西译成自己的母语后再储存在记忆里。"你吃饭了吗？""你去哪儿？""走好。""慢走。"之类的客套话在汉语里司空见惯，若不假思索地移植到英语中便成了"Do you have dinner？""Where are you going？""Go slowly.""Walk slowly."这样听起来很不自然，这些都是母语在英语交际过程中的"负迁移"。在英语教学中应多让学生听地道的英语，培养他们边听边直接用英语把听到而且理解了的东西储存在记忆里的习惯，以及培养他们克服母语的干扰，善于过渡到直接用英语表达的良好习惯。

　　创造目标语言氛围即使用生活经验中熟悉的情景或经验能够预测的情

景，尽量使用视觉或动作代替母语解释，全过程都用"亲身体验"完成。通过大量的听读输入，学生可以在不知不觉中形成英语思维，学会用地道的英语进行说写的输出。创造目标语言氛围有助于培养学生的英语思维意识，通过英英释义、用英语组织教学，让学生沉浸于英语语言氛围中，可以培养学生英语思维的能力，如 Mother's（Father's）mother（father）is grandmother（grandfather）。

二、关注学生参与，启迪学生思维

学生思维能力的培养需要适切、积极的教学环境。有些英语课堂，已经热闹过度，丰富的图片、精美的课件、各种形式的游戏、表演及不时的掌声……如此热闹带来的如果是一种表面的繁荣而缺乏内涵，容易滋生浮躁的心理，未必能够带来更多智慧的内涵。

学生的参与，不仅是动态的表现，而且应有静态的思考与想象，以及必要的课堂留白。激思启疑，予学生发展的时空，可以体现教学的深度与高度，做到动静相宜，张弛有度。英语学科教学中的留白，就是留给学生知识上、心理上的暂时性"空白"，留给学生思维驰骋的空间，留足学生自由思考的余地，从而突出学生学习的过程，使学生充分享受到"沉浸浓郁，含英咀华"的乐趣。在此过程中，教师的作用"不在于全盘授予，而在于相机引导"，不落痕迹地造就教学中的"阴晴圆缺"，演绎精彩的"补白"。

因此，应努力通过课堂教学培养学生的思维能力。发扬教学民主，调动学生参与学习的积极性，使其主动探索，认真思考，大胆创新。巧设问题，善设疑点，给学生创设一个大胆想象的空间，提供一个自由发挥的语言天地，使其发展综合语言运用能力，培养创新精神，增强实践能力。

三、绘制思维导图，引发学生发散思维

威廉·叶芝说过，"教育不是填满一桶水，而是点燃一个火把"。点燃学生思维的火把，可以使学生振翅飞翔。

学习是基于学生原有知识经验基础上的自我建构，其原有的知识结构对新知的学习具有很重要的作用。要引导学生实现自我建构。学生头脑中的知识结构组织得越好，就越有利于保存和应用，特别是当面对新的学习情境时，就越容易提取出来，以适应新知的学习。

思维导图，又叫心智图，是可完美地表达发散性思维、提高工作效率的辅助性工具。利用它，可以将大脑迸射出来的模糊灵感快速转化成条理

清晰、主次分明的树状图形，最终形成严谨的思路。该方法同样可用于日常学习中，帮我们将纷繁的知识点联系起来，最终形成一条完整的知识链等。通过思维导图引发"头脑风暴"，激励学生积极参与，可培养学生的发散思维。如 ways to protect animals：stop cutting down the trees，plant more trees，never kill the animals，protect the environment…；询问 What is a square? 学生的答案丰富多彩，blackboard，table，desk…；让学生进行 brainstorming，talk about food and drink 发展学生的发散性思维；在任务 Talk about the pictures of the seasons in groups 中，使用句式 Spring is…I can…，Summer is…I can…引领学生发散思维；通过 Be careful. The tiger is too dangerous /strong/big/ hungry…引领学生发散思维。[2]

运用思维导图对所复习的词汇、句型、语法进行发散性分类列举，利用蛛网图（spider gram）帮助学生建构一个完整的语言知识体系，就像蜘蛛结网一样对某一内容进行蜘蛛网的扩散，从复习一个词语达到向复习一串词语的飞跃，培养学生演绎和归纳的能力，使复习效率大大提高。在复习"季节"时，可由 How many seasons are there in a year？展开复习四个季节的英语名称，然后通过 How's the weather in spring/summer/autumn/winter? 来复习描述天气情况的形容词 sunny，rainy，cloudy，windy，snowy，再从描写天气情况的形容词串到与天气有关的名词 sun，rain，wind，cloud，snow。这样通过 Brainstorming 由 seasons→spring，summer，autumn，winter → sunny，rainy，cloudy，windy，snowy → sun，rain，wind，cloud，snow，由季节总称→四季→形容词→名词，将词汇通过"串联"产生内在的联系，加深对所学知识的理解和记忆，同时帮助学生形成初步的英语构词法知识，提高学生学习构建英语词汇的能力。此外还可从 sunny，rainy，cloudy，windy，snowy→warm，hot，cool，cold→fly kites，swim，skate/make a snowman/have a snowball fight，将季节、气候、动作串联起来，激活学生思维，"联"出一片生机。

四、借助教学素材，发挥学生想象

想象是人脑在原有表象的基础上加工改造形成新形象的过程，是发展儿童思维和语言的一条重要途径。可以设置疑问，引导学生展开想象，续说对话、故事的多种结果，借以培养学生发散思维的能力。通过想象性质的疑问，扩展学生思路，引导学生按各自的理解去续编对话、故事，如此既能训练学生的发散思维，又能培养学生实际运用语言的能力。

中小学生擅长形象思维，在课堂教学中利用插图，充分让学生体验表象，发挥想象，并用语言描绘出来，可以有效地发展他们的思维和语言。充分借助插图，既可以训练学生的形象思维，又能提高其语言学习的效率。

创设情境是指根据教学内容，在课堂上创设一个与教学内容相关或相似的形象、情景或气氛，以此来引发学生进行再造想象。创设情境可以让学生有身临其境的感觉，并且产生联想、想象，进而深入教学内容，培养再造想象，发展形象思维。

引导学生看图说话，将学生的思维置于想象之中，使学生产生探索和表达的欲望，以填补认知冲突中不平衡的部分，自主地开始学习。将教学内容置于新奇的想象、猜想之中，在新知与旧知之间设置一定悬念，引发认知冲突，鼓励、引导学生利用已学的旧知去对新知进行联系、预测和假设等，再来验证其猜想，这样既能吸引学生的兴趣，又能有效激发学生的思考，促进知识的主动探究，培养学生的想象力。[3]

让学生猜谜语，启迪学生思考与想象。We can see flowers in it. (garden) We can read books in it. (library) It's black. It's a rectangle. (the blackboard) It's red and yellow. It's a circle. (the sun)，这些谜语可以让学生进入丰富的想象空间，培养学生的思维能力与想象能力。[4]

五、加强听读输入，培养学生逻辑思维、归纳推理能力

在发展听、读能力的同时，我们可以利用听读素材，培养学生逻辑思维、归纳推理的能力。英语阅读课的一个重要目的在于培养学生细致观察语言的能力以及假设判断、分析归纳、推理检验等逻辑思维能力。

通常而言，需要培养和掌握的主要英语阅读技能有：理解主题和中心思想；略读以掌握主旨大意；跳读搜索具体信息；区分事实和观点；利用上下文及构词法猜测生词义；善于推理；做出合理的结论；体会言外之意；预测篇章内容；辨认作者的态度等。这些阅读技巧的训练能培养学生的逻辑思维、归纳推理能力，并可极大地激发其阅读兴趣，提高阅读效果。在教学 A football match 时，通过引导学生 read and number，choose a title for the story 等，可以培养学生逻辑思维、归纳推理能力。

六、引导学生发表见解，培养学生欣赏与批判等高阶思维能力

没有创新精神的人很难有创造性的成果。在教学中我们应抓住学生的好奇心理，结合教学的实际需要，灵活、创造性地使用教材，活化教材，通过扩展教材内容或活动步骤，充分激发学生勤于思考、敢于创新的积极性，鼓励他们多角度、多方面、新颖独特地提出问题、解决问题。提倡一疑多解，鼓励学生敢破常规，使教学向纵深发展。充分挖掘教材内涵，激发学生潜力，活化教材，注重激发和引导，训练学生的求异思维，培养学生思维的流畅性、独创性以及创新意识。

注重培养学生的高阶思维。尤其在八年级以后，避免设计过多的碎片化问题，以免影响学生高阶思维的发展；在日常教学中，注意设计对整篇、整段文章有深度、有内涵的问题。在 A football match 一课的教学中，可以引导学生 commenting the body part of the story，在 My weekend 一课的教学中，要求学生 Choose a better weekend plan for Jim. Why? Do you like his plan? Why? （Boring/Busy/Fun....）引导学生学会思考、欣赏与批判。

七、走出思维定式，引领多元思维

学生在思维方面存在错位、缺失，要引导其走出思维定式。教师通过智慧的引领，定能引导学生跳出原有圈子，走出思维定式，进行多元思维，不断提升学生思维的广度与深度，使学生的思维得以百花齐放。

例：—Lucy didn't come to school，did she?

　　—_____. She was ill in bed.

A. No，she did　　　　　B. Yes，she did

C. No，she didn't　　　　D. Yes，she didn't

分析：本题考查反义疑问句的用法。在回答"前部否定，后部肯定"的反义疑问句时，由于受汉语思维定式的影响，不少考生误选 D，即将"是的，她没上学"硬套成英语；其实，应该从答语后半部的形式上来决定用 Yes/No，故选 C。

八、设计任务，激思启疑

心理学研究表明：人的思维是从疑问开始的，疑问能引发学生认知上的矛盾，产生心理上的不平衡，从而激发他们积极地去探索，以解决问

题，实现心理平衡。我们在教学时，可依据教学目标并结合教学内容，设计贴近学生生活实际的任务。在导入时就布置任务，激起学生的疑问，让他们带着疑问参与学习过程，通过思考、讨论、交流等方式解决问题，完成学习任务，训练探索性思维。[5]通过任务设疑，激发学生学习课文的兴趣，促使学生带着疑问主动获取语言知识；在学习"用英语做事"的过程中发展其用英语解决实际问题的能力。经常性地训练，学生思维会更活跃，质疑和释疑会更积极。

苏霍姆林斯基说："在人的心灵深处，有一种根深蒂固的需要，这就是希望感到自己是一个发现者、研究者、探索者，而在儿童的精神世界里，这种需要特别强烈。"启思激疑是一种有效的课堂机制，它是在教师引导点拨下，学生从教材的内在联系和特点方面去思考，去激活疑问，激发推想、预测，边读边思，由思促疑。教师要有意识地通过阅读等教学途径，启迪学生思维，引导他们发现问题，研究问题，并逐步训练他们提出问题和解决问题的能力。阅读教学可以有意识地激思启疑，引导学生发现问题、提出问题，并学会解决问题。

让学生带着疑问，在已有学习经验和知识积累的基础上，在教师的点拨下，自主地发现问题、解决问题，是启发学生思维的最自然状态。学习是一个积极主动建构的过程，知识是个体经验的合理化，而不是说明世界的真理。课堂缺失了学生思维的积极建构，所有的知识获得将是苍白的、空洞的。

九、授人以渔，激活思维，学会学习

单纯地"教"给学生答案，等于剥夺了学生思考的机会。陶行知说："好的先生不是教书，不是教学生，乃是教学生学。"教师应该教会学生掌握学习的方法，成为"让孩子自己发现水源，并寻找适合自己的打水工具的指路者"。应把课堂"还给"学生，让他们成为课堂真正的"主人"。要激活思维，生长想法，引导自学，先学后教，不教而教，让课堂回归学生的世界，让课堂变成阳光灿烂、灵性生长、青春飞扬的舞台。教给学生reading strategies、learning tips，授人以渔，则终身受用不尽。有了策略、方法的引领，学生定会文思泉涌，畅游学海。

魅力课堂启迪学生思考。培养学生思维能力的最终目的与最高境界是提高学生的英语素养，培养学生综合运用语言的能力，因此教师教学时要把握时机，引导学生由此及彼，由点到面，立体思维，不断拓展学生的思维空间。

　　教师要善于设计问题，予学生一把开启思维之门的钥匙，通过问题推动学生学会思考，学会思维，形成思维，发展思维，引导学生智慧转身，逐步学会从"被思维"走向"自主思维"，促进学生素质全面提升。

　　积极的人生，往往是善于思考的人生。成功的人生，往往是会思考的人生。卓越的人生，往往是不断地学习与借鉴，不断地追问与反思，不断地系统思考、创造思考，创造一系列新思维成果的人生。如果每一位学生都能成为课堂的积极思考者，在思考中提升能力，感受进步与发展，课堂自然也就能在思考中增强魅力。

注　释

[1] 曾军良. "魅力课堂"，助推生命成长 [J]. 人民教育，2014（5）：66—67.

[2] 中华人民共和国教育部. 普通高中英语课程标准 [S]. 北京：人民教育出版社，2003.

[3][4] 陈俊. 关于小学英语课堂教学的几点思考 [J]. 山东师范大学外国语学院学报（基础英语教育），2013（2）：82—85.

[5] 沈峰. 谈英语课堂教学中学生思维能力的培养 [J]. 江苏教育，2004（24）：29—30.

（此文发表于《中小学教师培训》2015 年第 4 期）

• 物理

中学教师的教学研究

——以中学物理为例

石 尧

（中国人民大学附属中学分校 北京）

著名教育学者斯滕豪斯曾高屋建瓴地指出"教师即研究者"，认为教师不仅要会"讲授"，而且要会"研究"。教研活动对于教师教学技能的提升和教学质量的提高有着积极的作用，能够加快教师专业的发展，避免职业倦怠的出现。如今，"做研究型教师"为愈来愈多的教育学者所认同，逐渐成为衡量中小学教师专业化发展的重要指标。

然而，对于我国中小学教师教科研的现状，却有论者坦言："我国中小学教育教学中没有营造出使教师成为研究者的转变氛围，研究者在很大程度上只停留在人们的口号中。"历过调查，我们认为，除却心理上的抵触外，还有两个重要的因素阻碍着我国中小学教师教科研的开展：一是不会科研，即尚未进入科研的门径中。尽管中小学开展了形式多样的教研活动，却不注重研究成果的凝练，难以指导教学实践。二是盲目科研，即未能找准科研的方向，一味追求标新立异，完全脱离了教学实际，致使研究中弥漫着浮躁的气氛。直言不讳地讲，教研活动的不当将会阻滞教师的专业发展，甚至使教研沦为教师的负担。因此，我们以中学物理教师的教科研为例，明晰其应从事的研究领域，并为之找到理论建构的突破口。

一、中学物理教科研的特点解析

对于中学物理教育教学研究而言，除了带有教育学、心理学的特点外，还有着鲜明的物理学科特点。具体而言，中学物理教研是以物理学科知识为基础，物理教学问题为对象，对物理教学规律逐步认识的研究过程。即在心理学、教育学等理论指导下，以科学的理性精神和方法来探究物理教学的规律，并在此基础上通过干预适当改变物理教学的原有结构及性状，以满足主体的教学价值需求。同时，物理教学研究既是一种科学研究，又是一种实践活动，包括理论研究和应用研究。

随着"新课改"的推进和深入，基础教育逐渐成为教育教学研究的"重镇"，越来越多的有识之士投身于基础教育科研之中。这里，我们认为，中学物理研究不能完全等同于中学物理教师的研究。这是因为，研究中学教育教学的群体分为两类，一类是中学一线教师及教研员，特点是教学实践性强，把教学视为知识的再生产，注重知识传输过程中的准确性与逻辑性；另一类是大学教授及教科研单位的专业研究员，特点是教育理论性强，将教学视为一种现象加以研究，注重教学中意义、理念的增值。由此可见，两者在科研旨趣、研究方向等方面皆存在较大差别。因此，我们应结合一线物理教师的工作特点，从其自身实际条件出发，为其量体裁衣，助其明确所适合的研究领域。

二、中学物理教研主题的分类研究

对研究主题进行科学合理的分类具有重要的意义，将有助于人们厘清科研主题杂糅导致的混乱。我们通过对国内中学物理教研主题分类的历史沿革进行研究后，发现大致有下述几种分类形式。乔际平先生将研究主题划分为物理教材、物理教学方法、物理学习心理和学习方法、物理实验、物理课外活动、物理教育技术手段六大类；宓子宏先生将研究主题划分为课程建设、教材问题、教学方法与手段、实验教学、教学评估五个类别；孟昭辉先生将研究主题划分为学生学习心理、教师专业素养及教学心理、教育教学方法、教育教学内容、物理实验、课程目标、教育评价、教育管理、物理教育技术九个方面。

从以上分类不难看出，中学物理教研领域丰富，涉及面广泛，为中学物理教科研的开展提供了大量课题。然而，上述分类形式均属于横向分类，虽涉猎面广，但缺乏明显的层次感。鉴于不同研究主体自身研究能力、科研素养均有所差异，因此可着手的领域亦应当有所分别。故而，中学物理教科研的主题须体现出明显的界限与不断递进的层次感。那么，该如何对研究主题进行分层呢？在此，我们参考邢红军教授的"教师专业发展态理论"，把中学物理教研的层次表征分为三种状态，即学科知识发展态、学科教学发展态和学科教育发展态。

学科知识发展态，指教师对执教学科持有融会贯通的学科知识结构，能够分析学科知识中出现的疑难。这种研究能力立足于学科本身，讲求的是对学科知识全方位的掌握与熟练运用，主要解决"是什么""教什么"

的问题。可以说"学科知识发展态"是教师专业发展的起点。

学科教学发展态，指教师超越了对学科知识本身的认识，能够运用专业概念及术语对教学问题进行理论阐述与系统分析，从而找到解决教学问题的正确方法和发展途径，主要回答"怎么教""为什么教"等问题。可以说教师的研究实现了"由学科知识到学科教学"的升华。

学科教育发展态，指随着教师教育境界的提高，对教育工作有了更为深刻的认识与明确的信念，能够洞悉学科教育与个人发展间存在的联系，从更高层次来把握教育的规律。并且这种研究能力对各种教育学、心理学理论有透彻地认识，能够做到理论之间的融会贯通，创生出新的理论，服务教学实践。

毋庸置疑，横向分类使研究主题得以细化，而纵向分类则增强了研究主题的层次感与纵深性。鉴于此，我们在综合考虑横向与纵向分类成果特点的基础上，进一步采取对应的方式，将中学物理教科研主题进行归纳整合，使横、纵向分类结果相耦合（如表所示）。这样在满足追求研究主题内容精细的同时，亦可通过鲜明的主题分层来明晰中学物理教师应择取的科研门径，为其研究指明方向。

教学研究论文主题分类表

学科知识	(1) 科学技术发展史及科学前沿动态	(2) 物理学科知识研究
	(3) 实验设计与创新	(4) 习题赏析与备考
学科教学	(1) 教材编纂与分析	(2) 教学设计研究
	(3) 教学多媒体技术应用	(4) 教学方法与学习策略总结
	(5) 校本课程开发	
学科教育	(1) 学科教育理论的创生	(2) 学科教育改革及分析、反思
	(3) 学科教师心理能力测评	(4) 学科教师成长路径分析

中学教师研究的主题受职业特点与工作环境制约，中学教师的主要任务是教学，因此中学教师的教研主题应围绕备课而择取。显而易见，学科知识发展态和学科教学发展态与一线教学联系紧密，适合于中学物理教师；而学科教育发展态理论性强，往往基于对学科的哲学思考，属于上层建筑，其受体多为学科教育专家。同时，中学教师的科研带有一定的功利性，其服务对象是学生，即或通过教学过程的优化使学生直接获益，或通过教师教学能力与内在素养的提高使学生间接获益。可见，中学教师所择取的研究主题必须能够服务于一线教学。故而我们认为中学物理教师的教

研应围绕物理学科知识研究、实验设计与创新、教材编纂与分析、教学设计研究、教学方法与策略总结五个方面展开。

其中，"物理学科知识研究"包括科普知识及生活实际中的物理问题，如《关于轮船摇摆与减摇的研究》《拔河比赛问题的物理因果与胜负因果》。学科知识是学科教师的立身之本，作为中学物理教师，其自身必须具备扎实可靠的物理知识，并能够灵活运用物理知识阐释生活中的物理现象，解决教学实践中出现的物理问题。同时，教师还应不断汲取新的知识，拓宽其知识的广度和深度，实现教学相长。"实验设计与创新"涵盖物理实验器材的改进、物理实验的创新及实验教学策略等，如《介绍一种新型的阿基米德原理演示仪》《超重失重简易装置》。物理是一门以实验为基础的学科，妙趣横生、现象明显的物理实验会给予学生视觉上的冲击，增强其感性认识，辅助其对概念的理解；"教材编纂与分析"涉及对教材的改进意见、教材编写意图的领会等，如《对人教版〈物理〉中比热内容编写的建议》《不同版本教材"磁感应强度"定义方式的比较研究》。教材是课程资源的核心，是教师和学生用来进行教学活动的材料，其编纂工作需要倚靠广大一线教师的集思广益才能逐步完善。"教学设计研究"是指对某一节课或某个教学片段的设计规划，如《刍议行星间引力表达式的引入逻辑》《管窥初中压强表达式建立的教学逻辑》。教学设计是教师教学工作的核心，一个逻辑严谨、言必有据的教学设计无疑能为学生思维的发展铺设出合理的逻辑通道，有助于学生对知识、方法的吸收与同化。"教学方法与策略总结"包含教师教学方法和学生学习策略，如《高中物理学习策略与教学对策研究》。出于因材施教的目的，教师应通过教学反思等形式，努力探索适合其教学群体的教学方法。同时学习策略因人而异，教师应该帮助学生找到适合自己的学习策略。2015年人大报刊资料转载的统计数据，也为我们的结论提供了有效的支撑，教法（含教学方法、学习策略和教学设计研究）、实验设计与创新、教材编纂与分析三类论文位列转载排行榜三甲，依次占总数的 50.5%，14.8% 和 11.2%，且作者多为一线中学教师。

三、中学物理教学理论创生的可行性路径研究

教研主题的明确使教师在今后的科研选题中有据可依，从而更为高效地开展研究。然而，教学研究具有双重目的性，除解决当前的疑难外，还应通过对经验的总结，指导未来的教学实践，而这一目的的实现需借助理

论建构来完成。换言之，教学研究从发现问题伊始，历经问题解决和经验总结环节后，最终往往以理论的建构而竣事。

何谓理论？理论可粗略定义为一组解释某些现象的相关陈述，有着组织和预测的功能。传播学先驱卢因曾言：没有什么比好的理论更加实用了。我国曾涌现出一大批诸如"青浦经验""六步教学法""情境教学法"等具有特色的教学方法，但这些有创意的教学方法却未能提升到相应的理论层面，发挥引导作用。不言而喻，没有理论作为根基，教学方法难以得到延续与发展，这好比一棵枝繁叶茂的大树，没有了根基便会慢慢枯萎一样。一言以蔽之，我国一线教师的教研成果尚滞留于一般经验总结和感性认识急需找到适合理论建构的基点与突破口。

当前，比较教育、教育翻译成了教育教学理论研究的主流，使我国教育界几近为外国理论所侵占。然而，舶来理论疏离我国本土教学实践，易于造成理论与实践的割裂。因此我们认为，教学理论的建构应根植于本国教学土壤之中，以改善本土教学实践为价值取向，以"本土化"为研究基点，洞察一线教学中存在的问题并挖掘其根源，找出破解的有效策略。可以说，教学实践中存在的问题是中学教师取之不尽、用之不竭的科研"宝藏"。

洞察一线教学中存在的不足，仅是教学理论建构的基点，还须找到相应的突破口。这里，美国社会学家默顿的"中层理论"为我们带来了新的启示。中层理论既不是日常研究中大批涌现的微观操作性假设，也不是包罗一切解释教育教学行为的宏观理论，而是介于两者之间的理论，起着承上启下的作用。概括而言，中层理论强调经验功能主义的重要性。

我们知道，元理论（指教育学、心理学的理论）往往疏离一线教学实际，无法直接解决现实教学中存在的问题；而一般的教学案例虽详细入微，但缺乏整体概括性，难以推广、迁移。因此，在元理论与教学实践之间构建中层理论有望实现理论和实践的相容自洽，缓解理论与实践的疏离对峙。我们进一步研究发现，中学物理教师建构中层理论有两条最为基本的路径：一个是"以理论事"，即探讨元理论在物理教学中的应用与实践，通过对元理论的优化和改造，从而演绎出相应的中层理论，如以协同学理论、思维过程理论及教育生态学等元理论为基础而创生的，用以解决我国"题海战术"泛滥现状的原始物理问题教学理论；另一个是"就事论理"，教师在一线教学中积累了丰富的实践经验，借助对这些经验的概括、总结，进而归纳、凝练形成中层理论，如《以科学方法为中心实施因材施教的物理教学途径研究》，通过在教学实践中对教学方法的摸索与思考，进一步提出以科学方法为"因材施教"的门径。

虽然中学教师很难在教育元理论层面有所建树，但可以借助对元理论的解读与延伸，实现中层理论层面研究的突破，进而衍生出中学教师特有的研究文化。

四、教书匠向研究者蜕变的心理准备与实际行动

众所周知，中学教师是中学教研的主体，是中学科研的中坚。因此，若欲使教师以研究者角色出现在教育实践之中，完成由教书匠向研究者的角色蜕变，中学教师自身还应实现以下几种转变。

（一）意识观念由"好强"向"好奇"的转变

毋庸置疑，科研是教师个人创造才能的集中体现。创造才能过低，科研极难取得理想的成果。对于创造才能的培养，爱因斯坦主张，创造才能的开发应以"好奇心"为心理动因，而非"好胜心"。放眼世界，发达国家中小学教师正是在"好奇心"的驱使下，教学与研究才呈现出了一体化的趋势。譬如在美国，中学教师往往以自己教学中感兴趣的问题作为研究课题，通过与专家的合作研究来探索问题的根源并予以解决；日本拥有大量民间性质的教师研究团体，团体中教师们自由组合，对关心的课题进行共同讨论研究。相较而言，我国中学教师大都在"好胜心"的驱动下，把目光局限于追求学生成绩的提升，而缺乏对教学问题的好奇，长此以往自然导致教研的举步维艰。因此，从观念上，中学教帅急需实现由好强向好奇的转变。这样在好奇心的驱动与牵引下，教师的教学研究才会去除功利色彩，从而使教学、研究与幸福融为一体，达到"乐业敬群"的目的。

（二）工作重心由"备考"向"备课"转变

在应试教育的背景下，巨大的升学压力使中学教师的工作成为重复的机械性劳动，教师的研究意识普遍处于低迷状态。中学物理教师的研究主题也由于剖析习题有助于应对当下的升学考试而局限于"物理习题"范畴。但是，中学物理教师的教研主题着实不应禁锢于此。这是因为，备考出于应试目的，功利色彩浓厚，极易将教研引入歧途。相比之下，备课，即研究教学，是为了优化教学流程，促使学生形成完整的认知结构，因而全面性要远远超越应试。此外，备课还有助于教师思维品质的发展，亦可

提高其教科研水平。如备课中，教师需基于深刻的理论分析（深刻性），不为教材所拘泥（灵活性），正视教材的不足（批判性），结合自己的独到见解（独特性），从而将书本上储存状态的知识变成传输状态的知识。这些依靠单纯地做题（备考）是无法实现的。可见，中学物理教师的工作重心急需由"备考"向"备课"转变。

（三）日常工作中注重学习，勤于积累

意识观念由好强向好奇转变，工作重心由"备考"向"备课"转变，仅仅是为教研的开展提供了心理上的准备；欲使教研真正付诸实际行动，还要留意平时的一点一滴。在此，我们建议，为便于教学研究的开展，教师平时应努力做好两件事情——"博闻强识"与"见微知著"。具体而言，"博闻强识"对应理论层面，即教师通过不断的学习与积累来增强自己的理论素养，为教学研究奠定夯实的基础。没有深厚的理论作为依托，教学研究就如同无源之水、无本之木；"见微知著"则对应实践层面，即教师通过在教学中的留心与注意，洞察教学实践中存在的问题，为研究积累素材。因为只有先发现问题，才会有机会解决问题。这样，中学教师才能通过将教学理论付诸实践，以及对教学经验的反思与总结，进而结合教学反馈，总结教学得失，探索教学规律，优化教学过程，最终使研究真正融入教学、服务教学、促进教学。

注 释

[1] 乔际平. 物理学科教育学 [M]. 北京：首都师范大学出版社，2000.

[2] 宓子宏. 物理教育学 [M]. 杭州：浙江教育出版社，1992.

[3] 孟昭辉. 物理课程与教学论 [M]. 长春：东北师范大学出版社，2005.

[4] 邢红军，陈清梅，胡扬洋. 教师专业发展演化：理论模型与实践探索 [J]. 课程教学研究，2015（1）.

[5] 邢红军，温风祥. 关于轮船摇摆与减摇的研究 [J]. 物理教师，2002，23（6）.

[6] 胡扬洋. 拔河比赛问题的物理因果与胜负因果 [J]. 物理教师，2015，36（1）.

[7] 邢红军，朱南，陈清梅. 介绍一种新型的阿基米德原理演示仪 [J]. 物理教师，2003，24（7）.

[8] 金邦建. 超重失重简易装置 [J]. 物理教学探讨，2011，29（2）.

[9] 毕亮. 对人教版"物理"中比热内容编写的建议 [J]. 中学物理教学参考，2015（Z1）.

[10] 马亚鹏. 不同版本教材"磁感应强度"定义方式的比较研究 [J]. 中学物理教学

参考，2010，39（5）.

[11] 石尧，孙昕. 刍议行星间引力表达式的引入逻辑 [J]. 中学物理教学参考，2015，44（21）.

[12] 石尧. 管窥初中压强表达式建立的教学逻辑 [J]. 教学月刊·中学版（教学参考），2016（Z1）.

[13] 魏淑芳. 高中物理学习策略与教学对策研究 [J]. 中学物理教学参考，2015，44（22）.

[14] 张海龙，马亚鹏. 2015 年度中学物理教育教学研究综述：基于"中学物理教与学"论文转载情况分析 [J]. 物理教师，2016，37（2）.

[15] 邢红军，石尧. 原始物理问题教学：一个本土化理论的创生 [J]. 教育学术月刊，2016（9）.

[16] 马多秀. 构建中层理论：教育理论研究本土化的可能路径 [J]. 湖南师范大学教育科学学报，2010，9（4）.

[17] 石尧，邢红军. 以科学方法为中心实施因材施教的物理教学途径研究 [J]. 课程·教材·教法，2016，36（3）.

[18] 邢红军，张喜荣，胡扬洋. 创造教育：文化与传统视域下的反思与对策 [J]. 课程·教材·教法，2014，34（5）.

[19] 石尧. "教学相长"，从论文写作开始 [J]. 教育视界，2015（Z1）.

（此文发表于《中小学教师培训》2017 年第 2 期）

物理教学融入工匠精神的思考与实践

顾　健[1]　陆建隆[2]

(1. 苏州工业园区第十中学　江苏苏州;

2. 南京师范大学教师教育学院　江苏南京)

一、问题的提出

20 世纪 80 年代我国开始推行素质教育,发展至今已经取得丰硕的成果,并得到教育界内外的普遍认可,但仍存在着诸多问题,如学生的总体发展水平不够高,可持续发展能力不够强,迫于升学压力,身心发展受到一定损害,学习能力、创新能力、生存能力、心理素质等不能完全适应社会经济变革的要求,不能很好满足国际竞争的需求等。因此,解决素质教育推行过程中出现的问题,突破教育改革的瓶颈,提高学生核心素养是深化教育改革的重要举措。

国务院参事王京生认为要将工匠精神培育与形成融入国民教育体系,从娃娃抓起,从观念抓起,从细节抓起,贯穿到义务教育、基础教育、高等教育、职业教育和成人教育等各层次各阶段教育之中,培养学生专注耐心、精益求精、追求卓越的精神,以此重塑并强化工匠精神的民族基因。

鉴于此,本文对工匠精神进行深入的思考与探讨,挖掘工匠精神富含的教育价值,以期对物理教学融入工匠精神的实践探索有所启示。

二、工匠精神的内涵与发展

物理教学中融入工匠精神,首先要明确工匠精神是什么,知道工匠精神的本质特征。"工匠精神"是一个专有名词。"工"早期表示器物、工艺品,后又表示工程、作品、工作等;从事于以"工"作为操作对象的人员统称为"工匠",包含木匠、铁匠、皮匠等,随着社会产业的变革,也成为工程师、工艺师、师傅、实验师等的代名词;"工匠精神"也由原来特

329

指工匠身上具备的独特品质转变为在实践过程中融入创新素养、严谨的科学态度、对技艺的精益求精的品质，形成具有社会责任心、甘于奉献的优秀传统文化。基于全球文化的差异性，主要有以中华文化、西方文化为代表的两种观点。

中华文化视域下的工匠精神认为，工匠一般是指从事器物制作的人，如铁匠、木匠等，广义工匠精神是指凝结在所有人身上的、制作或工作中追求精益求精的态度与品质。在整个中华文化发展演进的历史长河中，工匠因其职业的特殊性形成了独具一格的精神特质，主要包括：尊师重教的师道精神、一丝不苟的制造精神、求富立德的创业精神、精益求精的创造精神和知行合一的实践精神。实践过程中熟练的操作技能与理智的创造精神形成职业基本要求与品质。工作中注重严谨细致的态度，追求技艺的精益求精，达到工匠的精神需求，构成技艺与精神和谐统一的人生理想境界。

在西方文化的影响下，工匠精神的内容大致为非利唯艺的纯粹精神、至善尽美的目的追求和对神负责的敬业作风。西方文化影响下，信徒认为工作的目的不是为了追求个人享乐，而是为了荣耀上帝，因此，不必担心自己的工作过于卑贱，虽然人的社会地位有高有低，但是没有贵贱之分，只要认真努力地做好自己的工作，就有可能得到上帝的宠爱。精神力量塑造了典型的工匠精神，是一种人类的信仰，是追求文明进步的不竭动力。

三、物理教学融入工匠精神的教育价值

在初步认识工匠精神的内涵及其发展后，可以发现工匠精神中富含教育元素。物理教学中的工匠精神主要体现在对物理知识获取过程、科学探究过程以及物理问题解决过程等方面精益求精的态度与理念。物理教学中师生的双边活动，能够使学生熟练掌握物理内容，初步形成自身对物理学的理解，具备问题解决的思维能力，拥有精心雕琢、持之以恒的优良品质。物理教学融入工匠精神的教育价值，主要体现在如下三个方面。

（一）工匠精神能够推动 STEM 教育的实施
20 世纪 50 年代美国科学教育学者最早提出 STEM 教育，并得到其他

国家科学教育者的普遍认同，认为提高国民的科学素养是提升国家综合实力的关键。STEM 是科学（Science）、技术（Technology）、工程（Engineering）和数学（Mathematics）四门学科的简称，强调多学科的交叉融合。研究表明，"科—数"整合教育无须"引进"，"科—技"整合教育有将科学教育带上培养"能工巧匠"歧途的风险，"科—工"整合才是最符合我国基础科学教育发展需要的 STEM 整合类型。科学与工程整合教育要求学生经历科学知识发现的过程，理解其中蕴含的物理知识与科学方法。深入理解物理知识建构的过程，显化科学方法的正确应用，才能对物理知识体系有高阶认识，真正理解基本概念、原理、规律等构成的物理知识体系，提炼知识与技能的精华，迁徙知识与方法应用于相关物理问题的解决，进而实现工程设计中问题解决方案的开发与优化。由此可见，物理教学融入工匠精神的实践过程是物理知识获取和科学方法习得的过程，更是对工程设计的不断改进完善的过程。可以说理论与实践的获得是相互统一的。

（二）工匠精神能够培养学生的核心素养

我国对核心素养的界定为：学生在接受相应学段的教育过程中逐步形成起来的适应个人终身发展与社会发展的人格品质与关键能力。核心素养的本质特征与工匠精神的内涵是不谋而合的，物理教学中融入工匠精神为提高学生核心素养提供契机。中学阶段是物理教学的起始阶段，是学生物理思维与科学品质培养的关键时期，是融入工匠精神的重要阶段。科学探究为工匠精神的融入搭建平台，规范的操作步骤可提升实验的成功率，精心设计的实验方案能提高其可操作性，经过学生不断打磨的科技制作凸显作品的精细化。这都要求学生领悟工匠精神的内涵与外延，践行工匠精神的理念，体验物理学习的乐趣，丰富学生科学素养的成分。因此，无论是宏观的人类文明社会发展的需要，中观的新课程背景下的中学物理教育目标，还是微观的学生个体生存及职业发展需要，工匠精神融入物理教学都是教育发展的趋势。

（三）工匠精神能够正确引导学生的价值观

物理教学融入工匠精神的内容主要有三个层次。低级水平要求学生熟悉物理知识，熟练科学操作，熟练度高是该层次的主要表现。学生从扎实的知识基础与娴熟的操作技能中获取物理学习最初的成功体验，从认知和感知需求上得到满足，从贯穿理论与实践的过程中，提升发散思维的品质。中等水平是在低级水平之上，学生能够发挥自身的聪明才智，琢磨改进科学探究方案，经历精益求精的科学探究，渗透创新意识的培养。高级水平层次是学生知识与行为的和谐同一，在物理知识与实践能力的培养过程中，寻求真善美的物理文化，进而将工匠精神融入物理教学求真、从善和至美的教育境界，使得工匠精神内化为学生分析问题、解决问题的基本观念。

四、物理教学融入工匠精神的可行性及教学建议

开展物理教学融入工匠精神的实践，要求准确定位学生领悟工匠精神的教学要求，根据物理学科的特点，笔者主要从四个方面探讨：良好的环境创设能够激发学生对工匠精神的追求；具备工匠精神的意识，要求学生时刻保持工匠精神特有的精益求精的创造精神；体会研究物理问题过程中实现追求工匠精神的方法要领；经历动手操作，训练工匠的娴熟技能。四个方面的内容相互贯通、互补，共同促进学生对工匠精神的理解，最终品味、提炼、转化工匠精神为学生内部的精神需求，植根于学生生活态度的重要组成部分。

（一）努力营造良好坏境，创造工匠之坊

朱邦芬教授认为，杰出的科学人才不是课堂教出来的，而是一个好的综合环境的结果，教师和学生都要为建设好的环境做贡献。师生是学校教育的主要组成部分，要营造融入工匠精神的良好环境，使得工匠精神深入人心。良好的环境包括多个要素：一是优秀的学生聚集探讨物理问题、科学探究的优化等。同龄人的相互激励，能够使他们终身受益。二是学生要有追求真理的科学态度和持久的恒心。工匠精神的融入是一个持续的过程，需要学生献身科学，要求师生共同培育。三是学生拥有自主的学习空间。给予学生一定的思维空间，能够激发学生潜力，为精益求精的科学态度形成强有力的支撑。四是国际化的视野。要基于国际化的视角研究问题，关注前沿的国际学术动态，为问题的解决、优化提供思路，为工匠精

神的实践激发灵感。创造工匠之坊，环境的渲染能够激发学生对工匠精神的追求，感受物理内容的逐步完善、细化、凝练的美感。

（二）工匠精神的心理追求是融入过程的关键

只有深刻认识弘扬工匠精神的重要性，才能自发地产生对工匠精神的认同感。引入教学用科学史，包括科学史故事、科学思想史和科学史观，孕育学生工匠之心。物理教学中应挖掘物理课程标准、物理教材的丰富资源，设计教学用科学史的教学内容，使学生具有追求工匠精神的积极心态。科学史故事是以科学故事的形式编述的科学发展历史，是从多角度描述的系列科学史情节，它能使工匠精神更具生态化和情境化，亦增强了物理教学的趣味性。例如，在学习电磁感应时，介绍了法拉第，他对待科学一丝不苟的态度，使得物理理论的发展呈现系统化、科学化。以高中物理中伽利略与运动理论的物理学史为例，伽利略研究"自由落体运动"的过程涉及丰富的科学思想史，使得工匠精神的融入有本可依。从伽利略对自由落体定律研究的全过程可以发现，这是一个不断完善、精益求精的过程，他结合实验和数学，既注重逻辑推理，又依靠实验检验，构成一套完整的科学研究方法。科学史观是对科学史的哲学思考，故影响着人们对科学及其发展的基本看法和态度，对教师和学生的认知水平和理论功底具有很高的要求。

（三）发挥科学探究优势，显化工匠之艺

物理是一门以实验为基础的科学学科，科学探究是物理教学的重要内容，经历科学探究能够加深学生对物理知识的理解，提高学生的动手能力。针对科学探究过程出现的问题，学生根据已有的物理知识，通过思考、论证和实践解决方案，能有效锻炼解决问题的能力。问题解决的过程是工匠精神的充分体现，而显化问题解决的方法，合理迁移陌生问题的解决，提高学生的科学素养，也是物理教学中融入工匠精神的体现。下列以初中物理复习教学（弹力、重力、摩擦力）的教学片段为例，简述如何发挥科学探究的优势，有效融入工匠精神。

（1）情境设计

实验：探究滑动摩擦力大小与哪些因素有关

器材：木块、弹簧测力计、木板、棉布、毛巾、砝码

（2）实验设计

根据图1所示实验方案，完善实验表格设计（见表1），进行实验并记录相关数据。

表1　实验记录表格

实验序号	木板上表面情况	木块上放置钩码的个数	弹簧测力计示数

设计意图

根据表中第一行提供的信息完善表格，学生回忆利用控制变量法设计的探究过程。基于对任教班级实际情况的了解，提供表头信息降低学生的回答难度，采用填表的形式梳理影响滑动摩擦力大小的因素。要求学生回答设计思路，明确控制变量法的应用。在完善后的表格中给出实验数据，提问学生如何分析实验数据以得出结论，得出什么结论。教师规范学生对实验结论的陈述，加深学生对影响滑动摩擦力大小的两个因素的理解。

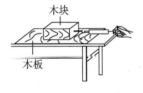 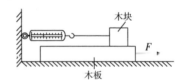

图1　初始实验方案　　　　图2　优化后实验方案

（3）问题设计

请你评价该装置进行实验时的优缺点。如何将实验改进从而克服这些问题呢？请演示。（投影学生演示实验）

设计意图

根据初始实验出现的问题，引导学生尝试改进实验（如图2），培养学生精益求精的科学品质，渗透学生工匠精神。学生回答该问题时往往不易表述清楚，可以让学生边演示实验边表述。

教师评价学生演示实验的操作情况，及时肯定学生实验中的规范操作

或纠正错误表现，如弹簧测力计要水平拉动等。然后要求学生分组完成测量木板与木块间的滑动摩擦力大小。

(四) 依托综合实践活动，训练工匠之技

2000 年 6 月，教育部正式发文"综合实践活动"正式成为我国中小学课程体系的组成部分。由于综合实践活动课程具备综合性、自主性、生成性、探究性和开放性等性质，可以培养学生几种关键能力：创造性思维能力、搜集与处理信息的能力、组织与规划能力、合作能力、沟通与表达能力、观察能力、动手操作能力和自我反思与管理能力等。教师应依托综合实践活动培养学生的工匠精神，结合学生的认知特点，完成形式多样的活动任务，利用表现性评价引领工匠精神的融入。物理教材为教师教学提供参考，为教学过程的设计提供素材。

以苏科版初中物理教材为例，设计综合实践活动专题。初中物理教学中组织综合实践活动的关键是尊重物理教学本身的学科特点和已有的成功教学方式，根据适当的教学内容，立足于解决实际问题。笔者在"设计、制作一个机械模型"专题中，根据学生实际情况，修改并完善活动主题，将其确定为"设计、制作一个杆秤"，要求学生采用日常生活物品，小组合作分工完成任务。基于融入工匠精神的视角，评价项目主要有：（1）杆秤是否符合设计要求，是否满足杆秤的基本特征，是否具备设计样图；（2）杆秤的设计是否新颖，包括配件取材是否合理、设计美观程度等；（3）杆秤的工艺水平，包括称量精度、质量优劣等；（4）小组成员的分工是否明确，是否具备合作行为等。

学生交流展示工作成果，协调统一评分标准，相互指出制作杆秤过程中出现的问题以及改进的方法，评选出优秀作品。

注 释

[1] 常珊珊，李家清. 课程改革深化背景下的核心素养体系构建 [J]. 课程·教材·教法，2015 (9).

[2] 李宏伟，别应龙. 工匠精神的历史传承与当代培育 [J]. 自然辩证法研究，2015 (8).

[3] 肖群忠，刘永春. 工匠精神及其当代价值 [J]. 湖南社会科学，2015 (6).

［4］唐小为，王唯真. 整合 STEM 发展我国基础科学教育的有效路径分析［J］. 教育研究，2014（9）.

［5］钟启泉. 基于核心素养的课程发展：挑战与课题［J］. 全球教育展望，2016（1）.

［6］朱邦芬. 如何学习知识：从一所高中和一个大学物理系的成功谈起［J］. 教育科学文摘，2014（4）.

［7］万伟. 综合实践活动课程关键能力的培养与表现性评价［J］. 课程·教材·教法，2014，34（2）.

［8］朱祥. 综合实践活动与初中物理教学的有效整合［J］. 中学物理教学参考，2011，40（10）.

（此文发表于《中小学教师培训》2018 年第 1 期）

• 生物

高中生物核心素养的内涵与培养策略

肖安庆[1]　颜培辉[2]

（1. 深圳市盐田高级中学　广东深圳；

2. 深圳市教育科学研究院　广东深圳）

2014 年 3 月印发的《教育部关于全面深化课程改革落实立德树人根本任务的意见》（以下简称《意见》）首次明确提出各学段发展核心素养，将核心素养的培养置于全面深化课程改革、落实立德树人目标的基础地位，对教育要"培养什么人、怎样培养人"提出了根本要求。通过充分论证与研讨，2016 年 9 月教育部发布了《中国学生发展核心素养》，正式对学生发展核心素养进行了界定，综合表现为六大核心素养：责任担当、实践创新、人文底蕴、科学精神、学会学习、健康生活。核心素养的培养已成为新一轮课程改革的新指向，也为新一轮课程改革提供了新动力。

一、高中生物核心素养的内涵

（一）何谓高中生物核心素养

核心素养是指在相关学段和课程学习过程中，学生应具备的、能够适应终身发展和社会发展需要的必备品格和关键能力，如理解相关基本知识，掌握基本的研究方法与批判性思维品质，具备尊重事实、理性思维的精神，理解科学的本质，关注科学技术与社会的关系等。它是国家教育目标的具体化，是课程和教育目标制定的根本依据，是教育教学过程中三维目标对学生的综合体现，即核心素养＝（知识＋能力）态度。[1]但核心素养的指向更明确，更具有终身性、动态性、关键性和情景性。

生物科学素养是公民参加社会生活、经济活动、生产实践和个人决策所需的生物科学知识、探究能力以及相关的情感态度与价值观，是公民科学素养构成中重要的组成部分。高中生物核心素养是高中阶段的学生通过高中生物课程的学习，初步形成的生命科学核心素养，是生物学科中关注个人发展和社会发展的必备品格及关键能力，主要包括生命观念、理性思维、科学探究和社会责任（见表1）。

表 1　高中生物核心素养的要素

要素	具体内容
生命观念	生命观念是指对观察到的生命现象及其相互关系或特性进行解释后的抽象，是经过实证后的想法或观点达到理解或解释较大范围的相关事件和现象的目的，主要包括结构与功能观、进化与适应观、稳态与平衡观、物质与能量观等，并用生命观念认识生命世界、解释生命现象
理性思维	理性思维是指建立在证据和逻辑推理上，并对事物或问题进行观察、比较、分析、综合、抽象与概括的思维方式，主要包括演绎推理、模型建构、批判性思维、归纳与概括等方法，并运用理性思维探讨说明现象与规律，审视论证生物学科出现的各种现象与问题
科学探究	科学探究是针对生命现象进行观察、提问、方案设计与实施、讨论与交流，并在探究过程中进行团队协作、科学探究的过程，是生物学科的主要理科属性
社会责任	生物学科的社会责任是指基于生物学的认识，参与个人与社会事务的讨论，做出理性解释和判断，尝试解决生产生活中的生物学问题的担当和能力；根据出现的生命现象与问题，参与讨论、理性解释，辨别科学与伪科学，主动宣传生命意识、环保意识和健康意识，结合社区资源开展科学实践

（二）高中生物核心素养的特征

北京师范大学刘恩山教授认为，核心素养是一种跨学科素养，其强调学科综合性、发展性、终身性。[2]这也是高中生物核心素养的重要特征。

1. 综合性

依据《中国学生发展核心素养》，我国学生发展核心素养体系由社会参与、文化基础、自我发展三大领域构成，每个领域各包括两个核心指标（见表2），每项核心指标都不是单独培养的，而是具有综合性，应整体设计与实施。高中生物课程的知识内容是学生生物核心素养知识的综合载体，高中生物核心素养也具有综合性。例如，高中生物必修3第6章第2节"保护我们共同的家园"的教学中所讲，全球性生态环境问题主要包括全球气候变化、水资源短缺、臭氧层破坏、酸雨、土地荒漠化、海洋污染、生物多样性等，由此可以培养学生的相关素养；学习生态系统的直接价值、间接价值和潜在价值，可以培养学生的人文底蕴，然后引导学生思考保护生物多样性，培养学生的问题解决与创新实践意识。

表 2　我国学生发展核心素养体系构成

核心素养领域	核心指标
社会参与	责任担当、实践创新
文化基础	人文底蕴、科学精神
自我发展	学会学习、健康生活

2. 发展性

生物课程的学习是动态的，生物核心素养的培养也是动态的、发展的，它需要在特定情景和需要中生成与发展。例如，高中生物必修 2 的教学是遵循人类认识基因之路而展开的，犹如一百多年来生物科学家孜孜以求的探索过程，使学生受到科学方法、科学态度和科学精神等多方面的启迪，有利于学生认识事物发展规律与现象。在不同的教育阶段，生物核心素养表现出不同的阶段性特征，既需要生物学知识的积累，也需要生物学方法与技能的积累与提高，以及情感态度与价值观的逐步升华。核心素养的培养是一个长期培养与渗透的过程，是一个循序渐进、逐步升华的发展过程，具有明显的发展性特征。

3. 终身性

核心素养要求为学生终身需要而发展必备品格和关键能力，高中生物核心素养应紧密结合社会发展和时代要求，体现人的终身发展和社会发展的需要，对公民未来生产生活产生持续性的影响。比如说，培养学生的生命观，关键是要让学生知道生命是什么，生命活动如何进行，生命为什么会这样，让学生了解生物共通概念，加深对自然界的理解，形成进化观、生态观等基本观念。[3]此外，生物核心素养对学生终身发展还应具有实用性，比如高中生物教学还应培养学生的科技信息素养、语言表达与沟通能力。这里要强调的是，核心素养中的语言素养，已经不是语文学科和外语学科的概念，而是一种有效的表达和交流，是一种广义的语言概念。[4]

二、高中生物核心素养的培养策略

（一）加强对核心素养的学习与研究

当今世界，国民的核心素养是衡量一个国家的竞争力与国际地位的重要标准。20 世纪 90 年代，国民的核心素养的重要性就已被意识到，并逐步成为国际组织和东西方教育理论与实践研究的热点课题。随着我国素质教育的推进和本轮课程改革的深化，核心素养已被列为新一轮课程改革的核心内容，将指导和引领教学改革实践，是新一轮课程改革的灵魂。高中生物核心素养具有动态发展性，这就要求生物教育工作者持续深入研究，实现其对高中生物教学改革的导向性。

（二）树立核心素养教育理念

理念是改革的先导，是教育行为的源泉。教师是教育教学的实施者、评价者，其具有的教育理念在很大程度上决定着教育教学的效果，直接影响到课程改革的实际效果。[5] 高中生物教师肩负着培养学生生物核心素养的重担，他们的核心素养理念和专业水准是完成这一任务的关键。虽然高中生物核心素养的基本框架已经构建，具体内容还在进一步研究，但是生物教师的核心素养教育理念应该先行。高中生物教师应更早了解核心素养的基本内容、理念和意义，利用它来武装自己的教育理论知识，运用于教育教学实际。因此，生物教师树立核心素养教育理念是有效培养学生生物核心素养的关键环节。

（三）注重学科逻辑和核心素养培养的融合

核心素养的培养应遵循高中生物的学科逻辑、高中生物课程的独特认知过程、高中学生身心发展规律，进行整体规划和系统设计。高中生物学科知识是培养学生核心素养的知识载体，只有融合高中生物学科逻辑思维，才能有效培养生物核心素养。

注重学科逻辑和核心素养培养的融合，应注意：（1）情景化。设计合理的问题情景，是培养学科思维和核心素养的关键。高中生物教学中，灌输和死记硬背是不能建立学科逻辑思维的，教师应设置现实的生物学问题情景，引导学生通过思考解决问题，训练学科思维。（2）综合性。学科逻辑思维不是仅仅通过一两次训练就可以形成的，而应在科学实验、探究性活动、概念教学等环节中经常性训练。学科逻辑思维的培养既可以通过练习检测来测评，也可以在教学中显性化体现。（3）系统化。培养学生学科逻辑，既可以训练逻辑思维的技能，也可以训练学科逻辑思维的具体方法；既可以锻炼学生应用逻辑思维技能，也可以设计证据不足、逻辑不清的错误例子训练学生的逻辑思维，让学生评价观点、分析证据和辨析逻辑。[6]

（四）进一步加强探究性教学

探究性教学能有效地加强学生的主体性地位并促进学生自主能力的提高。它包括独立自主探究和合作探究。在学生发展核心素养体系中，自我发展领域由问题解决、创新、自我管理三部分组成。独立自主的探究教学是培养学生自我发展素养的重要方法，它既能帮助学生养成独立研究的良好习惯，掌握高中生物问题探究与解决问题的方法，又能培养学生高中生物问题的探究意识和精神，实现学生的自我管理。合作探究教学是在学生分工与合作的基础上，通过学生彼此交流与沟通，实现师生之间、学生之间智慧的碰撞与交流，是培养文化领域中语言沟通素养的重要途径。探究性教学既是高中生物教学的本质，也是体现理科属性的重要途径，在本轮课程改革中践行得还不够充分，在新一轮课程改革的过程中还要进一步加强。

（五）创设贴近真实生活的教学情境

情境教学是培养学生核心素养的重要途径，贴近生活的教学情境是培养学生核心素养的重要"桥梁"。贴近生活的教学情境能够激发学生的学习兴趣，培养学生正确的情感态度和价值观，也能更好地帮助学生理解知识概念，掌握生物技能与方法，提高学生的问题解决能力，从而使学生的生物核心素养得以形成。核心素养的形成离不开生活情境和社会实际，生物核心素养的培养需要教师创设贴近真实生活的教学情境。

（六）对核心素养进行外显化评价

本轮课程改革的重点是把知识与技能、过程与方法、情感态度与价值观列入三维课程目标，依据《意见》的改革精神，下一轮课程改革的核心任务是培养学生的核心素养。借鉴台湾核心素养的经验总结，它具有动态性、情景性、内隐性和终身性等特征[7]，这就导致核心素养培养的评价存在一定的困难。因此我们有必要对核心素养进行可观察的外显化评价，可以通过态度问卷调查，进行形成性评价和表现性评价，也可以通过相应的测量工具，制定相关的测量标准，开展可以观察的外显化评价。例如，个人环境保护意识的培养，是学生核心素养社会参与领域中的社会责任、公民道德素养的内容。对学生个人环境保护意识素养的评价，如果仅仅只是通过几道试题，很难开展客观公正的评价，对此，我们可以通过问卷调查了解学生的环保意识与态度，通过学生的具体行动和生活行为评价他们的环保意识与态度，拓宽对学生核心素养的评价维度，深化对学生核心素养进行客观外显化评价的研究。

三、结　语

　　高中生物核心素养关注个人发展和社会发展的必备品格及关键能力，重点培养学生的生命观念、理性思维、科学探究和社会责任。高中生物教师应加强对核心素养的学习与研究，树立核心素养教育理念，注重学科逻辑和核心素养培养的融合，进一步加强探究性教学，创设贴近真实生活的教学情境，对核心素养进行外显化评价，更好地培养学生的生物核心素养，使学生在未来的学习与生活中受益。

注　释

［1］柳夕浪. 从"素质"到"核心素养"——关于"培养什么样的人"的进一步追问［J］. 教育科学研究，2014（3）：5—11.

［2］［4］施久铭. 核心素养：为了培养"全面发展的人"［J］. 人民教育，2014（10）：13—15.

［3］［6］谭永平. 从发展核心素养的视角探讨高中生物必修内容的变革［J］. 课程·教材·教法，2016（7）：62—64.

［5］牛超，刘玉振. 试论高中地理核心素养的内涵、特征及其培养策略［J］. 天津师范大学学报，2015（10）：48—51.

［7］蔡清田. 台湾十二年国民基本教育课程改革的核心素养［J］. 上海教育科研，2015（4）：5—9.

（此文发表于《中小学教师培训》2017年第6期）

观察与探索

GUANCHA YU TANSUO

中华优秀传统文化融入语文课程：
实践样态与改进路径

温小军

（广州大学人文学院　广东广州）

中华优秀传统文化教育是当前我国教育的一大重点和热点。为有效实施中华优秀传统文化教育，应将其纳入已有的国民教育课程体系之中。教育部 2014 年颁布的《完善中华优秀传统文化教育指导纲要》（以下简称《纲要》）中强调，要"把中华优秀传统文化教育系统融入课程和教材体系"。语文课程无疑是其中的重要渠道。那么，当前中华优秀传统文化融入语文课程的现状如何？主要存在哪些实践样态？其效果如何？如何进一步改进？本文拟对这些问题进行集中探讨。

一、当前中华优秀传统文化融入语文课程的主要实践样态

（一）融入语文校本课程

国家三级课程管理政策的落实，不仅唤起了学校、教师的课程意识，同时也给学校办学提供了一定的自主权。正是基于此，不少学校将中华优秀传统文化融入语文校本课程之中，如一些学校实施了"读经诵典"校本课程，不仅编制了校本教材，还安排了专门的课时与师资等。

但是，从整体来看，中华优秀传统文化融入语文校本课程这一实践样态存在着如下一些不足，主要体现为：在管理上，许多学校难以做到既有整体规划，又有制度保证，不少学校甚至经常"无暇顾及"，重视程度显然不够；在开发目的上，存在着较明显的"面子工程"和"政绩工程"倾向；在开发内容上显得随意，内容或者太多，或者太难，或者太杂，或者太散；在具体实施过程中，时间不固定，学习方式上简单套用学科教学的模式；在评价上，缺乏必要的考核，或者仅以一些简单的竞赛来代替。这便使得中华优秀传统文化融入语文校本课程这一实践样态的实际效率令人担忧。

345

（二）融入语文选修课程

选修课具有一定的选择性，表现为学校开设选修课的选择性和学生选修课程的选择性。选修课还具有灵活性，表现为教学内容、课时、授课形式等的设置和安排具有一定的弹性。选修课程所具有的这些特点，使得一些学校将中华优秀传统文化融入语文选修课程之中，如一些学校开设了诸如"《庄子》选读""《诗经》鉴赏""《红楼梦》精讲""古代散文""民俗文化学"，以及书法鉴赏、古诗词鉴赏、文学作品的鉴赏、传统文化的介绍、民间传统的调查等选修课程。

然而，中华优秀传统文化融入语文选修课程这一实践样态在实际层面也遭遇了种种不如意：其一，选修课程"必修化"，一些教师往往按照传统文言文教学的方式来进行选修课的教学；其二，选修课程"边缘化"，选修课的时间被必修课和复习迎考所挤压；其三，选修课程简单化，有的选修课甚至一度采用观看视频或学生课外自学的方式应付了事；此外，选修课程在管理上也面临着师资短缺、教学时间不足、教室不够用等一系列实际问题。这导致中华优秀传统文化融入语文选修课程这一实践样态的效果同样不尽如人意。

（三）融入语文课外活动

课外活动具有实践性和趣味性等特征，因此，一些学校将中华优秀传统文化融入语文课外活动之中，让学生在亲身实践活动中体验中华优秀传统文化。也有些学校尚未开设正式的校本课程，便将中华优秀传统文化融入语文课程活动之中。当然，还有学校在校本课程实施过程当中，辅之以一定的语文课外活动来传承中华优秀传统文化。总之，中华优秀传统文化融入语文课外活动这一实践样态在当前并不鲜见。如有学校在实施经典诵读过程中，举办了经典篇章吟诵及表演比赛、以"弘扬中华传统美德"为主题的课本剧（小品）比赛、以"走进古代经典"为主题的演讲和辩论赛、"传承民族文化，弘扬民族精神"征文比赛，开展了阅读经典的"读书节"活动等。也有学校围绕传统文化教育开展了相关的知识竞赛、古诗歌朗诵比赛、书法比赛、读经会、辩论赛、专题知识宣传等。

但是，这一实践样态往往因各课外活动本身之间缺乏有机联系以及活动本身的"课外"性带来的边缘性，而导致其在政策层面、活动时间、活动内容以及受重视程度方面缺乏必要的支持，进而影响了其在传承中华优秀传统文化上的实际效益。

（四）融入既有的语文课堂

鉴于语文课程与中华优秀传统文化之间的密切关系，同时也出于实施过程中更为便利之考虑，许多学校往往将中华优秀传统文化融入既有的语文课堂。其主要表现形式可分为：在课堂上用少许时间（如有些学校规定5分钟）来朗读和背诵一些经典诗词和文章；语文课间朗读经典古诗文；在文言文教学中传承。

相对以上几种实践样态，将中华优秀传统文化融入既有的语文课堂，由于可以避免因另辟校本课程、选修课、课外活动而带来的课程开发和管理、师资、课时以及学生学习负担等方面的一系列问题，因此显得更为理想，也似乎具有更强的可行性。

然而，长期以来，由于我国传统文化及其整体性思维方式之惯性，以及我国课程意识的长期缺失，导致我国语文课程主要以一种合科式的方式存在，即我们只设置了一门语文课程。这一结构方式实质上造成了我国语文课程在目标上的杂糅、在教材上的混编、在课型上的混同，进而导致语文课堂教学中的"面面俱到"。具体到中华优秀传统文化这一问题，由于教学时间和精力的有限性，以及功利主义思想的影响，语文课程在实施传统文化传承的过程中往往被"强势"的工具性目标所挤兑，或者有意无意地运用工具性目标的实现方式去完成传统文化的相应目标，这便使得中华优秀传统文化的相应目标被"强势"的工具性目标所僭越，并最终导致中华优秀传统文化传承之目标的效果不尽如人意。

鉴于以上四种实践样态存在种种不如意的现象，本文认为，为更有效地将中华优秀传统文化融入语文课程，应重新审视并改进实施路径。

二、中华优秀传统文化融入语文课程的改进路径

（一）改进中华优秀传统文化融入语文课程分析视角的确立

改进中华优秀传统文化融入语文课程，首先要确立其分析视角。基于当前中华优秀传统文化融入语文课程的主要实践样态，本文认为，可从语文课程结构入手。

所谓课程结构，指的是"把学生的在校学习时间分成各部分，在不同的学习时间安排不同的课程类型，由此形成一个课程类型的组织体系"[1]，课程结构即课程类型的整合体。

有研究者认为，课程结构可分别从宏观、中观、微观三个不同层面去把握。其中，宏观层面主要是立足于学校课程的整体，对各课程门类如国家课程、地方课程和校本课程、正式课程与潜在课程、学科课程与活动课程、选修课与必修课等之间的观照。中观层面主要是把握各科（类）课程（正式课程）的构成及相互关系，以及各科（类）课程内各具体科目（或活动项目）的构成与相互关系，具体为学科课程内工具科、社会科、自然科、体艺科等之间的关系以及上述各科内各具体科目的构成及相互关系；活动课程中各类活动课程以及各类活动课内各具体活动项目间的关系；构成隐性课程的各类成分之间以及各类成分内各具体要素间的关系；限定性选修课与任意性选修课的比例关系。微观层面则是指具体到一门学科或一类教材的学科结构或教材结构，诸如一门具体的课程可具体划分为几门课程。[2]依据这一观点，语文课程结构似可归属于微观层面的课程结构。然而，随着近些年基础教育课程改革的实施以及课程论研究领域的进一步拓展，当前我国语文课程同样存在国家课程、地方课程和校本课程、正式课程与潜在课程、学科课程与活动课程、选修课与必修课等不同课程类型，从这一点来说，语文课程结构不仅具有微观层面，还存在宏观层面的事实。依据这一认识，前文所述的将中华优秀传统文化融入语文校本课程、选修课、课外活动课这些实践样态，是基于语文课程结构的宏观层面。虽然这些实践样态也具有一定的价值，然而，鉴于从宏观层面践行中华优秀传统文化融入语文课程存在种种不如意的现象，应从语文课程结构的微观层面对这一问题进行重新把握。事实上，当前中华优秀传统文化融入既有的语文课堂这一实践样态的不如意，正是由于没能从语文课程结构的微观层面去把握。

这样，改进中华优秀传统文化融入语文课程的视角便可确定为微观层面的语文课程结构。

从微观层面把握语文课程结构，也就是将语文课程从当前的一门分化成几门。从语文课程结构的微观层面改进中华优秀传统文化融入语文课程，也就在于从已有的语文课程中分化并单列出一门语文课程，专用以传承中华优秀传统文化。这一做法无论在学理上，还是在现实中，以及从历史层面看，均有一定依据。

从学理上看，这一做法具有一定的合理性。首先，从语文课程目标来看，传承中华优秀传统文化是语文课程的使命，无论从义务教育阶段的语文课程标准，还是从高中的语文课程标准都不难找出可直接佐证的观点。

其次，从语文课程内容来看，众所周知，语文教科书中选入了大量的文言文这一极富传统文化的文体。再次，从语文课程的实际效果来看，单列一门语文课程传承中华优秀传统文化的做法不会导致语文课变成所谓的"文化课"。若将语文课程的目标在传承传统文化与培养学生语言应用能力之间做一划分，更多的是从认识的角度且服务于进一步认识的需要，在实践的层面这两类目标实际上是整合在一起的，且呈一体两面之关系，不管以何者为目标，另一者将同样受益。很难想象当学生深入把握了某篇课文的思想文化内涵后，在言语形式方面会无所收获。

从现实上看，这一做法也将因传承中华优秀传统文化的目标被纳入到微观语文课程结构之中，并有了专门的语文课程予以保障，从而有利于解决以上在语文校本课程、选修课、课外活动中传承中华优秀传统文化所出现的管理和实施问题等，同时也有利于消除在既有的语文课堂中传承中华传统文化所出现的乏力现象。值得注意的是，我国台湾地区为高中生编制了一本必选课教材《中华文化基本教材》，这实际上是在践行在现行语文课程之外单设一门课程以传承中华优秀传统文化。

从历史上看，我国 20 世纪 30－40 年代已有研究者提出了近似的观点。如浦江清先生极力推崇语文分科，他主张："把中学国文从混合的课程变成分析的课程；把现代语教育和古文学教育分开来，成为两种课程（名称待后讨论），由两类教师分头担任。"这样可以"帮助了解'古文''文言''语体文'的性质及价值"[3]。在国外，也有类似做法，"欧洲各国的中学里语文课程设有三门。一门是本国语，一门是近代语（即是外国语），一门是古典语（指希腊文及拉丁文）"[4]。

（二）改进中华优秀传统文化融入语文课程的实现路径

按照泰勒课程原理的基本观点，课程编制的四个基本步骤为：确定目标、选择经验、组织经验和评价。借鉴泰勒这一观点，结合当前一些现状，基于传承中华优秀传统文化之视角，本文认为可从以下四个方面具体阐释如何分化和单列一门语文课程，进而有效传承中华优秀传统文化。

1. 确定传承中华优秀传统文化之独立课程目标

课程目标是课程的导向。它是课程选择、组织、实施和评价的依据。欲单列出一门语文课程，专用以传承中华优秀传统文化，首先应明确其相对独立的课程目标。具体到语文课程中的具体文体——文言文，应明确其传承优秀传统文化之目标。

长期以来，关于文言文教学的目标存在两种不同的观点：一为从语用的角度，即培养阅读浅易文言文的能力；二为从文化的角度，即传承优秀传统文化。然而，源于20世纪初的培养学生"初步阅读文言文的能力"主要是基于当时报纸、杂志、公文上的文字多为文言文这一事实。到了当前，文言文已经淡出日常的言语交流，基本丧失了工具效用，其原有的课程目标取向应进行重新审视并合理定位。正是基于此，应将文言文的课程目标定位为传承优秀传统文化。诚如朱自清先生所说："经典训练的价值不在实用，而在文化。"[5]

2. 单编传承中华优秀传统文化之教材

教材是课程目标的直接体现，是课程内容的主要载体，是课程实施的主要依据和凭借。因此，欲单列一门语文课程专用以传承中华优秀传统文化，应有专门的相应教材。

我国当前语文教材往往采用现代文和文言文混编的做法，即在一个单元之中由若干篇现代文和文言文组成。这一做法显然不利于整体学习传统文化。叶圣陶先生曾从教学的角度提出了他对这一现象的认识："白话文言混合教学的办法，是"民国"十一年编订新学制课程标准的时候开的头。到如今二十多年了，没有改变。有些人关心这件事，以为混合教学虽有比较与过渡的好处，也有混淆视听与两俱难精的毛病。二十年来国文教学没有好成绩，混合教学也许是原因之一。他们主张分开来教学，读物要分开来编。我们觉得这个话有道理。"[6]叶老进而将文言课本单独编写。他分别参与编写了《开明新编国文读本［甲种］》和《开明新编国文读本［乙种］》，其中甲种共六册专选白话，乙种共三册专选文言。

单编传承中华优秀传统文化的教材，在教材内容上可参照《纲要》中的相关规定。《纲要》对从小学到高中各个不同阶段的中华优秀传统文化内容和目标进行了要求，如：小学低年级要"诵读浅近的古诗，获得初步的情感体验，感受语言的优美"；小学高年级要"诵读古代诗文经典篇目，理解作品大意，体会其意境和情感"；初中阶段要"诵读古代诗词，初步了解古诗词格律，阅读浅易文言文，注重积累、感悟和运用，提高欣赏品位"；高中阶段要"阅读篇幅较长的传统文化经典作品，提高古典文学和传统艺术鉴赏能力"等。这其实为我们提供了一个教材选文的学段序列。

在当前，也有一些教材在这方面做出了可贵的探索，如人民教育出版社出版的《中国传统文化教育全国中小学实验教材》、岳麓书社出版的《青少年国学文化读本》，以及中华书局引进并修订的台湾版国学教材《中华文化基础教材》。

3. 构建传承中华优秀传统文化之专门课型

课堂教学是语文课程实施的主渠道，是学生发展之原点。传承中华优秀传统文化的课程要落实到具体的语文课堂之中，且通过语文课堂予以实现。为满足语文课程传承传统文化之要求，应构建专门的语文课型。具体来说，要遵照文言文的基本特征，按照传承传统文化的基本要求去设计相应的教学进程。

然而，当前所存在的问题是，在文言文的教学过程中，文言文往往成为语文课程的"显性"内容，传统文化则成为隐藏于文言文之中的隐性内容。换句话说，古汉语往往被置于主观追求的位置，而传统文化往往被当作一种客观的结果。这便使得文言文传承传统文化的目标得不到应有的重视和有效落实。

要实现文言文教学传承传统文化之目标，应将"文言文"还原至"文化"的位置，并通过具体的专门课型予以落实。应立足于文言文的文体特征，努力教出其中的文化味，对该文体不是从字词翻译到思想内容再到艺术特点做面面俱到式的讲解，而应以让学生深入把握文中的文化蕴含为宗旨，努力让学生在课堂上听到、尝到、体会到他们自己所难以听到、尝到和体会到的东西，以超越学生在一些助读资料中所获得的通识性理解。以《爱莲说》一文为例具体说明，可把握如下课堂进程：第一，在疏通该文的字词基础上读通课文；第二，让学生适时、适量、适度地理解该文所蕴含的"莲"文化中的佛家思想，以及"菊文化""牡丹文化"中所蕴含的道家、儒家思想；第三，进一步体会该文作者周敦颐对美好理想的向往、对高尚情操的追求、对正直人格的仰慕之情感，进而领会作者为什么不赞颂"菊""牡丹"或其他花，只爱慕、赞颂"莲"。这样，便可有效地落实传承中华优秀传统文化之目标。

4. 加强传承中华优秀传统文化之课程评价

因为课程评价具有导向、督促、激励、鉴定等功能，所以加强传承中华优秀传统文化之课程评价实际上成为单列语文课程传承传统文化的重要保障。基于当前我国教育实情，不仅应将传承传统文化之任务纳入语文课堂教学之内，还应将其作为中考、高考的内容，以合理发挥中考和高考的积极作用。正是基于这一考虑，《纲要》也建议，要"增加中华优秀传统文化内容在中考、高考升学考试中的比重"。

随着我国对传统文化的日益重视，当前传统文化在语文高考中正越来越受到重视。例如北京、上海等地公布的高考改革方案中，英语降分后其所降分数分给了语文，而且进一步明确指出就是将分数转移给了所增加的"传统文化考试内容"部分。又如 2015 年清华、北大自主招生均招收国学特长生。此外，近期公布的 2016 年高考改革方案中，全国 25 个省高考要统一命题，并且增加分数后的语文考试，正在研究增加"中华优秀传统文化"之相关内容。[7]这些举措，将有利于本文所主张的单列一门语文课程专用以传承中华优秀传统文化之举措的实施。

基于语文课程传承中华优秀传统文化的本体目标在于致力于对传统文化的传承，因此，中华优秀传统文化的评价应致力于学生对传统文化的深入理解和体验。近两年语文高考一改以往考试中停留于背诵（默写）之境况，增加了"理解"，如 2014 年全国卷Ⅰ中的某题："屈原在《离骚》中表现自己同情百姓的苦难生活，并因此流泪叹息的名句是：_____。"（答案：长太息以掩涕兮，哀民生之多艰）然而，这种"理解"仍以追求文本的客观意义为宗旨，它只是以一种"理解性记忆"取代了以往的"机械记忆"，并未考查学生对传统文化的深入理解和体验。在这方面，我国台湾 2014 年高考中的某些题目可资借鉴：

言语交际过程中，常见运用"谦逊原则"尽量降低姿态，不彰显自己，例如"小弟不才，能力有限，请多包涵"。但基于某些目的，也可能刻意不采取这项原则。请就下引诸葛亮《出师表》的文字分析：

①列举并简要说明文中何处运用"谦逊原则"？何处刻意彰显自己，不采取"谦逊原则"？②文中运用"谦逊原则"的同时，又刻意不采取"谦逊原则"，目的为何？请将答案标明①②书写，①②合计文长约 250—300 字（约 12—14 行）。

臣本布衣，躬耕于南阳，苟全性命于乱世，不求闻达于诸侯。先帝不以臣卑鄙，猥自枉屈，三顾臣于草庐之中，谘臣以当世之事，由是感激，遂许先帝以驱驰。后值倾覆，受任于败军之际，奉命于危难之间，尔来二十有一年矣。先帝知臣谨慎，故临崩寄臣以大事也。受命以来，夙夜忧叹，恐托付不效，以伤先帝之明，故五月渡泸，深入不毛。今南方已定，兵甲已足，当奖率三军，北定中原，庶竭驽钝，攘除奸凶，兴复汉室，还于旧都，此臣所以报先帝而忠陛下之职分也。

该试题旨在将传统文化的"谦恭忠敬"思想、现代人际交往的礼仪、《出师表》的文本阅读三者相整合。在解答该题的过程中，不仅要理解传统文化的"谦恭忠敬"思想，还需要挖掘《出师表》中所蕴含的"谦恭忠敬"思想及其在该文中的使用情况，更需要结合现代人际交往礼仪对"谦恭忠敬"进行灵活运用。这样，评价的重点便不仅仅是记住传统文化的"谦恭忠敬"思想，而是深入理解和体验"谦恭忠敬"。因此，台湾的这类试题为评价学生深入理解和体验传统文化提供了一个较好的启示。

注　释

[1] 张华. 课程与教学论 [M]. 上海：上海教育出版社，2000：237.

[2] 赵文平. 中小学学校课程结构的当代形态研究——基于变革性实践的解读 [D]. 北京：北京师范大学，2011：108.

[3]［4］赵志伟. 旧文重读：大家谈语文教育 [M]. 上海：华东师范大学出版社，2007：203.

[5] 朱自清. 经典常谈 [M]. 北京：北京大学出版社，2009：1.

[6] 叶圣陶. 叶圣陶语文教育论集 [C]. 北京：教育科学出版社，1980：188.

[7] 李文姬. 国学文化有望引入高考　高中生将通篇学习道德经 [EB/0L]. [2015-03-30]. http：//news. qq. com/a/20150330/045750. htm.

（此文发表于《中小学教师培训》2016 年第 3 期）

语文综合性学习的类型与指导方法

黄朝霞

（湖南第一师范学院　湖南长沙）

一、语文综合性学习类型

对任何年龄阶段的任何学生而言，语文综合性学习都应是一个有机整体而非随意拼凑的若干主题的混合。要切入语文综合性学习这个有机整体，需要遵循一些拥有内在逻辑联系的线索。国家为了帮助学校更好地落实综合性学习，特别指定了"研究性学习""社区服务与社会实践""信息技术教育""劳动与技术教育"等几个领域。四大指定领域在逻辑上不是并列的关系，更不是相互割裂的关系。"研究性学习"是语文综合性学习的基础，它倡导将探究的学习方式渗透于语文综合性学习的全部内容之中。"社区服务与社会实践""信息技术教育""劳动与技术教育"则是"研究性学习"探究的重要内容。所以，在实践过程中，四大指定领域是以整合的形态呈现的。

除上述指定领域以外，小学语文综合性学习活动还包括大量非指定领域，如：社会实践活动、校传统活动（诗歌朗诵会、艺术节）、学生同伴间的交往活动、学生群体的文艺沙龙活动等，这些活动在开展过程中可与语文综合性学习的指定领域相结合，也可以单独开展，但课程目标的指向是一致的。[1]

指定领域与非指定领域互为补充，共同构成内容丰富、形式多样的语文综合性学习。具体而言，其实施类型主要有以下几种：

（一）延伸关联式

1. 课文阅读延伸型

课文阅读可以延伸出多种综合性学习的形式，包括：第一，阅读与写作相联系，即通过课文阅读引发学生想象性地写作、编写故事、演课本剧或写倡议书、广告词等；第二，阅读成果交流，就是从阅读中概括出学生感兴趣的主题，分小组搜集资料，进行交流；第三，文本阅读与网上阅读相结合，等等。

2. 学科关联型

这类语文综合性学习让语文教学的"触须"伸进其他学科，其主题来自各学科。如学习了《海底世界》一课后，学生可能会对海洋鱼类产生兴趣。我们就可以开展"海洋鱼家族"的语文综合性学习，通过自己养鱼，写观察日记，请教科学老师和查资料，解决一些养鱼的问题。

（二）自主体验式

自主体验式是指以丰富学生的社会阅历、生活积累为目标，通过动手操作、角色扮演、想象等体验性活动，达到情感和行为的内省体察，最终掌握知识，形成技能，养成行为习惯乃至形成特有的情感、态度与价值观。角色置换是自主体验的重要方面。学生在阅读、领悟、交往等生活中，可以从对方的角度去思考一下，将心比心地换位感受一番，从而获得新的感受与启迪。课文中有许多寓言、童话等文学作品，如《乌鸦和狐狸》《三袋麦子》《三打白骨精》等，这些作品故事性强，情节生动，很适合学生表演，可以将学生分成几个"剧组"，让他们自编自演课本剧。这种自编自演，能将学生暂时置身于另一角色之中，增进其对自我之外的其他社会角色的理解。

（三）应用设计式

应用设计式要求学生综合应用所学的各科知识和技能，围绕一定目的提出问题的解决方法或实施方案，能够锻炼学生综合运用所学知识解决实际问题的能力。应用设计式学习重点在于根据问题情境提出解决的方法、思路及过程，设计一种产品、一项服务、一个系统、一项活动、一次会议、一场演出等都是其常见形式。例如，可将"创作叶画，编故事"的语文综合性学习教学程序设计为：捡一捡（到校园里捡不同类型的树叶，并试着认识它们）；贴一贴（在教师的指导下进行贴画）；说一说（展示作品的同时，根据落叶画编故事）。

（四）实地观察式

实地观察式就是让学生了解社会，接触自然，增进学生对社会生活和自然环境的认识，积累并丰富人生经验，获得对社会文化和自然环境的认知、理解、体验和感悟。这类活动主要以丰富学生的社会阅历、生活经验和文化积累为目的，主要形式有观察家庭、学校、自然和社会，参观名胜古迹和科技活动场所等。

（五）课题研究式

课题研究式主要指课题研究或主题探究，是以学生感兴趣的问题或主题为中心，遵循科学研究的最基本的规范和步骤展开的研究性学习活动。确定适当的研究专题，通过调查、分析、文献资料收集等研究手段，对课题展开研究，解决问题，并撰写研究报告或研究文章。如，目前教材中有很多内容都涉及人与动物，就可以根据这些内容开展以"人与动物"为主题的研究专题。"人与动物"这一专题选题较大，所以又可以按层次分出这样几个小课题：第一，"蚂蚁（或其他常见小动物）生活习性探秘"（实地观察、交流介绍）；第二，"生物的进化、人类的起源"（搜集资料、汇报成果）；第三，"动物知识知多少"（知识竞赛）；第四，编一个童话故事，想象人和动物之间可能发生的故事（写作），等等。开展课题研究式的综合性学习，可以是全班同学一起参与，也可以小组为单位，组织形式灵活，学生参与积极性高。[2]

二、语文综合性学习的指导方法

（一）组织形式和学习方式

开展综合性学习的组织形式是多种多样的，概括起来可以分为独立探究与合作研究。这里的独立探究是指学生个体独立思考，自主探讨。合作研究则指学生之间的合作研究、相互交流，也包括师生间、学生与家长之间的共同研究与学习。独立探究与合作研究是双向互动、相辅相成的。综合性学习的学习方式有观察、阅读、参观、调查、摄影、实验、活动等。为了呈现学习的成果，学生可以根据学习的内容，选择不同的方式，可以是口头表达，可以是文字说明，可以是实物，可以列举数据，更鼓励多种方式方法的合理综合运用，完成美观、实际、有创意的作品。

（二）综合性学习的主要教学模式

1."观察—表达"模式

在小学低中年级，要求学生能结合语文学习观察自然、观察社会，运用语文知识和能力表达自己的观察所得，这是综合性学习的重要目标。可以围绕目标结合语文学习的需要，在教师的指导下，让学生个体或群体自主观察自然，观察社会，表达观察所得。例如，教完人教版语文第二册第一单元"春天"后，可组织学生到田野、河边、公园、校园等处观察春天，并开展以下活动：收集写春天的诗、词语、与春天有关的故事；仔细观察，寻找春天的美丽；自己选养一种小动物，仔细观察，完成观察记录（见表1）；说说收集到的有关春天的故事，编一编表现春天的童话故事。

表1　××动物观察记录

一年级（　　）班　　　　　　　　　　　　　姓名（　　）

日期	我的工作	它的变化	我的想法
我想告诉大家			

2."问题—解决"模式

培养学生具有发现问题、提出问题、分析问题和解决问题的能力是综合性学习的重要目标。这样的问题是多种多样的，有身边的，有自然的，有生活的，有社会的；有家庭的小事，也有学校、社区、国家的大事。解决问题的方法也是多种多样的，可以通过查找资料、调查访问、相互讨论等方法去解决；可以合作完成，也可以独立完成。主要分如下几个步骤：

第一，感悟问题阶段。在开展综合性学习之前，可以采取特邀专家作有关专题报告，听教师介绍有关资料和书籍。例如，针对"湘江与我们的生活"这一学习主题，可以开展如下体验活动：观看介绍湘江的情况、湘江两岸风光以及利用湘江水进行农田灌溉、运输、游玩等情景的录像；听在此生活的老人讲述湘江的故事；到湘江及其周围去考察；听有关部门或专家介绍湘江周围环境的情况与湘江两岸工农业、城市发展以及生态环境变化的情况。此阶段旨在让学生发现、找到与自己兴趣、爱好相关的探索课题。

第二，发现问题阶段。在这一阶段，教师要做的是帮助学生发现自己想要解决的问题，并引导学生提出解决问题的假设与预测问题的解决途径，同时根据问题的性质，将研究同一问题或近似问题的学生组织起来，组建共同的研究小组。

第三，解决问题阶段。这是"问题—解决"模式综合性学习的核心阶段，即开展问题解决和体验活动的阶段。主要的学习内容有：引导学生通过访谈、上网、查阅书报杂志、问卷调查等方式获取资料，收集和分析有关家乡的信息资料，根据收集的资料进行有条理、有逻辑的整理、归纳与判断，得出相应的结论；组织学生根据问题解决方案，按照预定的研究方法，选择合适的地方进行调查，获取调查结果；将通过收集资料、调查研究得到的初步研究成果在小组内或个人之间充分交流，学会客观认识事物，认真对待他人意见和建议，并逐步丰富个人的研究成果，培养科学精神与科学态度。

第四，归纳结果阶段。这一阶段的学习活动是将问题解决的研究结果通过图、表、照片等形式进行展示，并将其汇总成报告，最后采取开辩论会、指导教师主持的答辩会、研讨会、搞展板、出墙报、编刊物（包括电子刊物）等方式进行发表和交流。[3]

3."活动—探究"模式

语文活动充满探究色彩，语文活动的过程就是学习探究的过程。培养学生自主组织丰富多彩的语文活动的能力和综合运用语文知识和探究事物的能力，是综合性学习的重要目标。在落实研究性学习的有关内容时，可由学生确定探究的问题，提出开展实验活动的假设，制订探究的活动计划，调控活动过程，写出探究的结果，使语文综合性学习的过程成为学生"自主、合作、探究"的过程。

例如，在小学中高年级，针对独生子女生活条件好、平时自觉不自觉地会以自我为中心的现象，设计旨在开拓学生视野、丰富他们内心情感的"关爱：生命里的阳光"语文综合性学习活动，就是典型的探究式活动模式。在课前准备环节，让学生收集有关"关爱"的资料，与几个好朋友组织一次"春风行动"，到敬老院做一天"爱心天使"，同时，自己设计一份"你最喜欢什么样的朋友"的问卷，在同学、老师、家长以及邻居中做一次简单的调查。其中，课题教学的环节主要设计如下：其一，谈话引入，进入情境。采取让学生说一说、想一想、忆一忆、谈一谈等方式，回忆人生阅历当中得到的关爱及感受。其二，合作探索，实践体验。首先请学生讲最让自己感动的有关"关爱"的故事以及朗诵有关"关爱"的诗歌，然后要求学生根据好朋友的需要，为他（她）做一件事，课堂不能展示的事情，用写纸条的方式告知好朋友。其三，表达交流，应用拓展。要求学生将自己或者小组经过实践、体验得到的收获进行归纳、整理、总结和提炼，之后相互交流、研讨。最后环节是教师引导学生进行共同评价。[4]

注　释

[1][3][4] 蒋蓉. 小学语文教学论 [M]. 长沙：湖南教育出版社，2007：219，220
　　－222，224.

[2] 肖玉芹，王妍平. 小学语文综合性学习的多样化实施类型研究 [J]. 时代教育，
　　2012（22）：136.

（此文发表于《中小学教师培训》2014 年第 2 期）

基于"问题驱动、多元导学"
教学法的翻转课堂研究与实践

胡学发

（青岛市黄岛区教育发展研究中心　　山东青岛）

慕课（MOOC)① 是为了增强知识传播而由具有分享和协作精神的个人（组织）发布的、散布于互联网上的开放课程。北京大学教授李晓明认为，慕课"翻转"了传统课堂——把知识的学习从原来的"课堂内到课堂外"转变为"课堂外到课堂内"；从"讲授主导的学习"变为"研讨提升的学习"。从悄然无声到全线井喷，针对课堂教学变革的"慕课"风潮正席卷全球。从大学到中学，甚至在小学，我国都有学校受其影响，主动开展尝试、研究。

在推动"问题驱动、多元导学"教学法②的深入研究过程中，我和老师们也意识到了微课程对于课堂改进的积极作用，认为慕课与"问题驱动、多元导学"教学法的理念是相通的，强调的都是要"先学后教"，要强化课堂教与学的良性"互动"和"反馈"，显然这更有利于学生地理素养的形成，这样的学习过程更能体现教育的本质。在"问题驱动、多元导学"教学法模式下，我们的微课程研究与探索主要在以下三个方面（以地理课程教学为例）：

一、驱动策略梯度化

关联主义是乔治·西蒙斯（George Siemens）提出的，该学习理论考虑了学习的趋势、学习技术与网络的使用以及不断缩减的知识半衰期，认

---

① MOOC 是 Massive Open Online Course 的缩写，第一个字母"M"代表 Massive（规模大），与传统课程只服务几十个、几百个学生不同，慕课课程可以供数以万计的学生进行学习；第二个字母"O"代表 Open（开放），它以兴趣为导向，不设"门槛"，任何有学习意向的学生都可以注册学习；第三个字母"O"代表 Online（在线），学习在网上完成，不受时空限制；第四个字母"C"代表 Course（课程），它集目标呈现、过程导学与课程评价于一体。
② "问题驱动、多元导学"教学法获得 2014 年山东省基础教育教学成果奖二等奖。

为学习是一种将不同知识节点或信息源连接起来的过程，具备持续学习的能力比掌握当前知识更重要。当前的课堂还是以 45 分钟为一个时间段，如何使课堂学习不再单调、枯燥、低效，而是一种持续性尝试、螺旋式上升的、富有个性体验的学习过程，我们认为，将学习时间段进行重新排列、合理分割，在不同的时间节点实施不同的学习驱动策略，有利于提高课堂学习效率。

（一）实施课前微课导学，建立知识联结，教师根据反馈调整教学，使教学走在发展的前面，重在回扣基础，发现问题

我们原来是通过导学案把教材的主要内容问题化，引导学生思考并尝试解决问题，把握学习主题，从而实现新旧知识的衔接，通过"预备性学习"为新知识的学习做好铺垫。随着研究的深入，我们把课前导学的策略进行了调整和丰富，不仅有导学案，有学习任务单，有小调查，而且引入了微课，为学生提供基础型、智能型、拓展型的微课程资源，积极尝试为学生提供丰富的信息联结，把预习导航与信息反馈更有效地结合起来，进一步提高了教学实施的针对性。在微课程资源的开发上，我们的经验是：

1. 微课程的定位以小微专题为基本内容。根据学生的注意力发展特点，瞄准实际问题，聚集核心知识点，运用恰当的媒体技术，通过"目标导引""事实厘清""过程演示""问题解析""方法点拨"和"情感感悟"等，为学生提供适度的认知负荷，使学习的过程更加具体、形象、直观和高效。

2. 微课程制作遵循"细微、精准、整合、互动"的基本原则。"细微"：内容专一，小到不可再分，要求"细"要建立在"微"的基础之上，单一教学内容处理实现细致入微，时长一般控制在 6 分钟左右；"精准"：内容精致，信息传递准确，能有效揭示问题的实质，使学生对教学内容形成一个清晰而透彻的认识，能触摸核心，把握关键；"整合"：内容统整，选取核心内容，培植"根"知识，从知识的内在联系、学生智能发展的高度来思考、设计课程，既有横向上的"细致"，又有纵向上的"深入"，使微课程内容虽然细微但又相对完整，体系性强；"互动"：变信息的单向传递为双向交流，不但加强教师预设问题的研究设置，而且通过启发、等待、留白、动手、讨论等给学生提供生发问题的机会和土壤，使学生提出的问题更具有思考的价值。

3. 课程规划脚本化有助于微课程资源的开发。在微课程的设计上，

我们借鉴电影脚本的积极元素，结合教学设计的基本环节，确定微课程的内容。在认真研讨课程标准、教材和学情的基础上，先行细分教学内容展示的具体流程，对于每一步流程都从内容设计、呈现方式选择、描述指导（解说词）和备注事项等方面进行二次细化，力争"教师在较短的时间内运用最恰当的教学方法和策略讲清、讲透一个知识点，学生根据自己的学习安排在最短的时间内完全掌握、理解一个有价值的知识点"。

我们通过组织微课研究专题报告会、微课制作现场展示会、微课使用策略研讨会，以活动为载体，以优秀课例为范本，以问题研究为驱动力量，提高微课质量，成效明显。

［案例］我们在微课研究、录制、使用过程中先后提出了十个研讨问题：

1. 如何确定微课课题？

2. 以某课题脚本为实例说明微课设计的有效策略。

3. 以实例说明如何进行微课制作、剪辑与加工？有何收获、体会、感悟？

4. 以实例说明微课录制需要注意的问题与解决办法。

5. 在课堂教学中如何创造性地使用微课？效果如何？哪些做法是值得借鉴、推广的？

6. 在当前课堂教学中，微课教学存在哪些现实问题？你是怎样解决的？

7. 如何评价微课的使用对于学生地理素养与能力提升的作用与价值？

8. 微课的使用、推广给当前的课堂教学带来了哪些改变？有哪些启发？

9. 对于促进教师的专业技能发展，微课的作用体现在哪些方面？带来了哪些挑战？如何应对？

10. 从地理学科角度分析，微课是否适合地理教学？如果适合，在微课推广、录制使用中应侧重哪些方面？

（二）课中问题导学，激活地理思维，预设性问题与生成性问题并举，重在问题解决，提升能力

"我很高兴有同学敢于提出问题，但我更希望有同学能够积极分享你对问题的观点与看法。"每当举行示范课时，这是我在回应学生提出的问题时一定会跟进的一句话。这好像去旅游，你虽然已经到了风景区的门

口，但这并不能说明你知道这儿有怎样的美景，也不能说明你了解了景观的形成背景及其历史价值、美学价值。你要远望近观、怡乐其中，亲身去发现、去感受、去评价、去欣赏，用你自己的语言去描述你欣赏到的是形象美、色彩美、动态美、朦胧美还是听觉美，体验到的是心灵的净化、是自我的超越，还是人生的领悟。这才是旅游价值之所在。

对于学习，我想这与旅游有着异曲同工之妙。提出问题仅是"到了风景区的门口"，是对问题认识的开始，更重要的是一定要"身临其境""远望近观"，思考"是什么""为什么"和"怎么样"，这样的过程才是一个人思维能力的发展过程，也是一个人的思想发展、态度成熟、价值观确定的内在成长过程。面对问题，教师通过明晰疑难点、拓展重点，导学的着力点更多地体现在方法选择和规范厘清上，体现在拓展知识结点的联系上，体现在实现意义建构与品质提升上，使学习过程更具有情感互动、意义建构和能力发展的特征。

（三）课后矫正补学，分层设计练习（作业），学生个性化选择，实现教、学、评的无缝对接，重在反馈矫正，学以致用

矫正补学包括对课堂学习进行评价反馈的课堂检测和巩固拓展的课后作业，是课堂学习的有机组成部分。我们利用网上平台、问卷、成长记录袋等形式对练习（作业）进行监控、评价和反馈。根据多元智能理论，我们对每个班级的学生按学习能力分为 A、B、C、D 四级，每组由四人组成，形成 A 帮 B、C 帮 D，AB 帮 CD 的"1＋1＋1"学习共同体。练习（作业）分为必做题（基础性练习）、合作题（合作性练习）、提高题（提高性练习）、选做题（拓展性练习）和创新题（实践性练习），并提前上传到网络教研平台，由学生自主选择完成，各学习组长负责对练习选择情况进行统计，并据此进行检查验收，共性问题通过网上平台讨论区、QQ 等及时提交给老师。

其中，必做题为全员性作业，是过关验收达标检测，据此评价课程实施的基本效果；合作题为同位合作完成，也可组内四人共同讨论完成，是一项能力提升性作业；选做题供学有余力的学生自主选择；提高题提倡 A 独立完成，鼓励 B 在 A 的帮助下独立完成；创新题分两个层面，一是鼓励学生自主命题，可以组内互相考查，也可以进行组间竞争性评价，教师参与指导，二是提倡实践性作业，学生独立或合作开展野外考察、社会调查、研究性学习项目，激发兴趣，增进社会认知，提高发现、分析、解决

问题的能力，激发社会责任感、使命感。

【案例】在《地壳的物质组成与物质循环》一课中设计的练习：

1. 请你说说岩石是怎样分类的？（基础性练习）

2. 请你用自己熟悉的方式绘画出三大类岩石之间，及其与岩浆间的相互转化关系图。（基础性作业）

3. 玉石类饰品深受中国人喜欢。请你在课外时间与同学一起进行一项小调查：我区的各大珠宝店中的玉石类饰品都产自哪里？分布有何规律？（拓展性练习）

4. 母亲节快要到了，爸爸想给奶奶买一块翡翠吊坠作为礼物，请你给爸爸出点主意，在购买时应如何进行挑选？（实践性练习）

二、评价手段个性化

当前，国内外教育都非常重视学生的个性化发展。个性化评价提倡以人为本、着眼发展、重视过程，具有积极的导向、激励和改进作用。

1. 评价具有数据性。微课的推行，使学习过程能够实现有证据的学习评价。微课程需要网络的支持，借助于网络平台，学生在哪一个知识节点上停留，停留了多长时间，回看了几遍，内嵌的诊断性问题回答正确率如何，是哪几道题出了问题，学生提出了哪些问题……整个学习过程充满了具体、丰富的数据元素，这些数据不仅能使我们及时地调整教学，使课堂导学更有针对性，而且可以对每一个学生的学习过程进行量化分析，从学习方法、学习过程、学习结果和学习态度等维度进行个性化评价，使目标达成、教学设计、过程监控与多元发展更加一致，从而真正实现有证据的学习评价。

2. 评价具有差异性。微课的推行，使学习过程能够实现关注不同学习个体的差异。学习者可以根据个体的学习能力和学习需要自主调控学习进度、学习速度，这是一种更加接近个性化学习的自适应学习（adaptive learning）。在微课程录制时，我们往往会根据学习内容适当内嵌一定的诊断性问题，对学习过程进行干预，同时会在每个微课程的结尾处提出二至三个有思维含量的思考题供学习者回馈检测学习效果，也会开发合适的评价量规，让学生、老师、家长对学习者个人、学习共同体进行自评、互评和他评，丰富评价的维度和层次。实践证明，整理回馈时让学生说、让学生写、让学生思考、让学生比较、鼓励学生进行积极的自我评价，有利于提高学习者的学习积极性和学习责任感。

3. 评价具有即时性。微课的推行，使学习过程能够实现学习指导的持续跟进。网络化的学习环境不仅为学生的自主学习提供了丰富的学习资源，而且搭建了可以师生、生生网上互动的平台。学生对在学习的过程中遇到的问题可以马上进行求助，同时也需要对内嵌的问题进行回答，对学习的效果进行即时反馈。这样在线老师不仅可以对学生的学习过程进行及时的跟进指导，针对不同的学生个体提供不同的理解、解决问题的方式、方法，对学习结果及时地进行评判，还可以根据不同学生的学习结果提出个性化的要求，以使学生能够在最近发展区得到最大程度的发展。

4. 评价具有先行性。微课的推行，使学习过程能够实现教、学、评一体化协同设计。在确定学习目标后，不仅可以依据学习目标进行学习过程的优化设计，同时可以依据学习目标进行学习反馈评价的先行设计。我们在实践过程中把导学案与学习任务单结合起来，及时收集学生在预备性学习中提出的具体问题，在教学实施前再度修正评价内容、评价方式，使评价走在学习的前面，有效提高了学习目标的达成度。

三、导学方式多元化

导学的过程就是教师的课程设计展示过程，也是促进学生主动发展的信息传递过程。《学记》指出："君子之教，喻也。道而弗牵，强而弗抑，开而弗达。"根据加德纳的多元智能理论，学是多元的、动态的、富有个性的，这样我们就应该以学生的"学"为出发点，坚持顺学而"导"，努力做到"道而弗牵"，实施无痕的教育。

1. "目标"导学。实践证明，当学生知道学习的目标是什么，以及如何达成目标时，这样的学习最有效。在明确目标的导引下，学生是积极、主动的学习者，他（她）的学习是一种自我导向、具体有效的学习，因此基于学习目标的教学设计与实施，将会极大地提高课堂教学的有效性。无疑，学习目标制定得是否得当至关重要。为让学生对自己的学习负起责任，我们的做法是引导学生尝试自己设计学习目标，而不是简单地接受老师提出的目标。在目标确定上学生可能会需要甚至可以说是"浪费"一些时间，有时需要在学习共同体内进行讨论、修改或增删，但随着学习目标在学生层面上的"实化"，学习过程中的目标实现就真正体现了加深理解、强化技能和提升地理素养的基本课程理念。

【案例】高中地理必修Ⅲ第一章第四节《区域经济联系》的《产业转移》

课标要求：举例说明产业转移对地理环境的影响。

学习目标：

1. 通过观看情景剧，结合深圳二十世纪八十年代以来的数据及图表，总结影响产业转移的劳动力、内部交易成本、政策等因素。

2. 通过分组讨论、作图、读图等，具体说出产业转移对地理环境的影响。

3. 通过小组讨论，对当堂所学知识进行梳理，从环境、经济、社会等方面归纳总结产业转移对区域地理环境的影响。

4. 通过阅读分析材料，能够提取有用信息，并用地理语言准确表达自己的观点、看法和见解。

5. 通过角色扮演，讨论分析青岛钢铁集团搬迁产生的影响，思考产业转移对工业化、城市化的影响和启示，逐渐养成关注身边的地理事物的习惯，树立可持续发展观。

2. "学案"导学。导学案是基于学习目标，从学习者的角度对课程资源进行"问题化"设计、学习策略选择和学习效果检测的课堂学习规划方案，其"导"的功能集中体现在以下三个方面：一是"导"学生的自主学习过程，新知识、新教材放手让学生去探索、阅读，重点和疑点问题让学生去议论，目标"问题"留出时间和空间让学生去独立思考、去合作探究，结论放手让学生去概括，规律让学生自己去寻找，知识体系让学生自己去构建；二是"导"学生的思维展开过程，通过展开独立的、充分的思维来获取知识，创造机会暴露学生思维过程中的疑问、困难、障碍甚至是错误，捕捉学生思维的闪光点，在抓住重点、凸显难点、破解疑点上下功夫，在提高学生能力的支撑点上下功夫，在激发学生问题意识的兴奋点上下功夫；三是"导"学生的练习巩固过程，通过以练助讲、以练展思、以练固学，回归课堂学习的目标要求，验证课堂学习的实际效果。

3. "问题"导学。教学的核心不是知识与结果，而是能力与过程。从这个角度上说，教学过程实质上是问题解决的认知过程。在教学实践中，我们在问题的设计上首先是立足学生，做到问题小切口、重体验、开放性，抓住学生的兴奋点，激发学生间的对话交流，追求课堂现场动态的有效生成。对于学习者来讲，教师给出的问题就是驱动学生开展认知学习的任务，面对不同的学生个体，有必要给出不同的学习任务，实施有效的差异教学，通过建立多元互动的教学空间，逐步缩小层间差距，扩大个体内差，从而促进不同学生个体的共同发展。因此，问题导学有助于学生知识的吸收内化，能够激发学生的学习热情，是一种基于理解、基于应用的能动学习。

【案例】高中地理必修Ⅰ第一章第四节"地质构造与地表形态",设计提出如下问题:

D层:什么是背斜?什么是向斜?什么是断层?它们是怎样形成的?

C层:背斜、向斜、断层如何区分?背斜、向斜、断层会分别形成何种地貌类型?

B层:说明"背斜谷""向斜山"的成因,解释断层附近为什么会常有泉水出露?

A层:结合生活、实际情况,查阅有关资料或请教专家,在找水、找油、找矿时可利用哪些地质构造?在煤炭开采时如何避免发生瓦斯爆炸、透水事故?

4."微课"导学。作为一种全新的课程资源类型,我们积极开展微课的研究与制作,致力于通过微课程展示知识的发生、发展、应用、相互关系。主要分为三类:一是课前发布用于指导学生自主学习的微视频,主要用于学生进行结构化预习;二是课中展示用于核心知识、关键能力和情感态度的突破、深化的微视频,主要用于展讲、展演、展示知识重难点和问题解决的方法、策略;三是课终反馈用于对所学、所得、所获、所思进行整理、归纳和评价的微视频,主要用于对课堂所学任务进行评价验收。由于这三个环节都是"问题驱动、多元导学"教学法的核心环节,由原来的单纯老师讲变成了丰富多彩的视频展示,预习、讨论、质疑、展讲、回馈……使学习过程一波三折,不断变化学习的场景和氛围,聚集了学生的注意力,学生在自主学习中收获了快乐和成功,在内在体验中收获了知识和成长,最明显的是学生的学习能力、学习态度有了显著变化。

以问题解决为传动轴,"问题驱动、多元导学"教学法积极嫁接微课程的新鲜元素,学教相融,思悟一体,讲练结合,大大提高了教学效能。当然,在微课的实践探索中也确实存在一些现实的问题:不少教师,特别是教育干部教学理念落后,认为传统课堂能够满足提高教学质量的需要,对现代信息技术在优化、改进和发展课堂教学方面缺乏思考和实践的勇气;没有真正实现好数据的有效联通,表现在网络还没有完全覆盖学习者的学习、生活环境,网络连接速度比较慢,资费还有下调空间;网络教室资源有限,学生手持移动终端还没有普及,学生时间管理得太"死",对学生利用碎片化时间进行自主学习形成了限制;网络学习引导工作有待深化,随着信息的丰富和海量数据的提供,面对浩繁的信息,如何有效甄别、过滤、提取、使用，选取着实有用的"沧海之一粟"，应该是学生的一项基本信息技能，否则，学生的学习将受到饱和信息的"遮蔽"和干扰，使学习成为一种"浅学习"，很难将接触的知识融入自己的认知结构，会限制学习者的思维、表达和行为取向，既不能俯视大地，也不能仰望星空，导致学习者缺乏对问题深度观照和思考的能力。这是我们课堂教学改革的努力方向。

不管怎样，微课，让课堂改变在发生！

（此文发表于《中小学教师培训》2014年第10期）

小学生数学学习差距研究

——教师视角：以中美教师对退位减法的认识为例

陈六一

（阳山实验小学校　江苏苏州）

一、引　言

2013 年 12 月 3 日，PISA2012 在全球 65 个国家和地区同步揭晓评比结果，第二次参加该项目测评的上海学生再次登上"世界第一"。2014 年上半年，英国教育大臣、芬兰教育代表团相继来上海"取经"。这激起了笔者对小学生数学成就的研究兴趣，于是笔者翻阅 TIMSS 的研究成果，并结合其在美国小学数学课堂上的亲身经历，发现中国，乃至受中国文化影响的新加坡、日本、韩国等国家的小学生，数学成绩一直远远超过美国。IEA 研究者们认为产生这种差距的原因主要有以下几种：文化背景的差异，比如家长的期望，"数·词"体系；小学体制，学习数学的时间；数学教学内容及其安排。[1]可是，通过观察美国的小学数学课堂，以及与美国同行的交流，笔者发现"学习差距"不仅仅局限于学生。换句话说，教师对数学知识的认识，直接影响着数学的教与学。

访谈以退位减法为例，请看这几个题目：

$$
\begin{array}{r} 4\ 2 \\ -\quad\ \ 7 \\ \hline \end{array}
\qquad
\begin{array}{r} 4\ 2 \\ -\ 2\ 7 \\ \hline \end{array}
\qquad
\begin{array}{r} 4\ 2 \\ -\ 3\ 7 \\ \hline \end{array}
$$

你会怎样教学生做这样的题目？你觉得学生在学习退位减法之前，需要具备怎样的数学知识和数学技能？

二、美国小学数学教师的数学认识

1. 知识理解——注重计算程序

A 教师：42－7，学生要知道不能从 2 中直接减去 7，那么就要从十位上借一个 10 来，所借的 1，它等于 10，如果把 4 画掉，把它变成 30，现在就是 12−7＝5，那么左边就剩下 3，把它挪下来。

B 教师：不能从较小的数中减去较大的数，学生必须从邻位中借，因为邻位中有更多。打个比方，如果你没有足够的个位数，你可以到朋友那里去借，朋友那儿有许多。

32 位美国教师的问卷，有 26 位（81.25％）关注计算程序。这些小学数学教师希望他们的学生学会如何执行两个特别的步骤：从十位上拿 1 个 10 来，把它换成 10 个 1，并把"拿"这个步骤称之为"借数"；根据"所借的 1 等于 10"的现实，他们解释第二个步骤为"变"。从这里可以看出他们对教学法的理解：一旦学生能够正确执行这两个关键步骤，就能正确地完成整个计算。

有 5 位（15.63％）教师如 C、D 教师所述，则期望他们的学生不仅能学会计算过程，还能学会运算法则蕴含的数学基本原理。这些方法强调：在"拿"的背后是重组，在"变"的背后是转换。

C 教师：学生必须理解 42 的意思……我会出示数字 42，以及 3 个 10 和 12 个 1，等于 42。我会在两者之间进行比较，因为在你重组时知道的不是那么多，必须理解的是重组部分。一开始就是这个重组。

D 教师：学生必须理解如何进行转换。可利用十进制的积木玩具，得到一个具体的数：10。例如按十进制，在个位上，10 个 1 和 1 个 10 是相等的。学生要习惯于在位值内部进行转换，即实际的值不发生变化，但是进行了转换。

教师期望学生知道的，其实与教师自己的知识理解相关。一如前文的 26 位教师，仅仅希望学生学会计算过程，这样学生收获的往往也就只是过程性的理解。何况"不能从较小的数中减去较大的数"是一个错误的论断。尽管低年级的学生还没有学习如何从较小的数中减去较大的数，但这并不意味着数学上没有这个事实。这个高级的技能不要求在低年级教学，可也不能因为强调了错误观念而引起学生将来学习的混乱。

把被减数中的两个阿拉伯数字比作邻居或朋友，是另一种数学上的误导，这暗示了被减数中的两个阿拉伯数字是独立的两个数，而不是一个数的两个部分。

再者，"借数"的解释暗含着又一个错误：在计算中数的值不一定要保持不变，而是可以任意改变——如果一个数太小了，由于某种原因需要增大一些，就可以从另一个数那里"借"一定的值来。

E 教师：你们认为，从 42 中，能否拿出一个数字 27？如果可以，那么用 2 减去 7，我们做得到吗？这儿是 2，我直观地表示出拿走 7。不够。那么我们能做什么呢？我们可以到这个数的另一个部分，拿我们能用的东西，即从另一边取来，拿到我们需要帮助的个位，让 2 变成 12。

E 教师排除了上面说的那些错误理解，在 E 教师的阐释中，42−27 不是独立的两个过程：2−7，40−20。计算是一个有机的整体："从四十几中，拿走二十几"，不是"不能从较小的数中减去较大的数"，而是低年级学生的数学现实理解——"可以到这个数的另一个部分，拿我们能用的东西。"注意："这个数的另一个部分"和"另一个数"，所表达的数学意义有着质的区别。但是，这样的数学知识理解，只占了问卷总数的 3.12%。

2. 教学策略：为操作而操作教学 42−27＝?[2]

学生操作 1：

(1) 摆 4 链（每链 10 个回形针）和 2 个回形针在桌上，把其中一链拆开，成 3 链与 12 个。

(2) 取走 2 链与 7 个回形针。

(3) 数一数，剩下多少个，并且决定剩下的要排成一链加 5 个或是 15 个。

学生操作 2：

(1) 摆 4 链和 2 个回形针在桌上。

(2) 再摆 2 链与 7 个回形针在桌上。

(3) 为了使 42 与 27 能互相配合计算，42 里面要有一链被拆散。

(4) 拆散 42 中的一链，回形针成为 3 链与 12 个。

(5) 两组对齐后，各取走 7 个单独的回形针。

(6) 两组对齐后，各取走 2 链回形针。

(7) 数一数，罗拉比金吉多了一链加 5 个即 15 个回形针。

学生操作 3：

(1) 摆 4 链和 2 个回形针在桌上。

(2) 摆 2 链和 7 个回形针在桌上。

(3) 为了使 42 能与 27 配合，42 里面的一链必须拆散。

(4) 拆散 42 中的一链，成 3 链 12 个。

(5) 将两组中的链和单个的回形针配对。

(6) 数一数，克拉蒂还需要一链加 5 个或单独 15 个回形针。

很明显，美国教学案例中学生通过具体的学具操作，既获得了运算的意义，辅以大量的时间，又保证了儿童寻找到自己的解，并在学具操作中完成计算。如同美国同行们的解读：

"通过参与性的经验活动，操作性工具会比仅仅讲述能更好地促进学习。"然而，好的交通工具不一定能保证到达正确的目的地。因为学者们已经注意到，为了促进对数学的理解，教师有必要帮助学生把操作性工具和数学思想之间的联系清晰地表达出来。

所以教师要适当组织教学："如果把 1 个链子打开，将会发生什么？我们会有多少个 1？用哪种方式可以进行减法？"乃至追问："你们现在告诉我，你有没有在 42 上填什么或者去掉什么？4 个 10 和 2 个 1，与 3 个 10、12 个 1 是相同的，那么当你从中取走 27 个时会发生什么？"

三、中国小学数学教师的数学认识

1. 知识分析——退一法

赵老师：我会告诉学生，当你在计算 42－27 这样的问题时，首先要把数字排列起来，从个位开始减起。因为从 2 中减去 7 不够减，所以应该从十位退 1 个 10 来把它变成 10 个 1。把这 1 个 10 加到个位就得 12，用 12－7＝5。然后转到十位，由于十位上的 4 已经借走 1 个 10 给个位，所以只剩下 3 个 10，用 3－2＝1，把它放在十位上。

赵老师的解释和美国的 A、B 教师相似，注重的是运算法则的具体步骤，没有显示出对原理的关注。但中国教师持有这种计算程序性取向的比率，比美国要小得多，如图 1 所示。不过，中国教师都会运用一个做减法重组的特定词语："退一"。

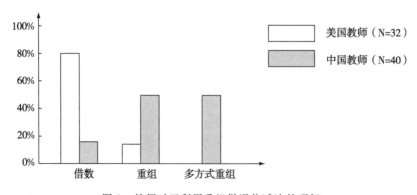

图 1　教师对于利用重组做退位减法的理解

钱老师：我会从一个直截了当的减法开始，如 $42-21=?$ 在学生解决这个问题后，我把问题变成 $42-27=?$ 这个问题与第一个问题的不同点在哪里？在计算新问题时会发生什么？学生很快会发现 7 比 2 大，没有足够的个位数去减。见机我会说，你们应该记得上周我们利用进位做加法，那时我们做了什么？学生会说"满十进一"。我接着说，那么当我们没有足够的个位数去减时怎么办？可以从十位退一。如果把 40 中的 1 个 10 退位了，会发生什么？用这种方式我就会引入"退 1 成为低位上的 10"。

孙老师：要在 42 中减去 7，没有足够的个位数怎么办？42 显然大于 7。42 中的个位数在哪里？学生会说 42 中的其他个位数被组合成十位数了。然后我会问我们可以做些什么来得到足够的个位数字去减 7。通过回忆，学生会有分解一个 10 的想法。

把"拿"的步骤描述为"退一"，比"重组"的解释更全面。因为在使用"退一"的概念时，减法过程是以一种表明了它与加法运算的关联方式来阐述的，这不仅为减法学习提供了更多的表征支持，而且强化了学生之前的学习。中国教师除了像美国教师注重"重组"那样强调 1 个 10 由 10 个 1 组成外，近一半的中国教师还提到了一个重组数字前的概念：进率。这些教师主张：学生应该清楚"1 个 10 里有多少个 1"和"百位与十位、十位与个位的进率是多少"的答案一致。

形如把 42 拆成 30 和 12，是所有美国教师的标准方式，无人超越这个方式。但是，不乏中国教师指出，这不是进行减法计算的唯一正确途径，围绕着"退一"原理，教师们讨论了各种各样的重组方式。

李老师：$42-27=30+10+2-20-7=(10-7+2)+(30-20)=15$。这种方式的好处在于从 10 中减去 7 比从 12 中减去 7 容易些，而且这个程序中所包含的加法不涉及进位，所以非常简单。

周老师：$42-27=42-2-5-20=40-5-20=35-20=15$。这样把 27 拆成 20、2、5 三个数值，那么 $42-2$ 不用退位，$40-5$ 和 $35-10$ 对学生思维来说也都很简单。

2. 教学策略：系列水平动作

教学 $42-27=?$

[教师出示 4 捆小棒（每捆 10 根）和 2 根小棒]

师：这些小棒表示几？生：42。

师：要从 42 里去掉 27，就是 42 减 27（板书：$42-27=?$），个位上够减吗？

生：不够减。

师：个位上不够减，怎么办？请小朋友拿出小棒，动动脑筋，想想办法，个位上怎么减去 7 呢？

（学生操作，教师巡视。）

师：现在老师请小朋友来汇报一下，你想出了什么好办法？

（在学生回答的同时教师示范操作。）

师：个位不够减 7，从 4 捆小棒中取出 1 捆，也就是从十位退 1。十位上的 1 退到个位上是几？为什么？

生：是 10，因为 1 个 10 是 10 个 1。

师：个位上的 2 不够减 7，从十位退 1，在个位上加 10 再减。个位上 10 加 2 等于 12，12 减 7 等于 5，个位上写 5；十位上 4 退 1 还有 3，3－2＝1。所以 42 减 27 等于 15。

（教师小结并板书：个位不够减，从十位退 1，在个位上加 10 再减。）

其实，中国小学数学教师在教学"42－27"之前，已经把"20 以内的减法"的教学，当作"退一"需要的减法重组概念过程基础。所以教学中，教师提出："个位上不够减，怎么办？请小朋友拿出小棒，动动脑筋，想想办法，个位上怎么减去 7 呢？"学生的思维能快速聚焦于"个位上的 2 不够减 7，从十位退 1，在个位上加 10 再减"。

也就是说，减法中的重组思想，把高位退一到低一位当十，是通过一系列的水平动作完成的。此案例教学之后就是被减数是三位数和更多位数，且新的水平动作又是连续的分解，比如 208－15，203－18，1000－18。

在美国，诸如"9＋3""16－7"这样的问题，被认为是"基本的算术事实"，仅仅需要记忆即可。而在中国，概念的"种子"，早在第一个水平——"20 以内的减法"就出现了。

同时观察课堂，尽管发现中国教师用到教具、学具的频率比美国教师少，但他们认为操作了，就要像课例中就活动操作进行必要的讨论、报告、展示、辩论，如上文中所述，"现在老师请小朋友来汇报一下，你想出了什么好办法？"再例如吴老师谈了他在开学之初的一次教学讨论，又在学期结束进行了思辨。

吴老师：计算 42－27，利用教学具的时候，学生是从高位开始的，先从 42 中拿去 20，再拿去 7。这如同日常生活，付 10 元钱买了 3 元 6 角的东西，我们先减 3 元，再减 6 角。从学生的数学现实经验来看，学校里的正式数学学习似乎更加复杂，而且意义更少。当我们在本子上演算就会发现，从十位开始的话，我们在十位上先得到一个差 2，然后转到个位上，我们就又要改变刚刚所得到的差。如果我们一开始从个位开始计算，这个麻烦就可以避免了。然而这种解释只能解决一半的问题——用竖式计算为什么从个位算起。由于学生还没有看出这种标准算法的明显好处，我建议他们保留疑惑。期末，再次讨论时，学生们很快发现，在遇到更大的数的时候，标准方式对绝大多数问题而言，优势更加突出。

如果吴老师的数学认识与教学策略，仅是停留在为操作而操作阶段，那么很难想象他会引导学生达到这样的数学理解。

四、结论及讨论

问卷、访谈与课堂观察的结果，揭示了教师们对于小学数学教学内容所拥有的知识不够充足，美国教师为甚。以退位减法为例，81.25%的美国小学数学教师和 17.50%的中国小学数学教师，只拥有计算程序性知识，他们的理解仅仅局限于运算法则的表面——拿和换的步骤。正是这种数学认识的局限性，限制了他们在课堂中促进学生概念性学习的能力。

虽然操作教学具是小学数学课堂教学的一种重要手段，但决定学生的学习质量还是要依赖于教师认为学生应该学会的概念。与美国教师形成鲜明对照的是，绝大多数中国教师在活动操作之后，会进行班级讨论，这个教学策略使得学生的数学学习得以同化与顺应，使得新旧知识得以平衡，不是为了操作而操作。

通过退位减法的问卷与访谈，教师所呈现的数学认识模型，有一元单项表述，也有多元系列水平动作。结合课堂教学观察，系列水平动作的教学更符合布鲁纳的研究："掌握某一学科的结构以理解这个学科，可以使许多其他事物与该学科有意义地联系起来。简而言之，学习结构就是学习事物是如何关联的。"[3]诚如布翁所言，教师若能够把数学系列水平的概念种子放入阶段教学中，不仅能促进现在的数学知识表征，而且"大量的迁移是可以实现的，甚至可以达到如此程度，即在适宜条件下恰当地学习可以使人'学会怎样学习'，这确实是事实。"[4]

注 释

[1] 马立平. 小学数学的掌握和教学 ［M］. 李士锜，吴颖康，等，译. 上海：华东师范大学出版社，2013：19.

[2] Marjorie J W. 创意教学策略 ［M］. 吕金燮，译. 台北：洪叶文化事业有限公司，1998：207—230.

[3]［4］Jerome Bruner. 布鲁纳教育文化观 ［M］. 宋文里，黄小鹏，译. 北京：首都师范大学出版社，2011：24，25.

（此文发表于《中小学教师培训》2014 年第 10 期）

普通教师与专家型教师史料运用能力的实证对比

——基于课堂观察的视角

江子磐

（永定第一中学　福建龙岩）

在核心素养时代，史料运用能力是教师教学胜任力的一个重要标尺，归根到底是历史教师专业素养和教学素养问题。从笔者的调查和观课实证来看，相当部分教师的史料运用能力不容乐观，表现在课堂教学中：一是对史料限于表面的简单解读，未能充分挖掘和利用史料所隐含的信息；二是对于依据史料创设教学情境的能力有限，史料被简单地用于印证预设结论，忽略了对于史料的解读、演绎和论证等一系列严密的逻辑思维过程。如何提升史料运用能力，有效提高教学效率和课堂品质，是值得研究的重要课题。笔者选择"普通教师—专家型教师"作为研究对比的参考系，以课堂观察为视角，考察和比较两类教师群组在"史料运用"教学目标的叙写、史料的选择、依据所选史料创设教学情境的能力以及史料运用的实际效果四个方面存在的差异，旨在帮助普通教师明确差距、补齐短板、提升素养，逐步实现向专家型教师过渡和转型。

一、观察对象和方法

本研究所涉及的区域为福建省龙岩市辖区内的省一级达标高中，笔者将省学科带头人、市级以上（含市级）教学"名师"、省特级教师和正高级教师四类群体界定为专家型名师，龙岩市九所省一级达标高中共有 15 位历史学科"专家型名师"；除此之外的其他教师则为"普通教师"。为便于研究，笔者选取了不同学校的高二文科班、人民版必修三《新文化运动》一课的两节课堂实录作为实证对比的参考系，一是作为"普通教师"的范老师参与 2018 年 5 月龙岩市"一师一优课"的课例实录和教学设计，二是作为"专家型教师"的吴老师 2017 年 11 月市级公开课的课例实录和教学设计。笔者制订了相关的课堂观察量表，追踪并总结双方在史料运用能力方面的各种差异，并进行相关数据、相关内容的详细记录、测量、统计和分析。

二、课堂观察的几个主要视角

1. 教学目标中关于史料运用目标的叙写

"教学目标是教学设计的出发点和教学实施的落脚点，决定了教学过程是否顺畅以及教学效果是否显著。"[1]从笔者搜集的课例交叉对比、精准分析可以看出：普通教师的教学目标叙写多是简单地照抄照搬《课程标准》和《教师教学用书》的表述，教学目标的叙写流于形式；而专家型教师的教学目标叙写，则是"根据课程标准、教材、学生与资源等具体情况以及考纲的具体学习要求，将课程标准分解成具体的、可操作的、可评价的学习目标"[2]，体现了专家型教师的专业素养和教学主张。为了更直观地说明这个问题，笔者将范老师和吴老师的《新文化运动》课堂实录的教学目标进行对比，其中关于"史料运用"部分的叙写对比如表1所示。

表1 两类教师群组关于"史料运用"目标叙写的对比

课程标准	范老师（普通教师）	吴老师（专家型教师）
概述新文化运动的主要内容，探讨其对近代中国思想解放的影响	通过对新文化运动兴起原因的分析，使学生认识新文化运动发生的必然性；以文学作品深化学生对新文化运动内容的理解认识，培养史料实证和历史解释素养；探究新文化运动的影响，培养学生的家国情怀	挖掘图片资料隐藏信息，领悟《新青年》和新文化运动的价值追求；通过史料比较分析，理解新文化运动的主要内容；以"史料实证"为方法探究新文化运动关于中国传统文化存废的争辩，提高史料解读、辨析和论证能力，体会用辩证观点和多元价值观看待东西方文化；合作探究"历史问题的现实思考"，建构历史认知和历史解释

从对比结果来看，范老师关于"史料运用"目标的叙写存在较大的问题，集中表现为：一是行为动词依然指向教师预设的教学程序或活动安排，如"提高""培养"等；二是关于"史料运用"教学目标的叙写与学情脱节，显得空洞，即不能明确地显示学生是在什么样的条件下"培养史料实证和历史解释素养"。吴老师的叙写表述指向学生的学习行为，叙写重心从知识传输为特征的"教"转向核心素养为旨归的"学"，

强调探究、建构、生成，"以史料研读与合作探究的形式，把解决课程核心问题与促进史料实证、历史解释、家国情怀等核心素养的达成有效联系起来"[3]，并且明确了达成结果的方法和关键步骤。两类教师群组关于史料运用目标叙写的差别表明：普通教师仍以"师本"为理念，教学目标意识相对淡薄，重教轻学、重灌输轻生成的痕迹明显；专家型教师则更加注重凝练学生核心素养的发展过程，更加注重以知识理解为载体引导学生建构成长意义，体现了动态的、发展性的课堂教学理念和行为模式。

2. 史料的选择

面对浩如烟海的史料，如何选择史料和选择哪些史料是摆在教师面前的一大问题。笔者认为，史料的选择应遵循以下几个原则：一是要选择契合并服务于课程目标的史料；二是考虑到课堂教学的时间限制，要选择短小、典型并符合学生认知的史料；三是要选择内容多维、视角多元的史料，通过这些史料帮助学生全面、辩证地看待历史问题并做出公正、客观的评价。通过课例的参考对比，笔者发现，两类教师群组在史料选择能力方面也有较明显的差异，如表 2。

表 2　两类教师群组关于史料选择的对比

教学环节	史料（材料）简述	
	范老师（普通教师）	吴老师（专家型教师）
新文化运动的背景	自行编撰《我的民国印象》，依次涉及民国成立、《临时约法》、教育改革、北洋军阀统治、民族资本主义、袁世凯祭孔祭天和复辟、唐氏烈女、人血馒头、冠生园品牌诞生、张裕公司荣获世界金奖、二十一条等16幅图片或文字资料	许涤新《中国资本主义发展史》节选（经济）陈独秀《青年杂志》节选（文化）袁世凯颁布《祭孔告令》节选（政治）
新文化运动的兴起	《青年杂志》创刊号封面图片蔡元培"兼容并包、思想自由"	《青年杂志》创刊号封面图片、创刊号目录、《新青年》第二卷第五号目录《北大钟声》油画

续　表

教学环节		史料（材料）简述	
		范老师（普通教师）	吴老师（专家型教师）
新文化运动的内容	民主科学	陈独秀《敬告青年》节选	陈独秀《敬告青年》节选
	新道德	《药》《狂人日记》节选 "陈烈女殉夫" 巴金作品《家》：瑞钰之死	"打孔家店" vs "打倒孔家店"
	新文学	胡适电报"干不了，谢谢"的故事 汉乐府民歌《上邪》 刘半农的《教我如何不想她》	黄侃与胡适的"文白之争" 岳麓版教材"教育平民化"的一段史料
新文化运动的评价		教师讲述	以小组讨论方式形成对新文化运动的评价补充：胡适"整理国故" 补充：探讨"传统文化与现代化"的关系，唤醒学生的情感底色

从课堂观察可以看出，作为普通教师的范老师，其所择取的史料虽大体上契合教学目标和教学主题，但也存在以下一些明显不足：一是史料堆砌现象比较突出，在"新文化运动的背景"这一教学环节，就依次堆砌了20余幅图片或文字资料，花时约18分钟，这一问题同时存在于"新文化运动的内容"之"新文学"板块和"新文化运动的评价"教学环节；二是部分史料的选择和引用不够严谨，一些文字史料未明确标明出处，不符合史料的引用学术规范；三是多则史料呈现平行性和重复性而缺乏层次性和逻辑关系，不利于学生逻辑思维能力的培养。相较普通教师，作为专家型教师的吴老师所运用的史料与教学主题之间联系紧密，在同一教学主题之下的多则史料以及依据史料创设的探究情境呈现层次性和递进性，有利于突破学生的思维定式和教材窠臼，体现了执教者对学生思维的深度引领。

3. 基于史料的探究情境创设

一节高品质的历史课必须要提供足以激荡起思维涟漪的史料情境。专家型教师善于把史料利用至极致，在教学关键问题处创设史料情境，不仅为学生提供丰富的学习素材和信息，更以多维、开放的问题情境引领学生激活思维、深度参与、自主探究，使学生在发现问题、探究问题和解决问题的过程中加深知识理解、突破思维定式、把握本质内涵，形成"论从史出，史由证来"的历史思维方式，最终完成历史叙述的自主建构和历史解释的动态生成。笔者对两类教师群组关于史料情境创设进行了相关的分类和统计，如表3。

表3 两类教师群组关于史料情境创设的对比

观察项目	观察指标	范老师（普通教师）（共 31 则材料，23 个问题）		吴老师（专家型教师）（共 18 则材料，27 个问题）	
		数量/条	比例%	数量/条	比例%
借助材料设置问题情境	所引材料未设置问题，纯粹展示材料	13 则材料未设置问题，占材料总数的 41.9%		无此类情状	
	问题浮于表面，未能充分挖掘隐藏信息	16	69.6	4	14.8
	单一设问但指向明确，紧扣教学主题	7	30.4	6	22.2
	递进设问，深度学习，探究问题本质	0	0	17	63.0
	根据材料设问总计	23	100	27	100
问题情境的功能	知识再现、知识理解	16	69.6	6	22.2
	应用、分析、综合、评价	7	30.4	27	77.8
	根据材料设问总计	23	100	27	100
解决问题的方式	师问师答	8	34.8	0	0
	学生自主解决	13	56.5	12	44.4
	学生小组合作探究	2	8.7	15	55.6
	根据材料设问总计	23	100	27	100

在"借助材料设置问题情境"方面，量化记录表的分析结果显示：在范老师（普通教师）所呈现的 31 则材料中，有多达 13 则材料未设置问题，占材料总数的 41.9%。比如，范老师出示"《青年杂志》创刊号封面图片"后，其课堂教学用语是"一句话介绍"："同学们请看，这就是当年《青年杂志》创刊号的封面"，而未能对这一图片史料所蕴含的信息进行充分的挖掘和利用。这种只为让学生"看一眼"的引用图片史料方式在普通教师群组极为普遍。而吴老师（专家型教师）则以此图片史料作为探究主题，引导学生着力挖掘图片所蕴含的显性和隐性信息，设置了"陈独秀与

法国并无渊源甚至不懂法文，为什么选择法文 LA JEUNESSE 为副刊名？""《青年杂志》创刊号和第一卷第五号分别选用了卡内基和本杰明·富兰克林作为封面人物，《青年杂志》在封面人物的选择上，体现了怎样的价值取向？"两个具有递进关系的设问，并结合"历史语境"引领学生在探究中解读和推论其深刻寓意和问题本质。这样的教学设计，实现了静态史料的动态化和可视化，取得了理想的教学效果，有效地促进了学生对"新文化运动"的历史理解，培育和涵养了学生的家国情怀。

范老师其余材料尽管有设置相应的问题情境，但所设置的问题均是单一设问且大部分浮于表面，未能形成问题的层次性，影响了学生思维的深度发展，尤其要特别指出的是，在"新文化运动的内容"环节，范老师通过"胡适电报、汉乐府民歌《上邪》和刘半农白话新体诗"，试图得出一个结论：白话文比文言文好。这个结论本身就是一个谬误。而吴老师则将重心放在黄侃和胡适的"文白之争"，意在启发学生理解文言文的典雅和优美、白话文的通俗易懂和平民化，进而揭示出一个真谛：认识历史问题要尽量避免"非此即彼"的二元对立。吴老师类似的教学设计还有："打孔家店"和"打倒孔家店"的辩论，胡适"整理国故"史料的拓展阅读，等等。吴老师通过精妙和精到的问题情境创设，试图打破传统结论的束缚，培养学生批判性思维，应该说，起到了很好的效果。

在"问题情境的功能"方面，量化记录表的分析结果显示：普通教师侧重于实现学生的知识认知和理解目标，所以在问题的设计上更偏重于知识性和理解性，如"新文化运动的旗帜是什么""文学改革与文学革命的区别"等，这一类问题占比高达 69.6%，而"从'瑞钰之死'到觉新、觉民、觉慧的人生道路的选择，你如何评价新文化运动？"这一类属于能力提升和深度思维的"应用、分析、综合、评价"功能的问题占比相对较小，仅占提问总数的 30.4%。专家型教师在问题意识方面比普通教师更为敏感、强烈，他们更能够从整体和宏观的角度来把握教学内容，"敲骨吸髓"地榨干史料的蕴含信息并设置相关的探究情境，设计的问题更加具有层次化和多元化。量化记录表的统计结果显示，吴老师的问题情境设置中，偏重"知识再现、知识理解"的问题情境占 22.2%，侧重于知识的应用、分析、综合、评价等高阶思维的问题情境占 77.8%。从这些分析数据来看，专家型教师所创设的问题情境往往聚焦于学生的学习行为，着眼于学生的思维发展和能力提升，把历史课堂打造成为合作探究、理解建构、反思升华的"学堂"。

　　"解决问题的方式"实质上就是教与学方式的选择。不同专业素养和教学胜任力的教师为解决教学问题而采取的教学方式同样有着很大的差异。还是以"新文化运动的内容"教学环节为例，作为普通教师群组的范老师，因为大量无效史料的堆砌挤压了教学空间，更重要的是问题情境设计的能力有限，所以情境创设往往单一、简单，且执教者多次表现出希望尽快结束这一个问题情境以进行下一个教学环节的想法，因此，有1/3的问题情境是"师问师答"也就不足为奇了。"师问师答"意即当学生一时无法解释或解答某一个问题情境时，教师不是做适当的提示、点拨和引领，而是直接说出预设的解释。即使表3显示，还是有超过1/2的问题是由学生自主解决的，但这些问题实际上都是单一且简单的问题，而"学生小组合作探究"所解决的问题情境只占8.7%。作为专家型教师群组的吴老师显然更加注重以探究情境来考察和培养学生的历史思维能力和历史学习方法。比如，通过"文白之争"的史料研习启发学生理解文言文与白话文不是孰是孰非的二元对立之后进行再追问："为什么新文化运动的领袖们还要发起白话文运动？"并出示岳麓版教材"教育平民化"的一段史料引发学生辩论，其意不仅在于引导学生辩证地解释历史问题，还在于引导学生认识，白话文运动的兴起是当时社会政治、经济和时势发展的必然结果。吴老师对于顺畅回答的学生进一步追加深化提问，对于思考有盲点和障碍的学生积极鼓励和耐心引导。解码吴老师的课堂文化基因，我们可以发现：个体思维的独特性得到充分尊重并被导引到智慧共享，每个学生的思考和回答都成为深度学习和探究的资源，学生在共同的探究活动中提升了思维品质，而课堂亦真正回归了教育本真。

　　4. 史料运用的实际效果

　　史料是历史研究和历史教学不可缺少的素材。但是，史料运用能否取得实际效果，不仅有赖于史料的精心遴选，更与教师的问题情境设计能力和课堂导引艺术密切相关。笔者对两类教师群组在史料运用实际效果方面进行了认真的观察，为便于统计和分析，笔者把史料运用的实际效果分为"演示材料、印证结论、拓展思维、学习方法、论从史出、价值引领"六项，如表4。

表4 两类教师群组史料运用的实际效果的对比

教学环节	史料（材料）简述	对比群组	史料运用的实际效果（可多选）					
			演示材料	印证结论	拓展思维	学习方法	论从史出	价值引领
背景	《我的民国印象》展示20余则材料	普通教师（范）	✓	✓				
	三组材料	专家型教师（吴）		✓	✓	✓		
兴起	《青年杂志》创刊号封面图片	普通教师（范）	✓					
		专家型教师（吴）			✓	✓	✓	✓
	《北大钟声》	专家型教师（吴）			✓	✓		✓
内容	陈烈女殉夫、瑞钰之死	普通教师（范）			✓	✓		
	陈独秀《敬告青年》节选	普通教师（范）			✓			
		专家型教师（吴）			✓		✓	✓
	《药》《狂人日记》节选	普通教师（范）	✓					
	胡适赞吴虞为"打孔"英雄	专家型教师（吴）			✓		✓	✓
	胡适电报、汉乐府民歌《上邪》	普通教师（范）			✓	✓		
	文白之争、"教育平民化"史料	专家型教师（吴）			✓	✓	✓	✓
评价	胡适"整理国故"	专家型教师（吴）			✓	✓	✓	✓

　　如前所述，在范老师的课堂教学中，有相当一部分史料是纯粹演示，教师未对史料做任何分析、说明，更未设置相应的问题情境引导学生探究，这种状况尤其在引用图片（实物）史料时特别突出。还有相当一部分史料是围绕既定结论去组织和拼凑的，主要起着印证教科书（或教师）预设结论的作用，甚至当学生的思维活动"脱序"时，执教者总是非常着急地把学生生拉硬拽地拖往教学预设，在这样的课堂里，教师执着于自己的"独角戏"，学生亦步亦趋地被动接受，课堂教学依旧只是披着史料外衣下的"灌输"式教学。比如，在"新文化运动的背景"教学环节，范老师设计了《我的民国印象》，这本是一个很有新意的问题情境设计，可惜的是，执教者对于史料求量不求质，一口气展示了20余则材料，其中，民国成立、《临时约法》、教育改革、张裕公司荣获世界金奖、二十一条等史料与

主题关系并不密切，"唐氏烈女"与"人血馒头"、"冠生园品牌诞生"与"张裕公司获奖"似有重复引用"同类、同义"史料之嫌。这种不顾教学需要大量堆砌史料的做法不仅加重了学生的阅读负担，影响了教学进度，更严重的是导致课堂教学的重点严重偏离教学主线，使教学处于低效维度。所以，这节课在余下几个环节上，时间显得很仓促，在史料的运用方面也就只能浅尝辄止，学生的思维无法得到较好的训练。范老师的史料运用，其实际效果多停留于印证结论这一低层次，只有少量史料的运用有助于学生拓展思维，对于"史由证来、论从史出"的证据意识的养成和"立德树人，社会主义核心价值观"的引领，则严重缺失，几乎空白。

吴老师在材料的选择与运用方面体现了专家型教师深厚的学术底蕴和专业素养。对于学科素养深厚、教学技能娴熟的吴老师而言，"运用史料进行教学的关键，不在于他补充多少史料，而在于他下决心舍弃多少史料"[4]。吴老师能围绕教学关键问题，遴选那些符合教学立意的、最能揭示问题本质的典型史料作为问题素材，比如，大胆舍去了多数教师常常引用的《药》《狂人日记》节选，而是以胡适在给《吴虞文录》这本书作序时称赞吴虞为"只手打孔家店"的英雄引出"打孔家店"还是"打倒孔家店"的辩论，既拓展了学生的视野，锻炼了学生的批判性思维，也培养了学生的史证意识，同时引领学生辩证地看待中国的传统文化，体现了执教者对学生的价值引领。对文白之争、胡适"整理国故"相关主题史料的运用，同样起到了异曲同工之效。

三、结论和建议

通过以上的实证对比，我们可以了解到两类教师群组在史料运用能力方面存在的层次差异。教师的专业成长是一个漫长而艰辛的过程，专家型教师娴熟的史料选择能力和问题创设能力绝非一日之功，而是长期不间断地加强系统学习、积极主动反思的结果。其实，不少普通教师都有专业成长的欲望，只要加强磨砺，同样能逐渐成长为专家型教师。笔者结合研究结论，对普通教师群组提升史料运用能力着重提出以下两点建议：

1. 加强史学阅读，提高学科素养

从"三维目标"到"核心素养"，表明课程改革逐步迈入深水区，对教师的学科素养提出了更高的要求。培养学生的学科核心素养，其前提条件是教师应具备一定水准的学科素养，这在相当程度上需要依靠高品质的史学阅读。通过史学阅读，我们可以及时了解学术研究的新动态和新成果，在拓展自身的学术视野的同时拓展课堂的思维宽度；通过史学阅读，有助于我们掌握新材料和新观点，并准确建立起不同关键史料之间的内在逻辑联系，从而"将史学研究成果与优质史学资源和历史教学进行深度融合，促进历史教学更加聚焦学生史料素养的提升"[5]，进而提升历史课堂教学的品质和质量。

2. 创设对话情境，提升思维品质

课堂教学的本质是"对话"，有效的对话是优质课堂的一种本质性标识。专家型教师在运用史料创设对话情境方面往往更加注重从一堂课的"灵魂"或"主题"出发，在学生思维能力层次的"最近发展区"设置一组或数组冲突性的链式情境，以史料为"脚手架"搭建学生认知提升和思维深化的阶梯，使学生在认知的矛盾冲突中深度参与课堂、深度关联探究，在史料研习中完成对核心知识的主动建构和学科素养的动态生成。普通教师应该在史料的情境问题设计部分加强训练，根据史料的内在结构表征问题情境，精心布局情境问题设计的层次和链条，为学生创建良好的思考语境，提高学生的思维能力。

注　释

[1][3] 徐继宽. 核心素养时代：叙写历史教学目标要坚守常识 [J]. 中小学教师培训，2017（11）：61—64.

[2] 张莉. 切中语文教学"肯綮"——浅谈高语教学目标的叙写 [J]. 语文教学之友，2014（2）：5—6.

[4] 余柏青. 从《新文化运动》的同课异构看史料教学的运用 [J]. 历史教学（中学版），2015（5）：54—57.

[5] 搜狐教育. 在提高历史老师史学素养上，我们到底欠缺什么？[EB/OL].［2017-09-19］. http://www.sohu.com/a/192986628_392410.

（此文发表于《中小学教师培训》2019 年第 1 期）

基于学习状态的课堂观察与思考

叶丽丽[1]　　毕大国[2]

（1. 常州市外国语学校　江苏常州；
2. 淮南市第二十六中学　安徽淮南）

美国芝加哥一所理科高中对同是高分入校但后来有着学习差异的两类学生进行考察后发现：优秀生学习时有 40％ 的时间处于放松专注的状态，而分数低的学生仅 16％ 的时间处于放松专注的状态。由此可见，学习水平的高低更多的取决于学习状态而非智力水平。基于此，我们成立专门研究小组，通过观察课堂、录制课堂录像来分析、评价初中地理课堂的学生学习状态，以期对初中地理的后续教学提供指导和借鉴。

一、对学习状态的认识

（一）学习状态的概念界定

北京师范大学教育心理与学校咨询研究所的李亦菲教授认为，学习状态是一种伴随着学习过程，并对感知、记忆、思维、提取等认知加工产生影响的综合身心状态，是由心境、动机、注意等相互作用的心理要素构成的有机整体。具体来说，学习状态应是一个人学习时心态、身体状况、学习方法等综合作用下所处的状态，具体表现为在学习过程中学生的学习兴趣、学习时的情绪、学习的主动性、学习的参与程度、学习的持久性、学习的稳定性、学习的意志力等。[1]

（二）学习状态可观察指标体系

基于以上的观点，并通过系统观察和分析学生在初中地理课堂的种种表现和精神状态，我们确立了以下评价指标体系。

1. 参与状态。本研究的参与状态是指学生在完成学习任务过程中

387

的行为参与方式，其内涵主要反映学生在课堂学习过程中的专心和努力程度。我们把参与状态概括为：主动和被动两种类型。

2. 交往状态。教学过程是师生交往、共同发展的互动过程。课堂交往是多维度的，是信息交流的过程，也是认知、情感沟通的过程。本研究在对美国学者弗兰德斯互动分析模型的理解和分析基础上，从"教师语言"和"学生语言"两个维度来分析课堂交往状态。

3. 认知状态。课堂学习任务的完成需要学生有一定的认知参与，学生在课堂中表现出的认知状态直接反映了课堂的教学效率。本研究将参照布卢姆的《学习、教学和评估的分类学》，来分析课堂中教师的知识传授与学生认知过程的适切性，以及呈现出的认知状态。

4. 情绪状态。学生在完成学习任务时常伴随一定的外显情绪，如点头、微笑、眉头紧锁、跃跃欲试等，这是学生在学习过程中思想感情的自然流露。我们把学生的这种外显情绪概括为积极和消极两个方面。

二、基于学习状态的课堂观察

（一）课堂事件

我们选择普通班七（11）作为研究对象，以七（下）区域地理模块中的《欧洲西部》一课作为课例。本课教材（人教版）共三大框题，教师在实际教学中选择"现代化的畜牧业"和"繁荣的旅游业"作为案例，通过2个"探究活动"组织课堂教学。为方便研究，我们将整个课堂学习活动划分为五个"事件"（见表1）来进行分析。

表1　课堂学习中课堂事件的划分

主题	课堂事件	教学流程	时间长度	学习结果预期
导入	情境：以学校上周接待的德国师生为切入口，指出欧洲西部在世界地图的位置	图片展示	2分50秒	感性认识欧洲西部的地理位置

主题	课堂事件	教学流程	时间长度	学习结果预期
探究活动1 畜牧业发达的原因分析	（1）慧眼识图（分析自然条件）	教师提出问题，指导学生分组探究	50秒	学会分析影响农业生产的自然条件
		指导学生读图8.21、图8.22，分析地形、气候条件	5分	
		交流讨论成果、小结	8分45秒	
	（2）刨根问底（分析社会经济条件）	教师呈现图文材料，布置学习任务	1分44秒	学会分析影响农业生产的社会经济条件
		师生互动、分析影响因素	3分20秒	
	小结	结合前期学过的案例，引导学生总结影响农业生产的因素	2分55秒	掌握分析方法
探究活动2 旅游业发达的原因分析	（3）智力快车（认识欧洲西部的主要旅游景点）	教师展示图片，学生快速抢答	52秒	感受欧洲西部旅游资源的丰富
	（4）举一反三（分析旅游业发达的原因）	教师指导阅读，启示学生分析	3分18秒	学会分析影响旅游业发展的因素
		师生互动，归纳影响因素	2分30秒	
	（5）虚拟旅游	教师介绍"全景客"虚拟旅游网站	3分20秒	活动激趣，深化所学
		学生根据个人喜好设计旅游线路，并设计旅游口号	6分10秒	
课堂总结		学生总结本课所学	2分50秒	建构知识体系

（二）基于指标体系的课堂分析

课后，参与课堂观察的诸位教师就本节课中学生的学习状态展开了讨论。多数教师认为，本节课中学生的学习状态较好，学习热情高涨，课堂气氛活跃，但在不同的课堂事件中，学生的学习状态差异较大。为进一步探究原因，我们根据听课教师的随堂观察记录及课堂录像对本课进行了更深层次的分析。

1. 参与状态

通过观察发现，学生在课堂学习的多个事件中，都表现出积极、主动的良好参与状态。如在课始，当投影中呈现本校师生接待德国师生的画面时，所有学生都全神贯注地倾听教师陈述，并快速翻开《地理图册》查找欧洲西部的地理位置；在事件（3）（4）和（5）的"繁荣的旅游业"的学习中，我们观察到很多一直低头不语的学生纷纷抬头，目光注视幻灯片，在快速抢答环节争先恐后，分析原因时纷纷举手，了解虚拟旅游时屏气凝神，并不时提出自己的疑问，在旅游线路的设计中更是奋笔疾书，完全没有了原先的拖拉形象。但在个别片段的教学中，少数学生的参与状态不佳，学习十分被动。如在事件（1）中，教师要求学生读教材图 8.21 和图 8.22，完成学案上的填空题。我们观察到，少数学生翻书找图的动作缓慢、拖拉、不积极，读图时心不在焉、无所事事、东张西望，个别学生在用时 4 分钟后学案上仍是空白；在随后学习结果的交流中，个别学生虽将学案上的空格填满，但正确率很低，有些甚至出现一些低级错误。这些现象都说明少数学生并没有真正地参与课堂，而是被动地接受教师的指令。

2. 交往状态

弗兰德斯互动分析模型主要用于分析课堂中教师及学生的言语行为，它将课堂上的语言分为教师语言、学生语言和沉寂或混乱语言（无有效语言活动）。教师语言分为间接影响和直接影响，间接影响如教师称赞或鼓励学生、接受或采用学生的想法、询问学生有关问题等；直接影响如批评学生、发出某些希望学生服从的指令或是表达教师自己的观点等。学生语言也分为两类，一类是学生在教师的驱动下，针对教师语言做出的应答；另一类是学生主动发起对话，表达自己的想法。该模型在具体用于课堂观察时，是通过数学编码的方法进行的，这对于非专业的课堂研究者来说难度较大。因此，本研究在具体操作时，采用定性的方法做具体评析。

我们根据随堂观察记录及课堂录像，一致认为在本节课中教师语言以间接影响为主，如在课堂提问时教师多用"你觉得""你认为""你能够"等这种带有鼓励性的语言，在学生紧张时会适时地用一些小幽默缓解气氛，当学生提出自己的观点时会及时给予评价等，这对活跃课堂气氛、激励学生学习等有明显促进作用。相应地，在教师的语言驱动下，多数学生能针对教师的提问做及时的应答，且在与教师交流时能做到语言得体、彬彬有礼，虽有少数学生在回答时思路不是十分清晰，但经教师稍加引导后便能准确地表达自己的想法；甚至还有个别学生主动引出新话题，如在事件（2）中谈到科技对畜牧业的影响时，有学生提问：欧洲西部是否有类似于杂交水稻的优质杂交牛呢？可见本课中学生的思维是较为活跃的。

3. 认知状态

我们运用布卢姆的"分类表"来分析本节课中学生的认知过程。本节课的教学目标是：运用地图、统计图及相关资料分析欧洲西部的地形、气候特征，理解欧洲农业以畜牧业为主的原因；举例说明欧洲西部发展旅游业的优势条件。教师设计了五个课堂事件来完成教学目标，我们尝试"按分类"表对教学活动进行评析。根据农业生产的影响因素，我们将事件（1）（2）归入到认知过程的"应用"；事件（3）实质是对大脑中存储过的信息的识别过程，归入到"记忆"；事件（4）与事件（1）、事件（2）的认知过程类似，是同类问题分析方法的迁移应用，归入到"应用"；事件（5）涉及对具体知识的理解及处理相关事物的方式方法，归入到"理解"。

由以上的分析、归类我们不难发现，本节课对学生认知水平的要求从难度较高的"应用"开始，然后过渡到较低水平的"记忆"，待学生轻松一刻后，又回归到难度较高的"应用"，只是此时与事件（1）相比，难度水平有所下降，最后又过渡到较低水平的"理解"。一般而言，一个高效率的课堂，其对学生的认知要求往往是随着课堂教学的深入，教学内容对学生的认知要求也相应提高，其间设置认知冲突创造课堂高潮。而在本课的认知过程设置中，初始就设置了难度较高的学习情境，此时学生并未完全进入学习状态，这可能会造成一部分学生的认知困难，打消其学习积极性，可见这样的过程设置不够合理。从学生的相应课堂表现来看，在事件（1）和事件（2）的完成中，课堂气氛较为沉闷，学生主动应答的人数不多，很多学生一直低头不语或无所事事，学习状态不佳；在随后的教学进程中，随着认知要求的降低，学生的学习热情也迅速高涨，一些前期学习状态不佳的学生也能踊跃发言，渐入佳境。

4. 情绪状态

一个学习效率高的课堂，往往伴随着学生丰富的情感变化，或开心，或兴奋，或严肃，或紧张，学生的表情变化越丰富，课堂对学生的吸引力越大，越有利于任务的完成，学生的课堂学习状态越好。通观本节课的随堂录像，我们发现：在事件（1）和事件（2）中，多数学生的情绪变化不是特别明显，或阅读教材，或观看幻灯片，很难判断其学习状态，只有少数学生或紧锁眉头作沉思状，或盯着幻灯片抓耳挠腮，或焦急地翻阅课本，表现出非常紧张的状态；转到事件（3），课堂气氛顿时活跃起来，所有学生热情高涨，争先恐后地抢答；到事件（4）时，课堂瞬间安静下来，学生们由争论转向静思，在短暂的沉思后，多数学生露出会心的微笑，纷纷举手应答；最后的"虚拟旅游"环节把课堂气氛推向高潮，原先低头不语的学生纷纷抬起头来，认真倾听，不时提问，旅游口号的设计更是亮点频出、创意不断，课堂中爆发出阵阵笑声。

综合以上分析我们不难发现，整体上看，本节课学生的学习状态较为理想，但在不同的学习事件中，学习状态的差异较大，尤其体现在事件（1）和事件（2）的学习中。为此，我们进一步尝试对此环节中学习状态不佳的原因进行分析，以求找到吸引学生参与、激发学生学习状态的方法和路径。

三、改进课堂，构建激发学生学习状态的策略

（一）原因探究

1. 基于学习任务自身的分析

基于任务自身，可能有以下几方面原因。原因一：就学习材料而言，事件（1）和（2）的材料基本来源于课本，而事件（3）、（4）和（5）的材料多来源于教师的课外搜集，一般认为超越课本、来源于生活的材料更能激发学生的探究意向。原因二：就呈现方式而言，教师采用的是文字呈现的方式，并未做特别的设计，又因任务本身涉及教材活动，其中的一些无关内容可能会影响学生的思维方向。原因三：就任务难度而言，事件（1）和（2）对学习者的认知要求较高，事件（4）虽与事件（1）、（2）类似，但其呈现在事件（1）、（2）之后，认知要求显然降低，而初中生的认知发展特点决定了其对感性材料更有兴趣，加上本班是一个普通班，生源基础一般，相对而言难度较高的学习任务会打消一部分学生的积极性。

2. 基于教师调控的分析

我们认为此环节中的教师调控，在某种程度上也存在一些缺失，从而影响了整个教学效果。具体体现在：小组讨论前，教师未进行必要的分析方法指导；讨论中，教师只做旁观者观察学生讨论，并未参与到学生的讨论当中；讨论后，当个别学生出现应答困难时，教师未做适时点拨；评价时，教师的评价语言单一，有时甚至没有评价。另外，在其后的某些学习环节，也出现了教师调控缺失的现象，如从事件（3）转到事件（4）的学习时，有少数学生余兴未尽，仍在窃窃私语，使得课堂一时难以安静下来。

3. 基于课堂教学组织的分析

心理学家布赖思·汶弥尔顿说过，"所有的超级学习技巧中，我认为，关键是要让自己进入学习的最佳状态"。在本节课的课始，教师选择了很多贴近学生生活实际的事件，以激发学生快速地进入学习状态，如德国师生与本校师生交流、品尝本地特产的图片，但在随后的探究活动中，实际效果并不十分理想。我们通过对课堂录像的反复观察，认为在本环节的教学组织上，可能存在速度过快的问题，如教师呈现相关图片时，大都"一闪而过"；对比两国饮食结构的差异时，只是按照个人思路快速地陈述，未引导学生参与分析；在布置学习任务时，幻灯片呈现速度较快，学生来不及细看就进入到下一页；在交流讨论成果环节，交流对象总是某几名学生，未给其他学生充分表达的机会。

（二）策略构建

1. 分解学习任务，激发学习热情

心理学家罗杰斯说："在促进学习的教学中，促进者的主要时间不是放在传统的组织教案和讲解上，而是花在学习材料的搜集和提供上。"[2] 即教师应把大块的时间集中在提供各种学习资源，并思考和设计这些材料的呈现方式上，以使学生能尽快地进入到学习状态。事件（1）的学习状态之所以不佳，究其原因主要是材料本身的枯燥及次一级的学习任务较多，在呈现方式上教师也未做进一步处理，基本按照教材的程序进行。经过课后的微调查发现，很多学生认为此环节的学习任务太多，不知如何下手，甚至有少数学生并不十分清楚学习任务，因此呈现出学习状态不佳的现象。据此我们建议：进一步整合学习资源，使得材料与学习任务之间更加契合；进入学习前，引领学生回顾分析方法；学习中，分解学习任务，分步呈现材料；学习后，指导学生进行方法总结，建构知识体系。

2. 放慢教学节奏，营造学习氛围

张文质先生曾于2006年提出了"慢教育"的理念，他认为"慢教育就是提倡日常生活式教育，是润物细无声的教育。教育是慢活、细活，是生命潜移默化的过程，教育的变化是极其缓慢的、细微的，它需要生命的沉潜，需要精耕细作的关注和规范"。[3]我们认为，针对课堂教学的快节奏引起的部分学生"消化不良"的现象，不妨考虑将教学节奏慢下来，这样可能会有更好的学习效果。具体策略有：放慢学习素材呈现的速度，让学生有足够的阅读和获取信息的时间；放慢教师追问、点拨的速度，让内化能力弱的学生能跟上教师的思维；放慢学生思维的节奏，让学生有足够的时间充分内化、理解新知。

注 释

[1] 管平龙. 关注学习状态　促进有效学习 [J]. 小学教学研究，2011（14）：95—96.

[2] Robert D. Nye. 三种心理学：弗洛伊德、斯金纳和罗杰斯的心理学理论（第六版）[M]. 石林，袁坤，译. 北京：中国轻工业出版社，2010.

[3] 张文质. 生命化教育的责任与梦想 [M]. 上海：华东师范大学出版社，2006：10.

（此文发表于《中小学教师培训》2014 年第 10 期）

中美中小学美术课程标准的比较与启示

金伟民

（舟山市普陀区教育局教研室　浙江舟山）

课程标准作为世界各国促进学校教育教学改革的主要动力之一，一直深受学界重视。在我国中小学被称为"美术"的课程，美国称之为"视觉艺术"。对中美两国最新颁布的中小学美术课程标准进行比较，无疑具有重大的现实意义。为此，本研究主要采用比较教育研究中的文本分析法来深入审视，以求努力揭示两者的异同及其背后的学理逻辑。对此，适合本研究的三个文本分别为：中国教育部颁布的《义务教育美术课程标准（2011年版）》（以下简称《2011年版美术标准》）[1]、《普通高中美术课程标准（2017年版）》（以下简称《2017年版美术标准》）[2]，以及美国"国家核心艺术标准联盟"（National Coalition for Core Arts Standards，简称 NCCAS）于2014年研制的、一个非常全面而规范的文本——《国家视觉艺术标准专用手册》（National Visual Arts Standards Custom Handbook，以下简称《手册》）[3]。另外，为了能使相关成果更具指向性与实效性，本研究以我国两大文本的相应框架作为参照来加以比较与分析。

一、两国课程标准文本结构的框架比较与分析

（一）两国美术课程标准框架内容比较

我国的《2011年版美术标准》由四大部分组成：前言、课程目标、课程内容、实施建议；《2017年版美术标准》由七大部分组成：课程性质与基本理念、学科核心素养与课程目标、课程结构、课程内容、学业质量、实施建议，以及附录部分。美国的《手册》由四大部分组成：前言、视觉艺术的定义及其相关说明、国家视觉艺术标准（National Visual Arts Standards，以下简称《标准》）以及附录部分。其中附录部分主要包括"基石评定模型"（Model Cornerstone Assessments），其他说明与参考文献等。

(二) 两国美术课程标准框架分析

我国美术课程标准追求学科纲领性文件特性。从定义来看，柯森的鉴定具有典型性，"课程标准与教学大纲：对一定学校或学段的课程设计与设置、课程实施与评价以及教学等活动的目标、过程、方式作出规定和说明的纲领性文件"[4]。美术课程标准也追随纲领性文件高大全的框架，并结合泰勒原理中的四大组成"课程目标、课程内容、课程实施与课程评价"为主体结构，设置课程性质、基本理念与课程结构，以及教科书编写、地方资源与校本课程的开发等众多议题。

美国的视觉艺术标准，实质上是一种学生的学科能力表现标准。有典型文献指出，"有一些关于制订标准的报告提出确定标准的标准，即制订标准大纲和判断其质量的准则"时，谈及"标准应是有价值和集中的，既简练，又包含学科最重要的知识和技能要素……标准应是便于操作的……标准应是明确和便于应用的……标准应反映包括教育者和公众的广泛一致的意见，应是相互评论、反馈和修改的结果"。[5]甚至有些学者认为："标准不是课程……标准是一种结果。不是一个对如何完成结果所提出的主张。"[6]《手册》在一开始也明确指出，"标准通过大概念、持续理解与基本问题，来支持学生学习的结果"。

可见，中美两国教育学界对"课程标准"或是学科能力表现"标准"的定义与价值取向存在重大分歧，并直接导致上述文本框架的重大差异。其中，我国课程标准由于所涉及的面过于宽广，章节也越编越多，同时又要保持"纲领性文件"的权威与简约特性，以至于不求具体化，导致诸多要点重复编写等问题。美国《手册》的主体是《标准》，直击学生学习视觉艺术结果及具体的表现准则；除了附属的"基石评定模型"篇幅较大之外，其他部分都非常简略。为此，在下面的论述中，将着重就两国标准文本中具有重大意义与篇幅较大的部分内容进行比较以突出重点。

二、两国课程目标的比较与分析

(一) 课程目标比较

我国对课程目标在强调之余还进行了细化，美国则非常简洁。《2011年版美术标准》的课程目标分为总目标与四个学习领域的 12 个分目标，共约 920 余字，显得过于冗长且细化，其中提到了学生美术素养议题。《2017 年版美术标准》特别把"学科核心素养与课程目标"作为一个章节，"课程目标"约为 310 余字。其中，图像识读、美术表现、审美判断、创意实践、文化理解，这五个学科核心素养成为课程目标的主要内容。美国《手册》中的《标准》目标较为直接与简略，就是为学生升入高等学校或是走向社会提供学科知识与能力，进而提升艺术素养。

（二）课程目标分析

两国都注重学生学科素养方面的培养，以此来顺应世界主流教育思潮的发展趋势。所不同的是，我国由于在近些年内的课程改革理念发生了转向，导致美术课程经历了从三维目标到学科核心素养这一转变过程，文字相对较多，要点又在课程性质、课程基本理念，甚至课程内容等处有较多的出现，显得不够精简并有滥用之嫌。同时，我国的高中文本还引入了美国视觉艺术标准中的上述目标要点。虽然美国的《手册》由于《标准》的主旨定位及制约，并没有明确呈现视觉艺术素养方面的具体内容，但在其研制过程的相关文献中对此有详细的说明。其中的主要观点是：视觉艺术与音乐、戏剧等多个艺术门类都应培养具有终身艺术素养的公民。[7]学生则以四个"艺术过程"为基石来习得这些素养。

三、两国课程内容的比较与分析

对于标准内容方面的比较与分析，主要聚焦于分级与分类来加以论述。

（一）我国对课程内容的分级与分类

有学者谈到如何把义务教育阶段的美术学科知识和技能进行分级与分类时认为："这个是最难的。我们的分级参照了传统的分级方式，如小学低、中、高3个阶段，初中分了一个阶段，形成了课程标准中的四个学段……分类本身就是一种创新，我们是依据学生的美术学习活动方式来进行划分的，同时考虑了美术本体的特征，以及对学生综合能力的培养。"[8]为此，造型·表现、设计·应用、欣赏·评述、综合·探索，这四个学习领域也就成为其一大特色。高中只设一个学期的必修课程，并"依据美术学科媒材特性和技法特点划分学习内容"。

（二）美国对标准内容的分级与分类

美国依据学生学习艺术的过程将标准内容划分为四个部分：创造（Creating）、展示（Presenting）、回应（Responding）、关联

(Connecting)。这些要点与布鲁姆的教育目标分类学及美国《全国艺术评定项目》(The National Assessment of Educational Progress，简称 NAEP) 有着非常密切的联系。NCCAS 发现修正后的布鲁姆教育目标分类中的六个认知维度为识记、理解、应用、分析、评价与创造，后三个也被美国诸多州视觉艺术标准认定是艺术学习中的高阶思维能力。NAEP 通过多年的实践并在 1997 年通过追问"学生应该知道什么，将来还能做什么"，对艺术项目测评文本（包括音乐、视觉艺术、戏剧等）进行了修改并提出了三个艺术过程：创造（Creating）、表演（Performing）与回应(Responding)。[9]此外，标准研制团队还参考了《21 世纪技能》等诸多文献，最终确立了上述视觉艺术方面的四个"艺术过程"。在分级上，美国以年级为主，兼顾高中的特点设置了三个不同的层次。

可见，两国标准都非常重视分类与分级问题。我国对"美术学习活动"的表述显得过于笼统，缺乏相应的教育学理论支撑与实证研究等方面的佐证材料。美国的分类则在相应文献中罗列了详细的参考依据，并对高中阶段采用了灵活的等级方式。我国主要采用学段式分级，导致课程内容过于粗糙而难以落实，美国则以年级为主，为落实表现标准奠定了扎实的基础。

四、两国课程标准中实施建议的比较与分析

在下面的论述中，主要就两国文本中的教学与评价建议进行比较与分析。

（一）两国实施建议的比较

1. 我国两大课程标准的实施建议

我国两大标准文本除了强调教学过程中一些通用的教学方法之外，还引入了新的策略与思维，以求教师能更有效地实现课程目标。这些方法与策略包括：创设问题情境与提出基本问题，全面实施自主学习、合作学习与探究性学习，积极采用信息技术进行教与学，像艺术家一样思考创作过程等。在评价方面，从原先义务教育阶段的"依据美术课程标准进行评价"，到高中倡导"树立学科核心素养本位的评价理念"，其实质都是要求教师依照课程标准精神来进行评价。高中的文本还新增了"附录 2 教学与评价案例"，以供教师进一步理解教学与评价的理念及具体应用。

2. 美国视觉艺术标准中的实施建议

《手册》中有关教学建议主要有两点：一是强调《标准》应通过大概

念（Big Idea）、持续理解（Enduring Understanding）与基本问题（Essential Questions）来设计以学生为中心的视觉艺术教育，同时倡议"为理解而教"的教育新思潮来促进该课程的改革与发展，以期能进一步帮助学生成为有艺术素养的公民；二是《标准》还强调深度学习（Deep Learning）理念。评价主要以附录中的基石评定模型为主。该模型总共设计了二、五、八年级，以及高中三个层次的六个典型案例供教师参考。每一案例主要由评价的基本内容介绍、涉及的具体内容、五个评价赋分方法的样表与样图这三大部分构成。可见基石评定模型体系较为庞大，内容、样表及样图都较为具体，便于教师使用。这也是此次美国视觉艺术标准研制中的一大特色与突破。

（二）两国实施建议的分析

就中美文本中教学与评价建议的具体内容来看，我国的高中文本与美国的《标准》在修订的过程中几乎参考了一些相同的教学理论与评价导向，并且中国的文本在部分评价设计方面还表现出借鉴美国的迹象。如在我国《普通高中课程方案（2017 年版）》中，已充分呈现了格兰特·威金斯（Grant Wiggins）等学者倡导的"为理解而教"、追求真实性学习评价等新理念，以及"大概念""持续理解""基本问题"与批判性思维等新术语。此方案也是我国《2017 年版美术标准》修订的重要依据之一。在我国高中文本的评价中还明确提出了"要将评价嵌入美术学习的整个过程"等要义，此类观点与美国基石评定模型所追求的"嵌入式评价"理念几乎雷同。它们都强调注重教学与评价的协调统一性与相互制约性，以尽最大可能帮助学生深入理解所学的知识与技能。

五、比较后的启示

通过上述比较，下面就我国两大美术课程标准文本中突出的问题做些反思，并为其未来的修订提供一些启示。

（一）应弱化纲领性文件特性以凸显学生学习结果

我国的两大美术课程标准，其实还处于从"教学大纲"向学生学科能力标准的过渡——一种纲领性学科教学文件阶段。美术课程标准在一线教师群体中使用率很低，与这一特性密不可分。为此，在今后的修订过程中，除了尽量避免章节过多、内容重复、专业词汇使用不统一等问题外，应该充分彰显学生维度在学习结果方面的重要能力，并以此为主体来制定其表现标准，切实研制出行业内真正具有实用价值的业界标准，供全国广大师生参考与深入体验。

（二）应加强实证性研究与最大广度内的意见采集

美国的《标准》研制过程长达三年之久，期间除整理出七本相关资料文献外，还在官网上至少发布了 14 篇公告等重要内容，这都给予我们以重大启示。"中国很多事情带有'运动式'，不给你很长的时间，很快就提出时间表，在一定的时间内完成。所以这个应该讲是一个遗憾，我们没有再做前期研究了，所有的基础都是我们个人的经验和理解力。"[10] 尽管在我国课程标准修订中的确存在客观因素，但是我们也应尽可能实施学科实证性调查及加大基础性研究，及时公布阶段性研究成果；适时发布修订中的重要进程，力争创设过程的公开性与透明性；广泛征集社会各界的不同意见，尽最大可能彰显群体智慧的硕果等。这些应该是我们在修订标准中所要把持的一个最基本的学术品性。

（三）应努力推进课程内容的分类与分级研究新体系

我们需要重新研究美术课程标准中内容的分类问题，积极探寻其新的实践可能。如何依据有关的学理基础，在基于学生维度的视角下寻找新的内容分类逻辑起点，应成为今后研究中需要重点突破的一个议题。此外，也应积极构建基于年级划分为主的课程内容新框架。如果我国也能以年级为主体来分级制定、共享、明确序列的美术核心知识或是学生学科能力规范的话，这不仅有利于学生开展有效学习，而且能有效控制我国当前各个版本美术教科书内容编写混乱的局面，继而提升美术教师课堂教学的实效性等。为此，我国美术课程标准目前亟须分级的革新及其实践。

六、结　语

总之，对中美中小学美术课程标准的比较，不是单纯认为美国的标准一定比我国先进，只是能更明晰我国标准的特性及其学术指向。同时，在充分借鉴发达国家相关标准的重大成果基础上，再来为我国未来的美术课程标准修订提供新的视角与经验，进而增进该学科的深入改革与不断创新。

注 释

［1］中华人民共和国教育部. 义务教育美术课程标准（2011 年版）［S］. 北京：北京师范大学出版社，2012.

［2］中华人民共和国教育部. 普通高中美术课程标准（2017 年版）［S］. 北京：人民教育出版社，2018.

［3］NCCAS. National Visual Arts Standards Custom Handbook ［EB/OL］. ［2014-10-26］. https：//arteducators － prod. s3. amazonaws. com/documents/300/d0688ebe－15e8－4c2d－b1ac－17e925486eca. pdf? 1451960609.

［4］顾明远. 中国教育大百科全书（第二卷）　　［M］. 上海：上海教育出版社，2012：1207.

［5］美国国家教育和经济中心，匹兹堡大学. 美国小学学科能力表现标准——英语、数学、科学、应用学习、标准介绍、能力表现说明、作业实例及其评注 ［M］. 上海市教育科学研究院，译. 北京：人民教育出版社，2004：5—7.

［6］McTight J，Wiggins G. From Common Core Standards to Cur-riculum：Five Big Ideas ［EB/OL］. ［2012-12-10］. http：//nccas. wikispaces. com/file/view/From％20Common％20Core％20Standards％20to％20Curriculum％20－％20Five％20Big％20Ideas. pdf/375975758/From％20Common％20Core％20Standards％20to％20Curriculum％20－％20Five％20Big％20Ideas. pdf.

［7］The College Board. The Arts and the Common Core：A Review of Connections Between the Common Core Sate Stan-dards and the National Core Arts Standards Conceptual Framework ［EB/OL］. ［2014-06-01］. https：//www. arteducators. org/search? q＝The＋Arts＋and＋the＋Common＋Core％3A＋A＋Review＋of＋Connections＋Between＋the＋Common＋Core＋Sate＋Standards＋and＋the＋National＋Core＋Arts＋Standards＋Conceptual＋Framework.

［8］［10］李于昆. 现场：国家美术课程改革访谈录 ［M］. 广州：岭南美术出版社，2017：108—109，101.

［9］NAGB. Arts Education Assessment Framework ［EB/OL］. ［1998-10-08］. https：//files. eric. ed. gov/fulltext/ED374073. pdf.

（此文发表于《中小学教师培训》2018 年第 12 期）